도덕윤리교육의 철학적 기초

문 성 학 지음

도덕윤리교육의 철학적 기초

문 성 학 지음

경북대학교출판부

문성학

경북대학교 철학과를 졸업하였고 동 대학원 철학과에서 석사학위와 박사학위를 취득하였다. 경북대, 경일대, 대구교대 강사를 했으며, 1989년부터 현재까지 경북대 윤리교육과 교수로 재직하고 있다. 지은 책으로는 『인식과 존재』, 『칸트철학과 물자체』, 『칸트철학의 인간학적 비밀』, 『삶의 의미와 철학』, 『현대인의 삶과 윤리』, 『약속은 어겼어도 거짓말은 안했다?』, 『칸트 윤리학과 형식주의』가 있다. 그리고 지역학 분야의 저술로, 근현대 대구·경북의 지성사와 사회 운동사를 다룬 다수의 공동연구서가 있다. 번역한 책으로는 『데카르트와 회의주의』, 『현실의 문제와 철학적 이해』가 있으며, 주요 논문으로 「소크라테스적 사유의 본질」 등이 있다.

도덕윤리교육의 철학적 기초

찍은 날 2015년 7월 20일 • **펴낸 날** 2015년 7월 31일
지은이 문성학 • **펴낸이** 손동철 • **펴낸 곳** 경북대학교출판부
출판등록 1973년 10월 10일 ㉕97호 • **주소** 대구광역시 북구 대학로 80
전화 053-950-6741~3 • **팩스** 053-953-4692 • **이메일** press@knu.ac.kr
홈페이지 http://knupress.com

ISBN 978-89-7180-426-1 93190

정가는 뒤표지에 있습니다.
파본은 바꾸어 드립니다.

책머리에

도덕·윤리교육의 정체성에 대한 필자의 고민은 1989년에 필자가 경북대학교 사범대학 윤리교육과(당시에는 '국민윤리교육과') 교수가 되면서부터 시작되었다. 그때는 국책교과였던 '국민윤리'가 교양필수 과목으로 가르쳐지던 시절의 끝자락이었다. 그렇게 시작된 도덕·윤리교과의 정체성에 대한 고민은 교육과정개편 때마다 윤리교과 폐지론이 거론되거나 윤리가 사회과로 편입되어야 한다는 주장이 제기되는 현시점에 이르기까지 간헐적으로 지속되어 왔다. 이 책은 그런 간헐적 고민의 결과물이다. 이 책은 필자가 1997년부터 2014년까지 18년에 걸쳐 도덕·윤리교육 및 논술교육과 관련하여 발표한 13편의 글들로 구성된 것이다. 물론 이번에 이 글들을 묶어 책으로 출간하면서 기존의 글들을 약간씩 수정·보완하였다. 장기간에 걸쳐 독립적으로 작성된 글들을 한 권의 책으로 엮어 출간하다 보니 내용상 중복되는 부분이 발견되어 약간의 손질을 하였다. 그러나 글의 흐름상 그대로 두지 않을 수 없는 부분도 있었다. 이 점에 대해 독자들에게 먼저 양해를 구한다.

이 책은 크게 세 부분으로 나누어진다. 제1부는 2010년부터 2014년까지 대략 4년 동안 '공동체적 자유주의'의 관점에서 윤리교육의 정체성에 대해 집중적으로 연구한 결과물들이다. 도덕·윤리교육, 도덕·윤리교사, 도덕·윤리교과서의 정체성에 대한 필자의 26년에 걸친 간헐적 고민의 최종 결론을 이 책의 제1부에서 밝혀 놓았다. 제2부는 도덕·윤리교육을 '국민정신(세뇌)교육' 혹은 '국민 생각 길들이기 교육' 정도로 생각하는 '국민윤리' 선호 세

력들과, '시민 행동 길들이기 교육' 정도로 생각하는 인성교육론자들에 대한 필자의 비판들로 채워져 있다. 또한 필자가 교수생활을 하는 동안 우리 윤리교육계는 인터넷의 폭발적인 보급이라는 사회적 변화를 경험하게 되었으며, 아울러 현재는 창의성교육이 교육계의 화두가 되어 있는 현실에 처해 있다. 제2부의 마지막 두 편의 논문은 이런 사회적 변화와 현실에 직면하여 윤리교육계가 어떻게 대응해야 할 것인가 하는 문제를 다루고 있다. 이 자리에서 밝혀둘 것은 제10장 「도덕·윤리교과에서 창의성교육」과 제11장 「고도정보화 시대 윤리교육의 방향」은 일선 중등학교 선생님들과 공동으로 작성한 논문이라는 사실이다. 이문수, 이정희, 김정숙, 정태환, 정소흔 선생님들이 공동연구자였다. 논문 작성 시 선생님들의 주된 작업은 시론적 학습지도안을 작성하는 것이었다. 공동연구를 수행해 준 선생님들에게 감사의 마음을 전한다. 이 두 논문이 경북대학교 사범대학 중등교육 연구소의 학술지인 『중등교육연구』에 게재될 당시에는 선생님들이 작성한 시론적 학습지도안이 실려 있었지만, 이 책에서는 글의 흐름에 별다른 지장이 없다고 판단하여 그 부분을 빼고 실었음을 밝혀 둔다. 이 책의 부록을 구성하는 세 번째 부분은 논술에 관한 글들이다. 우리 사회는 기존의 암기 위주의 교육에서 하루라도 빨리 벗어나 논리적이고 창의적인 사고를 할 수 있는 인재를 육성하는 교육으로 나아가야 할 것이다.

필자는 개인적으로 이 책에서 도덕·윤리교육의 정체성을 둘러싼 논쟁을 종식시킬 수 있는 결론을 제시했으며, 향후 도덕·윤리교육이 나아가야 할 방향으로 첫발을 내디뎠다고 생각한다. 돌이켜 보면, 우리 사회는 제대로 된 도덕·윤리교육을 실시해 볼 기회를 가져본 적이 없었다. 어용교과라는 불명예스러운 딱지를 떼어 내기가 무섭게 교과무용론에 시달리다가, 이제는 공통사회 과목에 통합될 형편이다.

생각하기조차 싫은 비도덕적, 반인륜적 범죄들이 신문의 사회면을 도배하고 있는 한국사회의 현실을 고려한다면, 가장 시급히 요구되는 교육적 조치는 자라나는 세대들이 제대로 된 도덕·윤리교육을 받도록 하는 것이 될 것이다. 도덕교과를 홀대하는 정부는 우리 사회가 진정으로 선진국이 되는 것을 원하지 않는 정부라고 해도 틀린 말이 아니다. 도덕적인 시민이 넘치는 사회가 되지 않고서는 한국사회가 진정 선진국이 될 수 없을 것이기 때문이다. 필자는 이 책이 한국사회가 도덕 선진국으로 나아가는 데 조금이라도 도움이 되기를 바란다.

마지막으로 이 책을 만드는 과정에서 교정작업과 색인 작업을 도와준 최성진 선생에게 감사의 마음을 전한다. 그리고 멋진 책이 되도록 애써 준 경북대학교출판부의 박인경 선생과 김용훈 실장님에게도 고맙다는 말을 하고 싶다.

2015년 7월 15일

저자 씀

차례_ 도덕윤리교육의 철학적 기초

제2부 도덕·윤리교육의 현실과 나아갈 방향

부록

들어가는 말

이 책은 크게 세 부분으로 나누어진다. 제1부는 도덕·윤리교육의 정체성을 둘러싼 학계의 논쟁을 '공동체적 자유주의'의 관점에서 정리하고 해명한 글들로 구성되어 있다. 제2부는 도덕·윤리교육의 현실에 대한 반성을 담고 있는 글들로 되어 있다. '부록'으로 되어 있는 세 번째 부분은 우리 교육계의 화두가 되어 있는 논술 개념을 다루고 있다. 이하에서 필자는 이 책의 전반적인 이해를 돕기 위해 각 장의 내용을 간략히 정리해 두고자 한다.

제1부 제1장 「도덕·윤리교육의 정체성과 기존 입장에 대한 비판I」에서 필자는 도덕·윤리교육의 본질을 정치교육으로 보는 입장과 인성교육으로 보는 입장을 비판적으로 고찰하고 있다. 필자는 이 두 가지 기존 입장의 옳은 점과 그른 점을 밝히고, 각각의 입장의 교사관, 교육관, 교과서관을 비교·분석하고 있다. 도덕·윤리교육을 근본적으로 정치교육으로 간주할 경우 특정 이데올로기 주입교육으로 되어 버려 결국에는 특정 정권의 지배논리를 정당화하는 어용교과로 전락할 위험이 농후하다. 이런 입장에 서게 되면 교육은 철저하게 정치에 예속되어 그 자율성을 상실하게 된다. 그럼에도 불구하고 이 입장에도 고려해 보아야 할 것이 있다. 그것은 도덕·윤리교육은 한국이라는 공동체의 존속과 번영에 관심을 기울여야 한다는 요구이다. 도덕·윤리교육의 본질은 인성교육이라는 교육학계의 입장은 학생들이 가져야 할 도덕성이 인습적 도덕성이 아니라 반성적 도덕성이라는 사실을 외면하고 있다. 그럼에도 불구하고 인성론자들의 입장에도 고려해 보아야 할 요소

가 있다. 도덕·윤리교육의 궁극적인 목표는 '행함'에 있기 때문에, 학생들을 행함에 이르도록 하기 위한 다양한 교육학적 기법이 중요하다는 주장이다.

제1부 제2장 「도덕·윤리교육의 정체성과 기존 입장에 대한 비판II」에서 필자는 도덕·윤리교육의 핵심은 철학교육이라는 입장을 비판적으로 검토하고 있다. 철학계의 일부 학자들은 지금까지의 도덕·윤리교육은 노예교육이고 파시즘 교육이기에 잘못된 것이고, 도덕·윤리교육이 올바른 길을 찾아들려면 반드시 철학교육으로 거듭나야 한다고 주장한다. 왜냐하면 도덕·윤리교육에서 가장 중요한 역할을 하는 것은 윤리학인데, 윤리학은 철학의 분과학문이기 때문이라는 것이다. 그러나 도덕·윤리교육의 본질이 철학교육이라는 주장은 도덕이나 윤리를 과도하게 보편윤리나 세계윤리의 차원에서 이해함으로써 결국 도덕이나 윤리가 문제시되는 바로 구체적인 삶의 맥락을 무시해 버리는 문제점을 드러내었다. 그럼에도 불구하고 이 입장에도 고려해야 할 중요한 주장이 있다. 그것은 도덕은 본질적으로 반성적인 것이며 도덕·윤리교육은 학생들로 하여금 반성적인 도덕성을 갖도록 해 주는 교육이 되어야 한다는 것이다.

제1부 제3장 「도덕·윤리교육과 잠정적인 도덕적 진리」에서 필자는 먼저 올바른 도덕·윤리교육은 기성세대가 후세들에게 전수해 주기로 합의한, 한국사회의 가치관과 덕목 및 공공선에 대한 지식을 피교육자인 후세들로 하여금 반성적으로 내면화하게 만들고 또 그 지식을 행동으로 옮기게 하는 교육이며, 이런 교육을 통해 육성되어야 할 인간유형은 공동체적 자유주의자임을 논증하고 있다. 다음으로 필자는 우리 사회의 고유성과 특수성에 기초해 있는 한국적 삶의 규범문화가 학생들에게 가르쳐져야 할 '잠정적인 도덕적 진리'의 보고(寶庫)임을 밝히고 있다. 어떤 사회의 도덕적 진리란 그 사회가 채택하고 있는 '비교적 변화가 느린 규범들의 다발'이다. 모든 사람은 그가 속한 공동체의 전통과 문화적 토양 위에서 도덕적 삶을 시작할 수밖에 없

다는 것을 인정한다는 점에서 필자는 공동체주의자이다. 그럼에도 필자는 개인의 자유가 특정 공동체가 신봉하고 추구하는 공공선의 한계에 갇히지 않는다고 생각하며, 이 점에서는 자유주의의 입장에 선다. 공동체의 인습과 전통이라는 상대성의 안마당을 넘어서서 이성이라는 보편성의 궁전을 향해 나아가도록 하는 도덕·윤리교육, 요컨대 공동체적 자유주의에 입각한 도덕·윤리교육은 맹목적 애국주의자가 아니라 반성적 애국주의자를 육성하는 교육이다.

제1부 제4장 「도덕·윤리교육의 철학적 기초와 공동체적 자유주의」에서 필자는 주로 다음의 세 가지 논점을 다루고 있다. 첫째로 '공동체적 자유주의'라는 용어의 조합이 가능한가라는 문제를 해결하기 위해서는 인간이 먼저인가 사회(혹은 공동체)가 먼저인가 하는 문제를 다루어야 하는데, 이 문제를 부분이 먼저인가 전체가 먼저인가 하는 모순대립적 문제로 바꾸어 해결하려는 시도는 잘못임을 밝힌 뒤, 사회는 유기체적인 것도 아니고 합성체적인 것도 아닌, 유기체적이면서 동시에 합성체적인 것임을 입증한다. 이러한 증명에 힘입어 공동체적 자유주의라는 용어의 사용이 가능함을 밝힌다. 둘째로 공동체적 자유주의가 도덕교육과 관계 맺는 다양한 측면을 검토한다. 우선 공동체적 자유주의에서는 자아가 연고적이면서 동시에 무연고적인 측면을 모두 갖고 있는 것으로 본다. 사회는 부분적으로 유기체적이기에 자아는 부분적으로 연고적이다. 그리고 사회가 부분적으로 합성체적이기에 자아는 부분적으로 무연고적이다. 그리고 공동체적 자유주의의 관점에서는 도덕교육을 사회화교육의 일환으로 보는 시각을 어떻게 이해할 것인가를 살펴볼 것이다. 또한 공동체적 자유주의의 도덕교육이 도덕의 두 가지 기능인 사회유지 및 통합의 기능과 개인의 자아실현의 기능 간의 긴장을 어떻게 해결할 수 있는지를 다룬다. 셋째로 공동체적 자유주의는 우리 사회가 실시해야 할 바람직한 도덕·윤리교육의 도덕철학적 기초임을 밝히고 있다. 극단적

인 공동체주의자들은 사회유지와 통합을 위해 개인의 자유가 희생될 수 있다고 주장할 것이고, 극단적인 자유주의자는 개인의 자유를 위해 사회는 도구적 가치밖에 가지지 못한다고 할 것이다. 그러나 공동체적 자유주의자는 이 둘 다를 배격하고, 개인의 자아실현과 공동체의 유지·통합을 상보적인 관계로 본다. 개인의 자유를 억압하는 공동체주의, 공동체 의식이 없는 개인주의는 둘 다 잘못된 것이다. 공동체주의와 자유주의는 서로가 서로를 필요로 한다. 이 둘이 상보하지 못하고 분리되는 순간에 이 둘은 개인이나 사회에 해로울 것이다. 공동체적 자유주의야말로 도덕교육이 자리 잡아야 할 올바른 도덕철학적 기초이다.

제1부 제5장 「공동체적 자유주의와 세계시민윤리 : 애국심의 문제를 중심으로」에서 필자는 필자 나름의 방식으로 규정된 '공동체적 자유주의'의 시각에서 최근 학계에서 쟁점으로 부상하고 있는 세계시민주의와 애국주의의 대립문제를 검토해 보고 있다. 극단적 세계시민주의는, 우리가 태어난 장소는 우연에 불과함에도 불구하고 애국주의가 자국가 중심주의를 조장하여 쇼비니즘이 될 가능성이 있음을 경고한다. 반면에 애국주의는, 국경선의 의미를 부정하는 세계시민주의는 실체가 없는 위험한 환상에 불과하다고 공격한다. 그리고 세계시민주의가 인간이 삶을 영위함에 필수적인 '공동체와의 정서적 연대감'을 파괴한다고 공격하기도 한다. 공동체적 자유주의는 이 두 입장을 모두 배격한다. 공동체적 자유주의는 애국주의와 세계시민주의를 대립관계로 보지 않고 상호 보완적인 관계로 본다. 애국주의 없는 세계시민주의는 공허하고, 세계시민주의 없는 애국주의는 맹목이다. 도덕·윤리교사는 애국주의와 세계시민주의의 이러한 상호협력적 긴장관계를 충분히 인식하고 있어야 한다. 도덕·윤리교육 역시 맹목적 애국주의로 흐르거나, 공허한 세계시민주의로 경도되어서는 안 될 것이다.

제1부 제6장 「공동체적 자유주의와 도덕·윤리교육의 쟁점 : 교재관의 문

제」에서 필자는 국가가 그 구성원들의 삶의 방식에 개입해야 한다는 공동체주의적 완전주의도 틀렸고, 국가는 삶의 방식에 대해 중립적 입장을 유지해야 한다는 자유주의적 반완전주의도 틀렸으며, 공동체적 자유주의가 올바른 것임을 논증하고 있다. 공동체적 자유주의의 입장에 서면, 세상의 모든 국가공동체는 그 나름의 도덕교재를 만들어야 한다. 그리고 교육을 통해 각각의 공동체가 추구하는 공동선의 실현에 적합한 인간을 육성해야 한다. 당연히 대한민국이라는 국가공동체의 도덕교재는 '바람직한 한국인'을 양성하는 데 적합한 방식으로 구성되어야 한다. 따라서 통일교육과 시민적 덕성을 주제로 한 교육이 도덕교재 안에 포함되는 것이 허용될 수 있다. 그럼에도 불구하고 사회과가 공동체의 구성원들이 공유하는 가치들을 주입식으로 내면화하는 반면 도덕과는 반성적으로 내면화시켜야 한다는 점에서 큰 차이가 있으며, 따라서 교육주제의 중첩성이 양 교과의 정체성을 뒤섞는 것은 아니다. 혹자는 도덕교육에서 '반성적 내면화'를 강조함으로써 도덕교육이 윤리학교육이 될 것이라고 걱정할지 모르겠다. 물론 다양한 윤리사상과 가치들 간의 대립을 반성적으로 '검토'하는 것은 윤리학의 할 일이지만, 도덕과는 학생들에게 한국인의 삶의 방식과 가치들을 반성적으로 '내면화'시킨다는 점에서 윤리학교육과는 다르다. 한국사회의 공유된 가치들, 즉 한국사회의 잠정적인 도덕적 진리들을 반성적으로 내면화한 '바람직한 한국인'은 자국중심주의와 세계시민주의라는 두 세계의 시민이다.

제2부 제7장 「도덕·윤리교육의 태생적 멍에와 그 위기구조」를 필자는 지금부터 10년 전인 2005년에 발표하였다. 2005년은 구소련의 공산체제가 1991년에 멸망한 지 14년이 지난 시점이었다. 그럼에도 불구하고 도덕·윤리교육이 여전히 정체성 논란에 휩싸여 있었으며, 교육현장에서는 학생들로부터 외면당하는 교과가 되어 가고 있었다. 그 여파로 말미암아 도덕·윤리교과로 책임시수를 채우지 못하는 도덕·윤리교사가 국어나 일반사회 등의 연수

를 받아 국어 교사 혹은 일반사회 교사가 되기를 강요받으며, 종당에는 도덕·윤리교과가 폐지되는 것은 아닌지 걱정해야 하는 상황에 처해 있었다. 필자는 도덕·윤리교육이 처해 있는 이런 위기 현실을 극복하기 위해 과연 도덕·윤리교육은 어떤 형태로 거듭나야 하는가를 살펴보고 있다. 필자는 먼저 도덕·윤리교육이 걸어온 지난 30년의 발자취를 개략적으로 살펴보면서 도덕·윤리교육을 출범시켰던 역사적 태생적 질곡에서 생겨난 두 가지 불문율적 가정이 시간의 흐름과 더불어 도덕·윤리교육계의 위기를 구조적으로 강화시키고 있음을 밝히고 있다. 첫 번째 불문율적 가정은 도덕·윤리교육은 정치교육이라는 것이다. 정치교육으로 이해된 국민윤리교육은 곧 국민정신교육이었다. 두 번째 불문율적 가정은 도덕·윤리교육은 학제적 교과라는 것이다.

제2부 제8장 「'인성교육'의 의의와 문제점」은 필자가 1997년에 발표한 글로, 이 책에 실린 글 중에서 가장 먼저 학계에 발표되었던 글이다. 1991년에 구소련연방이 해체되면서, 냉전시대가 종식된다. 그러면서 특정 이데올로기(반공 이데올로기) 주입교육이면서 동시에 특정 이데올로기(공산주의) 비판교육이었던 도덕·윤리교육의 역사적 사명이 끝을 맞는다. 그리하여 도덕·윤리교육의 새 판짜기가 학계의 화두가 되는데, 이 시점에 교육학계가 주도권을 쥐고 기존의 도덕·윤리교육을 인성교육으로 바꾸려고 시도한다. 인성교육론자들은 봉사활동을 점수화해서 학생들의 봉사활동을 유도해야 한다고 주장하고 있으며, 지식중심의 도덕·윤리교과를 없애고, 전 과목을 통한 행동중심의 도덕교육, 즉 그들의 용어로 '인성교육'을 실시해야 한다고 주장했다. 이 장에서 필자는 인성교육론자들의 이런 입장을 비판적으로 다루고 있다.

제2부 제9장 「도덕·윤리교육의 올바른 방향」에서 필자는 다시 인성교육론자들을 비판하고 있다. 인성교육론자들은 학생들의 행동 중심의 도덕성을 강화시킨다는 명분으로 바람직한 습관 들이기식의 도덕교육을 주장하고 있지만, 인성교육론은 결국 반성적·도덕적 행위자를 길러 내는 데 실패하게

됨을 밝히고 있다. 그 다음에 필자는 다양한 도덕이론에 따라—그것이 아리스토텔레스의 중용이론이건, 칸트의 의무론이건, 벤담의 공리주의건—도덕교육의 목표가 다를 수 있지만, 어떤 도덕이론이라도 받아들일 수 있는 도덕교육의 공통적 목표가 '인격의 함양'임을 제시하면서, 이 인격의 세 가지 측면(지, 정, 의)을 인격의 본질인 자유의 관점에서 해명하고 있다. 유념해야 할 사실은 도덕교육의 목표가 인격의 함양이며, 인격의 본질이 자유라 하더라도, 이 자유는 도덕적 행위자가 처해 있는 공동체의 문화, 인간관계, 사회적 제반여건에 적지 않게 구속되어 있다는 것이다. 그렇다고 완전히 구속되어 있는 것도 아니다. **필자가 이 글에서 밝힌 것은 시대와 장소를 초월해서 통용될 수 있을 것으로 생각되는 도덕 행위자의 '인격'의 형식일 뿐이다. 이 형식에 들어갈 내용은 그 도덕 행위자가 처해 있는 공동체에 따라 달라질 수 있다.**

제2부 제10장 「도덕·윤리교과에서 창의성교육」은 제목이 말해 주듯이, 도덕·윤리교육에서 창의성교육이란 것이 무엇을 의미하는지에 대해 살펴본 글이다. 일반적으로 사람들은, 사람이 지켜야 할 마땅한 도리를 교육하는 '도덕·윤리교육'과 새로운 것을 생각하고 결과물을 산출해 내는 '창의성교육'은 서로 관련이 없는 것, 혹은 더 나아가 서로 반대되는 것으로 생각하는 경향이 있다. 이러한 생각에는, 이미 우리 사회가 옳고 그름에 대한 기준을 가지고 있으며, 그 도덕을 전수하고 전달하는 것이 도덕·윤리교과의 역할인데, 굳이 도덕·윤리교과에서 새로운 사고를 요하는 창의성에 대해 거론해야 하는가라는 회의가 있다. 그러나 이러한 생각은 잘못이다. 도덕·윤리교육의 중요한 기능 중의 하나는 학생들을 무엇이 옳은 것인지에 대해 스스로 고민할 수 있는 비판정신을 가진 '반성적 도덕행위자'로 교육하는 것이다. 만약 우리 사회의 도덕이 완전한 것이고 더 이상 개선될 여지가 없다면 기존 도덕의 전수 기능만을 도덕·윤리교과에서 담당해야 하겠지만, 우리는 우리 사회의 도덕이 완전하다고는 생각지 않는다. 따라서 어떻게 살아야 할 것인가,

무엇이 옳은가에 대한 완결된 진리를 발견했다고 단언할 수 없는 이상, 도덕·윤리교육은 학생들이 '왜'라는 질문을 던질 수 있는 여지를 남겨 주어야 하며 또한 그렇게 할 수 있도록 교육해야 하는 것이다. 설령 우리 사회의 도덕이 완전한 것이라 하더라도, 우리는 학생들에게 그것을 주입식으로 내면화시켜서는 안 되고 반성적으로 내면화시켜야 한다. 그렇다면 도덕·윤리교육에서 창의성의 의미는 다음과 같이 해석될 수 있다. 즉, 기존의 윤리를 가지고 학생이 겪게 되는 삶의 문제에서 적절히 적용하는 창의성, 그리고 기존의 불완전한 도덕에 대해 비판하고 새로운 대안을 찾으려는 창의성 양자의 의미를 포함한다.

제2부 제11장 「고도 정보화 시대 윤리교육의 방향」에서 필자는 도덕·윤리교육이 인터넷이 보편화된 현실에 어떻게 적응해야 하는가의 문제를 다루고 있다. 정보화사회의 도래는 학교교육에도 큰 변화를 불러일으키고 있으며, 도덕·윤리교육도 그 영향권에서 벗어날 수 없다. 이런 상황에 도덕·윤리교사는 도덕·윤리교과가 정보화와 무관한 교과라는 소극적 생각에서 벗어나 적극적으로 정보화의 파도에 올라타야 한다.

부록1 「논술교육의 올바른 방향」에서 필자는 우리 사회에서 논술시험과 논술교육이 어떻게 실시되는 것이 바람직한가를 살펴보고 있다. 이 글에서 주장하고 있는 것은 대략 다음의 네 가지이다. 첫째, 세계적 경쟁에서 앞서가는 국가가 되기 위해서 논술교육은 강화되어야 한다. 둘째, 논술의 암기과목화는 안 되지만, 암기과목화를 막는다는 미명하에 통합논술로 가는 것은 논술의 고액과외화를 유발시키기에 곤란하다. 셋째, 현재 우리 사회의 여건상 논술시험은 부분개방형이어야 한다. 넷째, 논술의 평가는 점수제 평가보다는 등급제 평가 혹은 Pass/Fail 평가여야 한다.

부록2 「다차원적 개념으로서의 논술」에서는 논술이란 무엇인가 하는 문제를 둘러싸고 학자들 사이에서 의견대립을 보이는 쟁점들을 정리한 뒤, 두 가지 주장을 펼치고 있다. 논술 개념을 둘러싸고 전개되는 쟁점 사항들은 크게 다섯 가지 정도가 있다. ①논술을 잘하는 데 정말로 형식논리학이 도움을 주는가? ②논술의 대상은 반드시 의견대립이 형성된 쟁점사항이어야 하는가? ③논술을 잘하기 위해서 논술자는 자기 나름의 가치관과 세계관을 가져야 하는가? ④논술에 제시문(텍스트)이 반드시 필요한가? ⑤논술교육의 목표는 비판적 사고와 창의성의 함양인가, 아니면 논리적 사고능력의 함양인가? 이런 쟁점들을 정리한 뒤 필자는 첫째로, 논술 개념은 일의적으로 정의될 수 없는 다차원적인 개념임을 밝히고 있다. 우리는 '논술'이라는 하나의 개념을 갖고 있지만, 그 개념에 대응하는 한 종류의 논술만 존재하는 것은 아니다. '논리적 글쓰기'라는 용어의 가장 단순화된 형태로서의 논술이 있을 수 있다. 그리고 단순한 논리적인 글쓰기에 더하여 인문사회학의 온갖 고전적 지식과 고등사고능력이 동원된 논술도 있을 수 있다. 뿐만 아니라 이 두 가지에 더하여 인생관과 세계관이 녹아 있는 수준 높은 논술도 존재할 수 있다. 요컨대 논술은 다차원적 개념이라는 것이다. 둘째로, 논술 개념이 다차원적 개념이란 관점에서 앞서 언급된 그 쟁점들이 해결될 수 있음을 보이고 있다.

제1부

도덕·윤리교육과 공동체적 자유주의

제1장

도덕·윤리교육의 정체성과 기존 입장에 대한 비판I

1. 서론

최근 윤리교육의 정체성에 대한 논의가 유관 학자들 사이에서 비교적 활발하게 이루어지고 있다. 주지하다시피 '국민윤리'라는 이름으로 도덕·윤리교육이 행해지기 시작한 지 30년이 훌쩍 넘었지만, 아직까지 도덕·윤리교육의 정체가 무엇인가 하는 문제가 해결되지 않고 있다는 것은 외부적인 시각에서 본다면 도덕·윤리교육계의 스캔들이라 할 것이다. 무엇을 가르치는 교과인지도 모르고 뭔가를 가르쳐 왔다는 것은 난센스처럼 보이기도 한다. 수학교사는 수학이란 교과목이 무엇을 가르치는 교과목인지 잘 알고 수학을 가르친다. 이런 사정은 생물학이나 물리학과 같은 경험과학들 일반에 대해 한결같이 통용된다. 그런데 도덕·윤리교과에 대해서는 그런 말을 할 수가 없을 것 같다. 그러나 우리는 이를 과도하게 부정적으로 볼 필요는 없다고 생각한다. 인생이란 무엇인가 하는 문제에 대해 인간은 정확한 답을 제시하지 못하면서도 삶을 영위하고 있다. 우리는 인생이 무엇인지 물으면서 살아가고, 살아가면서 인생이 무엇인지를 묻는다. 또 철학자들마다 철학에 대한 정의가 다름에도 불구하고 철학이란 학문이 대학에서 가르쳐지고 있다. 그러므로 도덕·윤리교육의 정체성에 대하여 모르는 상태에서 도덕·윤리교육이 가르쳐지는 것을 부정적으로만 볼 필요가 없다. 오히려 인생이란 무엇인가 하는 물음이 끊임없이 되풀이되는 가운데 인간 삶의 의미에 대한 혜안이 생겨나게 되고, 철학이란 무엇인가 하는 물음이 제기되고 그 해답이 모색되는 과정에서 철학이란 학문이 발전하게 되듯이, 도덕·윤리교육은 무엇을 가르치는 과목인가 하는 물음이 끊임없이 반복되는 과정에서 도덕·윤리교육이 발전하게 된다고 봐야 할 것이다.

과연 도덕·윤리교육은 무엇을 가르치는 교과인가? 필자는 이 물음에 답하는 기존의 경쟁적인 입장이 세 가지 있다고 생각한다. 첫째는 도덕·윤리교육은 근본적·본질적으로 정치교육이라는 입장이다. 둘째로 도덕·윤리교육은 본질적으로 인성교육이라는 입장이다. 셋째로 도덕·윤리교육은 근본적·본질적으로 철학교육이라는 것이다. 필자가 목표로 하는 것은 이 세 가지 기존 입장의 근거와 옳은 점, 그른 점을 밝히고, 각각의 입장의 교사관, 교육관, 교과서관을 비교·분석하는 일이지만[1] 이 장에서는 이 중 앞의 두 가지 입장만을 다룰 것이다. 세 번째 입장에 대한 비판적 분석은 다음 장에서 하고 있다.

2. 정치교육으로서의 도덕·윤리교육

1968년에 국민교육헌장이 선포되고, 1970년에 우리나라 각 대학에서 국민윤리과목이 교양필수과목으로 채택되었다. 그리고 1974년에 고등학교 교

1 필자는 언급한 세 가지 기존입장을 비교·분석하고 이를 바탕으로 하여 올바른 도덕교육은 한국인의 삶의 특수성을 고려하되, 개인의 자율성을 중시하는 '공동체적 자유주의 도덕교육'이 되어야 함을 입증하고자 하는데, 이 책의 제4장에서 이 작업을 하고 있다.

육과정에서 국민윤리가 사회과로부터 분리되어 6단위의 필수교과가 된다. 비록 국민윤리교육의 필요성이 대두된 것은 박정희 정권 이전인 1950년대라는 관찰이 없는 것은 아니나,[2] 국민윤리가 중시되어 활성기를 맞게 된 것은 박정희 시대부터였음이 분명한 사실이다. 박정희 시대부터 전두환 정권에 이르기까지 국민윤리교육을 지배했던 패러다임은 '정치교육으로서의 국민윤리교육'이었다. 국민윤리교육을 정치교육으로 이해했던 전형적인 학자들로는 이규호, 한승조 등이 있다. 도덕·윤리교육의 본질을 정치교육으로 이해한다면, 도덕·윤리교육에서 주도적인 역할을 해야 하는 학문은 정치학이 될 것이다. 그러나 이들이 말하는 '정치교육'은 '정치학교육'은 아니다.

1) 도덕·윤리교육의 본질은 국민정신교육으로서의 정치교육이라는 주장의 근거

한승조는 정치와 교육의 관계에 대한 두 가지 상반된 입장을 검토하는 방식으로 "국민윤리교육은 그 본질에 있어서 국민정신교육이고, 또 광의의 정치교육이다"[3]라는 주장을 정당화한다. 그에 의하면 첫 번째 입장은 교육은 정치와 무관하며, 교육이 정치와의 관계를 끊을 때 교육의 순수성이 보장된다는 입장이다. 이런 입장에서는 '교육의 정치적 중립성'이 강조된다. 두 번째 입장은 정치와 교육은 불가분리적 관계를 맺고 있다는 입장이다. 이 입장에 의하면, 정치와 교육은 상호 보완하고 상호 봉사함으로써 국가적 수요와 시대적 요청에 부응할 수 있으며 또 부응해야 한다. 전자의 입장은 국민윤리

---

2 '국민윤리' 교육의 변화과정에 대해서는 윤건영의 「고등학교 '국민윤리'교과 내용변화 분석연구」(한국도덕국민윤리과교육학회, 『도덕국민윤리과교육』, 제1호, 1990. 7.), 190쪽 이하 참조.

3 한승조, 「국민윤리교육의 회고와 전망」(국민윤리교육연구회, 『국민윤리연구』, 제10호, 1980. 11.), 128쪽.

교육이 정치교육으로 흐르는 것을 반대하고, 후자의 입장은 국민윤리교육이 정치교육으로 실시되는 것을 찬성하는 입장이다. 한승조는 이렇게 두 입장을 소개한 뒤, 정치의 개념을 광의와 협의로 구분하는 방식으로 전자의 입장도 옳고 후자의 입장도 옳다는 논리를 편다. 그에 의하면 협의의 정치 개념은 정치권력을 획득하고 유지하는 일에 관계되는 사람들의 행위이며, 광의의 정치 개념은 국가건설과 안전보장, 그리고 발전과 번영에 관계되는 사람들의 행위이다.

> 정치를 단순히 특정의 정치집단이 정치권력을 획득·유지·연장하려는 노력이라고 이해할 때, 교육이 정치로부터의 독립을 요구하며 정치적 중립성을 주장하는 것은 당연한 일이다. … (중략) … 한편, 정치를 국가의 독립과 안전, 초당파적으로 국가 이익을 추구하고 수호하는 행위로 이해할 때, 교육은 정치로부터 무관성을 주장할 수가 없을 것이다. 무릇 교육이란 시대적 요청과 국가적 수요를 외면하면서 존립할 수가 없는 것이다. 또 국가도 그의 존속과 안정, 번영과 발전을 위해서는 교육에 의존해야만 한다.[4]

이규호도 국민윤리교육이 특정 국가의 체제 유지에 봉사해야 함을 다음처럼 말한다.

> 어느 시대 어느 사회든지 교육을 계획하고 제도화할 때에는 늘 그 사회체제의 존속과 발전에 이바지할 수 있는 인간을 기르려고 한 것은 부인할 수 없는 사실이다. 이러한 모든 계획되고 제도화된 교육현상에 본원적으로 밑받침되어 있는 의도를 만약 오늘날의 개념으로 정치교육이라고 한다면, 우리의 지금까지의 민

---

4 한승조, 「국민윤리교육의 회고와 전망」, 128-129쪽.

주시민교육으로부터 반공교육을 거쳐 국민정신교육에 이르기까지의 모든 시도들은 그 본원적인 정치교육의 특수한 측면들 혹은 형태들이라고 할 수 있다.[5]

교육이 국가 발전에 기여해야 함은 당연하며, 도덕·윤리교육도 예외가 될 수 없다. 교육이란 것도 항상 특정 사회 속에서 이루어지는 일이기에, 사회를 떠난 인간을 생각할 수 없듯이 사회를 떠난 교육을 생각할 수 없음은 사실이다. 이런 사정은 특히 공교육에 대해서 더 타당한 말이다. 국가가 국민의 세금을 투입해서 실시하는 공교육이 국가의 발전과 무관한 방식으로 이루어진다면, 그 국가는 국가의 의무를 다하는 것이라고 보기 힘들다. 도덕·윤리교육 역시 공교육의 범주 안에서 실시된다면, 그 본래적 사명에 충실해야 할 것이다. 한국전쟁 이후 남한사회의 위정자들이 반공을 국시로 하여 국가를 다스리려 한 것은 한편으로는 당연한 일인지도 모른다. 북한의 남침을 당하여 수많은 동포가 전쟁의 포화 속에서 죽어 나간 마당에 공산주의에 대해 객관적이고 냉정한 입장을 취했다면, 그래서 일본이나 서유럽의 여러 나라들처럼 사회주의 정당이 만들어지는 것을 허용했다면, 오히려 그것이 이상한 일이 아니겠는가? 박정희 정권이 국가주의적 관점에서 국민교육헌장을 선포하여 국민들의 총화를 이루려 했던 것을 부정적으로만 볼 일이 아닐 수도 있다. 문제는 반공이나 국민총화의 개념들이 위정자 개인의 정권욕을 위해 때로는 은밀하고도 교묘하게, 때로는 노골적이면서도 명시적으로 악용되었다는 것이다. 전두환 정권의 국정지표 중의 하나는 '정의사회 구현'이었다. 정의가 강물처럼 흐르는 사회를 누가 마다하겠는가? 그러나 그런 정치적 슬로건도 결국은 정적을 탄압하는 데 악용되었다.[6]

---

5 이규호, 『국민윤리교육의 이론과 실제』(서울 : 문우사, 1982), 15쪽.

6 주지하다시피 정의사회 구현이란 미명하에 특정 정치인이 불법으로 축재한 재산을 환수했지만, 정작 그 자신은 대통령 재임 중에 엄청난 불법자금을 모아 사적으로 취했다.

이규호는 교육의 사회적 기능과 역할을 강조하면서 "교육과 교육체계는 그 사회의 지배적인 관념들과 이데올로기에 의해서 결정된다"[7]라고 말한 뒤, 다음과 같은 의미 있는 발언을 한다.

> 자라나는 세대로 하여금 특정한 구체적인 사회 안에서 생활할 수 있게 만든다는 것은 반드시 그 특정한 사회구조에 적응만 시키는 것을 의미하는 것은 아니다. 그 특정한 사회구조를 비판하고 새로운 여건들에 따라서 개혁하고 이를 통해서 발전시키는 것도 함께 의미한다.[8]

같은 의미의 말을 다음처럼 표현하기도 한다.

> 정치교육은 두 가지 서로 다른 사회적인 기능들을 가졌다. 하나는 현존하는 사회를 초극하면서 미래를 지향하는 발전적이고 진보적인 기능이고, 다른 하나는 현존하는 사회의 현상을 보수하고 현재의 지배구조를 방위하는 기능이다.[9]

2) 교과서관, 교사관, 교육관

국민윤리교육을 정치교육으로 이해했던 사람들이 한결같이 동의하는 사실은 정치교육으로서의 국민윤리교육의 상위 개념은 국민정신교육이라는 것이다.

> 국민정신교육 정책조정위원회가 국민정신교육추진종합계획을 의결한 것은 1982년 2월 6일이었다. 이 계획은 정부의 각 부처가 독자적으로 추진해 온 정

---

7 이규호, 『정치교육과 통일교육』(서울 : 문우사, 1997), 35쪽.

8 이규호, 『정치교육과 통일교육』, 36쪽.

9 이규호, 『정치교육과 통일교육』, 43쪽.

> 신교육 즉 문교부의 국민윤리교육, 국토통일원의 통일안보교육, 경제기획원의 경제교육, 내무부의 새마을 교육 및 사회정화위원회의 사회정화교육을 국민정신교육의 5대 분야로 확정하고, 이들 분야별 정신교육이 일관된 체계 내에서 추진되도록 하는 일련의 조치를 강구하였다.[10]

> 동서고금을 막론하고 이제까지 존재하였던 모든 국가, 정권 등과 같은 체제들은 자체의 존속persistence을 바랐고, 또 그것을 위한 많은 노력을 경주하여 왔다. 그 노력 중의 하나가 체제의 구성원들을 대상으로 실시하는 정신교육(그 사용하는 명칭이나 접근법은 다양하지만)이며, 동 교육을 통하여 체제에 대한 충성심과 지지도 혹은 일체감을 높이려고 하였다.[11]

국민윤리교육이 정치교육이며, 이 정치교육은 국민정신교육의 하위개념이라면 국민윤리교육이 세뇌교육과 무관하지 않음을 짐작할 수 있다. 국민윤리교육은 군부대에서 실시되는 정훈교육이나 정신전력교육과 마찬가지로 국민정신교육의 하위개념이다. 국민윤리교육이 어떻게 실시될 것인가를 알고 싶으면, 정훈교육이나 정신전력교육이 어떻게 실시되고 있는가를 생각해 보면 될 것이다. 이승복 어린이가 "공산당은 싫어요"라고 했다가 무장공비의 손에 죽었다는 이야기가 초등학교 교재에 실렸었다. 그가 공산주의가 어떤 것인지 알고 그것이 싫다고 말하지는 않았을 것이다. 공산당원은 뿔 달린 도깨비와 흡사한 것으로만 알고 있었던 초등학생이 부지기수였다. 국민윤리교육의 일환으로 실시된 반공교육이 세뇌교육임을 한승조는 매우 독특한 방식으로 시인하고 있다.

---

10 한국정신문화연구원, 『국민정신교육교재에 대한 분석적 연구』(1984), 1쪽.

11 정세구, 『국민정신교육의 과제』(서울 : 교육과학사, 1985), 24쪽.

국민윤리에 대한 교육을 최근 구미 산업사회에서는 '정치적 사회화' 또는 '정치교육'이라고 말하고 있으나, 우리나라의 경우는 정치라는 말이 갖는 부정적인 어감과 공산세계에서의 세뇌교육을 연상케 하기 때문에 정치교육이란 표현이 갖고 있는 부정적인 어감을 숨기기 위해 고안된 표현인 '국민윤리교육'이란 표현을 썼을 뿐이다.[12]

한승조의 이 말은 국민윤리교육은 공산세계의 세뇌교육과는 다른 교육이라는 주장을 하고 있는 것이 아니다. 공산국가에서 실시되는 정치교육 혹은 세뇌교육이 갖고 있는 부정적인 어감을 숨기기 위해 고안된 용어가 '국민윤리교육'임을 설명하고 있다. 그러니 그것은 공산국가에서 실시된 정치교육이나 세뇌교육과 마찬가지의 교육임을 인정한 셈이다. 국민윤리교육이 "인간개조와 정신혁명"[13]을 위해 동원된 교육인 한, 그 교육을 효과적으로 수행하기 위해 동원될 교과서관이나 교사관, 그리고 교육관이 어떤 것인지는 충분히 예상할 수 있다.

국민윤리교육이 국민정신교육의 일환으로 행해진다면, 국민윤리교재는 어떤 것이어야 하는가? 당연히 그것은 국가 주도로 만들어지지 않을 수 없을 것이며, 따라서 국정교과서가 될 수밖에 없다. 한국전쟁 이후 한국사회의 산업화 시기에 그 교과서에서 공산주의를 비판하고 자유민주주의를 예찬한 것은 그나마 이해할 수 있는 일인지도 모른다. 문제는 고등학교 국민윤리교과서에서 유신이 예찬되고 전두환 정권이 찬양되는 일이 있었다는 점이다. 국정교과서로 만들어지지 않은 대학의 국민윤리교재에서조차도 유신이 찬양되었다.

---

12 한승조, 「정치학·사회학적 관점에서 본 국민윤리학」(국민윤리학회, 『국민윤리연구』, 제11호, 1981. 8.), 47쪽.

13 한승조, 「정치학·사회학적 관점에서 본 국민윤리학」, 39쪽.

> 한국적 민주주의의 실천은 확실히 우리에게 새로운 역사의 전개를 의미한다. 이와 같은 역사의 새로운 전개 앞에서 민족사의 방향을 설정하고 그 위에 추진력을 확보하기 위한 민족의 일대 창조적 운동이 곧 10월 유신이다.[14]

그러면 특정 이데올로기 주입교육 혹은 세뇌교육으로서의 국민윤리교육을 가르치는 교사는 어떠해야 하는가? 교사는 국가가 위임한 임무, 즉 학생들을 국가가 요구하는 인간형으로 개조하는 일에 최선을 다해야 하는 임무를 지게 된다. 교사는 교육기술자이며, 교육이란 인간을 사회나 국가가 원하는 방향으로 만드는 것이다. '제작으로서의 교육관'으로 불릴 수 있는 이런 만드는 교육관에 의하면, 교육은 인간을 국가나 사회가 원하는 방향으로 만드는 것이다. 교육을 통해 인간을 만들고 개조한다는 이런 입장은 북한사회를 지배하고 있는 교육관의 요체이기도 하다. 우리는 김일성, 김정일 부자의 우상화가 끊임없는 세뇌에 의한, 만드는 교육에 의해 가능함을 알고 있다.[15]

3) 정치교육으로서의 국민윤리교육의 문제점

사실 어느 국가나 사회가 존립하기 위해서는 국민들이 국가에 대한 애국심과 충성심을 가져야 하며, 시민으로서의 역할을 수행해야 한다. 말하자면 공동체 의식을 갖고 있어야 한다. 그런 공동체 의식을 갖게 되는 것은 정치교육, 혹은 정치사회화의 결과이다. 국민윤리교육은 정치사회화교육인데, 협의의 정치사회화는 정치사회화의 책임을 가진 기관이 의도적으로 정치적 가치관과 실제의 정치적 정보를 교육하는 것이며, 광의의 정치사회화는 명

---

14 김순규, 『대학국민윤리』(서울 : 박영사, 1975), 173쪽.
15 만드는 교육관에 대한 보다 자세한 논의는, 문성학의 『삶과 윤리』(대구 : 형설출판사, 2012), 55쪽 이하 참조.

시적인 정치 학습뿐만이 아니라, 명목상으로는 비정치적이라고 할 수 있으나 정치적으로 합당하게 보이는 인간성(인격)의 학습을 포함하여 인간의 전 생애의 각 단계에서 행해지는 모든 형태의 정치적 학습을—그것이 공식적이든 비공식적이든, 계획적이든 비계획적이든—의미한다.[16] 국민윤리교육은 협의의 정치사회화교육인데, 한승조는 다음처럼 말한다.

> 국민윤리연구가 박정희대통령 시대의 산물이었다는 것을 부인할 수는 없다. … (중략) … 가난의 추방을 위한 경제건설과 함께 인간개조와 국민정신의 혁명이 박정희대통령의 양대 관심사였다고 할 수 있다. 이 두 가지 목표 중 후자 곧 인간개조와 정신혁명을 통한 사회개조를 위하여 실시했던 것이 5.16 직후의 재건국민운동이었다. 그리고 1968년의 제2경제국민운동이며 1972년부터의 새마을운동이었다. 이것이 교육문화면으로 나타난 것이 1968년의 국민교육헌장이다. 1970년 국민윤리과목이 신설된 것, 그리고 1978년 한국정신문화연구원이 개원된 것도 이러한 맥락에서 이해되어야 한다.[17]

그는 비록 국민윤리과목이 특정 정권을 옹호하는 어용교과가 아니라, 초당파적 국리민복을 추구하는 교과임을 주장하고 있음에도 불구하고, 1980년에 박정희의 유신을 옹호하는 발언을 다음처럼 서슴없이 한다.

> 우리는 현재 정치발전과 민주화의 길로 들어섰다. … (중략) … 국민적 합의나 국론통일의 기반이 다져지지 못한 상황에서 자유화, 민주화가 추구될 때, 사회집단과 정치세력 간에 분열과 대립, 반목과 갈등이 조성되어 정치·사회질서는

16 F. Greenstein, "Political Socialization"(in : *International Encyclopedia of the Social Science*, Vol. 14, N.Y. : Macmillan, 1968), 551쪽.

17 한승조, 「정치학·사회학적 관점에서 본 국민윤리학」, 43쪽.

> 걷잡을 수 없는 혼란과 비능률의 수렁으로 빠지게 된다. 70년대 유신체제와 같이 강제적 통일과 강압수단에 의한 안정이 필요했던 것도 이 때문이다.[18]

한승조가 이렇게 말하면서도 이런 발언이 박정희 정권을 편파적으로 비호하는 발언이 아니라고 생각하는 이유는, 박정희가 유신체제를 통한 한국적 민주주의를 주장한 것은 자신의 정권을 연장시키기 위해서가 아니라 순수한 애국적 충정에서 선진 조국의 건설을 앞당기기 위한 것이라고 생각했기 때문일 것이다. 그러나 전두환 정권이 들어선 뒤 발표된 글에서 그는 다음처럼 말한다.

> 국민윤리교육이 더욱 강화되어야 할 이유로서, 나는 세 가지를 지적하고자 한다. 첫째는 유신체제의 쓰라린 교훈 때문이다. 과거의 유신체제에 큰 잘못이 있었다면 그것이 '이념과 제도'에 의한 지배체제가 되지 못하고 '인물'에 의한 지배체제로 전락하여 버렸기 때문이다. … (중략) … 둘째는 자유화, 민주화, 정치발전을 이룩하기 위해서는 국민의 정치교육이 필수적 요건이라는 것이다. … (중략) … 전두환대통령이 내세운 새 시대 새 정부의 국정지표를 달성하기 위해서 고도의 정치교육이 요구된다.[19]

국민윤리교육을 정치교육으로 이해했을 때, 국민윤리교과는 독재자의 독재를 정당화시켜 주는 어용교과로 전락할 위험이 크다. 그럴 수밖에 없는 것이, 어느 통치자라도 국가와 민족을 위하여 통치한다고 말하지 사적인 이익을 추구하기 위해 통치한다고 말하지는 않을 것이기 때문이다. 박정희도 그

---

18 한승조, 「국민윤리교육의 회고와 전망」, 140쪽.

19 한승조, 「정치학·사회학적 관점에서 본 국민윤리학」, 45쪽.

랬고 전두환도 그랬다. 그런 독재자들이 국민정신교육의 이름으로 정치교육을 실시한다면, 필경 그들은 그 교육을 자신의 정권욕을 충족시키기 위해 이용하게 될 것이고 그런 정치교육은 결국 정권홍보교육 혹은 정권비호교육이 될 것이다. 그리고 국가의 안정과 번영을 위해 정치교육으로 봉사한다는 명분을 내걸고 그런 정권에 협조하는 학자나 교육자들은 결국 어용교육자나 어용학자가 될 수밖에 없을 것이다. 한승조는 그런 폐단을 극명하게 보여주고 있는 대표적인 사례로 보인다. 한승조가 국민윤리교육을 정치교육으로 실시해야 한다고 주장한 지 30년 가까이 지난 지금, 국민윤리과목을 고등학교와 대학에서 가르치는 것을 반대했던 사람들에 대한 한승조의 다음과 같은 반론이 얼마나 억지스러운지를 새삼 느끼게 된다.

> 이런 사람의 논리에 의하면 국민윤리교육은 국가적 차원 혹은 국민적 차원이 아니라 민주공화당 정권과 박대통령 개인의 이익을 위하여 신설된 것이며, 한국적 민주주의와 유신체제에의 맹종과 순응을 강요하기 위하여 실시된 것이 된다. 그러므로 국민윤리를 주장한 학자들은 학자적 양심과 신념을 갖지 못한 인간들이며, 학생들에게 권위주의적 문화와 전체주의적 정치체제에 순종하는 노예의식을 심어 주려는 목적에 봉사하였다는 것이다. 필자는 이런 말을 서슴치 않고 내뱉는 사람의 독선과 편협한 견해에 경악을 금할 수 없다.[20]

우리가 앞서 살펴보았듯이 정치교육의 진보적 측면을 긍정한 이규호 역시 "정치교육은 그 사회의 지배적인 세력과 계층의 관심과 수요에 부응함으로써 사실은 현존하는 권력구조의 보존을 위한 정치의 하나의 수단이 되는

---

20 한승조, 「국민윤리교육의 회고와 전망」, 138쪽.

것은 부인할 수 없다"[21]고 말한다. 그는 정치교육이 공교육 차원에서 시행되는 한, "어쨌든 공교육에서 그 사회의 변혁을 가져올 수 있을 정도의 비판의식을 길러 줄 수 있는 기회는 매우 적다"[22]고 말하기도 한다. 이규호 역시 정치교육으로 이해된 '국민윤리' 교육이 결국은 어용교육임을 인정한 셈이다.

'국민윤리'가 어용과목이 아니며, 국민윤리학과가 어용학과가 아니라는 주장이 없는 바 아니지만, 설득력이 있어 보이지는 않는다. 고등학교 교과서에서 10월 유신이 찬양되었던 것이 사실인 마당에 어용교과가 아니라고 하는 것이 받아들여질지는 심히 의문이다. 1973년 제3차 교육과정 개정 시 도덕과가 최초로 하나의 정규교과로 자리 잡았는데, 그 당시 도덕을 하나의 정규교과로 설정한 이유는 "유신과업을 완수하기 위하여 한국 민주주의에 기반을 둔 도덕교육이 그 어느 때보다도 절실하게 강조되어야 함을 느꼈기" 때문이었다.[23]

3. 인성교육으로서의 도덕·윤리교육

우선 인성교육이란 어떤 교육인가? '인성교육'이란 용어는 매우 혼란스러운 개념이다. '인성'이란 말이 동양철학에서 성선-성악설을 논할 때 말하는 '인성'인지, 아니면 '인간의 품성'인지, '인간의 개성'인지, '인간의 도덕성'인지, '인간의 사회성'인지 분명하지가 않다. 혹은 '물성(물격), 인성(인격), 신성(신격)'이라고 할 때의 '인성'으로 받아들일 수도 있겠다. 이런 이유로 학교

---

21 이규호, 『정치교육과 통일교육』, 43쪽.

22 이규호, 『정치교육과 통일교육』, 44쪽.

23 문성학, 「도덕·윤리교육의 태생적 멍에와 그 위기구조」(한국윤리교육학회, 『윤리교육연구』, 제7집, 2005), 63쪽 참조.

에서 실시되는 인성교육도 매우 혼란스럽다. 이런 애매함에도 불구하고 교육학계의 인성교육론자들은 인성교육이란 개념을 다음처럼 설명한다.

> 인성교육은 교육이라는 실제적 활동에 속하는 영역이다. 상식적으로는 지식교육과 대비되는 개념으로 사용하며, 예컨대 '사람 됨됨이', '인격', '성격', '행동', '습관', '태도', '가치관' 등을 올바르게 기르기 위한 교육을 인성교육이라고 총칭하곤 한다.[24]

인성교육에 대한 이런 규정에서 강조되고 있는 것은 인성교육이 기존의 도덕·윤리 교육에서 실시하는 암기 위주의 지식교육이 아니라는 것이다.[25]

문용린은 '인성교육'이란 말을 'character education'으로 번역하고 있는데, 'character education'을 '인성교육'으로 번역하는 것은 매우 부적절하다는 것이 필자의 생각이다. 차라리 '성품교육', 혹은 '품성교육'으로 번역해야 할 것이다. 혹자는 '인성교육'을 영어로 'personality education'으로 번역하기도 한다. 그러나 'personality'라는 용어는 인격, 개성, 성격 등 다양한 방식으로 번역된다. '인성'을 굳이 영어로 번역한다면 필자는 인간성, 혹은 인간다움의 뜻을 갖고 있는 'humanity'로 하는 것이 옳다고 생각한다. 조난심은 인성교육의 인접개념들로 인간교육, 도덕교육, 전인교육, 인간주의교육 등을 거론한 뒤, 1970년대부터 지식 위주의 교육을 탈피하여 인간 본연의 모습에 중

---

24 한국교육학회, 『인성교육』(서울 : 문음사, 1998), 26쪽.

25 기존의 도덕교과서에 대해 문용린은 다음처럼 그 문제점을 지적한다. "제일 큰 문제는 도덕교과서가 도덕성 함양에 적합한 자료가 되지 못한다는 데 있다. 예컨대 도덕교과서는 도덕적 판단능력이나 도덕적 사고력을 기르는 데 주안점을 두어서 제작되어야 하는데, 현행의 도덕교과서는 결코 '생각할 거리'를 제공하지 못한다고 한다. 도덕교과서가 단지 읽고 외울 거리만 제공한다고 하면 일반 '사회교과서'와 무엇이 다른가?"(「도덕·윤리교육의 문제와 개선방안」, 서울대학교 철학사상연구소, 『철학사상』, 제2권, 1992, 184쪽)

점을 둔 교육을 실시하자는 취지에서 사용되어 온 '인간교육'이 인성교육과 많은 부분 유사함을 지적하면서 두 개념을 다음처럼 구분한다.

> 인간교육이 지·덕·체가 고루 발달된 조화로운 인간의 모습에 강조를 둔다면, 인성교육은 덕목을 내면화한 통합된 인격의 형성에 초점을 둔다는 점에서 인간교육의 외연이 인성교육의 개념에 비해 더 크다고 할 것이다.[26]

그러나 '인성'을 물성이나 신성과 비교되는 개념으로 받아들일 경우, '인성'은 '인간'의 의미로 읽히기에, 인성교육은 곧 인간교육이 되어 버릴 것이다. 인성이란 용어가 이처럼 다양한 방식으로 사용되고 읽힐 수 있는 한, '인성교육'을 누구나 동의할 수 있는 방식으로 정의하는 것은 어려운 일일 것이다.[27] 그럼에도 교육현장에서 사람들은 인성교육이란 용어를 막연하게 '인간을 인간답게 만드는 교육' 혹은 '인간이 인간답게 되는 것을 도와주는 교육' 정도의 의미로 사용하고 있다.

'인성교육'이란 이름으로 간판을 바꾸어 단 도덕·윤리교육의 적임 학과는 교육학과라는 주장은 미·소냉전체제의 종식과 더불어 불어닥친 세계화의 바람을 타고 날아왔다. 세계화는 더 이상 특정 이데올로기는 주입하고 특정 이데올로기는 비판하는 이데올로기 교육으로서의 국민윤리교육, 혹은 특정 정권을 옹호하는 정치교육으로서의 국민윤리교육을 허용하지 않았다. 더 이상 그럴 필요가 없어진 것이다. 이제 그런 교육은 폐지되어야 한다. 김영삼 정권 시절을 거치면서 더 이상 정치교육으로서의 '국민윤리교육'으로는 되돌아갈 수 없는 강을 건넜다. 이것을 인식하는 것이 매우 중요하다. 냉전시

---

26 조난심 외, 『도덕교육학신론』(서울 : 문음사, 2003), 308쪽.

27 인성 개념에 대한 더 자세한 설명은 『인성교육을 위한 철학적 반성』(금교영, 영남대학교출판부, 1998) 제2장을 참조할 것.

대에는 비록 어용교과라는 욕을 먹었거나 말거나, 어쨌든 정권 차원에서 보면 국민윤리교과는 유용한 것이었으며, 비록 학문적 정체성은 확립되지 않았다 하더라도 그 존재 이유가 분명히 있었다. 그러나 세계화 시대가 되자 과거에는 통했던 그 존재 이유, 과거에는 정권의 담당자들이 인정해 주었던 그 유용성이 시효만료가 되어 버렸다.

이데올로기 교육으로서의 국민윤리교육 시절에는 비록 학문 내적 체질은 약했지만, 워낙 강력한 정권적 차원의 외적 보호막이 있었기에, 국민윤리교과를 다른 학과에서 함부로 건드리지 못했다. 그러나 이런 세계사적 변화의 와중에서 교육학과가 도덕·윤리교육의 본래 주인임을 자처하고 나섰다. 문용린이 장관으로 재직한 기간은 2000년 1월 14일부터 2000년 8월 7일까지이지만, 교육학계는 그가 장관이 되기 전부터—김영삼 정권의 세계화 구호가 등장하는 것과 때를 같이해서—기존의 도덕·윤리교육의 이데올로기 주입교육을 지식 위주의 교육으로 매도한 뒤, 이를 대체할 교육학과 위주의 도덕·윤리교육의 명칭으로 '인성교육'이란 용어를 택했던 것이다. 그리고 문용린이 교육부 장관이 되면서 윤리교육과가 없는 대학의 교육학과 졸업생들도 윤리교사 자격증을 받아 갈 수 있도록 만들었다. 이와 관련하여 김진은 다음처럼 말한다.

> 우리나라 교육행정의 역사상 최악의 내부자 거래 스캔들이 학계와 교육계를 강타하고 있다. … (중략) … 문제의 발단은 평소 교육학계의 이권을 쟁취하는 데 앞장서 왔던 문용린 교수가 교육부 장관으로 발탁되면서 철학과와 윤리과가 맡아야 될 도덕·윤리교육과정을 교육학과에도 전격 허용한 데서 비롯되었다.[28]

28 김진, 「도덕·윤리교육의 파행은 문용린 장관의 자질 부족에서 비롯된 것이다」(『철학비평』, 제4호, 2000. 6., 세종출판사), 11쪽.

문용린 장관은 학과연고주의와 패권주의에 눈이 멀어 교육 행정의 책임자로서 챙겨야 할 중요한 사실들을 간과하였다. 교수들은 기억할 것이다. 얼마 전까지만 하더라도 학부제를 하지 않으면 죽일 것처럼 떠들던 교육부가 이제는 교육학과로 하여금 단일학과에서 복수전공과정을 자체 운용할 수 있게 한 것이다. 우리는 이렇게 좋은 제도를 교육학과에만 특혜로 줄 것이 아니라, 모든 학과에도 허용할 것을 요구해야 한다.[29]

우리는 이하에서 교육학과 주도로 도덕·윤리교육이 이루어져야 한다는 입장을 두 가지로 나누어 볼 필요가 있다. 왜냐하면 냉전시대가 종말을 고하면서 도덕·윤리교육의 정체성 문제가 새로이 대두될 때, 도덕·윤리교육에 대한 교육학계의 입장은 두 가지로 나누어지기 때문이다. 첫째는 기존의 도덕교과를 존치시키면서, 교육학이 도덕·윤리교육에서 주도적인 역할을 하는 학문이라는 주장—물론 이는 잘못된 주장이다—을 내세워 교육학과 졸업생들도 윤리 교사 자격증을 주어야 한다는 입장이 있다(찬탈파). 둘째는 교과로서의 도덕·윤리교육을 폐지하고 그 대신에 인성교육이 실시되어야 한다는 입장이다(폐지론).

필자는 첫 번째 입장을 간단히 살펴본 뒤, 두 번째 입장을 좀 더 상세하게 다루어 볼 생각이다.[30]

---

29 김진, 「전국대학교수들에게 고함」(『철학비평』, 제4호, 2000. 6., 세종출판사), 20쪽.

30 교육학계가 옛날의 연고를 들먹거리며, 교육학과에서도 윤리교사 자격증을 받아 갈 수 있도록 만들자 마찬가지로 윤리교육과 옛 연고가 있는 철학과 교수들이 교육학과 교수들을 대대적으로 규탄하면서, 도덕·윤리교육의 주체는 철학과여야 한다는 주장을 한다. 이에 대해서는 『철학비평』 제4호(2000. 6., 세종출판사)와 전국철학교육자연합대회의에서 펴낸 『한국 「도덕·윤리」교육 백서』(서울 : 한울, 2001)를 보라.

1) 도덕·윤리교육의 주관 학과는 교육학과여야 한다는 주장과 그 문제점

무슨 근거에서 교육학과는 도덕·윤리교육의 주체는 교육학과가 되어야 한다고 생각했는가? 초등학교의 경우 가르쳐야 할 도덕교과의 내용은 매우 뻔한 것들이다. 정직해라. 친구들과 사이좋게 지내야 한다. 어른들에게 인사를 잘해야 한다. 그렇다면 이런 것들을 효과적으로 가르칠 수 있는 학과는 어려운 개념 놀음이나 하고 있는 철학과인가, 아니면 다양한 교육기법을 알고 있는 교육학과인가? 당연히 교육학과이다. 이것이 도덕·윤리교육은 교육학계가 맡아야 한다는 생각의 배후에 있는 근본적인 논리다. 박부권은 다음처럼 말한다.

> 도덕·윤리의 본질을 밝히는 철학의 논리와 도덕·윤리성의 형성에 초점을 두고 있는 교육의 논리는 구조부터가 다르다.[31]

박부권은 '거짓말해서는 안 된다'는 것은 확인된 진리이며, 이것을 다양한 교육내용과 기법을[32] 동원하여 학생들에게 내면화시키는 것이 도덕성의 형성이요 도덕교육이라고 생각하고 있다. 그러나 그의 주장대로라면, 교육학과 출신자들은 도덕·윤리의 본질도 모르면서 도덕·윤리를 가르치는 것이 될 것이다. 말하자면 '윤리학적 반성' 없는 '윤리교육'이 실시될 것이다. 그가 의지하고 있는 전제, 즉 '거짓말해서는 안 된다는 것은 확인된 진리'라는 것

---

31 『교수신문』, 2000. 6. 19. 「교사양성, 특정학과 독점 이유 없어」

32 교육학자들이 생각하는 인성교육의 다양한 내용으로는 인간관계지도, 용돈사용이나 여가 선용하는 방법을 포함한 생활습관지도, 학습지도, 정서지도, 비행예방지도 등이 있으며, 인성교육의 방법으로는 모든 교과를 통한 지도, 학급관리를 통한 지도, 상담을 통한 지도 등이 있다.(한국교육학회, 『인성교육』 '차례' 참조)

이 얼마든지 진리가 아닐 수 있다는 사실을 모르고 있다. 우리는 친구의 생명을 구하기 위해, 혹은 독립군의 생명을 구하기 위해 일본 경찰에 거짓말할 수도 있다. 도덕교육을 한다는 것은 단지 다양한 교육기법을 동원하여 학생들을 정직한 기계 혹은 기계적으로 정직한 인간으로 만드는 것이 아니다. 비록 초등학생들을 상대로 한 도덕교육이라 하더라도 왜 거짓말하는 것이 나쁜지, 그리고 거짓말은 항상 나쁜 것인지 등등에 대해 그들 수준에서 생각해 보게 하는 것이 중요하다. 그렇다면 도덕·윤리교사는 교육기법만 알고 있다고 할 수 있는 것이 아니다. 박부권은 교육학과가 학생들의 도덕성을 더 잘 형성할 수 있다고 말하지만, 정작 무엇이 도덕성인가 하는 문제에 대해 그는 장님이다. 더군다나 도덕성이 무엇인가 하는 문제는 열려 있는 문제로서 학자들 간에 끊임없이 논란이 되고 있음을 염두에 둔다면, "도덕·윤리성의 형성에 초점을 두고 있는 교육의 논리"를 앞세워 도덕·윤리교육의 담당주체는 교육학과가 되어야 한다고 주장하는 것은 참으로 허무맹랑한 일이라 아니할 수 없다.

2) 도덕·윤리교육은 인성교육으로 전환되어야 한다는 입장과 그 문제점

인성교육론자들은 도덕·윤리교육의 근본적인 목표는 도덕적으로 행동하는 인간을 길러 내는 것인데, 지금까지의 도덕교육은 그 목표를 달성하지 못했다고 생각한다.

그러면 해당하는 영어번역어도 없는 '인성교육'이란 용어가 난데없이 사용되기 시작한 것은 무엇 때문인가? 이는 기존의 교과 중심의 '도덕교육'을 부정하고 새로운 패러다임의 도덕교육을 시도하려 했던 교육학자들의 의도가 작용했기 때문이다. 문용린은 다음처럼 말한다.

"미국에서의 가치교육은 … (중략) … 서로 다른 두 조류로 발전해 왔다. 하나가 시민교육 또는 공민교육citizenship education 또는 civic education이라는 명칭 아래에서 민주주의라는 정치, 사회, 경제 체제를 잘 정립시키기 위해 추진되는 교육인 바, '공민'civics이라는 교과목 명칭을 가지고서, 사회생활social studies 교과에서 가르쳐 왔다. 다른 하나는 인성교육character education이라는 명칭 아래에서 개인의 도덕적 삶을 완성시키기 위한 노력의 일환으로 추진되는 교육이었는 바, 정규학교의 교과목으로서 가르쳐지기보다는 가정과 학교 및 사회, 그리고 교회에서 비공식적, 비정규적, 그리고 잠재적 교육과정의 일환으로 시도된 교육이었다."[33]

문용린은 이 구절에서 우리나라의 도덕교육도 미국식으로 이원화될 필요가 있음을 강하게 암시하고 있다. 유신시절과 제5공화국을 거치면서 독재를 옹호해 주던 방식의 정치교육이 불필요하게 되면서, 국민윤리교육에서 담당했던 정치교육은 미국식 공민교육으로 만들어 사회과로 넘겨주고, 개인의 도덕적 삶의 완성을 지향하는 교육은 '인성교육'의 이름으로 실시해야 된다는 것이다. 그리고 이 인성교육은 "정규학교의 교과목으로서 가르쳐지기보다는 가정과 학교 및 사회, 그리고 교회에서 비공식적, 비정규적, 그리고 잠재적 교육과정의 일환으로 시도"하자는 것이다. 이는 명백히 교과로서의 도덕·윤리를 없애자는 말이다.

박부권은 처음에는 찬탈파였으나 나중에는 폐지론에 가담한다. 박부권은 『교수신문』에 투고한 글 「담당주체 논의 앞서 과목존폐여부 따져야」에서 도덕·윤리교과를 없애 버릴 것을 제안한다. 못 먹는 밥에 재 뿌리기 전법으로 나간 것이다. 박균섭은 "한국 학교교육의 현실에서, 특히 덕성 함양과 인격 확립에 관한 문제를 거론하는 장면에서 도덕·윤리교과의 존폐여부를 언급

33 문용린, 「미국의 인성교육」(철학문화연구소, 『철학과 현실』, 1995년 가을호), 98쪽.

하는 일은 심각하고도 위험한 수위의 발언이다. 하지만 학교교육학과 도덕교육론의 본연에 대해 진지하게 임하고자 하는 한, 이에 대한 발언을 피하기는 어렵다"[34]라고 말하면서 박부권의 폐지론을 인용한다.

> 필자는 이 자리를 빌어 도덕·윤리교과와 관련하여 보다 근본적인 문제를 제기하고 싶다. 즉 일제시대에는 '수신'으로, 군사독재시대에는 '반공·도덕'으로 일제의 지배와 독재체제의 정당화를 위하여 특별히 고안된 이 과목이 새 천년이 시작된 민주화된 오늘날의 우리 사회에도 계속 필요한 것인가? 이 질문은 어느 학과가 도덕·윤리교사 양성에 더 적합한가 하는 질문보다 논리적으로 선행한다. 도덕교육은 별도의 교과로 설정될 것이 아니라 모든 교과에서 공히 이뤄져야 한다고 주장한 듀이는 독재체제가 아닌 오늘날과 같은 민주화된 사회에서 직접적인 수업을 통하여 도덕성을 형성할 수 있을 것으로 기대하는 것은 '감상적 마술'에 의존하는 것과 다를 바 없다고 경고한 바 있다. 만약 듀이의 주장이 옳은 것이라면 독립교과로서의 도덕·윤리교과는 그 존립근거를 잃게 된다.[35]

---

34 박균섭, 「도덕교육의 발생사와 지형도 : 비판적 검토」(한국교육철학회, 『교육철학』, 제40집, 2010), 60쪽.

35 『교수신문』, 2000. 7. 3. 「담당주체 논의 앞서 과목존폐여부 따져야」. 이에 대해 필자는 다음처럼 논박했다. "지금까지의 도덕·윤리교육이 파행적이었음을 지적한 뒤, 윤리교과를 없애는 것이 옳음을 암시한다. 어제같이 윤리교육을 맡아야 할 당위성을 내세우던 교육학계가 오늘같이 윤리교과를 없애자고 하니 이 무슨 논리의 비약이며, 학문적 독단인가? 지금까지의 윤리교육이 파행적으로 실시되었으니, 민주화된 시대에 어울리는 제대로 된 윤리교육을 실시하자고 해야 이치에 맞는 일이 아닌가? 제대로 된 윤리교육은 교과로서의 윤리교육을 없애는 일에서 시작해야 한다고 말할 것이다. 이것이야말로 교육학계의 독단과 오만이 아니고 무엇인가? 필자의 성급한 직관, 조급한 판단을 나무랄 독자들이 있을 것이다. 그러나 결코 그렇지 않다. 일반에게 알려지지 않았지만, 이미 제6차 교육과정 개편 때에도 교육학계 인사들은 윤리과목을 없애 버리려 했었다."(박부권에 대한 필자의 논박은 2000년 7월 17일 자 『교수신문』에 실린 「윤리과목 폐지론, 교육학과 독단이자 오만」을 참조)

박부권의 이런 주장에 대해 박균섭은 다음처럼 평가한다.

도덕교육은 별도의 교과를 설정하여 가르칠 일이 아니라 학교교육의 전체적 과정 속에서, 모든 교과를 통해 공히 이루어져야 한다는 견해는 학교교육의 본연적 이해와 실천을 위한 중요한 문제제기가 아닐 수 없다.[36]

그러나 도덕·윤리교육교사 자격증을 받아 가려고 그렇게나 안달이던 교육학계가 느닷없이 교과로서의 도덕·윤리교육을 폐지해야 한다고 말하면서 태도를 표변시킨 것에 대해서 박부권과 박균섭은 어떻게 해명하려는지 궁금하다. 박균섭은 또한 다음처럼 현재의 도덕·윤리교육학계를 질타한다.

국민윤리라는 명칭의 사용이 더 이상 가능하지 않게 된 1990년대에 들어와 도덕·윤리교육은 이제 더 이상 국민 정신교육이 아니라 도덕·윤리교육학이라는 새로운 옷을 걸치게 되었음에 주목할 일이다. 여기에 주목이라는 말을 쓰는 것은, 그 본질의 변화가 없음을 눈여겨보라는 얘기이다. 명칭은 바뀌었지만, 기왕의 국민윤리교육체제와 거의 변함없는 차원의 발상과 안주, 그리고 정당화 작업은 계속되었다. … (중략) … 교육의 기조는 일단 표면적으로 정치성을 배제한 인성교육의 표방이었다. 사실상 국민윤리교육사에서 발생사적 특징으로 거론된 바가 없었던 인성교육이 이제는 미안함에 대한 변변한 해명도 안내도 없이, 마치 당연한 지향이었던 것처럼 도덕교육의 선봉에 나섰다. '반공'과 '국민정신'을 몰아내고 그 빈 자리를 차지한 인성교육은 교육의 진정성으로 읽히기보다는 무임승차의 뻔뻔스러움을 떠올리게 한다.[37]

36 박균섭, 「도덕교육의 발생사와 지형도 : 비판적 검토」, 61쪽.
37 박균섭, 「도덕교육의 발생사와 지형도 : 비판적 검토」, 67-68쪽.

이 인용문의 앞부분은 도덕·윤리교육계의 맹성을 촉구하는 진정 어린 충고로 받아들일 수도 있겠다. 그러나 '중략' 이후의 뒷부분은 도덕·윤리교육계 전체를 매도하는 비학자적 발언으로 읽힌다. 도덕·윤리교육계는 냉전 체제의 종식 이후 민주화 시대에 어울리는 도덕·윤리교육의 새로운 정체성 확립을 위해 그 나름으로 노력하고 있다. 물론 노력하는 만큼 소기의 성과를 내지 못하고 있는 것이 현실이기도 하지만 말이다. 그렇다고 도덕·윤리교육학계를 아무런 교육적 진정성도 없이 인성교육을 표방하면서 단지 도덕·윤리교육계의 생존을 연명하려는 집단으로 매도하는 것은 지나쳐도 한참 지나친 비학문적 언사라 하겠다. 박균섭은 "사실상 국민윤리교육사에서 발생사적 특징으로 거론된 바가 없었던 인성교육"이라고 하고 있는데, 이는 당연한 일이다. 왜냐면 교육부 권력을 장악한 문용린을 앞세워 도덕·윤리교육이란 용어 대신 '인성교육'이란 용어를 사용하면서 기존의 도덕·윤리교육을 찬탈하려다 그것이 여의치 않자 도덕·윤리교육을 폐지해야 한다고 주장한 집단이 바로 교육학계이기 때문이다. 그러니 '인성교육'이란 용어를 사용하게 된 것과 관련해서 박균섭은 도덕·윤리교육계에다 "미안함에 대한 변변한 해명도 안내도 없이"라느니 혹은 "무임승차의 뻔뻔스러움"이라느니 할 것이 아니라, 그가 몸담고 있는 교육학계의 비열함부터 먼저 반성해야 할 것이다.

인성교육론자들이 도덕교과를 독립적인 교과로 인정하지 않으려는 데는 세 가지 이유가 있다. 첫째로 지금까지의 도덕교육은 지적인 측면에 치중함으로써 학생들로 하여금 그들이 소유한 도덕적 지식을 행동화하게 하는 데 실패했다는 것이다. 이와 관련하여 1995년 5.31 교육개혁을 주도했던 위원회가 『세계화·정보화 시대를 주도하는 신교육체계 수립을 위한 교육개혁방안』 제2차 대통령 보고서에서 기존의 도덕교육을 지식전달 위주의 교육으로 간주한 뒤, 인성교육을 실천 위주의 교육으로 규정하면서 다음처럼 말하고 있음을 주목할 필요가 있다.

> 일상생활에서 참여와 체험활동을 통한 인성교육을 강화하고, 주지 교과식 도덕수업 방식을 탈피하면서 대화, 토론, 사회봉사, 학생회, 동아리에 참여하는 실천적 활동을 강화하며, '실천 위주의 인성교육'이 '지식교육' 못지않게 초·중등 교육의 중요한 부분으로 정착하도록 한다.[38]

둘째로 특히 초등학교의 도덕교육의 경우 교사가 학생들에게 전달할 도덕적 지식이란 것이 매우 상식적인 것이어서 이런 상식적인 지식을 학생들에게 전수하기 위해 특별히 전담교사가 필요한가라는, 전담 도덕교사의 존재의의에 대한 회의론이 대두되었다. 셋째로 모든 교사는 일차적으로 도덕교사라는 교육학적 상식에 입각하면, 도덕을 하나의 교과로 만들어 전담하는 교사는 불필요하다는 것이다. 그러면 그 대안은 무엇인가? 전 교사의 도덕교사화를 통한 생활예절교육이 그 대안이다. 그렇게 되면 영어교사도 도덕교사요 수학교사도 도덕교사다. 이들 인성교육론자들의 주장에 의하면 학생들의 인성을 함양하기 위해서는 국어, 미술, 음악, 체육 등등의 과목들은 말할 것도 없고 심지어 생물, 기술 과목들도 활용될 수 있다고 한다. 예컨대 체육시간에 할 수 있는 인성교육은 이런 것이다.

> 체육시간에 운동장 같은 공간에 학생들을 편안하게 눕게 한다. … (중략) … 그리고 눈을 감게 하고 다음과 같이 말해 준다. "자 이제 심호흡을 합니다. … 깊이 숨을 들이마셨다가 내쉬어 보세요. … 천천히 그렇게 숨을 쉬면서 몸을 이

---

38 정창우, 「인성교육에 대한 성찰과 도덕교육의 지향」(한국윤리학회, 『윤리연구』, 제77호, 2010), 6쪽에서 재인용.

완시키세요. 이제 신체의 각 부분을 이완시키는 작업을 하겠습니다. … 이마에 힘을 빼세요. … 눈꺼풀과 눈동자에 힘을 빼세요. …"[39]

생물시간에 할 수 있는 인성교육의 예는 이렇다.

여러분은 배 속에 있는 위장입니다. 음식물을 소화시키는 위장입니다. 여러분을 배 속에 넣고 다니는 주인이 음식을 먹고 있습니다. 느껴 보세요. 그가 음식을 삼키고 있습니다. 그 음식들이 식도를 타고 위장으로 전해져 옵니다. 그것을 느껴 보세요.[40]

그리고 모든 교사는 학교현장에서 그때그때 학생들의 생활예절을 지도한다. 도덕교사만이 학생들의 생활을 지도하란 법이 어디에 있는가? 도덕 전담교사제는 도덕교사 이외의 다른 교사들이 학생들의 도덕지도에 무관심하게 만들었다는 것이 인성교육론자들의 판단이다.

3) 인성교육론의 문제점

일견 도덕 전담교사 폐지론은 그럴듯하게 보인다. 그러나 좀 더 면밀히 고찰해 보면 이는 아주 잘못된 것임이 백일하에 드러난다. 첫째로 지금까지의 도덕교육이 실패했다는 주장부터 살펴보자. 지금까지의 도덕교육이 성공적이지 않다는 현실진단은 비교적 정확하다. 그러나 그 실패의 원인이 도덕 전담교사제에 있었던 것은 아니다. 도덕교사를 지배 이데올로기 주입교육의

39 한국교육학회, 『인성교육』, 248쪽.
40 한국교육학회, 『인성교육』, 250쪽.

최첨병으로 악용해 온 역대 정권이 지금까지의 도덕교육을 망친 장본인이다. 해방 이후 지금까지 도덕교사에게 도덕교사 본연의 임무를 수행할 수 있는 기회를 주어 보지도 않고서 도덕 전담교사를 두어도 도덕교육이 실패했으니 도덕 전담교사를 없애야 한다고 말하는 것은 설득력이 없는 주장이다. 둘째로 도덕교과의 내용이 너무 상식적이어서, 이런 상식적인 도덕적 지식의 교육을 위해 과연 도덕 전담교사가 필요한가라는 의구심에 답해 보고자 한다. 실상 학교 도덕교육의 현장에서는 자기 전공과목만으로는 책임시수를 채우지 못하는 교사가 책임시수를 채우기 위해 도덕교과를 맡는 것이 관행이 될 정도로, '도덕교과는 아무나 맡아도 되는 과목' 정도로 인식되어 있다. 만약 도덕교과의 내용이 상식적인 것이어서 도덕교과는 아무나 맡아도 되는 것이라고 한다면, 도덕교과는 불필요한 과목이 될 것이다. 가령 '길에 쓰레기를 버리는 행위는 나쁜 것이다'는 것은 상식이다. 만약에 도덕교육이란 것이 이처럼 뻔한 상식을 가르치는 것으로 끝나는 과목이라면, 확실히 도덕교사는 불필요한 존재다. 그러나 우리는 도덕가와 도덕철학 혹은 윤리학을 구별하지 않으면 안 된다. 칸트 같은 위대한 윤리학자도 자기가 새로운 도덕을 만든 것이 아님을 말하고 있다. 칸트는 자신의 윤리학에 대해 "도덕의 새로운 원리가 아니라, 오로지 새로운 표현공식이 세워져 있을 따름이다"고 비판한 것에 대해, 다음처럼 반문한다.

> 누가 도대체 모든 도덕성의 새로운 원칙을 가져와서, 마치 이전의 세상 사람이 의무가 무엇인지를 알지 못했으며 혹은 전혀 그릇되게 생각했던 것처럼, 도덕을 이제 와서 처음으로 발견하려 했단 말인가?[41]

41 I. Kant, *Kritik der praktischen Vernunft*(Hamburg : Verlag von Felix Meiner, 1974), 8쪽.

길에 쓰레기를 버리는 것이 나쁜 것임을 학생들에게 주입시키는 것이 도덕교사가 할 일이 아니고, **왜 나쁜가를 학생들의 발달 수준에 맞추어** 다양한 도덕철학적 각도에서 분석하고 비교하고 설명하거나, 그 주제를 갖고 학생들이 토론하게 함으로써 학생들의 반성적 도덕성을 제고시키는 것이 도덕교사가 할 일인 것이다. 물론 학생들에게 반성적으로 내면화시켜야 할 내용은 '한국인의 삶의 독자성과 특수성에 기초해 있으면서, 사회구성원들에 의해 합의된 삶의 양식이나 가치관'이다. 만약 도덕교사에게 상식적인 도덕을 넘어서는 새로운 도덕을 학생들에게 가르치기를 요구한다면 이는 칸트조차도 할 수 없는 일을 요구하는 일이 될 것이다. 만약에 도덕교육이 이런 식으로 전개된다면(마땅히 그런 식으로 전개되어야 하지만), 도덕교과는 결코 아무나 맡아서는 안 되는 과목이 될 것이다. 도덕교과는 아무나 맡아도 된다는 사고방식이 만연되어 있다는 것은 사람들이 아직까지 도덕교과의 본질적 특성에 대해 무지함을 말해 주는 것이 될 것이다. 셋째로 모든 교사는 일차적으로 도덕교사이기에 도덕 전담교사는 불필요하다는 주장에 대해 살펴보자. 이 말은 얼핏 보기에 그럴듯하게 들리지만 실상은 애매한 말이다. 우선 그 말은 모든 교사는 도덕적으로 학생들의 본이 되어야 하며 학생들의 기본 생활을 지도해야 할 의무를 갖고 있다는 뜻으로 풀이될 수 있다. 이는 결코 틀린 말이 아니다. 사실상 지금까지 교육현장에서 도덕교사 이외의 다른 교사들은 학생들의 생활지도에 무관심한 경향이 없지 않았다. '나는 영어만 잘 가르치면 된다'거나 '나는 수학만 잘 가르치면 된다'는 생각을 버리고 영어교사도 수학교사도 학생들의 생활지도를 통한 인성교육에 관심을 가져야 함은 당연한 일이다. 만약 도덕교사가 하는 일이 '살인은 나쁜 일이다'거나 '약속을 어기는 것은 나쁜 일이다'거나 '거짓말을 해서는 안 된다'거나 하는 도덕적 상식들을 학생들에게 전달하는 것이라는 도덕교사관이 옳다면, 모든 교사는 교사로서 학생들에게 도덕적 본이 되어야 하며 학생들의 기본 생활예절을 지도해야 하므로, 모든 교사는 일차적으로 도덕교사이며, 따라서 도덕전담교사는 불필요하다는 주장이 성립한다. 그러나 도덕교사가 해야 할 일이 도덕적 상식을 학생들에게 전달하는 것이 아니라, 거짓말을 하고 약속을 어기는 것이 **왜 나쁜 일인가를 학생들의 발달 단계에 맞추어** 학생들로 하여금 토론하고 설명하게 하는 일이라면, '모든 교사는 일차적으로 도덕교사다'는 말은 거짓이 된다. 모든 교사는 도덕가여야 하며, 학생들의 기본 생활예절을 지도해야 하지만—그리고 이 말은 맞는 말이다—모든 교사가 일차적으로 도덕교사인 것은 아니다. 만약 우리가 도덕교사가 해야 할 일을 도덕가에게 맡기는 것으로 학교에서의 도덕교육이 충분히 이루어질 수 있다고 생각한다면, 이는 윤리학이란 학문이 불필요하다고 말하는 것이 될 것이요, 도덕법칙이나 덕목 혹은 가치관의 반성적 내면화가 필요 없다고 말하는 것이나 마찬가지이다.

인성교육론자들은 주당 1시간씩 3년 동안 교과로서의 도덕교육을 실시하는 것으로 학생들을 도덕적 행동에 이르게 하는 것은 불가능하다고 생각한다. 그들은 지식교육 위주로 시행되는 독립 교과로서의 도덕 혹은 윤리과목을 없애고, 우리가 앞서 살펴보았듯이 다양한 교과와 교과 외 교육활동을 통해 실천적 인성교육을 실시하는 것이 효율적이라고 생각한다. 그러나 독립 교과로서의 도덕교과 없이 인격교육 프로그램을 운영하는 것이 그 사회의 다원성으로 말미암아 관행이 되어 있는 미국에서조차도 반대의 목소리가 있다. 펜실베이니아 한 학구의 부교육감인 허프맨H. A. Huffman이 인격교육 프로그램을 운영하면서 얻게 된 교훈은 별도의 독립과목으로서의 도덕교과를 만들어 가르치는 것이 인격교육에 효과적이라는 것이다. 그렇게 함으로써 첫째로 전체 학생들에게 중요한 도덕의 내용이 무엇인지를 분명하게 강조하여 가르칠 수가 있다. 둘째로 가르치는 도덕의 내용들을 모순 없이 일관성 있게 가르칠 수가 있다. 셋째로 도덕교과가 타 교과들이 수업에서 각각 가르치는 내용과 관련하여 핵심 가치나 덕목들을 효과적으로 가르칠 수 있도록 도움을 준다는 것이다.[42] 최근 일본에서도 그들의 도덕·윤리교육의 정체성이 무너진 것을 개탄하면서 '도덕교육의 교과화'를 일관되게 추진하고 있는 한국을 배워야 한다는 목소리가 있다고 한다.[43]

인성교육론자들의 주장을 따라가면 인성교육과 무관한 것은 아무것도 없다는 희한한 사실을 알게 된다. 학생들을 인간답게 만드는 인성교육의 내용에는 상담, 생활지도, 인간관계지도, 용돈사용지도나 여가선용지도와 같은 습관지도, 정서지도, 비행예방지도 등이 있다. 그렇다면 정신과 의사나, 작곡가나 가수와 같은 음악가들, 미술가들, 극한적 고통을 견뎌내게 만들어 씩씩하고 담력 있는 인간을 만드는 유격부대 조교, 야구 감독이나 코치 및 선수, 심지어 9.11 테러를 일으킨 테러리스트들조차도 부정적 모델로서 인성교육가들이 될 것이다. 그러나 모든 것과 다 관련된 인성교육은 결국 아무것과도 관련이 없는 것이 될 것이다. 뿐만 아니라 인성교육론자들은 아동 혹은 학생들을 심리학적 조작대상으로 간주함으로써, 오히려 학생들이 자율적 인격체로 성장해 가는 것을 방해하는 교육이 될 가능성이 있다. 인성교육을 통해서는 학생들이 인습적 도덕성을 갖게 할 수는 있지만 반성적 도덕성을 갖게 할 수는 없으며, 따라서 학생들을 진정한 인격체로 양성할 수가 없다.

인성교육론자들의 주장은 어떤 측면에서는 북한식 도덕교육과 흡사한 측면이 있다. 북한식 도덕교육은 전형적인 정치교육으로서, 이 정치교육의 목표는 사회주의적 혁명 과업을 완수하는 데 적합한 인간을 '만들어 내는' 것이다. 이 목표는 어떤 하나의 특정 교과에서 맡아 성취할 수 있는 교육목표

42 조강모, 「인성교육과 도덕과 교육의 관계설정」(한국초등도덕교육학회, 『초등도덕교육』, 33집, 2010), 27-28쪽 참조.

43 박균섭, 「학교인성교육론 비판」(『교육철학』, 제35집, 2008), 40쪽 참조.

가 아니다. 그래서 북한에서는 이 목표에 도달하기 위해 모든 교과가 동원된다. 국어교과서에는 사회주의 이상사회 건설을 위해 전심전력하는 예화들로 가득 채워진다. 수학교과서에는 산수문제의 예문에도 미제국주의와 남조선 자본주의에 대한 적개심을 고취시키는 문제들이 등장한다. 물리문제도 그런 식이다. 예컨대 '대포동 미사일이 어떤 물리적 조건에서 발사되면 남조선 목표지점에 타격하게 되는 시간은 발사 후 몇 분인가?' 하는 문제들이 등장한다. 음악, 체육 등등 모든 교과들도 사회주의적 인간을 만들어 내는 데 동원된다.[44] 인성교육 역시 학생들의 인성을 길러 주는 목표는 특정 교과 한 과목의 교육적 노력을 통해 달성될 수 있는 것이 아니며, 전 교과를 통해 인성교육이 이루어져야 한다고 생각하는 점에서 북한식 정치교육과 닮았다. 모든 교과를 통해 학생들의 인성을 지도하도록 함으로써 실천적 인성교육의 효과를 극대화하려는 이런 시도에 대해 다음과 같은 비판도 있다.

> 인성교육을 모든 정규 교과에 반영하여 운영하도록 한 조치는 각 교과는 교과 고유의 학문구조를 가지고 있기 때문에 모든 교과목에서 다루어져야 하는 주제는 어떤 교과목에서도 유의미하게 다루지 않을 수 있다는 점에서 현실적으로 한계가 있다.[45]

---

44 유신체제하의 국민윤리는 북한이 전 교과를 통해 실시하는 정치교육을 하나의 특별한 교과에 모아서 실시하던 정치교육이었다. 다시 말해서 남한에서는 북한과는 달리 모든 교과를 통해 정치교육을 할 수는 없었기에, 국가와 민족의 무궁한 발전과 선진조국의 창조라는 미명하에 유신체제를 홍보하는 정치교육에 필요한 모든 교과목들을 국민윤리라는 한 과목에 모아 교육을 실시했던 것이다. 그런 이유로 국민윤리학은 정치학, 윤리학, 사회학, 국사, 경제학, 법학 등 모든 학문의 종합학문이 된 것이다.

45 정창우, 「인성교육에 대한 성찰과 도덕과 교육의 지향」, 7쪽.

4. 결론

우리는 지금까지 도덕·윤리교육의 정체성에 대한 기존의 두 가지 입장이 갖고 있는 문제점을 분석하고 비판하였다. 첫째로 도덕·윤리교육을 근본적으로 정치교육으로 간주하는 것은 특정 이데올로기 주입교육으로 되어 버려 결국에는 특정 정권의 지배논리를 정당화하는 어용교과로 전락할 위험이 농후하다. 이런 입장에서면 교육은 철저하게 정치에 예속되어 그 자율성을 상실하게 된다. 가장 전형적인 사례가 북한식 정치교육이다. 박정희 정권시절의 도덕·윤리교육도 교육의 정치종속화라는 치명적인 부작용을 노정시켰다. 이 입장에서 볼 때 교사는 국가가 요구하는 인간상을 만들어 내는 역할을 수행해야 하는 교육기술자이고, 교과서는 국가가 요구하는 인간상을 만들기에 적합한 내용으로 채워져야 하기에 국정교과서가 되어야 한다. 그럼에도 불구하고 이 입장에도 고려해 보아야 할 것이 있다. 그것은 도덕·윤리교육은 한국이라는 공동체의 존속과 번영에 관심을 기울여야 한다는 요구이다.

둘째로 도덕·윤리교육의 본질은 인성교육이라는 교육학계의 입장은 학생들이 가져야 할 도덕성이 인습적 도덕성이 아니라 반성적 도덕성이라는 사실을 외면하고 있다. 진정으로 정직한 인간은 인습에 따라 기계적으로 정직한 행위를 하는 인간이 아니라, 왜 정직해야 하는지 그 이유를 알고 정직을 행하는 인간이다. 그럼에도 불구하고 인성론자들의 입장에도 고려해 보아야 할 요소가 있다. 도덕·윤리교육의 궁극적인 목표는 '행함'에 있기 때문에, 학생들을 행함에 이르도록 하기 위한 다양한 교육학적 기법이 동원되어야 한다는 점이다.

제2장

도덕·윤리교육의 정체성과 기존 입장에 대한 비판II

1. 서론

과연 도덕·윤리교육은 무엇을 가르치는 교과인가? 필자는 이미 앞 장에서 이 물음에 답하는 세 가지 기존의 경쟁적인 입장이 있음을 지적하였다. 첫째는 도덕·윤리교육은 근본적·본질적으로 정치교육이라는 입장이다. 둘째는 도덕·윤리교육은 본질적으로 인성교육이라는 입장이다. 셋째는 도덕·윤리교육은 본연의 모습에서 볼 때 철학교육이라는 것이다. 도덕·윤리교육의 정체성 및 그것을 둘러싼 교사 양성권을 둘러싸고 전개된 논쟁은 2000년경 교육부가 교육학과 출신 학생들에게도 도덕·윤리교사 자격증을 받아 갈 수 있도록 제도를 바꾸면서 촉발되었다. 도덕·윤리교육이 제대로 되려면 철학계가 주도적인 역할을 해야 한다는 입장을 열정적으로 펼치고 있는 대표적인 학자는 홍윤기이다. 그는 도덕·윤리교육의 정상화를 위해 철학계가 해야 할 일을 세 가지로 파악한다.

> 도덕·윤리교육이나 전공과는 별다른 상관이 없으면서도 교육부의 엄호 아래 부실하게 훈련된 교원들을 양산해 낼 교육학과를 배제한다는 것은 물론 시급

한 문제였다. 20년 동안 이 방면의 교사양성권을 독점해 온 국민윤리교육과의 존립근거를 물음으로써 왜곡된 학문편제와 교육내용을 바로잡는 것 역시 시급할 뿐만 아니라 보다 근본적인 문제였다. 하지만 궁극적인 문제는 이제 멀쩡한 국가 하나를 파탄에 빠트릴 정도로 악화된 우리 시대의 도덕적 상황을 앞에 두고 우리 철학계가 과연 도덕·윤리교육을 주관하겠다고 나설 수 있을 만큼 굳건한 자신감을 가질 수 있는가 하는 점이었다.[1]

철학계가 대한민국 도덕·윤리교육의 중심적 역할을 해야 한다고 생각하는 이유는 간단하다. 윤리학은 철학의 분과학문이기 때문이라는 것이다. 이와 관련하여 도덕·윤리교육의 모(母)학문이[2] 무엇이냐 하는 논쟁이 있었다.[3] 도덕·윤리교육의 모학문은 윤리학인가 철학인가 하는 것이다.

필자가 본 장에서 목표로 하는 것은 앞서 언급된 세 가지 기존 입장의 근거 및 옳은 점과 그른 점을 밝히고, 각각의 입장의 교사관, 교육관, 교과서관을 비교·분석하는 일이지만 이 장에서는 이 중 세 번째 입장에 대한 비판적 분석을 시도하고자 한다.[4]

---

1 홍윤기, 「도덕 윤리교육 어떻게 잘못되어 왔나」(전국철학자연대회의 대토론회 대회보, 『윤리교육의 개혁을 촉구한다』, 2001. 4. 12.), 5쪽.

2 '모학문'이란 용어는 생소한 용어인데, 대체로 '주인 학문' 정도의 의미를 가진 것으로 보면 되겠다.

3 이에 대한 논의는 홍윤기, 「도덕·윤리의 철학귀속성과 도덕·윤리교육의 정체성」(철학연구회, 『철학연구』, 제76집, 2007)과 박병기, 「도덕교과와 철학, 그 연속성과 불연속성」(사회와 철학연구회, 『사회와 철학』, 제14집, 2007)을 보라.

4 앞의 두 입장에 대한 분석은 이 책의 제1장을 참조하기 바람.

2. 도덕·윤리교과의 모학문은 철학이라는 주장의 근거

모학문 논쟁이 생기기 전부터 철학자들의 상식에 의하면, 철학과 윤리학을 분리시키는 것은 언어도단이다.

> 도덕과 윤리가, 철학의 핵심적이고 본질적인 부분이라 함은 동서를 막론하고 이천 년 이상 공인되어 왔던 상식이다.[5]

> 도덕·윤리교육의 모학문은 도덕·윤리에 관한 규범학문인 도덕철학, 즉 윤리학이라는 추정은 교육이론적으로나 학문이론적으론 자명하나, 기실 윤리교육의 현실에서는 이 상식이 적잖이 변색, 왜곡되어 왔던 것이 사실이다. … (중략) … 도덕·윤리교육의 정체성은 윤리학 내지 철학을 그 모학문으로 삼을 때 가장 안정적으로 확보된다는 인식이 공유되어 있는 것 같다.[6]

김광수는 우리 사회의 도덕성 위기는 도덕·윤리교육의 실패에 기인한다고 진단한 뒤, 그 실패의 원인에 대해 다음처럼 말한다.

> 지금까지의 도덕·윤리교육이 철저하게 '철학'을 외면해 왔다는 것이다. 따라서 우리는 도덕·윤리교육의 실패가 철학의 외면에 기인한다는 결론을 얻을 수 있다.[7]

---

5 윤평중, 「비도덕적 사회와 윤리교육」(『철학비평』, 제4호, 세종출판사, 2000. 6.), 36-37쪽.

6 손동현, 「철학교육과 윤리교육의 유기적 연계를 위한 윤리교육의 철학화」(한국철학윤리교육연구회, 『철학윤리교육연구』, 제21권 제34호, 2005), 7쪽.

7 김광수, 「도덕 윤리교육의 개혁을 촉구한다」(전국철학교육자연대회의, 『한국 '도덕·윤리' 교육백서』, 서울 : 한울, 2001), 35쪽.

철학계 다수 학자들은 제대로 된 도덕·윤리교육이 되기 위해서는 도덕·윤리교육이 철학 및 철학의 한 분과인 윤리학과 밀접한 연관성을 가져야 한다고 주장한다. 홍윤기 역시 도덕·윤리란 그 어떤 경우에 있어서도 철학의 일부이자, 철학적 사고를 바탕으로 해야 성립할 수 있는 것이며, 또 철학은 도덕·윤리에 대한 별도의 언급 없이도 자체적으로 규정될 수 있는 반면, 철학을 언급하지 않은 채로 도덕·윤리를 규정하는 것은 불가능하다고 말하면서[8] 다음처럼 단호하고도 과격한 결론을 도출한다.

> 윤리학과 도덕탐구는 개념정립, 탐구방식, 학적 표현과 의사소통 양식 등의 측면에서 철학과 확실하게 구별되는 학문이론적 독자성을 전혀 주장할 수 없다. 따라서 도덕과 지식 생산은 전적으로 철학함에 의존할 수밖에 없으며, 바로 이 때문에 그 자체의 모학문은 철학일 수밖에 없고, 철학의 한 분야로서 존속할 수밖에 없다. 그러므로 도덕·윤리교육에서 철학함을 제거한 교육은 불가능하고, 철학적임을 명시하지 않는 학문적 처신은 위선이다.[9]

그는 '윤리학이 왜 철학인가?'라든지, '과연 윤리학이 철학인가?'라는 터무니없는 물음이 제기되는 한국적 현실을 크게 개탄하고 있다. 그에 의하면 인류 지성사를 통틀어 "이런 난센스 물음을 제기한 철학자나 윤리학자는 전혀 없었는데 21세기 초엽의 대한민국에서 '한국 도덕·윤리교육계'가 이런 문제를 제기하고 나섰다."[10] 홍윤기는 도덕교과의 모학문이 윤리학은 될 수 있으나 철학은 될 수 없다는 주장이나 철학과 도덕·윤리교과는 전혀 무관하다는

8 홍윤기, 「도덕·윤리의 철학귀속성과 도덕·윤리교육의 정체성」, 163쪽 참조.

9 홍윤기, 「도덕·윤리의 철학귀속성과 도덕·윤리교육의 정체성」, 191쪽.

10 홍윤기, 「윤리학은 왜 철학인가?」(한국철학윤리교육연구회, 『철학윤리교육연구』, 제21권 제35호, 2005. 12.), 46쪽 참조.

도덕·윤리교사들의 주장에 대해 "참으로 납득하기 어려운 몽매한 견해들"이라고 말한다.[11] 그가 도덕·윤리교육계가 윤리학이 철학의 분과학이라는, 전 지구적으로 통용되는 사실을 끝내 부인하는 이유는 "도덕과 교육에서 철학적 방법론은 받아들이되, 그것을 철학적이란 이름을 붙이지 않은 채 수용함으로써 윤리교육과를 철학과 명시적 연결이 없는 독자적인 전공분야로 인정받는 데 있다"고 한다. 결국 철학전공자들에게 윤리교사 자격증이 주어지는 것을 막기 위함이라는 것이다.[12]

일제시대부터 최근까지 실시된 한국의 도덕·윤리교육을 노예교육이고 파시즘 교육이라고 신랄하게 비판하고 있는 김상봉 역시 도덕·윤리교육의 모학문이 철학일 수밖에 없음을 다음처럼 주장한다.

> 그런데 어떻게 해서 한국에서는 윤리학에 대해 최소한의 소양도 갖추지 못한 사람들이 도덕교과서를 쓰는 일이 벌어지는가? 그것은 우리 모두가 잘 알고 있듯이, 한국의 도덕교육이 학문적 바탕을 전적으로 결여하고 있기 때문이다. 학교에서 가르치는 모든 교과는 언제나 그 교과교육의 내용을 생산하는 어미학문을 전제한다. 국어교과의 어미학문은 국어국문학이며, 수학교과의 어미학문은 수학이다. … (중략) … 그렇다면 도덕교과의 어미학문은 무엇인가? 상식적으로 생각하면 도덕을 학문적으로 탐구하는 학문은 일차적으로 윤리학인데, 윤리학이

---

11 홍윤기, 「철학과 도덕·윤리교육의 본질과 성격, 그리고 그 교육방안」(한국철학윤리교육연구회, 『철학윤리교육연구』, 제25권 제41호, 2009. 7.), 73쪽. 홍윤기는 도덕·윤리교과의 모학문이 철학이라는 이 당연한 결론을 받아들이지 않는 "무지몽매한" 한국의 도덕교육계를 계몽하기 위해 비슷한 주제의 논문들을 대여섯 편이나 발표하는 "웃지 못할" 수고를 감수하고 있다.

12 홍윤기, 「도덕·윤리의 철학귀속성과 도덕·윤리교육의 정체성」, 161쪽. 물론 윤리교육계에서는 철학을 도덕·윤리교육의 모학문이라고 주장하는 철학계의 숨은 동기는 철학과 졸업생들도 윤리교사 자격증을 받을 수 있도록 하기 위함이라고 생각했다.

란 철학의 한 분야이므로 도덕의 어미학문은 당연히 철학이라 해야 한다.[13]

> 정상적으로 생각할 줄 아는 사람이라면 도대체 누가 학제 간 연구를 자기 정체성으로 삼는 학문이 있다고 믿을 수 있겠는가? 그리하여 도덕교육 종사자들 가운데 남보다 조금 더 영리한 사람들이 이 즈음에 이르러 도덕교육이 터해야 할 학문적 토대를 발견했으니, 그것이 바로 윤리학이다. … (중략) … 그러나 도덕교육에 종사하는 사람들이 도덕교육의 어미학문이 윤리학이라고 말할 때, 그것은 도덕교육을 철학으로부터 단절시키기 위한 핑계로 윤리학을 내세우는 것이다. … (중략) … 그리고 강변한다. 윤리학은 철학이 아니다! … (중략) … 윤리학이 철학이 아니라고 용감하게 말하는 이 놀라운 무지를 교정하는 것이야말로 우리에겐 하나의 실천적 투쟁의 과정인 것이다.[14]

철학계에서는 한 걸음 더 나아가 "최선의 도덕·윤리교사는 철학자"라고 말한다.[15] 철학자들의 생각에는 만약 도덕·윤리교육이 박정희, 전두환 정권에서처럼 어용 정치교육으로 기능하지 않고 그 본래적 사명에 충실한 교육이 되려면 당연히 윤리학적 배경을 가져야 하며, 그런 한 도덕·윤리교육의 모학문은 철학이 되어야 함은 너무나 당연한 이치이다. 그럼에도 불구하고 그들이 보기에 전국 사범대학의 윤리교육과 소속 다수의 교수들은 이 당연한 이치를 거부하면서, 도덕·윤리교육의 모학문은 철학이 아니라 윤리학이라고 억지스런 주장을 편다. 그런데 홍윤기가 충분히 살펴보지 못한 하나의 사실은 도덕·윤리교육이 '국민윤리'라는 이름으로 행해지던 부끄러운 시절

---

13 김상봉, 『도덕교육의 파시즘 : 노예도덕을 넘어서』(서울 : 도서출판 길, 2005), 88쪽.

14 김상봉, 『도덕교육의 파시즘 : 노예도덕을 넘어서』, 113쪽.

15 황경식, 「최선의 도덕·윤리교사는 철학자가 아닌가?」(전국철학교육자연대회의, 『한국 '도덕·윤리' 교육백서』, 서울 : 한울, 2001), 77-87쪽.

에도 윤리학이 철학의 분과학문이라는 사실은 흔쾌히 인정되었다는 것이다. 박용헌은 국민공동생활의 원리와 현상을 연구대상으로 삼고자 하는 국민윤리학은 기존의 규범학과 사회과학의 거의 모든 학문들과 직접·간접으로 관련을 갖게 되나, 그 중에도 철학과 철학의 한 영역인 윤리학과는 더욱 밀접한 관계가 있다고 말한다.

> 국민윤리학이 학으로서 성립되고 발전되기 위해서는 지식의 체계화를 다루는 철학의 힘을 빌리지 않을 수 없고, 지식의 탐구과정에서 고려되어야 할 언어의 철학·논리학·분석학의 제반 원리에 충실하지 않을 수 없다. 더욱이 앞에서도 지적한 바 있듯이, 철학의 한 영역인 윤리학과는 더욱 밀접한 관계를 맺는다.[16]

적어도 서양적 학문전통에서는 윤리학이 철학의 분과학이라는 것은 너무나 당연한 주장이어서, 이토록 힘주어 말하지 않아도 될 것 같은데, 윤리학이 철학의 분과학임을 부인하는 사람이 누구인가? 홍윤기는 박병기를 염두에 두고 있다. 박병기는 도덕·윤리교육의 정체성을 새롭게 확립하기 위해 그 나름의 치열한 학문적 고민을 하는 중에 윤리학이 도덕·윤리교육의 핵심 학문임을 인정한다. "도덕교육과 도덕과 교육의 학문적 배경은 윤리학이다."[17] 그러나 박병기는 윤리학이 도덕과 교육의 핵심학문임을 인정하면서도 철학은 도덕과 교육의 배경학문이 될 수 없다는 입장을 피력한다.

> 이러한 단언(윤리학은 철학의 분과학이기에 철학을 배제한 도덕·윤리교육은 실패할 수밖에 없다는 주장)은 철학이라는 학문영역에 관한 포괄적인 정의와 보

---

16 박용헌, 「국민윤리학의 성격」(한국정신문화연구원 편, 『국민윤리학』, 서울 : 박영사, 1983), 65쪽.

17 박병기·추병완, 『윤리학과 도덕교육』(서울 : 인간사랑, 1996), 43쪽.

편성의 수용을 전제로 하는 서양식 학문분류법에 근거한다면 일단 수용되어야 할 것이다. … (중략) … 그럼에도 과연 윤리학이 철학에 의해서 온전히 포용될 수 있는가 하는 문제와 설사 그렇다 하더라도 도덕과의 배경학문을 반드시 철학으로 규정지어야 하는 필연적 귀결이 이끌려 나올 수 있는가에 대한 의문은 여전히 남는다.[18]

윤리학이 도덕과 교육의 핵심학문임을 인정한 이상 그는 철학을 그 배경학문으로 인정하지 않을 수 없는 경사길에 들어서 버리게 된다. 다수의 철학자들이 박병기의 그 말을 기다렸다는 듯이, '그렇다면 도덕·윤리교육의 배경학문으로 철학이 인정되어야 한다'고 주장했다. 왜냐하면 윤리학은 철학의 핵심적인 분과학문이기 때문이다. 필자 역시 윤리학은 철학이라고 생각한다. 그렇다고 도덕·윤리교육이 곧 철학교육이 되는 것은 아니다. 왜냐하면 도덕·윤리교육은 윤리학교육이 아니기 때문이다. 물론 윤리학교육은 철학교육이다. 필자는 도덕·윤리교과의 모학문이 윤리학이라고 하는 것은 허용되지만 철학이라고 하는 것은 허용되지 않는다는 박병기의 주장이나, 도덕·윤리교과의 모학문이 철학이기 때문에, 철학자들이 최선의 도덕·윤리교사라는 주장 둘 다 잘못된 것이라고 생각한다.[19] 홍윤기가 도덕·윤리교육에서 핵심적인 역할을 한다고 생각하고 있는 윤리학은 당연히 철학의 분과학문인 '윤리학'이며, 이 윤리학은 철학과 불가분리적이기 때문에, 그는 당연한 귀결로 도덕·윤리교육의 모학문이 윤리학임을 인정하면서, 철학은 모학

---

18 박병기, 「도덕교과와 철학, 그 연속성과 불연속성」(사회와 철학연구회, 『사회와 철학』, 14집, 2007), 78쪽.

19 흄은 "명백한 진리를 부정하는 우스꽝스러움 다음으로 우스꽝스러운 것은 그 명백한 진리를 방어하기 위해 많은 수고를 하는 것이다"라고 말했다.(D. Hume, *A Treatise of Human Nature*, Oxford : At The Clarendon Press, 1951, 176쪽) 박병기는 전자의 경우인 것 같고, 홍윤기는 후자의 경우인 것 같다.

문이 될 수 없다고 말하는 것은 어불성설이요 기만적인 주장이라고 한다. 이에 대해 박병기는 다음처럼 답한다.

> '도덕교과의 배경학문을 철학으로 설정할 것인가?'라는 질문에 대한 답은 … (중략) … 일정한 정도의 유효성과 함께 한계를 지니고 있다는 것이 논의의 결론이다. … (중략) … 만약 철학을 모든 것에 대한 반성적 사고와 성찰을 핵심으로 하는 철학함 자체로 정의할 수 있다는 전제를 받아들이면 '어떻게 살 것인가?'라는 도덕교육의 화두가 철학함의 대상 또는 과정 자체로 설정 가능한 것이기 때문에 배경학문으로서의 유효성, 또는 도덕교과와의 연속성을 가진다고 볼 수 있다. 그러나 다른 한편으로 도덕교과에서 다루어지는 모든 도덕적 지식들은 학생들의 도덕성 발달단계를 고려하는 도덕심리학의 검증과정을 거쳐야 한다는 점에서, 또 그것이 학생과 교사 사이의 진정한 도덕교육적 만남을 가능하게 하는 필수요건이 된다는 점에서 그 배경학문이 학제적 성격과 범위를 지닐 수밖에 없다. 철학을 모든 학문을 포괄할 수 있는 학제적인 것으로 정의하지 않는 한 도덕심리학과 같은 사회과학을 철학이라 강변하기는 어려울 것이라는 점에서 도덕교과는 철학과의 불연속성을 동시에 지닌다.[20]

이 인용문에서 알 수 있듯이 박병기가 도덕·윤리교육에서 핵심적인 역할을 한다고 생각하고 있는 윤리학은 이미 홍윤기가 생각하고 있는 그런 윤리학이 아니다. 박병기의 머릿속에서 그려지고 있는 도덕·윤리는 어디까지나 도덕심리학을 포함하고 있다. 그런데 도덕심리학은 철학의 분과학이 아니기에 철학은 도덕·윤리교과의 모학문이 될 수 없다는 것이다. 박병기의 반론이 성립하려면, 도덕·윤리교과는 철학에 뿌리를 두고 있는 윤리학과 사회과

20 박병기, 「도덕교과와 철학, 그 연속성과 불연속성」, 86-87쪽.

학으로 분류되는 도덕심리학이 화학적으로 결합되어 성립한 교과여서, 이 교과에서 이 양자를 분리하는 것이 불가능하다는 것이 먼저 증명되어야 할 것이다. 그러나 현실은 그렇지 않다. 도덕심리학과 도덕철학은 구분되는 각각의 영역을 갖고 있다. 바로 그 때문에 박병기 역시 도덕·윤리교과를 학제적 교과라고 한다. 그렇다면 도덕교과를 성립시키는 두 축이 도덕철학과 도덕심리학이 될 텐데, 도덕철학을 배경학문으로 받아들이면서 도덕교과의 또 다른 성립 축인 도덕심리학을 내세워 철학이 배경학문이 아니라고 말하는 것은 잘못이다. 이런 논리대로라면, 도덕심리학과의 연고를 내세워 도덕교과의 모학문은 교육학이라고 주장하는 교육학계를 향해서는 도덕철학을 내세워 교육학은 도덕교과의 모학문이 아니라고 말하는 것도 성립할 것이다. 그러나 이런 논리는 잘못이다. 박병기의 주장대로 도덕·윤리교과가 성립하기 위해서는 도덕심리학의 도움이 필요하다는 것이 사실이라 하더라도, 도덕·윤리교과에 철학자들이 중시하는 윤리학을 끌어들여야 한다는 사실을 받아들이면서 철학은 끌어들이지 않겠다는 것은 자가당착적이다. 도덕·윤리교과의 성립에 윤리학과 도덕심리학이 필수불가결하다면, 즉 이 가정을 받아들인다면, 윤리학과 도덕심리학은 도덕·윤리교과의 핵심교과가 될 것이고, 윤리학을 그 분과학으로 삼고 있는 철학이 도덕·윤리교과의 배경학문이 되는 것은 피할 수 없는 결론이다. 같은 논리로 교육심리학이 도덕·윤리교과의 핵심적 부분이라면 교육심리학의 뿌리인 심리학도 도덕·윤리교과의 배경학문이 되는 것도 당연한 결론이다. 박병기는 윤리학이 도덕·윤리교과의 성립을 위한 핵심 학문임을 인정하면서 철학까지 미끄러지지 않으려고 교육심리학을 브레이크로 활용하려 하지만, 교육심리학은 그런 역할을 해주지 못한다. 박찬구는 모학문 논쟁이 '도덕과의 모학문이 윤리학이어야 하느냐 아니면 철학이어야 하느냐' 하는 논쟁으로 전개된 것은 '웃지 못할' 일

이라고 했다. 달리 말해서 코미디 같은 일이라는 것이다.[21]

많은 철학자들과 마찬가지로 도덕·윤리교과의 모학문이 좁게는 윤리학이요 넓게는 철학이라고 생각하고 있지만, "철학교육과 도덕교육이 통합되기 어려운 현실"[22]을 인정하고 있는 손동현은 철학자들 중에서 도덕·윤리교육과 윤리학교육의 차이점을 인정하고 있는 몇 안 되는 철학자이다. 그는 다음처럼 말한다.

> 도덕·윤리교육의 학문적 기초가 윤리학을 포함한 철학에 있다 해서 '윤리학' 교육, 혹은 '철학' 교육이 곧 도덕·윤리교육이라고 생각해서는 안 될 것이다. 철학교육조차도 중등교육과정에서는 철학이론의 교수학습으로만 이루어져서는 안 되거니와, 하물며 도덕·윤리교육이 '윤리학 이론' 또는 '윤리사상'의 교수학습으로 이루어져서는 더욱 아니 될 것이다. 도덕·윤리교육의 학문적 정초 및 그 정체성 확립과 관련해 병행해야 할 일이란 실질적으로 교육(심리)학 및 여러 사회과학의 도덕·윤리교육과의 관련성을 해명하는 일이다.[23]

그러나 그는 이렇게 말한 뒤, "의지적·행동적 측면을 통한 도덕교육도, 정서적 측면을 통한 도덕교육도 모두 나름대로 의의가 크고 중요하다. 바로 이러한 측면에 주목하여 도덕교육의 방법을 모색하는 일이 요구되는데, 여기에 도덕·윤리교육의 방법론을 개발하고 제시해 주는 교육학의 과제가 그 위상을 갖게 되는 것이다"고 말한다. 이렇게 말함으로써, 그는 도덕·윤리교

21 박찬구, 「도덕과 교육의 성격과 범위 : 철학교육 및 사회교육과의 비교 관점에서」(한국철학윤리교육연구회, 『철학윤리교육연구』, 제22권 제37호, 2006. 12.), 127쪽 참조.

22 손동현, 「도덕과 교육의 목표와 정체성에 대하여」(『철학윤리교육연구』, 제35호), 4쪽.

23 손동현, 「도덕과 교육의 목표와 정체성에 대하여」, 7쪽.

육에서 윤리학 못지않게 교육학도 중요함을 인정하는 듯이 보이지만, 곧 이어지는 문장에서 다음처럼 말한다. “그러나 그렇다고 해서 교육학이 도덕·윤리교육의 일부가 된다고 보긴 어렵다. 말하자면 이 부분은 교육자가 함양하고 있어야 할 자질의 요인이 되는 것이지, 아동들에게 교육되어야 할 내용 중의 어떤 요인이 아닌 것이다.”[24] 그런데, 필자가 보기에 손동현은 논리적인 혼란에 빠져 있다. 첫째로 그는 도덕·윤리교육과 윤리학교육을 구분지어 주는 기준을 교육방법론에서만 찾고 있는데, 이는 잘못이다. 도덕·윤리교육과 윤리학교육이 다른 것은 교육방법론만의 문제가 아니다. 전자는 잠정적이나마 정답이 있는 교과내용을 가르치지만, 후자는 정답이 없는 문제를 갖고 논쟁하고 토론한다.[25] 철학 교수들이 구상하고 있는, 철학과 통합된 형식의 중·고등학교 도덕·윤리 교재는 대학의 윤리학 교재와 비교해 볼 때, 난이도의 차이가 있을 뿐 본질적인 차이가 없다. 이 점에서는 손동현 교수 역시 다른 철학 교수들과 마찬가지 교재관을 갖고 있다. 둘째로 그는 “교육학이 도덕·윤리교육의 일부가 된다고 보긴 어렵다”고 말한다. 그 이유는 다양한 교육방법론과 교육기법에 대한 지식은 학생들에게 필요한 것이 아니며, 따라서 교과서에 실릴 내용이 아니라 교육행위를 하는 교사들에게 필요한 것이기에, 도덕·윤리의 교육내용에 들어갈 수 없다는 것이다. 물론 그런 교육방법론과 교육기법에 대한 지식은 중·고등학교 학생들에게 가르쳐지지는 않는다. 그러나 그들을 가르칠 사범대학의 윤리교육과 학생들에게는 대단히 필수적이고 중요한 지식이다. 그러면 철학적 윤리학에서 다루어지는 많은 윤리학적 지식과 동서양 윤리설들은 중·고등학교 학생들에게 가르쳐지고 있는가? 아니면 그런 중·고등학교 학생들을 가르칠 사범대

---

24 손동현, 「도덕과 교육의 목표와 정체성에 대하여」, 7-8쪽.

25 이에 대해서는 필자는 다음 장에서 다루고 있다.

학의 예비교사들에게 가르쳐지고 있는가? 현재의 우리 사회 윤리교육현장에서는 정답도 없는 윤리적인 논쟁들, 예컨대 이기주의-이타주의 논쟁, 쾌락주의-금욕주의 논쟁, 의무론-목적론 논쟁, 동기주의-결과주의 논쟁 등등의 논쟁들을 학생들에게 교육하지는 않는다. 그런 논쟁에 대한 지식들은 학생들에게 필요한 것이 아니라, 학생들을 잘 가르치기 위해 교사들에게 필요한 지식이다. 그렇다면 손동현처럼 교육학을 도덕·윤리 교육의 일부가 아니라고 말하는 논리대로라면 윤리학적 지식도 도덕·윤리교육의 일부가 아니라고 말해야 한다. 그렇다면 동서양 윤리사상은 어떤가? 이것들은 현행 고등학교 윤리교과서에서 다루어지고 있다. 그렇다면 동서양 윤리사상은 도덕·윤리교육의 일부라고 말할 수 있겠다. 그러나 필자는 도덕·윤리 교재에 왜 동서양 철학자 출석명부나 동서양 철학사 압축파일 같은 것이 들어 있어야 하는지 이해하지 못하고 있다. 정확하게 말한다면 70년대 이후부터 지금까지의 고등학교 국민윤리 교재에도 적지 않은 부분은 앞서 언급했듯이 학생들의 도덕성을 함양하는 것과는 거리가 있는 철학적인 내용으로 채워져 있었다. 그리고 교사들은 그 부분을 가르치는 데 가장 많은 시간을 할애했고, 학생들은 잘 이해할 수 없는 내용들을 그냥 암기하는 것으로 시험에 응하는 방편을 삼았다.

3. 교과서관, 교사관, 교육관

만약 도덕·윤리교육이 철학계에서 주장하듯이 그토록 철학과 밀접한 연관이 있고, 그토록 철저하게 철학에 종속되어 있다면, 이는 도덕·윤리교육을 철학교육의 부분인 윤리학교육으로 이해한 것이 될 것이다.

> 도덕교육이 학생들에게 스스로 생각하는 능력을 기르는 것을 가장 중요한 목적으로 삼는 한에서 도덕교육은 넓은 의미의 철학교육과 합치하는 것이다. 도덕교육이 일방적 가치의 주입이 아니라 주체적이고 자유로운 생각의 능력을 길러야 한다면, 그것은 그 내용과 방법 모두 철학에 기초하고 있어야 하며 아무리 초보적인 수준에서라도 철학적 성찰, 곧 칸트가 말한 철학함philosophieren과 동반되어야 한다.[26]

그렇다면 윤리학교육에 있어서 도덕·윤리교사의 역할은 무엇이며, 도덕·윤리교과서는 어떻게 만들어져야 할까? 중·고등학교에서 도덕·윤리교사의 역할은 대학에서 철학 교수 혹은 윤리학 교수가 하는 역할과 본질적으로 동일해야 할 것이며, 중·고등학교에서의 도덕·윤리교과서는 대학에서의 철학 교과서나 윤리학 교재와 수준의 차이는 있을지언정 본질적으로 동일해야 할 것이다. 대학에서 철학 교수나 윤리학 교수는 특정 철학이론이나 윤리학 이론을 진리로 가르칠 수는 없다. 철학은 지혜에 대한 사랑일 뿐 고정된 지식체계는 아니기 때문이다. 그렇다면 철학·윤리학 교수나 철학·윤리학 교사는 어디까지나 소크라테스가 그렇게 했듯이 학생들의 사유의 자극자, 사유의 촉발자로 머물러야 할 것이며, 진리의 전달자가 아니라 진리의 산파로 남아야 할 것이다.

도덕·윤리교육이 철학교육의 부분집합적 성격을 갖게 된다면, 대학에서의 철학·윤리학 교재가 국정교재가 아니듯 도덕·윤리교과서도 국정교과서가 될 필요가 없다. 학생들의 반성적 사유, 비판적 사유, 합리적 사유능력을 향상시키는 데 도움을 줄 수 있는 교과서라면 어떤 교과서든 상관이 없을 것이다. 그리고 윤리학이 철학의 한 분과학문이듯이 도덕·윤리교육도 철학교

26 김상봉, 『도덕교육의 파시즘 : 노예도덕을 넘어서』, 201쪽.

육의 부분집합적 성격을 가진 교육 이상도 이하도 아니라면, 우리는 굳이 현재처럼 고등학교에서 철학교육과 도덕·윤리교육을 나누어 실시할 필요는 없을 것이다. 바로 이 때문에 홍윤기는 다음처럼 말한다.

> 그 과제는 우선, 대학에서 철학교사와 도덕·윤리교사의 양성체계를 제도적으로 일원화하는 것으로써 가장 잘 실현될 수 있다. 이 경우 급선무는 현재 부자연스럽게 분리되어 있는 전국 철학과와 윤리교육과의 교사양성교육과정에서 윤리교육 쪽은 철학능력 제고를 위한 교육과정을 강화하고, 철학 쪽은 도덕·윤리교육의 현장성을 강화하는 쪽으로 교육과정을 더욱 현실화시킬 필요가 있다.[27]

철학계의 주장을 따라가면 우리는 결국 현행 고등학교 철학교육과 도덕·윤리교육을 통합해야 하고, 교과서도 통합된 교과서로 만들어야 하고, 교사도 통합된 교과를 가르칠 수 있는 교사로 배출해야 함을 알 수 있다. 사실 홍윤기는 그렇게 되기를 제안하고 있다.

> 우리는 현행 도덕·윤리교육체계를 구조적으로 제약하고 있는 아주 근본적인 원인을 해소하는 데 주저하지 말아야 한다. 필자가 뜻하는 그 근본적인 원인이란 과거 군부독재시절 불합리하게 시행되었던 한 교육 정책, 즉 철학과 도덕·윤리의 절단을 의미한다. … (중략) … 이런 어처구니없는 사태를 해결하기 위해 필자가 제안하는 해결책은 문제발생을 거꾸로 뒤집는 것이다. 즉 도덕과 윤리를 다시 철학과 유기적으로 결합시켜 그 모학문성을 회복시키고, 도덕·윤리 영역에 철학적 의식과 반성능력이 원활하게 유입되도록 기존의 도덕·윤리교육에 인력에 대한 심화 훈련 및 신생 철학 인력의 투입을 가능하게 하는 제도적 장치

---

27 홍윤기, 「도덕·윤리의 철학귀속성과 도덕·윤리교육의 정체성」, 196쪽.

를 실시하라는 것이다. 이와 같은 일을 하겠다는 도덕·윤리교육계 및 철학계의 의지를 대내외에 단호하게 표시하기 위해 양측이 합심하여 〈윤리·철학 공동 교재〉로서 새 도덕교과서를 만들 것을 제안하는 것이다.[28]

일선 교사들 중에서도 "도덕·윤리과 교육의 활성화를 위해서는 철학 교과와 통합되어야 한다"고 주장하는 사람들이 있다.[29] 김상봉도 "도덕성의 발달이 자유로운 자기실현에 존립하는 한에서, 도덕교육은 철학교육이 되어야 한다"고 선언한다.[30] 그러나 도덕·윤리교과와 철학교과가 통합된 교과서의 명칭에는 윤리를 집어넣을 아무런 이유도 없을 것이다. 철학자들이 한결같이 주장하고, 필자도 인정하는 바이지만, 윤리학은 철학의 한 분과학이기에 '철학'이란 명칭 하나로 족할 것이기 때문이다. 통합교과서의 명칭에 윤리를 철학과 함께 병기하는 것, 즉 '윤리·철학'으로 표기하는 것은 대한민국의 일부인 강원도를 앞에 쓰고 그 뒤에 대한민국을 쓰는 것, 즉 '강원도·대한민국'처럼 우스꽝스러운 것이 될 것이다.

4. 철학교육으로서의 도덕·윤리교육의 문제점

윤리학교육으로 이해된 도덕·윤리교육을 통해 학생들은 다양한 윤리이론들을 소개받고 그 이론의 정합성을 따져보고 검토하는 과정에서 반성적·

---

28 홍윤기, 「철학에서 절단된 도덕과 철학의식의 봉쇄」(한국철학윤리교육연구회, 『철학윤리교육연구』, 第21권 第34호, 2005. 6.), 41쪽.

29 임덕준, 「도덕과 교육의 성격과 범위」(한국철학윤리교육연구회, 『철학윤리교육연구』, 第22권 第37호, 2006. 12.), 140쪽 이하 참조.

30 김상봉, 「도덕교육은 철학교육이 되어야 하는가?」(『철학윤리교육연구』, 第35호), 84쪽.

비판적·합리적 사고능력을 기를 수 있을 것이며, 이런 교육을 통해 학생들은 반성적 도덕성을 가진 참된 도덕적 행위자가 될 것이다. 관습적 도덕과 반성적 도덕의 구분이란 관점에서 볼 때, 도덕교육을 철학교육으로 보는 입장의 장점이 부각될 수 있다.

> 모든 사람은 어떤 일련의 도덕적 신념들에 의해 양육되며, 모든 사회는 그 사회의 삶의 양식의 일부로서 어떤 도덕률을 갖고 있다. 그런데 개인은 그 도덕률을 맹목적으로 받아들일 수도 있고 혹은 그 도덕률을 반성하여 그것을 비판할 수도 있다. 만약 그가 도덕률을 맹목적으로 받아들인다면, 우리는 그의 도덕성을 '관례적' 혹은 '습관적' 도덕이라고 말할 수 있다.[31]

테일러에 의하면 관습적 차원에 머무는 사람은 아무리 강한 도덕적 확신을 갖고 있다 하더라도, 그의 도덕성에는 도덕적 회의주의가 숨겨져 있다. 그가 자신이 신봉하는 도덕과는 정반대의 도덕을 자기 못지않게 강하게 신봉하는 다른 사람을 만나면, 그의 확신은 흔들거리게 될 것이기 때문이다. 철학적 윤리교육은 교육학과 주도의 윤리교육이나 정치교육으로서의 윤리교육이 보여 주는 길들이기식 도덕교육의 폐단을 갖고 있지 않다. 교육학과 주도의 도덕교육은 행동 길들이기 교육 즉 생활예절교육으로 흘러갈 가능성이 크며, 정치교육으로서의 국민윤리교육은 생각 길들이기 교육 즉 이데올로기 교육이 될 가능성이 크다. 그러나 철학교육으로서의 윤리교육은 반성적 도덕성을 중시함으로써 학생들로 하여금 특정 규범에 맹목적으로 순종하는 관습적 도덕성에 빠지는 것을 막아 준다.

그럼에도 불구하고 도덕·윤리교육을 철학교육의 일부인 윤리학교육으로

31 P. W. Taylor, *The Principles of Ethics*(California : Wadsworth Publishing Company), 9쪽.

이해할 때, 그런 윤리학교육은 한국인의 삶과 문화가 갖고 있는 특수성과 독자성을 전혀 고려해 주지 못하는 교육이 되어 버린다는 치명적인 문제점을 갖게 된다. 우선 철학교육으로 이해된 윤리학교육은 세계 보편윤리를 가르친다고 말해야 할 것이다. 이와 관련해서 김상봉은 다음처럼 말한다.

> 그 이후(소크라테스 이후 : 필자 주) 철학자들은 윤리와 도덕의 근거를 두고 다른 입장과 관점에서 다투어 왔으나, 그 모든 이론적 불일치에도 불구하고 도덕과 윤리가 보편적 이성의 관점에서 근거지어져야 한다는 암묵적인 합의 자체가 부정된 적은 없었다. 만약 도덕이 보편적인 타당성과 정당성에 대한 지향을 스스로 포기한다면, 그 순간 도덕은 주관적 욕망의 표현이 아니면, 맹목적 관습이 되어 버릴 것이다.[32]

> 도덕은 국가나 민족의 테두리 안에 갇힐 수 있는 것이 아니다. 도덕적 정당성은 오직 도덕의 보편성을 통해서만 검증될 수 있기 때문이다. 한때 한국에서 도덕 교과는 반공도덕 또는 국민윤리란 이름으로 불렸는데, 이런 것들은 불가능한 조합이다. 도덕은 국민이 아니라 인간의 일이다. 그리고 그것은 또한 반공과 동일시될 수도 없다. 반공은 보편적 도덕의 원칙이 아니라 하나의 당파성의 원리에 지나지 않기 때문이다.[33]

과연 '도덕과 윤리가 보편적 이성의 관점에 근거해야 한다는' 것이 서양윤리학사의 암묵적 합의인지 의심스럽다. 당장 흄이나 루소는 도덕의 기초가 감정이라고 생각했지 이성이라고 생각하지 않았다는 것은 서양윤리학사의

---

32 김상봉, 『도덕교육의 파시즘 : 노예도덕을 넘어서』, 72쪽.

33 김상봉, 『도덕교육의 파시즘 : 노예도덕을 넘어서』, 72쪽.

상식이다. 그리고 '국민윤리'라는 개념이 불가능한 조합이라 했는데, 과연 그런지 의심스럽다. 김상봉의 논리대로라면 '자본주의 윤리', '공산주의 윤리', '기독교 윤리', '불교 윤리', '한국 윤리', '동양인의 윤리', '서양인의 윤리' 등등의 용어들도 다 불가능한 조합이 될 것이다. 그러나 오히려 이렇게 주장하는 것이야말로 과도한 주장이 될 것이다.[34] 윤리를 철학적으로 가르쳐야 한다는 입장의 가장 심각한 문제점은 과연 그런 보편적인 세계윤리라는 것이 있기나 한가라는 것이다. 설령 살인하지 말라, 거짓말하지 말라, 인권을 존중하라, 부모에게 효도하라 등등의 것들이 세계 보편윤리라 하자. 그러나 그런 도덕적 명령들을 세계인들이 다 받아들이니까 나도 받아들인다는 식으로

34 '국민'과 '윤리'가 결합한 말인 '국민윤리(한국윤리)'는 불가능한 조합이라고 하는데, 그러나 우리는 철학의 영역에서도 그 철학이 주창된 지역을 기준으로 '한국철학', '중국철학', '인도철학', '독일철학', '영미철학' 등등의 용어들이 존재하며, 또 시대를 기준으로 '고대철학', '근세철학' 등등의 용어들이 존재하며, 종교적 배경을 중심으로 '유교철학', '불교철학', '기독교철학' 등등의 용어들이 존재함을 기억해 둘 필요가 있다. 철학이 보편학으로서 보편적이고 절대적 진리를 추구하는 한, 김상봉식으로 말한다면, 그런 용어들은 모두 다 불가능한 조합이 될 것이다. 물론 이렇게 대응할 수 있다. '지역을 기준으로 하건 시대를 기준으로 하건 아니면 종교적 배경을 기준으로 하건 그 모든 철학들은 보편적인 진리를 추구한다. 그러나 국민윤리(한국윤리)는 처음부터 보편적 진리를 포기하고 있다. 그러므로 국민윤리라는 용어는 불가능한 조합이다.' 이쯤 되면, 우리는 다시금 문제를 바꾸어 물어야 한다. 과연 지역적 특수성에 기초한 윤리, 그래서 보편 아래로 포섭될 수 없는 윤리라는 것은 불가능한 것인가? 필자는 지역적 특수성에 기초해 있어서 그 지역 사람들에게만 통용되는 그런 윤리가 얼마든지 있다고 생각한다. 예컨대 중앙아시아 고원지대에 사는 사람들은 세수나 목욕을 잘하지 않는다고 한다. 그들의 그런 삶의 양식은 바로 그들의 거주환경이 건조하고 자외선에 많이 노출되는 고원지대이기 때문에 생겨난 것이다. 그들에게는 세수를 하거나 목욕을 할 물도 부족할 뿐만 아니라, 목욕을 자주 하지 않아도 건조한 지역이어서 위생상의 많은 문제들이 발생하지 않는다고 한다. 몸에 붙어 있는 때가 오히려 고원지대에 강하게 쏟아지는 태양의 자외선을 차단해 주어 피부건강에 도움을 준다는 것이다. 유대인들이 돼지고기를 먹는 것을 신의 이름으로 금했지만, 그런 음식금기의 풍속 역시 지역적 특성에서 설명될 수 있다. 이에 대해서는, 마빈 해리스의 『음식문화의 수수께끼』(서진영 옮김, 서울 : 한길사, 1992), 제4장 참조 바람.

맹목적으로 받아들인다면, 이는 반성적 도덕성과는 거리가 멀다. 우리는 왜 그런 명령을 받아들이는가 하는 문제로 따져 보아야 한다. 이 경우 그런 명령들을 보편적으로 받아들이는 이유는 각기 다를 수가 있다. 그런 명령들을 정당화하는 윤리적 이론들이 다양하기 때문이다. 당장 거짓말하지 말라는 도덕적 규범을 어떻게 정당화할 것인가 하는 문제에 있어서 의무론적 윤리설과 목적론적 윤리설이 다른 입장을 보여 주고 있다. 결국 철학적 윤리교육에는 논쟁만 있고 해답은 없다. 이는 철학이란 학문의 본질적 특성에서 불가피하게 따라 나오는 현상이다. 철학에는 질문과 논쟁이 있지만 해답은 없다. 마찬가지로 철학적 윤리 교육에도 질문과 논쟁이 있지만 해답은 없다. 야스퍼스가 말했듯이 철학함의 관점에서 본다면, 대답보다도 질문이 더 근원적이며, 모든 대답은 곧 새로운 질문이 되는 것이다.[35] 질문하고 논쟁하는 과정 중에 학생들은 관습적 도덕성으로부터 해방된다. 그리고 반성적 도덕성을 갖는 것이 중요함을 깨우치게 된다. 그러나 그게 전부이다. 각자는 각자의 반성적 도덕성을 획득하라!

김상봉은 "학교에서 가르치는 모든 교과는 언제나 그 교과교육의 내용을 생산하는 어미학문을 전제한다"고 하면서, 철학이 도덕·윤리교과에서 가르칠 내용을 생산한다고 말하고 있으나, 철학은 그런 것을 생산하지 못한다. 수학교육과에서 가르치는 내용은 수학과에서 생산한다. 이는 맞는 말이다. 수학에서는 한국수학과 미국수학이 다르지 않고, 미국수학이 로마수학과 다르지 않기 때문에, 수학과에서 생산해 내는 세계 보편적 교과내용이 한국의 중·고등학교 수학교실에서 가르쳐지는 것에 아무런 문제가 발생하지 않는다. 세계 보편 수학을 한국이라는 특수한 지역에서 가르친다 하더라도, 수학교육의 사회적 기능과 역할을 수행하는 데 아무런 문제가 발생하지 않는다.

---

35 .K. Jaspers, *Einfürung in die Philosophie*(Muenchen : Piper Verlag GmbH, 2001), 13쪽.

오히려 수학교과에서는 '한국적인 수학'이란 말이 성립할 수 없으며, 한국적인 수학이란 미명하에 세계 보편수학과 다른 수학을 가르쳐서는 안 된다. 이런 사정은 물리나 생물이나 화학에 대해서도 마찬가지이다. 그러나 윤리는 이와 사정이 다르다. 철학적 윤리학에서 다루는 윤리에는 첫째로, 앞서서도 언급했지만, 이것이 도덕적 진리라고 내세울 수 있는, 세계적으로 합의된 교과 내용이 없다. 둘째로, 윤리라는 것은 김상봉이 주장하는 것과는 달리 매우 지역적·문화적 특징을 갖는 것이기 때문에, 얼마든지 '한국인의 윤리'라는 말이 성립하며, 따라서 학교에서는 한국인의 윤리를 가르쳐야 한다.[36] 그러나 철학적 윤리학에서는 그런 교과 내용을 생산해 내지 못한다. 그렇다면 그런 교육으로 교육의 사회적 기능과 역할을 어떻게 수행할 수 있는가?[37]

---

36 물론 '한국인의 윤리'라는 이름하에 국수주의적이고 폐쇄적 삶의 자세를 가르쳐야 한다고 말하는 것은 아니다. 한국인의 윤리 중에도 얼마든지 버려야 될 것이 있을 것이기 때문이다. 김상봉은 "한때 한국에서 도덕교과는 반공도덕 또는 국민윤리란 이름으로 불렸는데, 이런 것들은 불가능한 조합이다"고 말하고 있음을 앞서 살펴보았다. 그러나 그는 또 다음과 같은 주장도 한다. "도덕교육이 순수 윤리만을 교육내용으로 삼아야 한다는 뜻은 아니다. 인간의 삶에서 도덕적 상황은 진공관 속에서가 아니라 구체적인 삶의 문맥에서 발생한다. 그런 한에서 어떤 윤리학도 구체적인 삶의 문맥을 떠난 추상적 사유공간에서 정립될 수는 없다. 이런 의미에서 보자면 도덕교과가 민주시민교육을 담당하는 것은 물론이거니와 경우에 따라서는 통일대비교육이나 국가안보교육을 같이 다루는 것조차도 얼마든지 있을 수 있는 일이다. 그 모든 영역에서 도덕적 문제는 발생하기 때문이다."(『도덕교육의 파시즘 : 노예도덕을 넘어서』, 72쪽) 그러나 필자로서는 이 두 주장이 어떻게 조화할 수 있는지 알지 못한다. 아마도 그의 뜻은, 그가 앞서 인용한 말 뒷부분에서 "도덕교육이 자기 정체성을 확립하기 위해서는 윤리학에 충실하면 된다"고 말하기도 하는 것으로 보건대, '우리가 마주치는 도덕문제는 구체적인 현실의 문맥에서 발생하지만, 그런 문제를 다룰 때는 철저하게 윤리학의 테두리 내에서 다루면 된다'는 것으로 읽힌다. 그러나 구체적인 삶에서 발생하는 문제, 예컨대 통일의 문제와 같은 한국적 특수성이 강한 문제를 어떤 윤리학적 원리로 해결하여 보편적인 윤리적 진리를 제시할 수 있을는지는 의문이다.

37 교육이 모종의 사회적 기능을 수행해야 한다고 생각하는 점에서는 어용학자였던 이규호나 그 대척점에 서 있는 손동현이나 마찬가지이다. 이규호는 "어느 시대 어느 사회든지 교육을 계획하고 제도화할 때에는 늘 그 사회체제의 존속과 발전에 이바

5. 결론

필자는 앞 장에서 도덕·윤리교육을 정치교육으로 보는 입장과 인성교육으로 보는 입장에 대해 다음처럼 평가했었다.

> 첫째로 도덕·윤리교육을 근본적으로 정치교육으로 간주하는 것은 특정 이데올로기 주입교육으로 되어 버려 결국에는 특정 정권의 지배논리를 정당화하는 어용교과로 전락할 위험이 농후하다. 이런 입장에서면 교육은 철저하게 정치에 예속되어 그 자율성을 상실하게 된다. … (중략) … 그럼에도 불구하고 이 입장에도 고려해 보아야 할 것이 있다. 그것은 도덕·윤리교육은 한국이라는 공동체의 존속과 번영에 관심을 기울여야 한다는 요구이다. 도덕·윤리교육의 본질은 인성교육이라는 교육학계의 입장은 학생들이 가져야 할 도덕성이 인습적 도덕성이 아니라 반성적 도덕성이라는 사실을 외면하고 있다. 진정으로 정직한 인간은 인습에 따라 기계적으로 정직한 행위를 하는 인간이 아니라, 왜 정직해야 하는지 그 이유를 알고 정직을 행하는 인간이다. 그럼에도 불구하고 인성론자들의 입장에도 고려해 보아야 할 요소가 있다. 도덕·윤리교육의 궁극적인 목표는 '행함'에 있기 때문에, 학생들을 행함에 이르도록 하기 위한 다양한 교육학적 기법이 중요하다는 주장이다.[38]

지할 수 있는 인간을 기르려고 한 것은 부인할 수 없는 사실이다"(『국민윤리교육의 이론과 실제』, 서울 : 문우사, 1982, 15쪽)라고 말한다. 그리고 손동현 역시 다음처럼 말한다. "가장 일반적인 의미에서 교육은 두 가지 과제를 수행한다. 하나는 사람을 기르는 일이고 다른 하나는 문화공동체를 보존하는 일이다."(「철학교육과 윤리교육의 유기적 연계를 위한 윤리교육의 '철학화'」, 한국철학윤리교육학회, 『철학윤리교육연구』, 제21권 제34호, 2005. 6., 3쪽)

38 이 책의 제1장, 결론부 참조.

그러면 도덕·윤리교육의 정체성을 철학교육으로 보는 입장의 문제점은 어떻게 요약될 수 있는가? 도덕·윤리교육의 본질이 철학교육이라는 주장은 도덕이나 윤리를 과도하게 보편윤리나 세계윤리의 차원에서 이해함으로써 결국 도덕이나 윤리가 문제시되는 바로 구체적인 삶의 맥락을 무시해 버리는 문제점을 드러내었다. 그럼에도 불구하고 이 입장에도 고려해야 할 중요한 주장이 있다. 그것은 도덕은 본질적으로 반성적인 것이라는 것이다. 도덕·윤리교육은 학생들로 하여금 반성적인 도덕성을 갖도록 해 주는 교육이 되어야 한다는 것이다.

우리에게 남는 문제는 이 세 입장의 문제점을 피해 가면서 이 세 입장에서 고려할 만한 가치가 있는 주장들을 유기적으로 통합시켜 줄 수 있는 학문적 방법론이 과연 가능한가 하는 것이다. 필자는 '공동체적 자유주의'의 관점에서 이것이 가능함을 보여 줄 수 있다고 생각한다.[39]

---

39 이 문제에 대해서는 제4장에서 다루고 있다.

제3장

도덕·윤리교육과 잠정적인 도덕적 진리

1. 서론

도덕·윤리교육은 무엇을 가르치는 교과인가? 세 가지 기존의 경쟁적인 입장이 있다. 첫째는 도덕·윤리교육은 근본적·본질적으로 정치교육이라는 입장이다. 둘째는 도덕·윤리교육은 본질적으로 인성교육이라는 입장이다. 셋째는 도덕·윤리교육은 핵심에 있어서 도덕철학교육이라는 것이다. 필자는 앞에서 도덕·윤리교육의 정체성을 둘러싼 세 가지 입장을 앞에서 비판적으로 검토한 바 있다.

필자는 이제 이 장에서 첫째로 앞서 언급한 세 입장에서 버려야 할 것과 수용해야 할 것들을 확인하면서, 바람직한 도덕·윤리교육은 한국사회에서 후세들에게 전수해 주기로 합의한 가치관과 덕목 및 삶의 자세를 반성적으로 내면화시키고 또 실천하게 하는 교육이며, 이런 교육을 통해 육성되어야 할 인간유형은 공동체적 자유주의자임을 논증하고자 한다.[1] 도덕교육을 이렇게 이해함으로써 필자는 도덕교육이 '국적 있는' 교육이 되어야 함을 주장

1 '공동체적 자유주의자'란 개념에 대해서는 뒤에서 다시 다룰 것이다.

하고 있는 것이다. 물론 '국적 있는'이라는 말마디로 인하여 박정희식의 '한국적 민주주의'를 떠올리면서 알레르기 반응을 보이는 사람들이 있겠지만, 필자가 그 말마디로 표현하고자 하는 것은 '도덕교육은 한국사회라는 공동체의 공공선과 가치관, 문화를 전달하는 일에 적극적으로 관심을 기울여야 한다'는 것이다. 당연히 미국인들은 그들의 후세에게 미국식 가치관과 문화를 전달할 것이고 일본인들은 일본인들의 가치관과 문화를 전달할 것이다. 이점에서 필자는 공동체주의자들의 입장을 받아들인다. 둘째로 우리 사회의 고유성과 특수성에 기초해 있는 한국적 삶의 규범문화가 학생들에게 가르쳐져야 할 '잠정적인 도덕적 진리'의 보고임을 밝힐 것이다. 이를 밝힘으로써 우리는 공동체주의자들의 함정인 '폐쇄적 상대주의'의 늪에 빠지지 않으면서도 도덕교육이 가능함을 알 수 있을 것이다.[2] 이 점에서 필자는 개인의 자유는 특정 공동체가 신봉하고 추구하는 공공선의 한계에 갇히지 않는다는 자유주의의 입장에 선다.

2. 바람직한 도덕·윤리교육과 공동체적 자유주의자

필자는 제대로 된 도덕·윤리교육이 버려야 할 세 가지부터 정리해 둔 뒤에, 도덕·윤리교육이 올바른 방향으로 나아가려면 구비해야 할 세 가지 조건을 살펴보는 방식으로 바람직한 도덕·윤리교육이란 공동체적 자유주의자를 육성하는 것임을 밝히고자 한다.

---

2 필자는 상대주의를 '폐쇄적인 것'과 '개방적인 것'으로 구분하여 사용하는데, 이 두 개념의 구분에 대해서는 뒤에서 다룰 것이다.

1) 버려야 할 것

정치교육으로서의 도덕·윤리교육관에서 버려야 할 것은 무엇인가? **도덕·윤리교육이 북한식 정치교육과 비슷한 방식으로 특정 정권의 이익을 위해 악용되는 세뇌교육이어서는 안 된다.** 혹자는 정치교육은 유교를 통치이데올로기로 삼았던 조선조 500년에 걸쳐서도 행해졌다고 말하면서 박정희와 전두환 정권에서의 정치교육을 정당화하려 한다. 물론 조선 시대의 정치교육은 특정 왕조의 유지와 번영을 위해 이용되었다고 말할 수 있겠다. 그러나 유교의 통치이념에 기초한 정치교육이 어떻게 박정희와 전두환 정권의 정치교육과 동질의 것일 수 있겠는가? 유교의 통치이념에 기초한 정치교육은 차라리 자유민주주의 체제하에서의 시민윤리 교육과 비슷하다고 말할 수 있다. 우리는 자유민주주의 체제의 유지와 번영을 바라며, 이를 위해 학생들에게 정치교육을 시킬 수 있다. 이 경우 시행되는 정치교육이 독재자의 사욕을 충족시키기 위한 준우상화 정치교육과 동질의 것일 수는 없는 일이다.

인성교육으로서의 도덕교육관에서 버려야 할 것은 무엇인가? 요즈음 사람들은 '인성'이란 말을 자주 사용하며, '인성교육'에 대해 토론하기도 하지만, 이 말은 구 소련과 동구권 공산주의의 붕괴로 냉전체제가 종식을 고하면서 정치교육으로서의 국민윤리가 교과 정체성을 찾지 못하고 헷갈려할 때, 기존의 도덕교육을 대체할 교육으로 거론된 것이다. 왜 인성교육론자들은 '도덕교육'이란 용어를 버리고 '인성교육'이란 말을 사용하자고 하는 것일까? 학교에서 행해진 기존의 도덕교육은 지식 위주여서 도덕적 지식의 소유자는 양산해 내지만, 도덕적 실천자는 길러 내지 못했다는 것이 그들의 기본 입장이다. 그들은 도덕적 실천자를 기른다는 명분으로 인성교육을 행동 길들이기 교육으로 만들어 버렸다. 결국 인성교육은 교화indoctrination로 전락해 버렸다. 물론 올바른 습관을 가지는 것은 대단히 중요한 일이다. 특히 어린

아이 시절에는 더더욱 그러하다. 서양 속담에 '한 파운드의 지성보다, 한 온스의 습관이 더 유용하다'는 말이 있다. 그러나 왜 우리가 그런 습관을 가져야 하는지 이유도 모르면서 습관을 따른다면, 우리는 습관의 자동기계여서 '도덕적 실천자'가 될 수 있을지 모르지만 '도덕적 행위자'moral agency가 되지는 못한다. 도덕적 행위자가 되려면, 피터스가 말한 바대로 "습관과 전통의 안마당을 거쳐 이성의 궁전에 들어가야" 한다.[3] 인성교육론자들이 주장하는 도덕교육의 방법에 따르게 되면, 피교육자는 이성의 궁전에 들어가지 못하고 습관과 전통의 안마당(즉 그가 속한 공동체의 문화와 행동양식)에 머물러 버리고 만다. 이제 필자는 인성교육론으로서의 도덕교육론에서 버려야 할 것을 다음처럼 말할 수 있다. **도덕교육의 인지적 측면을 무시하고, 도덕교육을 행동 길들이기를 위한 교화 교육으로 이해해서는 안 된다.**

철학교육으로서의 도덕교육은 곧 윤리학교육인데, 이 교육은 정치교육의 세뇌와 인성교육의 교화의 문제점에 대한 특효약을 제공해 준다. 그러나 이런 식으로 이해된 도덕교육은 교육이 자리 잡고 있는 사회적 맥락을 벗어나 버리는 경향이 농후하다. 철학이라는 학문 자체가 일반적으로 초공간적, 초시간적, 초문화적 진리를 추구하는 경향이 강하여 도덕교육도 절대적인 도덕적 진리를 가르쳐야 한다고 생각하기 때문이다. 물론 철학에서도 상대주의 인식론이나 상대주의 윤리설을 제창하는 학자들이 적지 않게 있지만, 철학자들에게 '당신은 상대주의자야'라고 말하면, 이는 그에게 욕이 된다. 사실 개인적 상대주의 윤리설을 주장하는 철학의 입장에서는 윤리교육이 불필요하다. 바로 그 때문에 철학자가 윤리교육의 적임자임을 주장하는 철학자들은 한결같이 절대론적 윤리설을 표방하며, 윤리적 명제의 보편타당성을 강

---

3 R. S. Peters, *Psychology and Ethical Development*(London : George Allen & Unwin Ltd., 1974), 272쪽. 피터스는 이것이 도덕교육의 역설(paradox)이며, 아리스토텔레스는 『니코마코스 윤리학』 제2권에서 이 역설을 잘 표현하고 있다고 말한다.

조한다. 철학자들은 그래야만 도덕교육과 자신들을 연결시킬 수가 있기 때문이다. 그러나 윤리의 보편성과 절대성을 주장하여 도덕교육과 연결되는 것까지는 좋지만, 철학자들은 그 다음에 어려움에 봉착하게 된다. '가르쳐야 할 절대적 도덕규범이나 윤리학 체계를 제시해 보라'는 요구에 그들은 할 말이 없다. 가르칠 내용이 없다는 것이다. 그들은 기껏해야 '절대적인 도덕규범을 추구하는 정신만 가르칠 수 있다'고 말한다. 이 문제와 관련해서 손동현은 필자와는 다른 견해를 제출한다. 그는 오히려 윤리학적 탐구를 통해 도덕·윤리교과에서 가르쳐야 할 교육내용이 풍부해진다고 생각한다.

> 윤리학적 탐구 없이 도덕교육을 수행함은 가르쳐야 할 교육내용에 대한 연구(혹은 지식) 없이 교육을 수행함과 같은 것이요, 이는 크게 보면 무엇을 실천해야 할지 모르는 채 실천하려는 '이론 없는 실천'과 다를 바 없는 것이다.[4]

그러나 윤리학적 탐구를 통해 전국의 중·고등학생들에게 무엇을 실천할 것인가 하는 문제에 대한 절대적 답을 제시해 줄 수 있다는 주장은 받아들이기 힘들다. 수많은 동서양 사상가들이 2500년 이상 윤리학적 탐구를 수행했음에도 불구하고, '이것이 행위의 절대적 지침이며, 그 이유는 이러하다'는 것을 밝혀낸 철학자는 아무도 없었다. 우리가 윤리학적 탐구를 통해 얻을 수 있는 윤리학적 지식이란, 칸트는 의무론적 윤리설을 주장했고 공리주의자들은 목적론적 윤리설을 주장했는데, 이 양자는 거짓말을 왜 해서는 안 되는가에 대해 서로 상이한 근거를 제시한다는 등속의 지식들이다. 윤리학적 탐구를 많이 하면 이런 유의 지식을 더 많이, 더 자세하게 알게 될 것이다. 이

---

4 손동현, 「철학교육과 윤리교육의 유기적 연계를 위한 윤리교육의 철학화」(한국철학윤리교육연구회, 『철학윤리교육연구』, 제21권 제34호, 2006. 6.), 8쪽.

런 지식을 많이 갖고 있으면 있을수록, 더 훌륭한 윤리학 교수나 윤리학 교사가 될 수는 있다. 그러면 두 입장 중에서 어느 것이 옳은가? 이 물음에 대해 윤리학자들 중에서 자신의 선호에 따라 '나는 공리주의가 옳은 것 같다'고 말할 수는 있다. 그러나 중·고등학생들에게 공리주의는 진리이고 칸트는 틀렸다고 말할 수 있는가? 그렇게 말하면 칸트 신봉자들이 '왜 중·고등학교 교재에 특정 윤리설을 옹호하고 절대화하는 내용을 싣느냐'고 하면서 이의를 제기할 것이다. 결국 윤리학적 탐구가 아무리 깊이 있게 진행되더라도, 모든 학생들이 받아들여야 할 실천상의 보편적인 진리는 기대하기 힘들다. 도덕교육을 철학교육으로 이해하는 사람들의 주장에 따르면, 피교육자가 전통과 습관의 안마당을 거치는 과정을 생략한 상태로 이성의 궁전(즉 보편적·도덕적 진리의 세계)에 들어가야 한다. 그러나 세상의 어느 누구도 그 과정을 생략할 수가 없다. 어느 누구도 어느 날 갑자기 하늘에서 뚝 떨어질 수는 없기 때문이다. 인간을 본질적으로 이야기하는 존재, 혹은 서사적 존재로 보는 메킨타이어는 이와 관련하여 다음처럼 말한다.

> '나는 무엇을 해야 하는가?'라는 문제에 대답할 수 있으려면, 나는 그 문제에 선행하는 문제인 '나는 내 자신을 무슨 이야기(들) 중의 한 부분으로 발견하는가?' 하는 문제에 대답할 수 있어야 한다. 다시 말해서 우리는 하나 혹은 그 이상으로 부과된 역할들을—우리들은 이 역할들을 맡도록 징집되었다—갖고 인간 사회에 들어간다.[5]

그는 다른 곳에서 이 말을 훨씬 더 알아듣기 쉽도록 설명해 준다.

---

5 A. MacIntyer, *After Virtue*(2nd Edition, Notre Dame : University of Notre Dame Press, 1984), 216쪽.

> 5세기경의 아테네 장군에게 좋은 삶은 중세 시대의 수녀나 17세기 농부에게 좋은 삶과는 다를 것이다. 이것은 상이한 개인들은 상이한 사회적 환경 속에서 살아간다는 것만은 아니다. 그것은 또한 우리 모두는 우리 자신이 처해 있는 상황들에 특수한 사회적 정체성의 담지자로서 접근한다는 것이다. 나는 어떤 사람의 아들 아니면 딸이다. 누군가의 사촌 혹은 삼촌이다. 이 협회 혹은 직종의 멤버이다. 그리고 나는 이 씨족에 속하고 저 부족에 속하며 이 국가에 속한다. … (중략) … 이것들은 내 삶의 기정사실들과 나의 도덕적 출발점을 구성한다.[6]

도덕·윤리교육을 본질적으로 철학교육으로 보는 입장은, 사회는 개인에 선행해서 주어져 있는 경향적 여건으로서 개인의 언어생활과 종교와 가치관에 엄청난 영향을 미친다는 사실을 무시하고 있는 것이다.[7] 이제 필자는 철학교육으로서의 도덕교육론에서 버려야 할 것을 다음처럼 말할 수 있겠다. 반성적 사고능력을 길러 주어 진정한 도덕적 행위자가 되도록 하는 능력을 가졌다는 장점에도 불구하고, **가르칠 구체적 규범 내용이 없는 도덕교육은 지양되어야 한다.**

지금까지의 논의한 결론을 갖고 본다면, 최악의 도덕·윤리교육은 특정 정권이나 정치가의 이익을 위해 특정 이데올로기를 전 교육현장에서 광범위하게 주입식으로 내면화시켜 맹목적·무반성적으로 행동하게 만드는 교육이다. 필자의 생각으로는 현재의 북한식 사회주의가 실시하는 정치교육이 이런 교육의 전형이며, 박정희와 전두환 시대의 국민윤리교육도 이와 닮은 점이 많은 것으로 판단된다.

---

6 A. MacIntyer, *After Virtue*, 220쪽.

7 개인에 선행하는 경향적 여건으로서의 사회에 대해서는 필자의 『삶과 윤리』(대구 : 형설출판사, 2012), 158쪽 이하 참조.

2) 수용해야 할 것

먼저 우리가 도덕·윤리교육의 본질을 정치교육으로 이해하는 입장에서 받아들일 수 있는 것은 무엇인가? 도덕·윤리교육의 중요한 목표 중의 하나가 사회유지와 사회통합의 기능이다. 아무리 우리가 자유주의 사회에 산다고 하더라도, 우리는 한 국가의 국민이며, 한 사회의 시민으로서 공유해야 하는 사고방식과 가치관이 있다. 그런 공동체적 가치관과 문화들을 가르치지 않는다면 도덕·윤리교육이 잘못된 것이라 말할 수 있다. 우리는 후세들에게 북한식 사회주의가 옳다거나 박정희식 유신이 새로 부활되어야 한다거나 하는 내용들을 가르칠 수는 없다. 비록 도덕교육을 정치사회화교육으로 이해한 정치학자들이 박정희, 전두환 정권에 부역한 어용학자들이라 하더라도, 도덕·윤리교육이 한국적인 특수성 즉 한국인의 삶의 특수성, 전통과 문화의 특수성, 분단의 특수성 등등을 바탕으로 해서 실시되어야 한다고 생각했다는 점에서는 옳았다. 규범과학인 도덕은 결코 사실과학인 사회학과는 다르다는 논리로 도덕·윤리는 사회과에 포섭될 수 없다고 말할 수도 있지만, 규범을 만들고 따르며, 고치고 하는 것 역시 사회적 현상이기에 도덕·윤리교육도 한국사회의 특수한 사회적 맥락 위에서 이해되고 시행되는 것을 받아들여야 한다. 만약에 이것을 부정해 버리면 우리는 도덕과 윤리의 중요한 기능 중의 하나인 사회유지와 통합의 기능을 부정하는 것이 된다. 루소도 다음처럼 말한다.

> 사회는 개인을 통해서 연구되어야 하고, 개인은 사회 속에서 연구되어야 한다. 정치와 도덕을 따로 취급하는 자는 결코 그 둘 다를 이해할 수 없을 것이다.[8]

---

8 J. J. Rousseau, *Emile*(trans. B. Foxley, New York : Everyman's Library, 1974), 197쪽.

이제 우리는 도덕·윤리교육이 올바른 방향을 가기 위해 충족시켜야 할 첫 번째 요구를 다음처럼 표현할 수 있겠다. **제대로 된 도덕·윤리교육은 현대 한국사회의 사회문화적 특수성을 고려해야 한다.** 다시 말해서 도덕·윤리교육은 일차적으로 공동체의 유지를 위한 교육이어야 한다는 것이다.[9] 이것은 교육학적 상식이며, 다른 문제에 있어서는 필자와 견해를 달리하기도 하는 손동현도 이 상식을 공유하고 있다.

> 가장 일반적인 의미에서 교육은 두 가지 과제를 수행한다. 하나는 사람을 기르는 일이고, 다른 하나는 문화공동체를 보존하는 일이다.[10]

> 교육이란 앞선 세대가 뒤따라오는 세대에게 바로 이 문화적 공유재산을 전수해 주는 일이요, 이를 통해 자연적 존재를 넘어서는 문화적·역사적 존재로서의 인간을 길러 내며, 이를 통해 동시에 문화공동체를 유지 확장하는 일이다.[11]

도덕·윤리교육이 한국사회만이 갖고 있는 특수한 맥락을 떠나서 행해진

---

9 필자의 이런 주장에 대해 '그러면 북한사회에서도 도덕·윤리교육을 시킬 때, 그 교육의 일차적 목표는 북한사회의 존속인가? 그러나 북한사회는 존속되지 말아야 하는 사회가 아닌가?' 하고 반문하는 사람이 있을 것이다. 이에 대해 필자는 북한사회가 많은 측면에서 특히 정치체제적 측면에서 바람직하지 못한 사회이며, 따라서 급격한 변화가 요구되는 사회임이 분명하지만, 그런 변화를 위해서라도 변화의 주체인 북한은 존속해야 한다고 말해 두고자 한다.(이 말로 인하여 필자를 반통일주의자로 간주하지 말기를 바란다. 남과 북이 통일되어 하나의 국가가 되기 위해서라도 통일의 주체로서의 북한은 있어야 한다. 그리고 북한이 사회문화적 측면에서는 남한보다 더 바람직한 것을 갖고 있을 수가 있다. 예컨대 남한보다는 덜 퇴폐적인 미풍양속을 갖고 있을 수가 있다.) 필자가 말하고자 하는 것은 어떤 사회든 도덕적으로 완전한 사회는 없으며, 따라서 어떤 식으로든 각각의 사회는 각각의 사정에 맞추어 변화를 도모하여야 하는데, 도덕교육은 이 변화의 주역들을 길러 내어야 한다는 것이다.

10 손동현, 「철학교육과 윤리교육의 유기적 연계를 위한 윤리교육의 철학화」, 3쪽.

11 손동현, 「철학교육과 윤리교육의 유기적 연계를 위한 윤리교육의 철학화」, 4쪽.

다면, 그런 도덕교육은 더 이상 공교육의 차원에서 행해질 필요가 없다. 물론 도덕·윤리교육이 공적차원에서 실시된다는 것이 특정 정권의 이익에 악용되어도 된다는 것을 의미하는 것이 아님은 더 이상 거론할 필요가 없을 것이다. 사람들은 '한국적 민주주의'라는 이름으로 선포된 유신체제가 도덕교과서에서 정당화되는 부조리를 목격한 이후로, 도덕·윤리교육에서 '한국적 특수성'을 아예 멀리하는 경향이 있다. 그러나 그 개념은 결코 버려져야 할 개념이 아니다. 우리가 중·고등학교에서 가르치는 도덕과 윤리를 '국민윤리'로 부르건, 아니면 '윤리'로 부르건 아니면, 다른 이름으로 부르건, 그것은 결국 '한국인의 윤리'인 것이다. 물론 '국민윤리'는 그 자체로는 나쁠 것이 없는 용어이나 독재정권에 의해 오염된 용어이기에 더 이상 사용하지 않는 것이 좋겠다.[12] 비록 도덕·윤리교육에서 한국적 특수성을 적극적으로 수용해야 한다고 하더라도, 필자는 그것이 좁은 의미건 넓은 의미건 정치사회화교육이 되어야 한다고 생각하지는 않는다. 단지 도덕·윤리교육의 사회적 역할을 고려해야 한다는 것과 도덕·윤리교육이 행해지는 배경인 한국사회의 특수한 맥락을 놓치지 말아야 한다는 것을 강조하고 싶은 것이다. 필자는 협의의 의미의 정치교육도 필요하다고 생각하는데, 그 교육은 사회과 교육에서 행해지면 된다. 가령 자유민주주의 체제와 시장경제의 우월성 같은 것은 경제교과서나 정치 교과서에서 가르치면 될 것이다. 그럼에도 불구하고 도덕·윤리교육도 일종의 사회화교육임을 부정할 수는 없다. 도덕교육을 사회화교육으로 이해했던 대표적인 사상가는 에밀 뒤르켐이다. 그는 "도덕이 사회마다 다르다는 사실이 도덕이 사회적 산물임을 명백하게 보여 준다"[13]고 말하면

---

12 어떤 사람들은 '국민'이란 용어가 일제치하에서 사용되던 '황국신민'의 줄인 말이라 하여 그 말에 대한 거부감을 표시한다. 그리고 '국민학교'를 '초등학교'로 바꾸었다. 그럼에도 불구하고 우리는 여전히 '국민'이라는 말을 사용한다.

13 Emile Durkheim, *Moral Education ; A Study in Theory and Application of the*

서, 도덕교육이란 한 사회가 채택하고 있는 도덕적 처세훈을 구성원들에게 내면화시키는 것임을 주장한다. 물론 뒤르켐에 의하면 도덕교육의 목표는 사회의 유지와 존속이다. 왜냐하면 "사회가 없다면, 도덕성은 그 어떤 대상도 의무도 근거도 가질 수가 없기"[14] 때문이다. 뒤르켐의 도덕교육론은 도덕교육에 있어 도덕적 반성과 반성적 내면화의 중요성을 간과하고 있다는 치명적인 약점과 상대주의적 도덕관에 기초하여 도덕교육을 전개했다는 문제점을 갖고 있음에도 불구하고, 도덕교육에 특정 사회가 채택하고 있는 규범체계들을 내면화시켜 학생들이 그 사회에 적응하도록 하는 측면이 있음을 밝혔다는 데 중요한 의미를 갖는다.

도덕교육을 인성교육으로 이해하는 입장으로부터 우리가 얻어 낼 수 있는 것은 무엇인가? 인성교육론자들은 도덕·윤리교육에서 중시되어야 할 것이 도덕적 지식이 아니라 도덕적 행위라고 생각했다. 도덕지식만 교육하는 것은 잘못된 교육이라는 것이다. 비록 그들이 교과로서의 도덕교육을 없애야 한다고 주장하면서 제시하는 몇 가지 논리들에 문제가 있다 하더라도,[15] 도덕교육은 궁극적으로 행함으로 연결되어야 하며, 교사는 학생들이 갖고 있는 도덕적 지식을 행함으로 연결시키기 위한 다양한 교육학적 지식과 기법을 익히고 있어야 한다는 주장마저 거부할 수는 없다. 이제 우리는 도덕·윤리교육이 올바른 방향으로 가기 위해 충족시켜야 할 두 번째 요구를 다음처럼 표현할 수 있겠다. **제대로 된 도덕·윤리교육은 행함을 목표로 해야 하며, 이를 위해 교육학적 지식에 관심을 기울이지 않으면 안 된다.** 비록 주당 1시간씩 실시되는 도덕교육을 통해 어떻게 교육하는 것이 행함에 이르는 효과적인 교

Sociology of Education(New York : Collir-Macmillian, 1961), 86쪽.

14 Emile Durkheim, "The Determination of Moral Facts"(in : *Sociology and Philosophy*, Glenceo : Free Press, 1953), 52쪽.

15 이에 대한 자세한 논의는 제1장을 참조할 것.

육방법인가에 대해 논란은 있을 수 있겠지만, 어쨌건 도덕적 행함이 없는 도덕적 지식은 공허하다. 그러나 아무리 행함이 중요하다고 하더라도 우리는 선을 행하는 기계를 길러 내서는 안 될 것이다. 왜냐하면 도덕적 반성이 없는 도덕적 행함은 맹목이기 때문이다.

도덕교육을 철학교육으로 이해하는 입장은 비록 앞서 우리가 바람직한 도덕·윤리교육이 이루어지기 위해서 충족되어야 할 첫 번째 조건을 무시하는 결정적 잘못을 범하고 있는 듯이 보이지만, 이 입장은 바람직한 도덕·윤리교육이 충족시켜야 할 세 번째 조건을 알려 준다. 그것은 **도덕·윤리교육은 인습적 도덕성의 소유자가 아니라 반성적 도덕성의 소유자를 길러야 한다는 것이다.** 반성적 도덕성의 소유자를 길러 냄으로써 도덕·윤리의 또 다른 중요한 기능인 자아실현의 기능이 가능하다. 도덕·윤리는 사회의 유지와 통합기능을 함으로써 보수적으로 기능한다. 그러나 동시에 도덕과 윤리가 자아실현의 기능을 함으로써 진보적 기능을 하게 된다. 도덕·윤리가 어떻게 해서 자아실현의 기능을 가지며, 그것이 어떻게 해서 진보적 기능을 한다는 말인가 하고 의아해할 수 있다. 그러나 우리가 소크라테스나 간디, 그리고 마틴 루서 킹 목사 같은 사람들의 삶을 생각해 보면, 자신의 양심에 따라 살아가는 것, 즉 양심의 실현이야말로 가장 중요한 자아실현임을 알게 된다. 그리고 그들은 자신의 양심을 실현하기 위해 사회를 개혁하려고 했던 사람들이며, 결국에는 자신의 목숨까지 버렸던 사람들이다. 이런 차원에서 본다면 도덕적 행위자는 공동체의 가치관에 예속되어 있지 않고 그것으로부터 거리를 두고 있어야 한다. 말하자면 그는 반성적 사유의 자유를 가진 자여야 한다.

지금까지의 논의를 요약하면, **도덕교육을 통해 길러 내어야 할 인간은 공동체적 가치를 전통과 습관의 이름으로 흡수하지만, 그것에 대해 거리를 두고 반성적으로 검토하는 능력을 가진 자, 그래서 습관과 전통이라는 상대성의 안마당을 넘어서서 이성이라는 보편성의 궁전을 향해 나아가는 자, 요컨대 공동체적 자유주의자이다.**

이 대목에서 사람들은 필자의 입장을, 어린 아이 시절에는 우리 사회의 가치와 관습을 주입식으로 교화하다가 성인이 되어 갈수록 반성적인 교육을 시켜야 함을 말하는 것으로 해석해서는 안 된다. 이와 관련하여 팀 스프로드는 필자의 입장을 잘 대변해 주고 있다.

> 습관화는 맹목적이고 반복적인 과정이어서는 안 된다 : 실천이성practical reason 즉 도덕적 상황에 적용되는 합당성reasonableness의 발달은 좋은 도덕적 습관의 발달과 병행적이어야 한다. 건전한 도덕교육은 다음의 두 주장을 모두 포함해야 한다. 첫 번째 주장은 어린이들이 도덕적으로 행동한다는 것이고 두 번째 주장은 어린이들이 그들의 행위가 도덕적인지 아닌지에 대해 자율적으로 판단하는 방법을 배운다는 것이다. 전자는 후자를 필요로 한다.[16]

그렇다면 아이들에게 실시되는 도덕교육은 철학교육과 무엇이 다른지 묻는 사람이 있겠다. 이 문제에 대해서는 다음 절에서 답하고자 한다.

3. 도덕·윤리교과의 교재내용과 잠정적 진리

우리는 도덕·윤리교육의 교육내용은 어떤 것으로 채워져야 하는가 하는 문제를 고찰하기 전에, 앞서 언급한 세 가지 요구조건이 상충하는 것은 아닌지 살펴볼 필요가 있겠다. 우선 한국사회의 사회문화적 특수성을 중시해야 한다는 첫 번째 요구와 반성적 도덕성을 중시해야 한다는 세 번째 요구가 충

---

16 T. Sprod, *Philosophical Discussion in Moral Education : The Community of ethical inquiry*(London & New York : Routledge, 2001), 102쪽.

돌하는 것이 아닌가 하는 의문이 제기될 법하다. 반성적 도덕성은 보편적 도덕성을 추구하는데, 이는 한국사회에서만 통용되는 특수한 도덕성을 거부할 것처럼 보이기 때문이다. 한국사회에서만 통용되는 특수한 도덕은 상대적인 것이고, 반성적 도덕성이 추구하는 것은 절대적인 도덕이므로, 이 문제의 본질은 도덕상대주의와 도덕절대주의 간의 상충이요 논쟁이다. 결국 이 문제는 우리가 중·고등학교 도덕·윤리교과서에서 가르쳐야 할 도덕이 한국적 특수성에 기초해 있는 상대적인 것인가 아니면 세계보편성을 지향하는 절대적인 것인가 하는 것이다. 필자는 아래에서 이 문제를 '잠정적인 도덕적 진리'라는 개념을 갖고 답해 보고자 한다.

현대를 살아가는 분단 한국의 학생들에게 도덕·윤리교육을 통해 가르쳐야 할 것은 무엇인가? 그것은 두말할 필요도 없이 한국인으로서 공유해야 할 국가관과 가치관, 그리고 생활양식일 것이다. 모든 국가는 그들의 문화적 특수성에 기초해 가치관 교육을 실시한다. 물론 대다수 한국인의 삶을 지배하는 윤리 중에는 바람직하여 후손들에게 전승해 주어야 할 것도 있고, 폐습이어서 버려야 할 것도 있다. 그러니까 우리가 한국인의 삶의 윤리를 학생들에게 교육한다고 할 때, '한국인의 삶의 윤리'라는 것은 어떤 고정불변의 것이 아니라는 것이다. 그것은 시대가 바뀌면 바뀔 수 있다. 그럼에도 불구하고 현재로서는 한국인의 삶을 묶어 주는 공통의 삶의 양식이요 가치관이다. 그것은 영구적인 절대성을 갖지는 못한다 하더라도 잠정적 절대성을 갖는다. 이 대목에서 필자는 앞서 제기했던, 도덕·윤리교육에서 해결해야 할 어려운 문제 중의 하나를 다루고 있는 셈인데, 그것은 도덕·윤리교육을 통해 가르치는 도덕적 지식은 상대적인 것인가 절대적인 것인가 하는 것이다. 윤리학에서 상대주의·절대주의 논쟁은 해결되지 않고 있는 문제들 중의 하나이다. 만약 수학이나 물리학에서 그런 문제 즉 객관적이고 절대적인 답이 없는 문제가 있다면, 그런 문제를 중·고등학교 교과서에서는 가르치지 않을 것이다. 아니

가르칠 수가 없다. 그러나 만약 도덕·윤리교육에서도 '객관적이고 절대적인 답이 없는 그런 문제는 교과서에서 가르치지 않는다'는 원칙에 따라 가르칠 내용을 선정한다면, 교과서에서 가르칠 내용은 거의 없을 것이다. 가령 우리나라의 결혼윤리는 이슬람권의 일부다처제와는 달리 일부일처제이다. 일부일처제와 일부다처제 이외에도 인류 역사를 살펴보면 여러 유형의 결혼제도가 있었다. 과연 어떤 결혼윤리가 절대적으로 옳은가? 그러나 객관적으로 보자면 그 답이 무엇인지 모른다. 그러면 교사는 우리 사회가 받아들이고 있는 일부일처제는 단지 있을 수 있는 여러 유형의 결혼윤리 중 하나에 불과한 것이기에 원한다면 일부다처제를 택할 수 있다고 학생들에게 가르쳐야 하는가? 그럴 수는 없다. **교사는 학생들에게 우리 사회의 합의된 가치관과 삶의 방식을 학생들에게 '마치 절대적인 진리인 듯이' 가르쳐야 한다.** 그러므로 일부일처제 결혼윤리가 진리인 듯이 가르쳐야 한다. 그러나 일부일처제 결혼윤리는 절대적 진리는 아니라 잠정적 진리인 것이다. 도덕교과서에서 가르쳐야 할 진리들은 바로 이런 진리들이다. 우리 사회는 유교적 장유유서의 전통으로 말미암아 노소간의 서열의식이 강하다. 적어도 현재까지는 이 윤리는 '잠정적 진리'로서 교과서에서 가르쳐져야 한다. 그리고 뉴질랜드에서는 성매매를 합법적인 것으로 인정하고 있는데, 어차피 근절되지 않을 것이라면 성매매를 합법화함으로써 그 일에 종사하는 여성들의 인권을 보호하는 방향으로 나아가는 것이 옳은 일인지는 모르지만, 어쨌건 '성매매는 비도덕적인 것이다'는 명제는 현재의 한국사회에서는 잠정적 진리이다. 모든 나라는 자기 사회의 합의된 가치관과 삶의 방식을 학생들에게 진리인 듯이 가르치고 있다. 특정 종교국가의 경우에는 '잠정적 진리'가 아니라 '절대적 진리'를 가르친다고 생각하기도 한다. 그러나 객관적으로 보면 어느 종교가 절대적인 진리를 소유하고 있는지 모르기에, 제3자적인 입장에서 보면 여전히 '잠정적 진리'에 불과하다. **'한국사회의 문화적 독자성과 특수성'은 한국사회에서 도덕·윤리교육을 실**

시할 때 학생들에게 가르쳐야 할 내용(잠정적 진리)의 원천이 된다. 그것을 무시하게 되면 우리는 '도덕·윤리교육'을 '윤리학교육'으로 오해하게 된다.

도덕교육에서는 잠정적 진리를 반성적으로 내면화시켜야 한다는 필자의 생각은 윤리학에서의 상대주의·절대주의 논쟁에서 도덕교육이 봉착하게 되는 딜레마적 곤경에 대한 좋은 해결책이 될 것이다. 만약 도덕이 극단적으로 상대적이어서 개인마다 다른 것이라면, 우리는 도덕을 가르칠 필요가 없다. 각자는 알아서 각자의 삶을 살아가면 그만이다. 만약 도덕이 절대적인 것이라면, 우리는 그 절대적인 도덕적 진리를 가르쳐야 할 것이다. 그러나 문제는 가르쳐야 할 절대적 진리가 없거나, 있다 하더라고 몇 가지 안 된다는 것이다.[17] 그런데 각각의 사회나 국가나 문화권이 각각의 잠정적인 도덕적 진리를 갖고 있다고 한다면, 도덕이 극단적인 개인적 상대주의자들이 이해하듯이 사적인 영역의 일이기만 한 것도 아니고(그러니까 공적 교육의 대상이 될 수 있다), 극단적 절대주의자들이 마주치게 되는 '가르칠 내용이 없는 교과'가 되는 것도 아니다. 필자는 '잠정적 진리'의 개념으로서 도덕 상대주의와 도덕 절대주의의 이분법을 거부한다. 형식논리적으로 말한다면, '상대주의'와 '절대주의'라는 용어는 모순개념이어서, 그 양자 사이에 제3의 개념이 들어설 수가 없다. 그러나 필자는 이 양자 사이에 '잠정적 진리'가 있다고 생각한다. 엄격히 말해서 '잠정적 진리' 역시 확정적 진리는 아니니 상대적인 진리이다. 그러나 이런 진리관에 입각해 있는 상대주의는 '폐쇄적 상대주의'

---

17 절대론적 윤리설의 신봉자들이 내세울 수 있는 절대적인 도덕규범의 유력한 후보로 세 가지 도덕규범이 있을 수 있다. 어린아이들을 보호하라는 것과 거짓말하지 말라는 것과 살인하지 말라는 것이다. 이 세 가지 규범이 무너지면 그 사회는 유지될 수가 없다. 대를 이을 어린아이가 없으면 사회는 무너진다. 사회 구성원들 간에 신뢰가 없는 사회도 유지될 수가 없다. 그리고 살인이 이유 없이 무분별하고 무차별적으로 행해지는 사회도 붕괴된다.(J. Rachels, *The Elements of Moral Philosophy*, Second Edition, New York : McGraw-Hill, Inc., 1993, 25-26쪽 참조)

는 아니다. 예컨대 서로 다른 도덕규범을 갖고 살아가면서 전혀 교류가 없는 두 부족이 지구 반대편에서 서로 살아가고 있다고 해 보자. 이 경우 두 부족은 서로 자신들의 도덕만이 절대적이고 다른 부족의 도덕을 철저하게 부정하는 모습을 보일 것이다. 이 두 부족 구성원들에게는 그들의 도덕이 절대적인 도덕이다. 그러나 이 두 부족의 도덕을 바라보는 제3자에게 있어서 두 부족의 도덕은 상대적이다. 두 개의 절대적인 도덕은 있을 수 없기 때문이다. 뿐만 아니라 다른 부족의 도덕에 대해 철저하게 닫혀 있는 자세를 취하기에 '닫힌(폐쇄적) 상대주의'요 변화를 거부하기에 '고정된 상대주의'인 것이다. 그러나 도덕의 영역에서 잠정적 진리를 받아들이는 필자의 입장은 상대주의이기는 하지만, '열린(개방적) 상대주의'요, '역동적 상대주의'라고 할 수 있겠다.

이런 관점에서 본다면 도덕·윤리교육과의 모학문 논쟁은 참으로 논쟁거리가 될 필요가 있는지가 의심스러운 논쟁임을 알 수 있다. 수학교육과의 모학문은 수학이다. 생물교육과의 모학문은 생물학이다. 생물학이나 수학은 생물교육과와 수학교육과에 제공할 객관적 진리가 있다. 그 진리를 전달받아 생물교육과나 수학교육과에서 교육학적 기법을 동원하여 가르치면 된다. 그러면 철학의 한 분과학문으로서의 윤리학에서 도덕·윤리과에 제공한 객관적·절대적 진리는 무엇인가? '아무것도 없다'고 말하면 너무 심한 말이 될지 모르니, '거의 없다'고 말해야 할 것이다. 이 점은 필자도 철학을 공부하는 사람이지만 철학자들도 인정하는 것이다.

> 도덕교육을 바로잡기 위해서는 도덕교육이 편협한 국민윤리교육이 아니라 보편적인 도덕을 가르치는 교육이 되지 않으면 안 된다. … (중략) … 과연 보편적인 도덕률이 존재하는가 아닌가 또는 그런 것이 가능한가 아닌가 하는 문제는 아마도 영원히 결론이 나지 않는 철학적 물음으로 남을 것이다. 하지만 보편적 도덕률이 있든지 없든지 간에 도덕은 보편성에 대한 지향과 요구를 스스로 포

기하지 않을 때, 그 고유성과 정당성을 유지할 수 있다.[18]

철학적 윤리학이 도덕·윤리교육에 줄 수 있는 것은 '보편성을 지향하는 자세'뿐이라는 말이다.[19] 그러나 이 자세는 주는 입장에서는 대단히 중요한 것이지만 받는 입장에서는 아무것도 아니다. 그리고 절대 진리를 추구하는 자세로서의 철학적 정신이란 것은 굳이 철학도들만의 전유물은 아니다. 그것은 모든 사람에게 요구되는 것이며, 그런 한에서 모든 사람이 광의의 철학자이다. 그러니 도덕·윤리교육의 모학문이 철학이라 하든 윤리학이라 하든 다

---

18 김상봉, 『도덕교육의 파시즘 : 노예도덕을 넘어서』(서울 : 도서출판 길, 2005), 72쪽. 손동현은 도덕·윤리교육과 윤리학교육의 차이점을 인정한다. 도덕·윤리교육의 모학문이 철학 및 윤리학이라 하더라도 도덕·윤리교육의 정체성을 제대로 해명하려면 그것만으로는 부족하다는 것이다. "도덕·윤리교육의 학문적 기초가 윤리학을 포함한 철학에 있다 해서 '윤리학' 교육, 혹은 '철학교육'이 곧 도덕·윤리교육이라고 생각해서는 안 될 것이다. … (중략) … 도덕·윤리교육이 '윤리학 이론' 또는 '윤리사상'의 교수학습으로 이루어져서는 더욱 안 될 것이다. 도덕·윤리교육의 학문적 정초 및 그 정체성과 관련해 병행해야 할 일이란 실질적으로 교육(심리)학 및 여러 사회과학의 도덕·윤리교육과의 관련성을 해명하는 일이다."(손동현, 「도덕과 교육의 목표와 정체성에 대하여」, 『철학윤리교육연구』, 제35호, 7쪽) 그러나 그 역시 도덕·윤리교과의 교과 내용은 철학적 윤리학으로 채워져야 한다고 생각하는 점에서는 다른 철학자들과 마찬가지이다. 그는 철학적 탐구란 부단한 대화를 통해 성숙된 성찰을 추구하는 것이요, 칸트의 말대로 '철학함'에 철학의 근본정신이 있어서 기성품으로서의 지식체계를 일방적으로 가르치는 것이 아닌데, 이런 철학함의 정점에 도덕·윤리교육이 있다고 한다.(손동현, 「철학교육과 윤리교육의 유기적 연계를 위한 윤리교육의 철학화」, 5쪽 참조)

19 칸트도 자기는 철학을 가르칠 수는 없고 철학함만을 가르칠 뿐이라고 했다.(I. Kant, *Kritik der reinen Vernunft*, Hamburg : Felix Meiner Verlag, 1974, B865-866 참조) 그리고 소크라테스도 자신은 단지 지식의 산파에 불과하다고 말했다. 그들의 이런 말을 하는 것은 그들이 유별난 겸손의 소유자이기 때문만이 아니라, 철학 그 자체의 본질 때문이다. 실상 철학이나 윤리학은 삶의 의미와 삶의 방향에 대해 우리에게 고민하는 자세를 강조하지만, 예수처럼 '내가 진리이니 나를 따르라'고 말할 것을 갖고 있지 못하다. 그러는 순간 철학은 철학이기를 포기하고 종교가 된다.(칸트의 『순수이성비판』에서의 인용 중 'A'는 '초판'을, 'B'는 '재판'을, 숫자는 쪽수를 표시함.)

같이 설득력이 없는 말이다. 이 점에서 필자는 김상봉과 의견을 달리한다.

> 정상적으로 생각할 줄 아는 사람이라면 도대체 누가 학제 간 연구를 자기 정체성으로 삼는 학문이 있다고 믿을 수 있겠는가? 그리하여 도덕교육 종사자들 가운데 남보다 조금 더 영리한 사람들이 이즈음에 이르러 도덕교육이 터해야 할 학문적 토대를 발견했으니, 그것이 바로 윤리학이다. … (중략) … 도덕교육이 기초를 두어야 할 기초학문, 이른바 어미학문이 윤리학이라는 것을 부인할 사람은 없을 것이다. … (중략) … 그러나 도덕교육에 종사하는 사람들이 도덕교육의 어미학문이 윤리학이라고 말할 때, 그것은 도덕교육을 철학으로부터 단절시키기 위한 핑계로 윤리학을 내세우는 것이다. 그러니까 그들은 도덕교육의 어미학문이 철학이 아니라고 말하기 위해 윤리학을 내세운다.[20]

물론 윤리학은 철학이 아니라고 말하는 것은 잘못이다. 그러나 윤리학이 도덕교과의 어미학문이라는 것도 잘못이다.[21] 그리고 최선의 도덕교사는 철

---

20 김상봉, 『도덕교육의 파시즘 : 노예도덕을 넘어서』, 112-113쪽.

21 박병기는 도덕·윤리 교과의 모학문 논쟁을 다루는 글에서, '모학문'이란 용어 대신 '배경학문'이란 용어를 사용한다. '모학문'이란 용어의 뜻을 '주인된 학문'의 의미로 받아들이는 것이 좋겠다. 어쨌건 박병기는 그 글에서 도덕교육을 "교사와 학생이라는 두 인격적 주체가 '어떻게 살 것인가?'라는 질문을 자신들의 삶의 단계와 수준에서 화두로 삼아 펼쳐 가는 만남의 여정"으로 정의한 뒤, 철학은 도덕교과의 배경학문임을 부분적으로 인정하면서, 다른 한편 도덕교과에는 도덕심리학이라는 사회과학이 핵심에 놓여 있기에 철학이 도덕교과의 배경학문임을 인정하는 데는 일정한 한계와 불연속성이 있다고 말한다.(「도덕교과와 철학, 그 연속성과 불연속성」, 사회와 철학연구회, 『사회와 철학』, 제14호, 2007. 10., 86-87쪽 참조) 그러나 매우 모호하고 궁색하게 들리는 답변인데, 이 답변은 도덕교과에는 도덕심리학이 핵심임을 인정하기에 결국 교육학과가 도덕교육의 주관학과가 되어야 함을 인정하는 셈이 된다. 이런 방식의 대답이 더 나쁜 것은 도덕교과는 규범과학이 아니라 사회과학이라고 말하는 것이 된다는 것이다. 설령 우리가 박병기식의 대답 배후에 놓여 있는 콜버그 같은 학자를 생각해 보더라도, 철학이 배경학문으로 인정되기에는 연속성과 불연속성

학자라는 주장도 잘못이다.

도덕·윤리교육과의 (잠정적) 진리의 보물창고는 '한국인의 삶의 고유성과 특수성'이다. 굳이 '어머니'를 언급해야 한다면, 어머니는 바로 이것이다. 바로 이 때문에 도덕·윤리를 가르치는 것은 철학적 윤리학을 가르치는 것과는 다른 것이다. 도덕·윤리에는 잠정적 진리가 있지만, 윤리학에는 잠정적 진리마저 없다. 물론 윤리학이 절대적 진리를 추구하고 있음을 부정할 수는 없다. 그러나 윤리학이 절대적 진리를 찾아낼 때까지 도덕·윤리교육을 하지

이 있다고 말하기가 힘들어진다. 우리가 알고 있듯이, 콜버그는『도덕발달의 심리학』을 저술했을 뿐만 아니라,『도덕발달의 철학』이란 책도 저술했다. 그렇다면 도덕 발달의 철학과 도덕발달의 심리학이 합쳐져서 도덕교육론이 완성되는데, 어째서 도덕**심리학**만을 도덕교과의 핵심에 두고 도덕발달**철학**은 핵심에 두지 않는가?

박병기는 모학문이란 용어 대신 배경학문이란 용어를 사용한다. 그러나 모학문과 배경학문은 의미가 다른 말이다. 만약 배경학문이란 용어를 사용한다면, 우리는 다시금, 그러면 전경을 구성하는 학문 혹은 핵심 학문은 무엇인지 물어야 한다. '도덕윤리 교육의 배경학문'에는 윤리학, 교육심리학, 사회학 등등이 있다고 하자. 그러면 우리는 또 다시 그 모든 배경학문들은 무엇을 위한 배경인가 하고 묻게 된다. 그러나 박병기는 이 물음에 답변하기 힘들다. '배경학문'이란 용어를 '주변학문'의 의미로 해석한다면, 또 다시 '중심학문'은 무엇인가 하는 물음에 답해야 한다. 박병기가 윤리학을 도덕·윤리교과의 배경학문으로 인정하지만 모학문으로 인정하지 못한 이유는, 그가 윤리학을 모학문으로 인정하면, 윤리학에 붙어 철학도 모학문으로 인정되는 것이 두려웠기 때문이다. 필자는 박병기가 이런 혼란에 빠진 이유는 근본적으로 그가 도덕교육을 잘못 정의하고 있는 데 있다고 생각한다. 이 점에서는 그가 비판하고 있는 홍윤기와 마찬가지이다. 홍윤기도 "도덕·윤리란 그 어떤 경우에 있어서도 철학의 일부이자, 철학적 사고를 바탕으로 해야 성립할 수 있는 앎 또는 행함의 한 분야이다"고 말한다.(홍윤기, 「도덕·윤리의 철학 귀속성과 도덕·윤리교육의 정체성 : 철학과 윤리학의 학문이론적 근거정립을 바탕으로」, 철학연구회,『철학연구』제76집, 2006. 11. 30., 163쪽) 도덕교육에 대한 이 두 사람의 정의에서 공통으로 빠져 있는 것은 바로 '한국인으로서의 삶의 독자성과 특수성'에 관한 언급이다. 이것을 고려하지 않고 도덕교육을 정의하게 되면, 결국 철학이든 윤리학이든 아니면 도덕철학이든 혹은 철학적 윤리학이든 이것들 중에 하나가 도덕교육의 주된 학문이 될 수 밖에 없다. 그러나 필자가 말했듯이 철학적 윤리학교육으로 이해된 도덕교육은 결국 세계보편윤리를 가르쳐야 한다는 결론에 도달하게 되는데, 문제는 그런 윤리는 없다는 것이다.

않고 기다릴 수는 없는 일이다. 어쩌면 모든 윤리학자들이 합의할 수 있는 그런 절대적 윤리체계는 없을지도 모른다. 사람들은 가르쳐야 할 덕목의 이름을 말하는 수준에서는 합의 볼 수 있다고 주장할지도 모르겠다. 정의니 사랑이니 친절이니 하는 덕목들을 가르쳐야 한다고 말할지 모른다. 말하자면 '덕목주의 도덕교육'을 해야 한다는 것이다. 그러나 파스칼이 말했듯이, 피레네 산맥 이쪽에서는 정의인 것이 저쪽에서는 부정의이다.[22] 이런 사정은 다른 덕목들에 대해서도 마찬가지이다. 누구에게는 친절인 것이 누구에게는 아첨이며, 누구에게는 사랑인 것이 누구에게는 과잉보호이다. 콜버그는 덕목 중심의 도덕교육을 비판하면서 다음처럼 말한다.

> 이 접근법(덕주머니 접근법)의 한 가지 난점은 모든 사람이 자신만의 주머니를 가지고 있다는 것이다. 그런데 이 접근법은 덕과 악덕의 리스트를 만드는 것보다 더 심각한 문제점을 갖고 있다. 정직이나 성실과 같은 덕목들을 가르친다는 생각은 많은 논란을 유발시키지는 않는다는 것이 비록 사실이라 하더라도, 이들 덕목들의 선함에 대한 막연한 합의가 그 덕목들에 대한 정의를 둘러싼 커다란 현실적인 불일치를 감추고 있다는 것 역시 부정할 수 없는 사실이다. 어떤 사람에게는 '성실성'인 것이 다른 사람에게는 '완고함'일 수 있고, '당신의 진실한 감정을 표현하라'에서 어떤 사람이 보여 준 정직한 태도는 다른 사람에게는

---

22 B. Pascal, *Pensêes*(in : Greatbooks of the Western World, Vol. 33, Encyclopedia Britannica, Inc., 1952), 225쪽 참조. 파스칼의 말을 전후 맥락을 짐작할 수 있도록 정확하게 인용하면, 다음과 같다. "위도가 3도 달라지면 모든 법률이 뒤바뀐다. 하나의 자오선이 진리를 결정한다. 몇 년 동안의 소유 후에 근본 법률이 변경된다. 권리에도 그 기한이 있다. … (중략) … 한 줄기 강물에 의해 제한을 받는 이상한 정의여! 피레네 산맥의 이쪽에선 진리인 것이 저쪽에선 오류이다." 파스칼은 인간이 참된 정의가 무엇인지를 모른다는 사실을 강조하기 위해 이렇게 말하고 있다. 그러나 필자는 정의나 용기 같은 덕목들이 지역적 특성을 갖는다는 것을 나타내기 위해 파스칼의 이 말을 인용했다.

타인의 감정에 대한 무감각으로 간주될 수 있다.[23]

철학적 윤리학이 도덕·윤리교과에다 줄 수 있는 보편적·윤리적 진리들이 거의 없다고 한다면, 철학 쪽에서는 당장에 사범대학의 윤리교육과 커리큘럼을 조사할 것이다. 조사해 보면, 전국에 있는 대부분의 사범대학 윤리교육과에서 '윤리학', '동서양윤리사상사' 등등 철학관련 과목들을 개설하고 있음을 발견하게 된다. 그렇다고 철학적 윤리학이 도덕교과의 모학문이 되는 것은 아니다. 사범대학의 윤리교육과에서 앞서 거론된 그런 철학관련 과목들이 개설된 것은 우리가 앞서 언급한 '제대로 된 도덕·윤리교육이 충족시켜야 할 조건' 중 세 번째 것 즉 올바른 도덕교육은 반성적 도덕성의 소유자를 길러 내어야 한다는 조건을 충족시킬 수 있는 교사를 길러 내는 데 도움을 받기 위함이지, 그런 철학관련 과목들 속에서 초·중·고등학교 학생들에게 가르쳐야 할 도덕적 진리들을 확인했기 때문은 아니다. 도덕·윤리교과에서 '주인' 격에 해당하는 것을 말하라면, 그것은 어디까지나 '한국인의 삶의 독자성과 특수성'이다. 나머지는 그것이 철학적 윤리학이든 정치사회학이든 교육학이든 모두 다 종(從)적인 것들이다. 이것들은 단지 주인을 위해 봉사해야 하는 것들일 뿐이다.

도덕·윤리교과서에서 가르쳐야 할 진리는 우리 사회의 역사·문화적 특수성에 기초해서 사회구성원들이 합의 볼 수 있는 잠정적 진리라고 했다. 그러나 교육의 방법이 주입과 세뇌여서는 안 된다. 토론과 비판적 사유를 통해 반성적으로 내면화시켜야 한다. 다시 말해서 '주입식 내면화'가 아니라 '반성적 내면화'여야 한다. 주입식 내면화는 닫힌 마음을 만들지만 반성적 내면화

23 L. Kohlberg, *The Philosophy of Moral Development : Moral Stage and the Idea of Justice*(San Francisco : Harper & Row, 1981), 9-10쪽. 콜버그는 '덕목주의 도덕교육'을 도덕적 상대주의의 문제에 대한 임기응변적 방편의 하나로 소개하여 비판하고 있다.

는 열린 마음을 만들어 준다. 그래서 주입식 내면화는 세상의 변화에 적응하지 못하는 인간을 길러 내지만, 반성적 내면화는 세상의 변화에 창조적으로 적응할 수 있는 인간을 길러 낸다. 바로 그 때문에 반성적 윤리성의 소유자는 현재 우리 사회를 지배하는 삶의 윤리가 다음 세대에 적절하게 되지 못할 때는 새로운 삶의 윤리를 찾아 낼 수 있다. 세상은 변하고 따라서 한국사회를 지배하는 도덕도 변할 것이다. 그러나 반성적 도덕성의 소유자들이 많으면 많을수록 대화와 토론을 통해 도덕이 변할 것이며, 관습적 도덕성의 소유자들이 많으면 많을수록 폭력적 대립을 통해 변화가 일어날 것이다.

'잠정적 진리'를 주입식으로 내면화시킨다는 것은 '잠정적 진리'를 잠정적 진리로 가르치는 것이 아니라 절대적 진리로 가르치는 것이 된다. 예컨대 '일부일처제 결혼윤리는 도덕적 진리이다'는 것을 학생들에게 반복적으로 말해 주는 방식으로 **암기**시킨다면, 학생은 그것을 절대적 진리로 받아들일 것이다. 그러나 반성적으로 내면화된다면, 즉 학생들에게 왜 일부일처제 결혼윤리가 올바른가를 **이해**시킨다면, 학생들은 그것을 절대적 진리로 받아들이지는 않을 것이다. 왜냐하면 학생들은 일부일처제의 결혼관이라는 것도 그러한 결혼관을 불가피하게 만드는 어떤 제약, 예컨대 남녀 성비가 비슷하다는 제약 하에 놓여 있음을 알게 되기에, 그 제약이 사라지면 결혼관도 달라질 수 있음을 이해하게 될 것이기 때문이다. 잠정적 진리를 반성적으로 내면화시키는 것과 주입식으로 암기시키는 것의 구분은 공동체적 자유주의 도덕교육에서 대단히 중요하기 때문에 필자는 하나의 사례를 더 들어 보고자 한다. 중앙아시아 고원지대 사람들, 예컨대 네팔 사람들의 장례풍습은 조장(鳥葬)이다. 그들은 대부분 불교도들인데, 불교가 전통적으로 선호하는 장례방식은 화장이다. 그러면 왜 네팔 사람들은 불교도들이면서 조장을 하는가라는 의문을 가질 수가 있다. 이 경우 네팔의 도덕교사가 방금 우리가 가졌던 의문을 해소하기 위해 질문하는 학생에게, '조장은 조상 대대로 해 오던 장례방식이며, 그 전통을 길이길이 보존하는 하는 것이 우리 후손들의 의무이다' 라고 가르친다면, 그는 잠정적 진리를 주입식으로 내면화시키는 것이요, 절대적 규범으로 만들어 가르치는 것이 될 것이다. 그러나 '불교도들은 일반적으로 화장을 하지만, 우리나라와 같은 고원지대에는 조상님들이 돌아가셨을 때 화장을 하는 데 필요한 양의 나무를 구하기가 매우 힘들다. 그래서 대안적인 장례풍속이 필요했는데, 그게 바로 조장이다'라고 가르쳐 준다면, 이는 반성적 내면화의 방식으로 이루어진 교육이 될 것이다. 이렇게 교육받은 아이는 조장이 영구히 유지되어야 할 절대불변의 풍속이 아니라는 것을 알게 된다. 사실 조상의 시신을 찢어 새들에게 먹이로 주는 모습은 적지 않게 혐오감을 주기 때문에 반성적 내면화의 방식으로 교육받은 아이는 화장에 필요한 나무가 충분하면 조장의 풍습 대신에 화장이 채택될 수가 있음을 알게 된다. 다시 말해서 조장은 화장에 필요한 나무가 충분치 못하다는 제약 하에서만 통하는 진리, 즉 잠정적이고 조건부적인 진리라는 것을 알게 된다.

4. '잠정적인 도덕적 진리' 개념에 대한 철학자들의 비판과 이에 대한 답변

필자는 앞서 '객관적이고 절대적인 답이 없는 그런 문제는 교과서에서 가르치지 않는다'는 원칙에 따라 가르칠 내용을 선정한다면, 중·고등학교 도덕·윤리교과서에서 가르칠 내용은 거의 없다고 말했다. 필자의 이런 주장에 대해 철학자들은 다음처럼 반론을 펼 것으로 예상된다.

> 논자의 주장을 일반화하면, '초·중·고등학교에서 가르치는 교과는 반드시 학생들에게 가르칠 객관적인 지식내용을 갖고 있어야 한다'는 것이 될 것이다. 그

러나 대학에서는 그런 지식을 하나도 갖고 있지 않는 '철학'과 '윤리학'을 학생들에게 가르친다. 대학에서는 가능한 일이 왜 중·고등학교에서는 안 되는가?

철학자들의 이런 문제제기에 대해, 대학은 학문을 연마하는 곳이기에 논쟁 중의 학문적 쟁점들도 다루어 교육하지만, 중·고등학교는 학문하는 곳이 아니라 교육하는 곳이기에 중·고등학교에서는 논쟁 중에 있는 이론들을 다루는 것은 적합하지 않다고 말할 수도 있겠다. 어느 정도 일리 있는 말이지만, 필자는 굳이 이런 주장을 펴고자 하지는 않는다. 세계적인 창의적 사상가나 과학자들은 중·고등학생 때부터 답이 없는 문제를 갖고 고민했다는 사실을 염두에 둔다면, 중·고등학교 시절에도 학문적으로 토론 중에 있는 문제를 다루어 보도록 하는 것도 나쁘지 않을 수 있다.[24] 물론 중·고등학교 학생들에게 철학 혹은 철학적 윤리학을 가르치는 것은 결코 쉬운 일이 아니지만, 실제로 고등학교에서도 철학과목을 가르치는 경우가 있다. 물론 이 경우 교육은 대학에서의 철학교육처럼 철학사적 지식을 중심으로 행해질 수도 있고, 철학적 문제 중심으로 행해질 수도 있다. 어떤 식으로 철학교육이 행해지든 철학교육의 핵심은 끊임없는 토론과 논쟁이다. 그리고 그런 토론과 논쟁을 통해 고등학교에서 철학교육(윤리학교육 포함)을 통해 우리가 학생들의 분석적 사고·종합적 사고·비판적 사고·논리적 사고·합리적 사고·반성적 사고·창의적 사고를 신장시킬 수 있다 하더라도, 그것은 한국이라는 공동체에서 살아가는 바람직한 삶의 양식과 가치관을 학생들에게 전수해 주

24 요즈음은 어린이에게도 철학을 가르쳐야 한다고 생각하는 사람들이 많아졌다. 필자 역시 그렇게 생각한다. 그리고 필자는 '초·중·고등학교에서 가르쳐지는 교과는 반드시 학생들에게 가르쳐질 객관적인 지식내용을 갖고 있어야 한다'는 것이 절대적 원칙이 아니라 일반적 원칙으로 생각한다는 사실을 밝혀 둔다. 다시 말해서 예외를 허용할 수 있다는 말이다.

고 마침내 그것을 실천하게 하는 것과는 직접적인 관련이 없다. 철학교육의 사회적 역할은 어디까지나 학생들의 비판적·논리적·반성적·창의적 사고능력의 신장을 통한 국가 경쟁력 제고이다.[25] 물론 개별 학생들은 철학 공부를 하는 중에 자기 마음에 드는 어떤 사상가에 이끌리어 어떤 사상을 절대적 진리로 받아들여 실천하는 학생이 있을 수 있다. 그러나 그것은 어디까지나 개인적 차원의 일이다. 이에 비해, 도덕·윤리교육의 교육목표는 학생들의 비판적·논리적·반성적·창의적 사고능력의 신장을 통한 국가 경쟁력 제고가 아니다.[26] 그리고 도덕·윤리 공부를 하는 중에 자기 마음에 드는 어떤 사상가에 이끌리어 어떤 사상을 절대적 진리로 받아들여 실천하는 학생을 길러내는 것 역시 교육목표가 아니다.

필자는 앞에서 제대로 된 도덕·윤리교육이 반드시 충족시켜야 할 세 가지 조건에 대해 언급했었다. 그 세 가지를 염두에 두고 도덕·윤리교육을 우리는 다음처럼 정의할 수 있겠다. **도덕·윤리교육은 ①한국사회에서 후세에게 전수해 주기로 합의한 가치관과 덕목 및 삶의 자세를 ②반성적으로 내면화시키고 ③또 행동으로 실천하게 하는 교육이다.** ①은 도덕·윤리교육의 내용이다. ②는 도덕·윤리교육의 방법론과 관계된다. ③은 도덕·윤리교육의 목적이다. 물론 후세들에게 전수해 줄 가치관과 덕목 및 삶의 자세가 고정불변의 것이 아님을 강조해 둘 필요가 있다. 그러나 그것은 무시해도 좋을 정도로 상대적인 것은 아니다. 적어도 현재를 살아가는 한국인에게는 잠정적으로 진리이다. 물론 시간의 흐름과 상황의 변화 속에서 이 잠정적 진리가 더 이상 한국인에

25 철학교육이 이런 차원에서 국가 경쟁력 제고에 도움이 된다는 판단이 있었기에 그것은 제도교육 혹은 공교육 체계 속에 들어올 수 있었던 것이다.

26 물론 도덕·윤리교육이 반성적 도덕적 행위자를 육성하는 것을 최종 목표로 하기 때문에, 도덕·윤리교육을 실시함으로써 앞서 말한 그런 효과들을 얻을 수 있겠지만, 그것은 어디까지나 부수적인 것일 뿐이다.

게 유효하지 않은 비진리가 될 수가 있다. 또 그와 반대의 일도 가능하다. 어쨌건 그런 변화가 일어나기 위해서는 한국사회 구성원들 사이에서 많은 토론이 일어나야 할 것이다. 예컨대 최근 우리 사회에서 일어난 변화 중에 주목할 만한 것은 호주제의 폐지이다. 이는 전통시대와는 달리 이혼이 더 이상 부끄러운 일이 아닌 것으로 인식되면서, 수많은 여성들이 차선의 행복을 추구하기 위해 이혼을 하고 전남편의 아이들을 데리고 재혼을 하게 되는데, 이로 말미암아 많은 아이들이 아버지 성과 다른 성을 가지게 되었고, 이 아이들이 아버지 성과 다른 성을 갖고 있다는 이유로 학교에서 놀림을 당했기 때문이다. 그래서 호주제를 폐지하면서 아이들이 새 아버지의 성을 따를 수 있도록 하였다. 이런 변화가 일어나기 위해서 우리 사회는 엄청난 토론을 하였다. 이런 방식으로 잠정적 진리는 변화하게 된다.

그러면 도덕·윤리교육이 궁극적으로 추구하는 목표(이념)는 무엇인가? 세 측면에서 생각해 볼 수 있겠다. 개인적 측면, 국가적 측면, 세계적 측면이다. 첫째, 도덕·윤리교육은 개인적 차원에서는 한국인의 삶을 지배하는 도덕 중에서 후세들에게 전수해 줄 가치가 있는 것들을 전수해 주고 버릴 것은 버리게 해 줌으로써, 구성원들의 삶이 도덕적으로 더 성숙하게 되는 것을 그 이념으로 한다. 둘째, 국가적 차원에서는 구성원들의 삶을 도덕적으로 더 성숙하게 만듦으로써 '한국사회'라는 공동체가 유지·존속되고 번영하는 것을 그 이념으로 한다. 셋째로, 세계적 차원에서 '한국사회'라는 공동체가 유지·존속되고 번영하는 것을 통하여 국제사회의 모범적 일원이 되어 인류의 발전에 기여하는 것을 그 이념으로 한다. 공동체적 자유주의의 입장에서 볼 때, **제대로 된 도덕·윤리교육은 현대 한국사회의 사회문화적 특수성과 세계적 보편성의 긴장 위에서 이루어져야 한다.** 개인의 성숙, 국가의 번영, 인류의 발전이 상호 대립적인 것이 아니라 상호 협력적이며 조화적인 관계를 형성해야 한다는 것을 주목할 필요가 있겠다. 공동체적 자유주의 도덕교육의 입장에서는 특정 국가의 시민교육과 세계시민교육을 지나치게 이분법적 대립관계로만 볼 필요는 없다고 생각한다. 물론 이 두 입장이 때로는 대립과 갈등관계를 형성하는 경우가 있음을 부인할 수는 없다. 예컨대 이슬람 문화권에서는 전통적으로 널리 받아들여진 여성들의 차도르 문화[27]가 현재 일부 여권론자들에 의해 폐습으로 간주되어 도전받고 있다. 대립의 한 축은 이슬람 전통이고 다른 한 축은 여자들의 인권을 존중하는 서구적인 사고이다. 그러나 이러한 갈등과 대립이 오히려 새로운 도덕의 창조에 도움이 된다. 한때 전쟁에서 적을 포획하여 잡아먹는 식인풍습을 가졌던 피지 섬에 기독교가 전파되면서 전통과 기독교가 갈등하고 대립했지만, 이 대립이 끝내 대립으로만 머물지 않고 기독교가 승리하여 식인풍습은 사라졌다. 통상 도덕의 대립이 발생하면 대립각을 이루는 양면이 절충되거나 아니면 한 면이 승리하는 방향으로 결말나면서 새로운 윤리로 변화해 간다. 이 변화의 목표는 보편성이다. 요즈음은 애국심과 세계시민성이 철저하게 대립적이라고 생각하는 사람들이 많지 않다. 이제 사람들은 애국심조차도 세계시민성과의 관계 속에서 생각할 줄 알게 된 것이다. 환경문제와 관련해서 이제 사람들은 자국에서 할 수 없는 오염산업을 다른 나라에서 해도 된다고 생각하지 않는다. 그리고 한국에 대한 식민 지배를 진심으로 반성하지도 않고 또 걸핏하면 독도를 자기네 땅이라고 우기는 일본인들을 미워하는 마음에 2011년 일본에서 대지진이 발생한 것은 잘된 일이라고 말하는 한국인이 있다 해도, 우리는 그를 차마 입 밖으로 발설하지 못한 우리나라 사람들의 속내를 용감하게 표현해 준 애국적인 시민이라고 칭찬하지 않는다. 이제 사람들은 맹목적 애국주의에서 벗어나 있다. 우리가 추구해야 하는 애국주의는 반성적 애국주의일 것이다.

27 차도르는 이슬람교도의 여성이 입는 전통적인 민족의상인데, 종교적 이유에서 타인에게 얼굴을 보이지 않도록 만들어져 있다. 망토형이며 눈 부분을 제외한 전신에 온통 뒤집어씌우게 되어 있다.

일찍이 임진왜란 때 한국에 귀화한 일본인 장수(한국명 '김충선')는 맹목적 애국주의의 한계와 문제점을 몸으로 극복한 사람이었다.

5. 결론

어떤 사회의 도덕적 진리란 그 사회가 채택하고 있는 '비교적 변화가 느린 규범들의 다발'이다. 각각의 사회는 그들 나름의 '비교적 변화가 느린 규범들의 다발'을 갖고 있다. 외세의 유입으로 그 규범다발들이 급속하게 바뀌는 가치관의 혼란 상태가 생겨나는 특별한 경우가 있을 수 있겠지만, 대체로 어느 정도의 안정성을 유지하고 있는 사회는 그 사회 특유의 '비교적 변화가 느린 규범의 다발'들을 갖고 있으며, 각각의 사회는 그것들을 그들의 후손에게 교육의 이름으로 전승시켜 줄 것이다. 우리는 그 교육의 명칭이 '국민윤리교육'이건 '시민윤리교육'이건 '생활윤리교육'이건 아니면 '윤리교육'이건 상관없다고 생각한다.(단 '윤리학교육'은 안 된다.) 어떤 이름으로 행해지건 그 교육은 한국인의 삶의 전통, 고유성, 특수성의 바탕 위에서 행해져야 할 것이다. 그리고 습관과 전통이라는 상대성의 안마당을 넘어서서 이성이라는 보편성의 궁전을 향해 나아가도록 하는 도덕·윤리교육, 요컨대 공동체적 자유주의에 입각한 도덕·윤리교육은 맹목적 애국주의자가 아니라 반성적 애국주의자를 육성하는 교육이다. 이에 대한 자세한 논의는 제5장에서 하게 될 것이다.

제4장

도덕·윤리교육의 철학적 기초와 공동체적 자유주의

1. 서론

필자는 앞 장에서 바람직한 도덕교육은 공동체적 자유주의에 기초해야 함을 주장하였다. 그리고 "도덕교육을 통해 길러 내어야 할 인간 유형은 공동체적 가치를 전통과 습관의 이름으로 흡수하지만, 그것에 대해 거리를 두고 반성적으로 검토하는 능력을 가진 자, 그래서 습관과 전통이라는 상대성의 안마당을 넘어서서 이성이라는 보편성의 궁전을 향해 나아가는 자, 요컨대 공동체적 자유주의자이다"라고 했다. 필자는 여기에서 이미 '공동체적 자유주의'라는 용어를 사용하였으나, 글의 흐름상 요구되는 최소한의 범위 내에서 그 개념에 대해 설명하였다. 그래서 이 장에서는 그 개념에 대해 보다 심층적으로 고찰해 보고자 한다. 이것이 필자가 이 장에서 첫 번째로 목표로 하는 것이다. 비록 필자가 '공동체적 자유주의'라는 용어를 사용했지만 학계 일각에서는 과연 '공동체주의'와 '자유주의'의 결합이 가능하냐 하는 의문이 제기되고 있다. 만약에 '공동체주의'와 '자유주의'가 상호 모순관계를 형성한다면, '공동체적 자유주의'니 혹은 '자유주의적 공동체주의'니 하는 용어의 조합은 불가능할 것이다. 그리고 그런 용어들의 조합이 가능하다 하더라도, '공동체적 자유주의'와 '자유주의적 공동체주의'가 같은 의미의 용어인지 살펴볼 필요가 대두된다. 또한 학자들에 따라 '공동체적 자유주의'라는 용어를 달리 사용하고 있는 경향이 있기 때문에, 필자가 말하는 공동체적 자유주의와 어떻게 구분되는지 밝힐 필요가 있다.

필자가 이 장에서 두 번째로 목표로 하는 것은 공동체적 자유주의가 도덕교육과 관계 맺는 다양한 측면을 검토해 보는 것이다. 먼저 공동체적 자유주의의 자아개념을 살펴보고자 한다. 공동체주의자들은 자유주의자들, 특히 롤즈나 칸트가 제시하는 자아개념을 '무연고적 자아'로 규정하여 비판한다. 그러나 필자가 보기에 공동체주의자들이 주장하는 연고적 자아 개념도 그 나름의 문제점을 갖고 있는 것으로 보인다. 자아의 연고성, 즉 자아의 공동체 종속성을 강조하면서 공동체주의자들은 문화상대주의의 늪에 빠지게 된다. 바로 이 때문에 일부 공동체주의자들은 그들 역시 자아의 자율성을 부정하는 것은 아니라고 말하기도 한다. 필자는 자아에는 연고적 측면과 무연고적 측면이 모두 있다고 생각한다. 그리고 공동체적 자유주의 관점에서는 도덕교육을 사회화교육의 일환으로 보는 것을 어떻게 이해할 것인가를 살펴볼 것이다. 또한 공동체적 자유주의의 도덕교육은 도덕의 두 가지 기능인 사회유지 및 통합의 기능과 자아실현의 기능 간의 긴장을 어떻게 해결할 수 있는지를 다룬다.

2. '공동체적 자유주의'라는 개념은 가능한가?

1) 공동체란 무엇인가?

최근 『공동체 자유주의』라는 제목의 책이 출간되었다. 그 책의 공동 편집자 중의 한 사람인 박세일은 책의 머리말 「왜 공동체 자유주의인가」에서 '공동체 자유주의'를 다음처럼 설명한다.

> 공동체 자유주의communitarian liberalism란 국가조직 내지 운영원리로서 그리고 국가정책의 결정원리로서 개인의 존엄과 자유의 확대를 기본으로 하되 공동체의 건강 내지 발전과의 조화에도 노력하여야 한다는 주장이다. 환언하면 자유주의를 기본으로 하되 공동체주의에 의한 보완과 보강이 필요하다는 주장이다.[1]

대한민국의 선진화 원리가 공동체 자유주의임을 강조한 뒤, 그는 '공동체 자유주의'에 대한 다음과 같은 의구심을 소개한다.

> 그런데 우리 학계의 일각에선 공동체주의와 자유주의는 이론적으로 본래가 서로 상충하고 모순하는 것이 아닌가 하는 의문과 비판이 있는 것 같다. 그래서 공동체 자유주의라는 주장에 대하여 선뜻 이해하기 어려워한다.[2]

그리고 그는 이런 비판이 잘못임을 설명하는 중에 '공동체주의'와 '자유주의'의 대립을 철학 영역에서 고찰한다면 그 양 개념 사이에는 모순이 성립하지만, 정치학의 영역에서 보면 아무런 모순이 없으며 오히려 양 개념이 상호 보완적이라고 주장한다.[3]

철학분야에서는 상호 모순적인 두 개념이 정치학 분야에서는 상호 보완적일 수 있는지는 좀 더 심도 있는 논의가 필요하다고 생각한다. 어쨌건 필자는 철학분야에서도 '공동체주의'와 '자유주의'가 상호 모순적인 개념이 아님을 밝혀 보고자 한다. '공동체적 자유주의'라는 개념이 모순적인 개념이 아

---

1 박세일 외 공편, 『공동체 자유주의』(파주 : 나남, 2009), 15쪽.

2 박세일 외 공편, 『공동체 자유주의』, 17쪽.

3 박세일 외 공편, 『공동체 자유주의』, 18쪽 참조.

님을 입증하기 위해서는 먼저 공동체주의자들이 말하는 공동체란 것이 무엇인지, 그리고 자유주의라는 것이 무엇인지 분명히 밝혀야 할 것이다. 그러나 자유주의라는 것도 자유지상주의적 자유주의, 평등지향적 자유주의 등 다양한 스펙트럼을 갖고 있으며, '공동체'라는 말도 '사회'라는 말만큼이나 다양한 문맥에서 다양한 의미로 사용되고 있다. '혈연 공동체', '기독교 공동체', '운명 공동체', '취미 공동체', '사이버 공동체', '민족 공동체', '국가 공동체', '귀농 공동체', '동아시아 공동체' 등등 얼마든지 다양한 용례를 만들 수 있을 것이다. 과연 '공동체'란 무엇인가? 사전적 설명에 의하면 공동체는 촌락이나 조그만 마을에서 구현되는데, 그런 곳에서의 인간관계는 친밀하고 익숙하고 공감적이고 상호 의존적이며 공유된 사회의식에 기초한다. 이에 반해 이익사회는 그 인간관계가 임시적·일시적이며, 정서적 교감이 없고 자기이익에 기초해 있다.[4] 그러나 공동사회와 이익사회의 이런 구분은 공동체주의와 자유주의의 대립을 다룸에 있어서 큰 도움이 되지는 못할 것이다. 이런 공동체 개념은 지나치게 협소하다. 알렌 부케넌A. Buchanan은 공동체의 개념에는 적어도 다음의 두 가지 요소가 포함되어야 한다고 말한다. ①어떤 공동체에 속하는 개인은 동일한 사적인 목표들이 아닌, 건강한 의미에서의 공통의 목표들을 가져야 하며, 그 목표들이 그 집단의 구성원들에 의해 공동의 목표들로 평가되고 인식되어야 한다. ②그 집단의 구성원들에게 있어서 그들이 그 집단에 속한다는 사실에 대한 자각이 그들 정체성 즉 그들이 누구인가에 대해 그들이 갖는 느낌의 중요한 구성성분이다.[5] 공동체의 개념을 이

4 Edgar F. Borgatta (ed.), *Encyclopedia of Sociology*, Second Edition, New York : Macmillan, 2000, 'Community' 항목 참조.

5 E. Craig (ed.), *Routledge Encyclopedia of Philosophy*, Vol. 2(New York, 1988), 464쪽 참조. 공동체 개념에 대한 마이클 테일러의 설명도 설득력이 있다. 그에 의하면 공동체는 세 가지 속성이 있다. 첫째로 공동체를 이루는 무리가 공동적인 신념과 가치를 가진다. 둘째로 구성원들 사이의 관계가 직접적이어야 하고, 이 관계들은 다면

렇게 이해하면 우리는 공동체를 굳이 좁은 의미의 면접적 인간관계에서만 성립하는 사회 단위로 보지 않아도 된다.[6] 우리는 모든 한국 사람들과 면접적 인간관계를 맺으며 살아가지 않아도 '한국인'으로서의 공동체 의식을 가질 수가 있다. 그리고 인력시장이나 골프연습장에서 매일 같이 만나는 사람들은 면접적 관계임에도 불구하고 공동체 의식을 가지지는 않는다. 그럼에도 공동체란 개념은 여전히 애매한 용어이다. '공동체적 삶에서 개인의 자율성을 훼손하지 않는 것'이 공동체주의자들의 고민인데, 그나마 그 고민이 의미 있는 고민처럼 보이는 것은 공동체라는 개념의 애매성에 의지하고 있음을 지적하면서, 황경식은 다음처럼 말한다.

> 하지만 결국 모든 사람을 하나의 단일한 삶의 방식 속에 결집시킬 수 있는 공동체는 전체적 공동체total community일 뿐이다. 그런데 전체적 혹은 총체적 공동체는 문자 그대로 전체주의적totalitarian 함의로부터 벗어나기 어렵다.[7]

다양한 공동체 유형이 있을 수 있는데, 정치-사회 공동체, 혈연공동체, 종

적이어야 한다. 물론 구성원들의 관계는 국가 등의 대표자나 지도자 혹은 관료, 그리고 제도나 법률에 의해 추상화될 수도 있지만, 그렇게 되면 공동체의 결속력이 약화된다. 셋째로 구성원들 사이에 호혜성이 있어야 한다.(마이클 테일러, 『공동체, 아나키, 자유』, 송재우 옮김, 서울 : 이학사, 2006, 37-39쪽 참조)

6 로버트슨 같은 사회학자는 '지구촌 공동체'(global community)라는 용어를 사용하기도 하는데(강대기, 『현대사회에서 공동체는 가능한가』, 서울 : 아카넷, 2001, 119쪽 이하 참조), 공동체 개념에 대한 부케넌의 설명에 따르면 '지구촌 공동체'나 '세계공동체'라는 말도 성립할 수 있을 것이다. 교통과 통신의 발달은 지구인들이 느끼는 심리적 거리감을 엄청나게 가깝게 만들었으며, 그리고 모든 지구 구성원이 공동으로 노력해야 해결될 수 있는 환경문제들도 있고, 또 인간이라면 지켜야 할, 전 지구적 타당성을 가진 세계윤리 같은 것이 존재할 수 있으며, 그런 것들이 모든 지구인의 공동체적 결속을 가능하게 하는 측면이 있어 보인다.

7 황경식, 『자유주의는 진화하는가』(서울 : 철학과 현실사, 2006), 70쪽.

교 공동체 등이 있을 수 있다. 현재 필자가 이 장에서 문제 삼고 싶은 공동체는 정치-사회 공동체이다. 왜냐하면 필자는 도덕교육의 철학적 기초로서의 공동체적 자유주의를 다루고 있는 바, 도덕교육이 특별한 문제로 부각되는 공동체는 정치-사회 공동체일 것이기 때문이다. 필자는 광의의 정치-사회 공동체를 설명함에 있어서 그 구성원들이 동일한 국법의 지배하에 있느냐 없느냐를 중시하고 싶다. 우리가 대한민국 사람으로서의 공동체의식을 가지는 가장 큰 이유는 헌법을 위시한 동일한 법체제의 지배하에 놓여 있기 때문이다. 그 사실에서부터 공동체 의식이 생겨난다. 그렇기 때문에 미국으로 이민 간 한국인이나 북한 사람 혹은 연변 조선족은 같은 민족이어서 한국인의 피를 타고났지만, 더 이상 한국사회라는 정치-사회 공동체의 구성원은 아니다.[8] 이제 필자는 정치-사회 공동체를 '특정한 국법에 의해 지배받는 구성원들이 만든 사회단위'로 정의하고자 한다. 물론 국가사회와 같은 대규모 공동체의 하위에 다양한 유형의 소규모 공동체들이 있을 수 있다. 협의의 공동체들에게 있어서 중요한 요소는 인간관계의 친밀성과 공감성, 상호 의존성, 공유된 사회의식 등일 것이다.

앞서 언급했듯이 자유주의도 다양한 스펙트럼으로 분화되어 있다고 했으나, 그 공통분모적 사상을 찾아내는 것은 그다지 어려운 일이 아니다. 자유주의의 핵심은 개인의 인권과 자율성을 중시하는 원자적 개인주의atomic individualism이다. 이런 점에서 본다면 자유주의와 공동체주의의 대립의 핵심을 다음처럼 정리하는 것은 매우 설득적이다.

> 자유주의와 공동체주의 간의 실질적 내용에 대한 논쟁 역시 크게 두 가지 차

---

8 물론 이들은 정치-사회적으로 우리와 동일한 공동체의 구성원이 아니지만, 혈연적으로 민족 공동체의 구성원일 수는 있을 것이다.

원에서 접근할 수 있으리라 생각된다. … (중략) … 논리적이고 개념적 차원에서 자유주의와 공동체주의 간의 논쟁에 접근할 경우 그것은 가능한 한 이원적이고 대립적인 구도에서 두 입장 간의 대조점과 상이점을 드러냄으로써 논점의 핵심이 명확하게 밝혀진다. 원자론적-전체론적, 개체론적-집단론적, 기계론적-유기체적 등은 그 대표적인 이원구도이며, … (하략) ….[9]

황경식은 자유주의와 공동체주의의 논쟁이 현실적·역사적 차원에서 전개될 경우에는 자유주의와 공동체주의의 논쟁은 양자 간의 갈등과 보완을 통해 공동체주의적인 자유주의로 발전해 가는 양상을 보인다고 말한다.[10] 필자는 이런 발전 양상을 살펴보는 것 이전에, 앞서 언급했듯이, 공동체주의와 자유주의의 논리적 결합가능성이 먼저 입증되는 것이 '공동체적 자유주의'의 성립을 위한 관건이라고 생각한다. 필자는 공동체주의와 자유주의의 논리적 결합가능성을 입증하기 위하여 먼저 개인이 먼저인가 사회가 먼저인가 하는 사회철학적 문제부터 다루어 보고자 한다. 개인이 먼저인가 사회가 먼저인가 하는 문제는, 개인주의가 개인의 자유에 최상의 가치를 부여한다는 점에서 본다면, 결국 개인의 자유가 먼저인가 공동체적 사회의 공공선이 먼저인가 하는 문제로 바뀔 것이며, 자유주의 대 공동체주의의 대립으로 나아갈 것이기 때문이다.

2) 개인이 먼저인가 공동체(사회)가 먼저인가?

개인과 사회 중에 어느 것이 먼저인가라는 문제에 대해서는 세 가지 대답

9 황경식, 『자유주의는 진화하는가』, 58쪽.
10 황경식, 『자유주의는 진화하는가』, 58-59쪽 참조.

이 가능하다. 첫째는 개인이 먼저라는 개인주의적 입장(자유주의의 입장). 둘째는 사회가 먼저라는 전체론적 입장(공동체주의의 입장). 셋째는 개인 없는 사회 없고 사회 없는 개인 없으므로, 문제 자체가 잘못된 것이라는 입장. 만약 개인주의적 입장과 전체론적 입장이 형식논리학에서 말하는 모순대립을 형성한다면, 세 번째 입장은 물론이려니와 개인주의적 입장과 전체론적 입장 중 하나도 배척되어야 한다.

> 개인주의는 무엇보다 인류를 구성하는 우선 요소가 사회적 집단(국가, 계급 등)이 아니라 개인(분리할 수 없고 서로 환원되지 않으며 실제로 홀로 느끼고 행동하며 생각하는 인간)이라는 신념에 기초한다. … (중략) … 인간은 사회 조직의 단순한 세포가 아니며, 사회 조직은 인간의 목표가 될 수 없고 개인의 운명을 미리 결정지을 수 없다. 또한 인간은 자신의 목표에 선행하고 자신을 초월하는 어떤 전체의 부분을 구성하는 것도 아니다. … (중략) … 전체론에서는 개인을 넘어서는 전체적인 실체(집단이나 사회)가 일차적으로 존재한다고 생각한다. 하지만 개인적 관점에서 보면 이 '사회적 존재'는 순전히 허구일 뿐이다.[11]

우리는 개인주의를 발생론적 개인주의genetic individualism, 규범적 개인주의normative individualism, 그리고 방법론적 개인주의methodological individualism로 구분할 수 있다. 발생론적 개인주의는 발생학적으로 개인이 사회보다 먼저 발생했다는 것이고, 규범적 개인주의는 개인의 이익과 권리를 사회의 이익과 권리보다 더 우선해야 한다는 것이다.[12] 방법론적 개인주의란 사회란 개인들의 집합에 불과하기에 사회에 대한 설명은 개인들에 대한 설명으로 환원

---

11 알랭 로랑, 『개인주의의 역사』(김용민 옮김, 서울 : 한길사, 2001), 10-11쪽.

12 James Hastinges (ed.), *Encyclopedia of Religion and Ethics*, Vol. 7(New York : Charer Scribner's Sons, 1981), 281쪽 참조.

되는 방식으로 설명되어야 한다는 것이다.[13] 이 세 가지 개인주의는 사실은 하나의 개인주의의 세 가지 측면에 불과하다. 만약 개인이 사회에 선행한다면(발생론적 개인주의가 타당하다면), 개인의 권리와 요구가 마땅히 사회의 이익이나 요구보다 우선되어야 하며(규범적 개인주의가 성립), 사회에 대한 설명은 개인들에 대한 설명으로 남김없이 환원될 수 있어야 한다는 방법론적 개인주의가 성립할 것이다. 개인이 사회에 선행한다는 것은 곧 어떤 전체를 구성하는 궁극적 단위는 그 전체에 선행한다는 것이 된다. 개인주의에 의하면, 사회란 개인들의 집합에 불과한 것이어서 그 자체로 존재할 수 있는 독립적 실재물이 아니다. 사회를 구성하는 기본단위인 개인들이 없으면 사회도 존재할 수 없다는 것이다. '개인'individual이란 말은 원래는 '분할될 수 없는 것'이란 뜻을 가진 희랍어에서 유래했으며, 고대나 중세에는 원자atom라는 말과 동의어로 쓰이기도 했다.[14] 개인주의자의 관점에서 보면, 사물은 그 궁극의 요소인 원자들의 집합이듯이, 사회는 그 궁극의 기본 단위인 개인들의 집합에 불과하다. 바로 이런 이유로 사람들은 서구의 개인주의를 종종 '원자적 개인주의'라고 부른다. 사물에 있어서는 원자들이 본질적 실재이며 실체이듯이, 사회에 있어서는 개인들이 본질적 실재이며 사회란 이런 실재들의 집합에 불과하다. 개인이 근본적·일차적·독립적이요 사회는 이차적·파생적·의존적이다. 개인주의자들에 의하면, 사회란 독립적으로 존재할 수 있는 실체가 아니기에 사회는 그 어떠한 전체인격Gesamtperson도 가질 수 없

---

13 이에 관해서는 이한구의 논문 「방법론적 개체론과 전체론」(한국사회과학 연구소 편, 『사회과학의 철학』, 서울 : 민음사, 1989), 177-195쪽, 그리고 오창희의 논문 「방법론적 전체론과 개체론」(서울대학교 철학과, 『철학논구』, 제17집, 1989), 107-118쪽을 보라. 그리고 P. EdWards (ed.), *The Encyclopedia of Philosophy*, Vol. 4(New York : Macmillian Publishing Co., 1967), 53쪽도 참조하라.

14 Georg Klaus & Manfred Buhr (hrgs.), *Philosophisches Wörtbuch*, Band1(Berlin, 1971), 516쪽 참조.

다.[15] 개인주의자들의 이러한 사회관의 배후에는 부분은 전체에 선행한다는 원칙이 놓여 있다. 현대의 방법론적 개인주의자인 칼 포퍼도 사회란 것은 이론적 구성물에 불과한 것이라고 말한다. 심지어 '전쟁'이나 '군대'라는 말조차도 추상적 개념이지 경험적 대상이 아니라고 한다. 구체적인 것은 죽음을 당하는 많은 사람들이요, 제복을 입은 남자나 여자들이라는 것이다.[16]

개인(부분)과 사회(전체)를 대립시켜 놓고, 개인의 이익과 자유를 더 중시하는 행동양식, 사고방식 혹은 이론적 입장을 개인주의라 한다면, 그 반대로 사회의 공익을 더 중시하는 행동양식 사고방식 혹은 이론적 입장을 전체론holism이라 한다. 우리는 개인주의를 발생론적인 것과 규범적인 것과 방법론적인 것으로 구분했듯이 전체론도 그렇게 구분할 수 있다. 그러나 세 가지 전체론 역시 동일한 하나의 전체론의 세 가지 측면에 불과하다. 만약 사회가 발생론적으로 개인에 선행한다는 발생론적 전체론이 옳다면, 사회를 떠난 개인은 존재할 수 없으므로, 사회가 개인보다 더 중시되어야 한다는 규범적 전체론이 정당화될 것이며, 또한 사회적 사실social fact은 개인들에게로 환원되어 설명될 수 없기에 개인의 행위는 사회적 전체와의 유기적 연관성 하에서 이해되고 평가되어야 한다는 방법론적 전체론도 정당화될 것이다. 개인주의자들이 사회를 이론적 구성물에 불과한 것으로 간주하는 것에 반해서 전체론자들은 오히려 사회를 떠난 개인, 사회로부터 분리·독립된 개인은 추상적으로만 즉 머릿속에서만 상상될 수 있을 뿐이고 현실적으로는 불가능하다고 주장한다. 사회가 근본적·독립적·일차적이라면, 그 속에서 다양한 삶을 영위하면서 살아가는 인간들은 전적으로 사회의 영향력 하에 놓이

---

15 Max Scheller, *Der Formalismus in der Ethik und die materiale Wertethik*(Bern & München : Francke Velag, 1980), 512쪽 참조.

16 K. Popper, *The Poverty of Historicism*(London : Routledge & Kegan Paul, 1972), 135쪽 참조.

게 된다. 사회란 것은 단순히 개인들의 집합이 아니고 또 개인들 간의 관계의 총화도 아니다. 사회는 그 자체의 발전논리와 정신과 인격을 갖고 있다. 그러면 개인들과는 독립적으로 존재하는 사회정신 혹은 사회생명이란 것은 도대체 무엇인가? 가장 선명하게 전체론적 입장을 취했던 마르크스에 의하면, 사회정신이란 어떤 사회를 지배하는 이데올로기요 그 사회의 상부구조라고 한다.[17] 전체론적 사회관은 주지하다시피 스펜서에 의해 대표되는 사회유기체설에서 아주 분명하게 표현되고 있다. 사회유기체설에서는 사회와 개인의 관계를 어떤 생물체와 그 생물체를 구성하는 세포의 관계와 동일한 것으로 본다. 또 다른 사회실재론자인 뒤르켐 역시 사회를 부분들의 총화보다 크고, 그것들과 구별되는 하나의 총체 즉 하나의 대상물로 간주한다. 그는 사회를 개개 인간들로 환원시켜 설명할 수 없다고 주장한다. 그는 사회의 독자적 실재성을 인정하는 것이 과학적 사회과학의 제1의 전제조건이며 필수불가결한 전제조건이라고 말한다. 그는 이 제1의 전제조건으로부터 사회학의 두 번째 기본원리를 도출해 낸다. 즉 사회적 사실은 '외부에서' 그리고 '객관적으로' 연구되어야 한다는 것이다.[18] 전체론자들의 이런 사회관의 배후에는 전체는 부분에 선행한다는 원칙이 숨겨져 있다. 개인주의자들은 개인실재론·사회유명론(社會唯名論)의 입장이라면, 전체론자들은 사회실재론·개인유명론의 입장이다.

우리는 지금까지 개인이 먼저냐 사회가 먼저냐 하는 문제를 부분이 먼저냐 전체가 먼저냐 하는 문제 지평에서 살펴보았다. 개인주의와 전체론의 대

17 Jakubowski는 마르크스가 상부구조를 두 가지, 즉 법적 정치적 상부구조와 이데올로기적 상부구조로 구별하고 있는 것으로 해석한다. 그러나 그는 이 양자가 완전히 구별되는 것이 아님을 강조한다.(*Ideology and Superstructure in Historical Materialism*, trans. Anne Booth, New York : St. Martin's Press, 1976, 39쪽 참조)

18 David Frisby & Derek Sayer, 『사회를 어떻게 볼 것인가』(김철수·박창호 공역, 서울 : 한국광보, 1992), 39-41쪽 참조.

립을 부분과 전체의 대립으로 환원시켜 이해하는 한, 이 대립은 일종의 이율배반적 대립 내지는 모순대립인 것처럼 보일 수 있다. 우리가 '전체'라는 말과 '부분'이라는 말을 일의적인 것으로 받아들이는 한, 양 주장은 이율배반적 대립을 형성하고 있다. 그러나 전체라는 말과 부분이라는 말은 일의적이 아니다. 우리는 하나의 돌덩어리도 전체라고 말할 수 있고 한 마리의 고양이도 전체라고 말할 수 있다. 그러나 이 경우 전체라는 말의 의미는 상이하다. 돌덩이의 경우는 합성체적 전체요, 고양이의 경우는 유기체적 전체다. 부분이라는 말의 의미도 상이하다. 개인주의자들이 염두에 두고 있는 부분은 부서진 분필가루 같은 합성체적 부분이요, 전체론자들이 염두에 두고 있는 부분은 어떤 생명체의 세포와 같은 유기체적 부분이다. 개인주의자들이 전체가 먼저냐 부분이 먼저냐 하는 문제를 제기할 때, 머릿속에 떠올리고 있는 전체와 부분은 합성체적 전체와 합성체적 부분이다. 그러니 그들의 입장에서는 당연히 부분이 전체에 선행한다. 그러나 전체론자들이 같은 질문에 직면해서 떠올리는 전체와 부분은 유기체적 전체와 유기체적 부분이다. 그러니 그들의 입장에서는 당연히 전체가 부분에 선행한다. 그러므로 전체와 부분의 문제를 둘러싼 개인주의자와 전체론자 간의 대립이 소위 형식논리학에서 말하는 모순대립은 아니다. 왜냐하면 그들이 논쟁에서 사용하고 있는 '전체'라는 말과 '부분'이라는 말의 의미가 다르기 때문이다. 그러므로 이제 이 양극단론의 중간 길을 택할 수 있는 논리적 권리가 확보되었다. 개인주의자들은 사회를 합성체적 전체로 보고 있으며 전체론자들은 사회를 유기체적 전체로 이해하고 있지만, 사회는 얼마든지 유기체적이면서 동시에 합성체적일 수가 있다. 개인주의자들은 흔히 개인 없이는 사회란 것도 존재할 수 없다는 근거에서, 사회란 결국 합성체적인 것이라고 주장한다. 벽돌, 창문 등의 건축자재 없이는 건물이 만들어질 수가 없는 것은 사실이다. 그러나 건축자재들을 무규칙·무질서하게 쌓아 두기만 한다고 건물이 되는 것은 아니다. 사회는 하나의 돌덩어리와 같은 전체는 아니다. 사회가 유기체적 측면을 갖고 있음을 부정하기는 힘들다.

개인주의자의 입장에서는 어떤 사회의 사회분위기를 그 사회를 구성하는 개개인의 사고방식이나 생활방식으로부터 독립적으로 존재하는 실체적인 것으로 즉 사회정신으로 보지 않을 뿐만 아니라, 그런 사회분위기가 개개인의 행동을 결정하는 것도 아니라고 생각할 것이다. 거꾸로 개개인들의 그런 사고방식과 행동방식이 그런 사회분위기를 만든다고 생각할 것이다. 필자는 어떤 사회의 사회분위기가 그 사회구성원들의 사고와 행위로부터 독립해서 존재하는 실체적인 것이 아니라고 주장하는 개인주의자들의 입장에 동의한다. 그러므로 사회분위기가 개인들의 행위를 **결정한다**고 생각하지는 않는다. 그러나 사회분위기란 것이 개인의 사고와 행동으로부터 독립적으로 실재하는 것이 아니라는 사실에 근거해서 사회분위기라는 것이 개인의 행위에 일정한 영향력을 행사한다는 사실마저 부인할 수는 없을 것이다. 분위기는 개인의 행위를 결정하지는 않지만 개인의 행위에 일정한 경향성을 준다. 이는 필자가 앞서 말했듯이 사회란 것이 일정 부분 유기체적인 측면을 갖는다는 사실에서 보면 분명한 일이다. 이제 필자는 사회를 '**개인에 앞서서 유기체적 합성체로서 존재하는 경향적 여건**'으로 정의하고자 한다. 이 경향적 여건이 극단적으로 강하게 되면 그 사회는 전체론적인 유기체적 사회가 될 것이고, 이 경향적 여건이 극단적으로 약할 경우 개인주의적인 합성체적 사회가 될 것이다. 전자의 사회의 예는 고대의 원시부족사회 같은 데서 찾아볼 수 있을 것이다. 그런데 아무리 경향적 여건이 강한 사회라 하더라도 그 사회와 개인의 관계는 유기체와 세포의 관계와 같을 수는 없다. 사회가 철저하게 유기체적인 것이라면, 사회가 개인의 의지·생각·도덕성을 결정한다는 사회결정론이 옳을 것이다. 사회가 철저하게 합성체적인 것이라면 개인자유론이 옳을 것이다. 그러나 사회는 유기체적 합성체요 합성체적 유기체이기 때문에, 극단적인 사회 결정론도 극단적인 개인자유론도 잘못이다. 존 와트J. Watt 역시 다음처럼 극단적인 사회결정론을 거부한다.

> 현실세계란 사회적으로 구성되기 마련이라는 사회적 결정론에 근거하여 지식과 신념을 설명하려는 것도 마찬가지로 변호될 수 없다. … (중략) … 자신이 갖고 있는 기존의 인식틀을 전면적으로 비판하거나 자신의 성장을 이끌어 왔던 것과는 전혀 다른 사고를 하고자 하는 것은 대개의 경우 불가능하다. 그러나 이런 시도를 하는 사람도 있으며 어떤 사람의 경우 이를 성취하는 경우도 있다.[19]

그러나 그는 또한 다음처럼 극단적인 개인자유론도 거부한다.

> 개인이 사회적인 결정론으로부터 벗어나 문화적인 영향과 그 한계로부터 완전히 자유로운 상태에서 독자적으로 사고하고 행동할 수 있다고 생각하는 것은 착각일 수밖에 없다.[20]

결국 개인에 대한 사회의 영향력을 일정 부분 인정하고 또 사회에 대한 개인의 독립성도 일정 부분 인정해야 한다는 주장인데, 이런 주장이 가능하기 위해서 사회는 유기체적 합성체 혹은 합성체적 유기체일 수밖에 없을 것이다.

이제 우리는 개인이 먼저냐 사회가 먼저냐 하는 문제를 둘러싼 개인주의자들과 전체론자들 간의 논쟁에 있어서, 또 다른 핵심개념인 '인간'이란 말도 애매하게 사용되고 있음을 지적하고자 한다. 우리는 앞서 개인주의와 전체론 간의 대립을 부분과 전체의 대립으로 보는 입장에 대해, 그 대립에서

---

19 존 와트, 『개인주의와 교육』(정진곤·김규환 공역, 서울 : 학지사, 1997), 288쪽.

20 존 와트, 『개인주의와 교육』, 287쪽.

'부분'의 개념도 이중적임을 지적했다. 전체론자들이 염두에 두고 있는 '부분'은 유기체적 부분이고, 개인주의자들이 생각하고 있는 '부분'은 합성체적 부분이다. 그런데 사회의 구성요소로서의 '부분'은 당연히 개인인데, 전체론자들은 유기체적으로 이해된 사회의 일부로서의 개인을 생각한다면, 개인주의자들은 합성체적으로 이해된 사회의 일부로서의 개인을 생각한다. 인간은 항상 사회 속에서 인격을 갖게 되며 전체론자들은 인간을 인격체로 규정한다.[21] 인간을 인격체로 정의하는 것은 인간에 대한 사회학적 정의이다. 개인주의자들은 인간을 사회와 독립적으로 존재할 수 있는 존재로 규정한다. 루소는 자연상태의 인간이 갖고 있었던 자유를 예찬했다. 자연상태의 인간은 호모사피엔스라는 종족의 구성원으로 규정될 수 있는데, 이는 인간에 대한 생물학적 규정이다. 그런데 인간에 대한 이 두 입장의 규정은 일면적이라는 것이 필자의 생각이다. **인간이란 개념을 호모사피엔스라는 종족의 유전적 특징을 갖고 있는 인격체**의 의미로 사용하기를 제안한다. 호모사피엔스라는 종의 유전적 특징을 가졌다는 것은 인간이기 위한 필요조건을 갖춘 것이다. 인격체의 특징을 가졌다는 것은 인간이기 위한 충분조건을 갖추었다는 것이다. 어떤 생명체가 온전한 인간이 되기 위해서는 인간의 필요조건과 충분조건을 다 충족시켜야 한다.

인간이 '호모사피엔스라는 종의 유전적 특징을 가진 인격체'로 정의되고 또 사회는 '개인에 앞서 유기체적 합성체로서 존재하는 경향적 여건'으로 정의된다면, 개인이 먼저냐 사회가 먼저냐 하는 문제는 여전히 유효한 문제일까? 인간이 호모사피엔스라는 종족의 구성원이면서 인격체인 존재로 정의되는 한, 그리고 사회가 합성체적 요소와 유기체적 요소를 동시에 갖고 있는

21 인간성의 징표(indicator of humanhood)에는 자기의식, 자기통제, 미래감, 과거감, 타인과 관계 맺는 능력, 타인에 대한 관심, 의사소통, 호기심 등이 있다.(P. Singer, *Practical Ethics*, Cambridge University, 1980, 74-75쪽 참조)

한, 이 물음은 성립할 수가 없다. 만약 우리가 이 물음에 개개 인간이 먼저라고 대답해도, 그 대답에는 그 개개 인간이 이미 사회화된 인간임이 전제되어 버린다. 이 물음에 설령 우리가 사회가 먼저라고 대답하더라도, 사회라는 것이 유기체적이면서 동시에 합성체적인 것으로 이해되는 한, 사회가 갖고 있는 합성체적 요소 속에는 사회를 구성하는 기본단위이면서도 사회와 무관하게 자신의 생물학적 생명을 유지할 수 있는 개체들의 존재가 그 대답에 앞서 이미 전제되어 버린다. 결국 우리에게 남아 있는 길은 개인주의(자유주의)와 전체론(공동체주의)이 결합하는 길이다.

3. 공동체적 자유주의의 자아론

공동체주의자들과 자유주의자들 간의 논쟁에서 가장 근본적이고 가장 치열한 것은 자아 개념을 둘러싼 논쟁이다. 공동체주의자들은 자유주의자들이 그들의 이론의 토대로 삼고 있는 '자율적이고 독립적인 개체'라는 개념은 머릿속에서만 생각할 수 있는 비현실적이고 추상적인 개념이라고 비판한다. 롤즈가 말하는 무지의 베일에 가리어진 자아를 샌델이 무연고적 자아 unencumbered self라고 비판한 것은 잘 알려진 일이다. 그러면 공동체적 자유주의에서 제시하는 자아는 어떤 자아인가? 필자는 인간의 자아는 연고적인 측면도 있고 무연고적 측면도 있다고 생각한다. 자아가 부분적으로 연고적임은 사회가 부분적으로 유기체적이기 때문이다. 자아가 부분적으로 무연고적임은 사회가 부분적으로만 합성체적이기 때문이다. 우선 인간은 특정한 가정, 부모형제, 지역사회, 국가, 특정한 시공간적 연고가 없이는 태어날 수가 없다. 그리고 특정한 기후적·지리적 여건과의 연고 속에서 사유하고 행동한다. 바로 그 때문에 세계에는 다양한 풍속과 음식금기가 있는 것이다. 이런 측면에서 본다면 인간의 사유는 많은 부분 연고적 사유이다. 신토불이(身土不二)는 연고적 사유를 압축적으로 표현해 주는 말이다. 만약 신토불이일 뿐만 아니라 더 나아가 심신불이(心身不二)라면, 결국 정신이나 이성도 흙으로부터 자유롭지 못할 것이다. 된장 먹고 형성된 이성과 버터 먹고 형성된 이성은 다르다고 말할 때, 우리는 객관적이고 보편적인 진리 탐구의 주역이라고 믿고 있는 이성조차도 흙에 종속된 연고적 사유를 할 수밖에 없음을 말하고 있는 것이다. 그러나 인간에게는 무연고적 사유능력도 있다. 시대의 고금, 장소의 동서를 불문하고 3+3=6이라고 생각한다. 수학은 전혀 연고적인 학문이 아니다. 그리고 수학적 사유는 무연고적 사유이며, 수학적 사유를 하는 자아는 무연고적 자아이다. 과학적 사유도 무연고적 사유로 보는 것이 옳을 것이다. 물론 지역에 따라 발달한 과학의 분야가 다를 수는 있겠지만, 어쨌건 보편적인 진리를 밝혀내고 있다는 점에서는 무연고적 사유이다. 그러면 윤리는 연고적인 것인가 무연고적인 것인가? 필자는 도덕·윤리에도 연고적인 요소와 무연고적인 요소가 혼재해 있다고 생각한다. 예컨대 장례풍속은 문화권에 따라 많이 다른데, 중앙아시아 고원지대에 사는 사람들이 조장(鳥葬)을 택한 것은 연고적인 사고방식에 기초한 삶의 양식이다. 그러나 인권에 대한 존중은 이제 무연고적 사고방식의 승리로 볼 수 있겠다. 인권을 존중하는 태도는 종교, 문화, 국가를 넘어서 받아들여지고 있기 때문이다. 그러나 도덕·윤리의 영역에도 무연고적 요소가 있음이 어떤 가치가 세계 보편적으로 받아들여진다는 사실에 의해서만 증명되는 것은 아니다. 이를 증명함에 있어서 더 중요한 사실은 우리가 도덕·윤리의 영역에서 보게 되는 연고적인 사유의 원인을 분석하고 파악할 수 있다는 사실이다. 예컨대 유대인들의 돼지고기 음식금기의 풍습은 연고적 삶의 양식이지만, 우리는 그들이 그런 연고적 사유를 할 수밖에 없었던 이유를 알고 있다.[22] 우

22 이에 대한 자세한 설명은, 마빈 해리스의 『음식문화의 수수께끼』(서울 : 한길사,

리가 이처럼 연고적 사유의 메커니즘을 알게 되는 그 순간에 우리는 연고적 사유를 벗어난다.[23] 연고적 사유 혹은 연고적 삶의 양식의 불가피성을 인식하는 순간에 우리는 연고성을 넘어선다. 그런데 돼지고기 음식금기의 이유가 밝혀졌으며, 돼지고기 음식금기가 지켜지던 시대의 사회문화적 여건이 달라져서 이제는 더 이상 그 금기를 지킬 필요가 없어졌음에도 불구하고 현재까지도 돼지고기를 먹지 않고 있는 유대인이 있다고 가정하자. 그는 연고적 삶의 상대성에 갇혀 있는 '닫힌 상대주의자'이면서 절대 진리의 영토에 거주하는 것으로 착각하는 사람이다. 그러나 그가 거주한다고 착각하고 있는 절대 진리의 영역은 '현실과 유리된 절대'이다. '닫힌 상대주의'와 '현실과 유리된 절대주의'는 완전히 다른 표현이지만, 삶에서 작용하는 방식은 동일하다. 둘 다 변화를 거부한다는 것이다. 칼라시아족은 조상의 시신을 먹는 방식으로 장례를 치렀고, 그레시아 족은 화장의 방식으로 장례를 치렀다. 그들에게 장례방식을 서로 바꾸어 보기를 권했을 때, 그들은 단호하게 거부했다.[24] 그들은 장례방식이 서로 다른 이유를 검토하거나 토론해 보지 않고, 자신들의 장례방식을 단호하게 고집했다. 그들의 장례방식은 서로 다르기에 상대적이지

1996), 제4장 참조.

23 인류는 도덕의 영역에서 과거에 비해 상대적으로 덜 연고적인 사유를 하는 방향으로 발전해 왔지만, 연고적 사유로부터 완전히 벗어나는 것은 불가능할 것이다. 그럼에도 불구하고 연고적 사유의 한계를 그때그때 극복해 가는 역동성 그 자체는 인간이 가진 무연고적 사유 능력으로부터 솟아난다. 인간이 도덕의 모든 문제에서 무연고적 사유를 하여 보편타당한 범인류적인 도덕적 진리에 도달하는 것을 이상으로 삼을 수 있는데, 이것을 '이상으로서의 무연고적 사유'로 부를 수 있을 것이다. 이 이상에 도달하는 것은 불가능하다. 그러나 인간이 조금씩 연고적 사유를 벗어나는 바로 그 순간에 우리는 무연고적 사유를 실현해 보이는데, 이를 '작용하는 무연고적 사유'로 부를 수 있겠다. 이상으로서의 무연고적 사유는 우리들의 현실 바깥에 있지만, 작용하는 무연고적 사유는 우리들의 현실 안에 있다.

24 J. Rachels, *The Elements of Moral Philosophy*(Second Edition, New York : McGraw-Hill, Inc., 1993), 15쪽 참조.

만, 그들은 각자의 장례방식을 맹목적으로 고집했기에 닫혀 있었던 것이다. 그들은 닫힌 상대주의자들이지만, 다른 한편으로는 변화를 거부하는 절대주의자들이었다. 우리나라에서도 조선시대에는 아이가 태어난 지 삼칠일이 지나 엄마가 최초로 아이를 업고 외출을 할 때는 재래식 화장실에 들러 아이 온몸에 구린내가 배도록 한 뒤에 외출을 했다고 한다. 그렇게 한 이유는 그 당시만 해도 질병은 세균에 의해 발생하는 것이 아니라 귀신들에 의해 발생하는 것으로 생각되었는데, 아이 몸에서 구린내가 나면 귀신들이 아이 가까이 오지 않아 병이 생기지 않는다고 믿었기 때문이었다. 그리고 실제로 그렇게 변소를 들른 뒤에 외출하면 아이가 병에 덜 걸리는 효과를 봤다고 한다. 현대 과학의 관점에서 본다면 귀신이 병을 일으킨다는 것, 그리고 귀신은 구린내를 싫어한다는 것은 미신에 불과하다. 그런 미신이 생겨나게 된 연고적 사유의 발생 메커니즘이 있을 것이다. 그런데 최근의 의학적 설명에 의하면 재래식 화장실은 특히 여름철에 암모니아 가스로 가득 차 있는데, 그 가스에 한번 노출시킨 아이는 소독을 한 효과를 보게 되어 질병에 덜 걸리는 것이라 한다. 이처럼 연고적 사유의 발생 메커니즘을 해명하고 그 연고적 사유의 옳은 점과 그른 점을 밝혀내는 순간 우리는 무연고적인 사유를 하는 것이 된다. 우리의 연고적 사유를 끊임없이 무연고적 사유로 바꾸는 것은 어떻게 가능한가? 그것은 선험적 자아의 부단한 자기초월의 능력 때문에 가능할 것이다.[25]

사람들은 종종 롤즈가 말하는, 무지의 베일을 덮어쓰고 원초적 입장에서 계약을 맺는 자아를 칸트의 선험적 자아와 동일시하기도 한다.[26] 그렇게 동일시할 수 있는 측면이 있다고 생각한다. 그러나 선험적 자아론이 칸트 자아

25 이에 대한 자세한 논의는 졸저, 『칸트의 인간관과 인식존재론』(대구 : 경북대학교출판부, 2007), 184쪽 이하 참조.

26 이종일, 『롤즈 정의론의 칸트적 토대에 관한 연구』(계명대학교 대학원 철학과 박사학위논문, 1991), 153쪽 참조.

론의 전부라고 생각하는 것은 중대한 오해이다. 칸트는 선험적 자아 이외에도 경험적 자아에 대해서 말하는데,[27] 경험적 자아는 공동체주의자들이 말하는 연고적 자아이다. 물론 선험적 자아는 무연고적 자아이다. 경험적 자아는 당연히 연고적 사유를 한다. 이 자아는 특정의 문화와 전통에 뿌리를 두고 있으며, 그런 문화와 전통에 기초해서 사유한다. 선험적 자아는 무연고적 자아로서 무연고적 사유를 한다. 칸트는 현실의 구체적인 개인은 경험적 자아와 선험적 자아의 복합체라고 생각하고 있다. 물론 필자는 현실의 구체적 개인은 두 개의 자아를 갖고 있다고 말하는 것이 아니다. 자아는 경험적 측면과 선험적 측면, 이 양 측면을 갖고 있다는 것이다. 이때 경험적 측면은 감성으로 선험적 측면은 오성으로 간주해서는 안 된다. 그렇게 이해하면, '현실의 구체적인 개인은 경험적 자아와 선험적 자아의 복합체'라는 말은 '현실의 구체적 개인은 감성과 이성의 결합체'라고 말하는 것이 되며, 이렇게 이해되면 감성은 연고적 사유의 핵심이고, 오성은 무연고적 사유의 핵심이 될 것이다. 그러나 칸트는 이렇게 생각하지 않았다. 칸트는 감성은 몸과 연결되어 있기에 오로지 연고적 사유를 하고, 오성은 정신과 연결되기에 무연고적 사유를 한다고 생각하면서 감성과 오성을 대립시키지 않았다. 칸트에 의

---

27 칸트는 순수 수학, 기하학, 순수 물리학의 학적 기초를 놓기 위하여 도입하고 있는 개념인 '선험적 자아'가 무연고적인 것임을 충분히 인지하고 있었다. 칸트는 『순수이성비판』에서 선험적 자아에 대해, 그것은 "생각 속에만 있는"(*Kritik der reinen Vernunft*, A384) 것이요, 또 "여러 표상 중에서 가장 빈약한 표상"(B408)이요, "순전히 아무런 내용이 없는 표상"(B471)이라고 말하고 있다. 그에게 있어서 선험적 자아가 무연고적임은 비난거리가 아니다. 오히려 형이상학이 학의 안전한 길에 들어서도록 하기 위해 적극적으로 고안한 개념이었다. 문제는 순수 수학이나, 순수 물리학의 학문적 기초를 놓음에 있어서는 이런 학문적 전략이 유효해 보이나, 윤리학조차도 이런 전략으로 학문적 기초가 놓일 수 있는가 하는 것이다. 칸트는, 당연한 일이지만 선험적 자아에 대해서는 『순수이성비판』 도처에서 논의하고 있으나, 경험적 자아에 대해서는 별로 언급하지 않고 있다. 경험적 자아에 대한 논의는 B567을 보기 바란다.

하면 감성도 경험적 직관의 주체일 때는 연고적이고, 순수 직관의 주체일 때는 무연고적이다. 예컨대 5+7=12라는 산술판단을 할 때, 칸트의 견해에 의하면 우리는 오성만 사용하는 것이 아니라, 직관(감각)능력도 사용한다. 그리고 오성도 경험적 직관내용을 갖고 사유할 때는 연고적 사유를 하는 것이 되며, 순수직관 내용을 갖고 사유할 때는 무연고적 사유를 하는 것이 된다. 그러면 칸트가 말하는 경험적 자아란 어떤 것인가? 그것은 경험적(연고적)으로 직관하는 감성과, 그 감성의 영향을 받아 경험적으로 사유하는 오성의 결합체이다. 그러면 선험적 자아란 어떤 것인가? 그것은 순수하게(무연고적으로) 직관하는 감성과, 그렇게 직관된 감각내용을 갖고 선험적으로(무연고적으로) 사유하는 오성의 결합체이다. 이제 '현실의 구체적인 개인은 경험적 자아와 선험적 자아의 복합체'라는 말의 의미가 분명히 해명되었다. 현실의 구체적 개인은 경험적(연고적)으로 직관하는 감성의 영향을 받아 경험적으로 사유하기도 하고, 순수하게(무연고적) 직관하는 감성의 감각내용을 갖고 선험적으로 사유하기도 하는 존재이다. 필자는 칸트의 자아론은 필자가 염두에 두고 있는 공동체적 자유주의의 자아론을 아주 잘 설명해 주고 있다고 생각한다. 예컨대 어떤 한국인이 한국인으로서 수직적인 인간관계의 예절을 중시할 때는 경험적 자아 중심의 연고적 사유를 하는 것이지만, 5+7=12임을 생각할 때는 선험적 자아 중심의 무연고적 사유를 하고 있는 것이다. 물론 칸트는 인식론의 기초를 확립하고 또 보편타당한 윤리학의 원리를 확립하려 했기 때문에 선험적 자아를 중시했다. 물론 윤리학적 사유가 철저하게 무연고적 사유인지는 의문시될 수 있다. 윤리는 부분적으로는 무연고적 사유의 산물일 수 있겠지만, 또한 많은 부분은 연고적인 사유의 산물이다. 그러나 칸트가 선험적 자아에 기초해 확립하려 했던 보편타당한 도덕의 원리는 인류 공통으로 받아들일 수 있는 '공통분모적 최소 도덕'으로 생각했을 가능성을 열어 두는 것이 올바른 칸트 해석에 접근하는 길일 것이다. 다시 말해 인간의 행위를 규제하는 수많은 규율들 중에서는 연고적인 규율도 있을 것이고 무연고적 규율도 있을 것인데, 칸트가 확립하고자 했던 것은 무연고적 규율체계로서의 순수 윤리학이었을 것이라는 말이다. 만약 공동체주의자들처럼 자아의 연고성만 강조하면, 윤리학은 '닫힌 상대주의'의 늪에 빠질 것이다. 메킨타이어가 말하는 '이야기하는 자아'는 자아의 연고적 측면에 방점을 지나치게 강하게 찍고 있는 듯이 보인다. 자아의 선험성 위에 윤리학의 기초를 놓으려 했던 칸트나 정의의 보편적 기초를 놓으려 했던 롤즈처럼 자아의 선험성만 강조하게 되면 우리는 '현실과 유리된 절대주의'의 성에 갇힐 것이다. 공동체적 자유주의자들에게 있어 참된 자아는 연고적 자아(경험적 자아)와 무연고적 자아(선험적 자아)의 복합체이다. 자아의 연고성-무연고성, 경험성-선험성이 균형 잡힌 방식으로 강조될 때, 윤리학은 '열린 상대주의' 즉 '잠정적 절대주의'의 건강성을 가질 수 있다.

4. 공동체적 자유주의와 도덕사회화 문제

인간은 예외 없이 특정의 사회, 가정 속에서 태어난다. 아무런 사회에도 소속되지 않은 개인들이 먼저 존재한 다음, 그들이 필요에 따라 사회를 만든 것은 아니라는 말이다. 근대 서구의 사회계약설은 기존 사회의 문제점을 분석하기 위한 개념적 틀로서는 의미를 가질지 모르지만, 잘못된 이론이다. 그러나 인간은 사회 속에서 태어나 사회의 영향을 받으며 성장하고 행동하지만 (이 점에서는 공동체주의자들이 옳다), 사회를 넘어선다(이 점에서는 개인주의자들이 옳다). **우리는 사회를 넘어서기 위해, 사회 속에서 태어나지 않으면 안 된다.** 물론 모든 사람이 사회 속에 태어나지만, 모든 사람이 사회를 넘어서는 것은 아니다. 사회에 갇혀 평생을 살다가 죽는 사람도 있다. 그러나 사회 속에 태어난다는 것은 사회를 넘어서기 위한 필요조건이다. 사회 속에 태어나지 않으면, 즉 특정 사회의 습속과 풍습과 가치관과 삶의 양식을 내면화하지 못하면, 사회를 넘어서지도 발전시키지도 못한다. 우연히 갓난아기 때부터 늑대들 사이에서 늑대의 젖을 먹고 늑대처럼 자란 어떤 소년이 발견되었는데, 그 소년은 늑대처럼 네 발로 다니고, 늑대처럼 울부짖었다. 사람들이 그 소년을 문명사회로 데려와 적응시키려 했으나, 끝내 실패했다. 그러면 이 늑대소년은 인간인가 아닌가? 그 소년은 호모사피엔스라는 종족의 유전적 특징을 갖고 있기에 생물학적으로는 분명히 인간이다. 그러나 그 소년은 우리가 앞서 말한 인간성의 징표를 갖고 있지 못하기에, 인격체로서의 인간은 아니다. 누구나 알고 있는 것이지만, 인간은 인간 속에서 인간이 된다.[28] 그래서 인간(人間)은 '사람 사이'이다. 그런데 '사람 사이'가 성립하려면, 사람들이 모여 살아야 한다. 사람들이 모여 사는 곳을 사회라 한다. 부버는 다음처럼 말한다.

> 인간존재의 기본적인 사실은 인간이 인간과 함께 있다는 것이다.[29]

실존주의 사상가로 분류되면서 철저한 개인주의자로 보이기 쉬운 하이데거도 다음처럼 말한다.

> 타인이 현재 옆에 존재하지 않고 또한 타인이 실제로는 지각되지 않는다 할지라도, 존재론적으로는 역시 공존Mitsein이 현존재Dasein를 결정한다. 독존은 다만 공존의 변태에 불과하다. 독존의 가능성은 공존의 근거이다.[30]

---

28 사실은 고등동물의 경우도 마찬가지이다. 사람의 손에서 자란 사자는 사자 구실을 하지 못한다. 사자도 사자 집단 속에서 태어나고 자라고 학습할 때에만 사자다운 사자가 된다.

29 M. Buber, *Das Problem des Menschen*(Heidelberg, 1954), 165쪽.

30 M. Heidegger, *Sein Und Seit*(Tuebingen, 1931), 120쪽.

그런데, 특정한 어떤 인간이 세상에 태어날 때는 항상 특정한 시공간적 배경과 특정한 전통과 문화를 가진 특정한 사회 속에 태어난다. 그리고 특정 사회가 갖고 있는 이런저런 삶의 양식들을 의식적·무의식적으로 받아들이게 된다. 소위 사회화 과정을 겪는다. 늑대소년의 경우는 인간의 유전자를 타고났지만, 인간의 사회 속에서 성장하지 못했기에 결국 제대로 된 사회화 과정을 밟지 못했다. 그 결과 그는 인간이 될 수가 없었던 것이다. 사회화는 인간화이다. 그런데 사회라는 것은 항상 특정의 사회이기에, 한국사회에 태어난 아이는 한국인화되는 것이고, 일본에 태어난 아이는 일본인화되며, 미국에 태어난 아이는 미국인화된다. 우리는 보편적인 사회 속에서 태어나 보편인이 되는 것은 아니다. 항상 특수한 사회 속에서 태어나 특수한 사회인이 된다. 이미 아리스토텔레스는 다음처럼 말했다.

> 국가는 자연이 만든 것이며, 인간은 본성상 정치적 동물이라는 것이 명백하다. 우연에 의해서 국가를 갖지 못한 것이 아니라, 본성에 의해 국가를 갖지 못한 사람이 있다면 그는 인간 이상의 존재가 아니라면, 불량한 인간일 것이다. 호머는 그를 "부족도 없고, 법도 없고, 비정한 인간"이라고 비난했다.[31]

국가는 계약의 산물이 아니고, 인간은 사회 속에서 인간이 되며, 인간은 사회를 떠나서는 인간일 수 없다는 아리스토텔레스적 명제는 무슨 대단한 학문적 결론도 아니고, 이해하기 힘든 진리도 아니다. 그러나 도덕교육의 정체성을 탐구하는 우리에게는 인정되어야 할 대단히 중요한 사실이다. 도덕교육은 사회화교육의 일환이다. 물론 도덕교육이 사회화교육의 일환이라는

---

31 Aristotle, *Politics*(in : *The Basics Works of Aristotle*, ed. R. McKeon, New York : Random House, 1970), 1129쪽.

사실을 인정한다고 해서 도덕교과가 사실과학의 영역인 사회과에 종속되어야 함을 말하는 것은 아니다. 도덕교과는 어디까지나 규범교과이기 때문에, 사회과에 들어갈 수 없다. 도덕을 사회과로 분류하려는 사람들은 이 점을 분명히 인식해야 한다. 도덕은 사회과가 아니다. 그렇다고 도덕교육이 사회화교육이 아니라고 말해서도 안 된다. 물론 사회화교육이 도덕교육의 전부는 아니다. 그렇다고 도덕교육에는 사회화교육의 측면이 있음을 부인할 수는 없는 노릇이다.

도덕교육은 사회에서 시작하여 사회를 넘어서는 것을 교육한다. '도덕교육이 사회에서 시작한다'는 것은 사회의 가치관과 예절과 삶의 방식을 잠정적 진리로 습득시키는 데서 도덕교육이 시작한다는 것이다. 그렇지만 그런 것들은 잠정적 진리이기에 항상 그 합당성과 유효성이 음미되고 검토되어야 한다. 이런 음미, 검토, 비판, 대안제시 능력을 길러 주는 것도 도덕교육에서 대단히 중요하다. 이 점에서 '도덕교육은 사회를 넘어선다'고 말할 수 있겠다. 그러나 사회를 넘어서서 갈 곳이 어디인가? 마틴 루서 킹 목사가 흑인민권운동을 통해 당시의 미국사회를 넘어섰지만, 그는 미국사회의 발전을 위해 넘어섰다. 그러니 우리는 이렇게 말할 수 있다. '**도덕교육은 사회화에서 시작하여, 기존 사회의 문제점과 한계를 넘어서는 것을 가르치지만, 결국 개선된 사회로 돌아오는 것을 목표로 한다.**' 킹 목사에 의해 미국사회의 인종차별주의는 엄청나게 개선되었지만, 그렇게 개선된 미국사회의 경향적 여건이 지금의 미국인들에게는 새로운 사회화의 출발점을 형성하고 있다. 킹 목사가 살던 시대에 미국의 흑인들이 동경했던 목표가 지금은 출발점이 되어 있다. 유교적 가부장제하에서 억압된 삶을 살았던 한국여성들의 목표가 지금의 한국여성들에게는 출발점이 되어 있다. 도덕교육은 학생들에게 사회를 넘어서는 것을 가르치지만, 그것은 결국 더 나은 사회로 되돌아오기 위한 몸부림일 뿐이다. 인간은 사회적 존재이지만, 인간이 진정으로 사회적인 존재인 이유는 인간만이 의

도적·의식적으로 사회를 개선시킬 수 있는 존재이기 때문이다. 다른 고등 포유류들도 사회 안에서 살아간다. 그런 점에서 그들도 사회적인 동물이다. 그러나 그들은 인간이 '사회적인' 방식으로 사회적이지는 않다. 그들은 조상 대대로 전수되어 온 삶의 방식을 그냥 맹목적으로 답습한다. **동물들은 사회에 갇혀 사는 방식으로 사회적 존재이다. 그러나 인간은 조상들로부터 전수된 삶의 방식을 취사선택한다. 인간은 새로운 사회를 창조하면서 사는 방식으로 사회적 존재이다.**

인간화가 사회화요, 사회화가 인간화라면, 사회에 의해 개체로서의 우리의 삶이 철저하게 규정되어 버리는가? 우리가 한국어를 잘하는 것은 우리가 한국어 공부를 영어 공부보다 의식적으로 더 많이 했기 때문이 아니라, 단지 한국사회에 태어났기 때문이다. 개인의 언어생활은 사회에 의해 강하게 결정되는 듯이 보인다. 그럼에도 불구하고 사회가 그 사회 구성원들의 삶을 철저하게 규정한다는 사회결정론은 받아들이기 힘들다. 비록 사회가 개인들의 삶에 커다란 영향을 행사한다 하더라도, 개인들은 사회로부터 일정한 자율성을 갖고 있는 것으로 보는 것이 합당하다. 우리는 앞에서 사회를 유기체적 측면과 합성체적 측면을 다 갖고 있으면서 개인들의 삶에 일정한 영향을 행사하는 경향적 여건으로 정의하였다. 사회가 유기체적 측면을 갖고 있다는 것은, 사회는 소위 공동체주의와 자유주의의 논쟁에서 언급되는 '공동체적인 측면'을 갖고 있다는 것이다. 그리고 사회가 합성체적인 측면을 갖고 있다는 것은, 사회란 결국 '개인들의 집합적인 측면'도 갖고 있다는 것이다. 사회가 공동체적인 측면을 갖는 한, 사회의 구성원들은 공동체의 규범과 가치관, 삶의 양식을 존중해야 한다. 하늘에서 떨어진 인간이 없듯이, 특정 사회의 삶의 양식과 무관하게 태어나고 성장하는 인간도 있을 수 없다. 그런 한, 모든 인간은 자신의 삶을 특정한 시공간적 배경과 특정한 역사와 전통을 가진 특정 사회에서 공동체의 가치관을 내면화하는 방식으로 시작할 수밖에 없다. 도덕교육이 사회유지와 통합을 위해 학생들의 사회화를 담당해야 하는 점에서 도덕교육은 '공동체주의적'이지 않을 수 없다. 그러나 어떤 사회도 변화하지 않을 수 없는데, 사회가 변화할 수밖에 없는 이유는 두 가지가 있다. 첫째로 어떤 사회도 그 나름의 이유가 있어서 그 나름의 규범과 가치관을 갖고 있겠지만, 어떤 사회도 완전하게 합리적이지는 못하며, 따라서 더 합리적인 사회가 되기 위해서 바뀌어야 한다. 둘째로 세상은 끊임없이 바뀌는데, 바뀌는 세계에 적응하여 공동체를 유지하려면 공동체를 지배하는 기존의 가치관과 삶의 양식도 바뀌어야 한다. 그런데 만약 사회결정론이 옳아서 사회가 개인들의 생각과 행위를 결정해 버린다면 사회가 변화하는 것이 불가능할 것이다. 따라서 사회의 합리화와 변화는 결국 개인들의 반성적 사유에 의지할 수밖에 없다. 그런 한, 개인들은 사회로부터 일정한 자율성을 소유하고 있는 존재들이다. 그러므로 개인은 사회를 초월해 있다. 도덕교육이 사회(공동체)로부터 일정하게 자유로운 개인들의 양심을 실현하는 일에 관심을 기울이지 않으면, 결국 사회가 변화하는 세계 속에서 존속할 수가 없다. 그러므로 공동체 의식을 심어 주는 도덕교육과 개인의 자아실현을 도와주는 도덕교육은 상호 배타적이지 않고, 상호 보완적임을 알 수 있다.

필자는 '자유주의적 공동체'라고 말하지 않고 '공동체적 자유주의'라고 말했는데, 이제 이렇게 말한 이유를 설명할 단계에 이르렀다. 자유주의와 공동체주의가 모순개념이 아니라는 것은 앞서 밝혔다. 그러면 '공동체적 자유주의'라는 개념도 성립할 수 있고 '자유주의적 공동체'라는 말도 사용할 수 있을 것이다. 인간은 사회 속에서 태어나 사회 속에서 자아정체성을 형성하고 사회구성원이 되지만, 인간이 진정 사회적인 이유는 새로운 사회를 창조하기 때문이라는 관점에서 보면, 인간은 사회를 넘어서는 자유를 갖지 않으면 안 된다. 만약 이 자유—이를 필자는 칸트를 따라 '선험적 자유'transcendental freedom라 부르겠다—를 인간이 갖고 있지 못하다면, 인간은 사회의 예속물에 불과하게 된다. 그리고 이 자유가 없다면 인간에게 도덕적 지평이 열릴 수가 없다. 칸트의 말대로 "자유는 도덕법칙의 존재근거"이기 때문이다. 바로 이런 이유로, 즉 아무리 인간이 사회화를 통해 공동체의 한 구성원인 인간이 된다 하더라도, 인간은 사회적 제도나 관습, 가치관으로 다 설명할 수 없는 사회초월적 자유를 갖고 있다는 점에서 필자는 '공동체적 자유주의'라는 용어를 사용한다. 다시 말해서 인간은 공동체적인 존재로 삶을 시작해서 자신이 속한 공동체를 벗어나는 자유를 구사하는 삶을 살아가는 존재라는 의미에서 '공동체적 자유주의'로 명명한다. 그런데 이 대목에서 필자는 인간의 사회구속성과 자유 간에 모종의 교호적 긴장이 있음을 지적해 두지 않을 수 없다. 생물학적 의미의 인간은 사회화를 통해 온전한 인간이 된다. 그러므로 인간은 사회의 규정을 받는다. 따라서 이 점에서는 공동체주의가 옳다. 그러나 사회가 보다 합리적인 상태를 향해 발전하고 변하려면 사회로부터 일정 수준 자유로운 개인들의 반성적 사유능력의 도움을 받아야 한다. 이 점에서는 자유주의가 옳다. 이런 방식으로 공동체적 자유주의가 성립하게 된다. 그러나 필자는 앞서 '도덕교육은 사회화에서 시작하여, 기존 사회의 문제점과 한계를 넘어서는 것을 가르치지만, 결국 개선된 사회로 돌아오는 것을 목표로 한다'고 했다. 결국 사회를 '넘어서는' 측면을 강조하여 말한다면 공동체적 **자유주의**가 되는 것이고, 개선된 사회로 '돌아오는' 측면을 강조하여 말한다면 자유주의적 **공동체주의**가 될 것이다. 이런 점에서 본다면 공동체적 자유주의와 자유주의적 공동체는 동전의 앞뒷면과 같다고 할 수 있겠다.[32]

---

32 박종훈은 「공동체주의적 자유주의와 자유주의적 공동체주의」(한국윤리학회, 『국민윤리연구』, 제40호, 1998, 213-239쪽)에서 공동체적 자유주의와 자유주의적 공동체주의를 동의어로 사용하는 학자들이나, 이 양자의 개념을 구분하여 쓰는 학자들의 사례를 조사하여 그들 주장의 공통분모적인 것을 추려내어 소개하고 있다. 필자는 개인이 먼저인가 사회가 먼저인가 하는 문제는 사이비 문제임을 밝혔는 바, 극단적인 유기체적 사회관(극단적인 공동체주의)이나 극단적인 합성체적 사회관(극단적인 개인주의 혹은 자유주의) 둘 다 잘못되었다고 생각한다. 따라서 우리에게 남아

5. 공동체적 자유주의와 도덕의 두 가지 기능의 변증법적 조화

일부 사람들은 도덕이란 사회 혹은 집단을 유지시키기 위한 규범 정도로 간주한다. 달리 말해서 집단의 유지를 위해 그 구성원들이 지켜야 할 규칙(룰) 정도로 생각한다. 만약 도덕을 이런 식으로 이해한다면, 도덕은 사회유지기능밖에 갖지 못할 것이다. 그렇다면 각각의 동물들은 각각의 도덕을 갖는 것이 될 것이며, 인간만을 윤리적 존재 혹은 도덕적 존재로 생각하는 것은 잘못일 것이다. 예컨대 하이에나나 코끼리 집단은 모계사회로서, 자기 집단을 유지하기 위한 그 나름의 룰을 갖고 있다. 그러나 늑대 집단은 이들과는 다른 룰을 갖고 있다. 새끼 양육 방식에 있어서도 사자와 치타는 전혀 상이한 모습을 보여 준다. 치타의 경우 새끼 양육에 있어서 수놈은 아무런 역할도 하지 않는다. 오로지 어미만이 새끼들이 독립할 때까지 보호하고 먹이고, 사냥 기술을 가르치는 일을 도맡는다. 물론 사자들도 수사자들은 새끼 양육에 별로 도움이 되질 않지만, 사자들은 집단생활의 장점을 살려 새끼들을 돌본다. 즉 여러 마리의 암사자들이 새끼를 함께 돌본다. 동물들은 각기 집단을 유지 존속시키기 위한 그들 나름의 룰을 갖고 있지만, 그 룰의 합리성을 문제 삼지는 않는다. 예컨대 치타들의 룰은 암놈에게 매우 불리하지만, 치타 암놈들은 그 룰에 따라 살려고 애쓸 수밖에 없도록 되어 있기에, 룰 자체의 불합리성을 개선하려는 어떤 노력도 하지 않는다. 인간의 시각에서 볼 때, 많은 종류의 새들은 새끼 양육에 있어서 암수가 공동으로 노력하기 때

있는 길은 어떤 식으로든 자유주의와 공동체주의가 결합하는 것이다. 이 경우 학자에 따라 자유주의적 정치철학적 입장을 더 강조하는 사람은 공동체주의적 자유주의자가 될 것이고, 공동체주의적 정치철학적 입장을 더 강조하는 사람은 자유주의적 공동체주의자가 될 것이다. 그러나 사회를 고정된 정태적 측면에서 바라볼 때는 공동체주의적 자유주의와 자유주의적 공동체주의가 구분이 되겠지만, 사회를 동태적 역동적 측면에서 바라볼 때는 동전의 앞뒷면과 같다는 것이 필자의 입장이다.

문에 매우 합리적으로 보인다. 물론 남의 둥지에 자신의 알을 낳는 뻐꾸기는 인간의 관점에서 볼 때 매우 파렴치한 새이지만, 우리는 뻐꾸기의 그런 습성을 비도덕적이라고 비난할 수는 없을 것이다. 바로 그런 이유로 새끼들의 양육에 무관심한 치타 수놈을 비난할 수도 없는 것이다. 동물들은 그들의 유전자에 프로그래밍된 길을 따라 가는 것일 뿐이다.

만약 도덕의 기능이 단지 사회유지기능뿐이라고 한다면, 우리는 효도를 강조할 필요가 없을 것이다. 효도가 전혀 행해지지 않는 사회라 하더라도 집단은 유지될 것이기 때문이다. 오히려 집단의 유지라는 측면에서는 자녀사랑이 더 강조되어야 할 것이다. 이제 우리는 이미 전승되어 온 관습을 묵수하고 그것을 다음 세대에 전승시키는 것은 도덕적 행위가 될 수 없음을 분명히 할 수 있게 되었다. 그런 것은 동물들도 할 수 있는 것들이다. 설령 전승되어 온 관습이 합리적인 것이라 하더라도, 그것을 따라야 하는 이유를 캐묻지 않고 따르는 것은 도덕적 행위가 아니게 된다. 예컨대 앞서 말했듯이 새들의 새끼 양육방식은 매우 합리적이지만, 그 이유를 모르고 따르는 새들은 도덕적인 행위를 한 것이 아니다. 미국의 사회학자 섬너W. G. Sumner는 다음처럼 말했다.

> '옳은' 길이란 조상들이 사용했던 길이며, 또한 전승되어 온 길이다. 전통은 그 자신에 대한 보증인이다. 전통은 경험에 의한 검증으로부터 자유롭다. 옳음의 관념은 민속 안에 있으며, 민속과 독립된 기원을 갖고 있지 않으며, 민속을 검사할 수 없다. 민속 안에 있는 것은 무엇이든 옳다. … (중략) … 우리가 민속에 이르게 되면, 우리의 분석은 끝나게 된다.[33]

그러나 섬너는 도덕을 크게 오해하고 있다. 그는 도덕을 관습과 동일시함

33 W. G. Sumner, *Falkways*(Boston : Ginn and Company, 1906), 28쪽.

으로써, 결국 동물들에게도 도덕이 있음을 인정하게 된다.

칸트는 현대의 철학적 인간학자들의 주장을 선취하고 있는데, 현대의 인간학자들은 이구동성으로 인간을 미완성의 동물로, 혹은 개방된 동물로 간주하고 있다. 칸트는 이와 유사하게 다음처럼 말한다.

> 동물들은 그들의 본성에 의해 그들이 이전에 될 수 있었던 모든 것이다. 최초에 어떤 낯선 이성이 그들을 위해 모든 것을 제공하였다. 그러나 인간은 그 자신의 이성을 필요로 한다. 본능의 결핍으로 말미암아, 그는 그 자신을 인도할 계획표를 스스로 만들지 않으면 안 된다.[34]

칸트는 이 문장에서 인간의 본능적 미완성과 정신적 개방성을 동시에 언급하면서 이를 동물의 본능적 완성과 정신적 폐쇄성에 대비시키고 있다. 인간은 자기 행위의 이유를 스스로 찾아가야 하는 존재이다. 이유를 대고 행동하는 데서 진정한 도덕의 지평이 열린다. 우리 인간은 사회유지를 위해 도움이 되는 행동이건 도움이 되지 않는 행동이건 이유를 대어야 한다. 만약 전승된 가치나 습속을 무조건 따르는 방식으로만 행동한다면, 우리는 사회의 변화와 발전을 기대할 수 없다. 변화란 기존의 것을 파괴할 때 가능한 것이다. '발전'이란 말은 지향하는 바 이상이 있을 때만 의미 있게 사용될 수 있다. 바로 그 이상을 묻는 것, 그리고 그 이상을 실현하기 위해 노력하는 것에서 도덕이 성립한다.

참다운 도덕은 반성적 차원에서 성립한다는 것은 도덕의 기능이 사회 혹은 집단의 유지에만 국한된 것이 아님을 말해 준다. 왜 우리는 기존의 전승

---

34 Immanuel Kant, *Immanuel Kant ueber Paedagogik*(*Immanuel Kant Werkausgabe*, XII, Frankfurt : Suhrkamp Taschenbuch Verlag), 697쪽.

된 도덕에 대해 반성하는가? 혹은 반성해야만 하는가?(그것에 대해 반성해야만 한다는 것은 도덕의 장에 진입하기 위한 당위요, 최초의 당위이다. 그 당위를 통해 우리는 동물에서 인간으로 승격된다.) 칸트식으로 말한다면, 인간은 어떻게 살아야 하는가 하는 문제에 대한 해답을 인간 스스로 찾아가야 하기 때문이다. 이 물음을 던지면서 살아간다는 것은 인간은 자신의 자아를 실현하기 위해 노력해야 한다는 뜻이다. 설령 내가 반성적으로 획득한 해답이 기존의 관습과는 충돌하는 것이라 하더라도, 나는 나의 양심과 이상을 실현하기 위해 그것과의 충돌을 마다하지 않겠다는 태도에서 우리는 도덕의 자아실현 기능을 보게 된다. 반성적 도덕은 도덕의 자아실현기능과 밀접한 연관이 있다. 그리고 도덕의 자아 실현기능은 사회나 집단의 발전과 매우 밀접한 경향이 있다. 관행적인 흑인차별에 대항해 싸운 마틴 루서 킹의 행위는 일시적으로 사회를 혼란스럽게 만든 행위이지만, 그래서 집단의 유지와 존속에 일시적 해로움을 끼친 행위이지만, 그는 자신의 양심에 따라 행위함으로써 자아를 실현했고 그 결과 미국사회를 인종주의로부터 해방시키는 역할을 했던 것이다. 이제 우리는 이렇게 정리할 수 있겠다. **도덕의 자아실현기능을 무시하는 도덕교육은 전체주의적 도덕교육이고,**[35] **도덕의 사회유지·통합기능**

35 박정희·전두환 시절에 한국사회가 전체주의적 도덕교육을 실시해 왔음은 그때 만들어진 많은 중·고등학교 도덕교과서를 보면 즉각 알 수 있는 일인데, 필자는 인상적인 한 구절만 인용하겠다. "'자유 없는 질서는 있을 수 있다. 그러나 질서 없는 자유는 있을 수 없다'는 말이 있다. 이것은 자유와 질서가 공존하지 못할 경우, 질서 없는 자유를 누리기보다는 오히려 자유 없는 질서가 더 견딜 만하다는 뜻일 것이다. 또 이 말은 자유 없는 질서도 무질서보다는 낫고, 좋지 않은 정부도 무정부 상태보다는 견딜 만하다는 뜻이다. 특히, 이것은 국가의 안전 보장이 외부로부터 심각하게 위협받는 나라나 급속한 국가발전을 추구하는 나라에서는 실감이 나는 말이다."(고등학교, 『국민윤리』, 211쪽. 윤구병이 엮은 『교과서와 이데올로기』, 서울 : 천지, 1988, 37쪽에서 재인용) 1987년도 판 이전의 고등학교 『국민윤리』에 실린 말로, 독재를 정당화하려는 충만한 충성심으로 쓰였음에도 불구하고, 이 구절은 학생들에게 그 당시의 정권이 '좋지 않은 정부'임을 스스로 인정하고 있으며, 우리 사회에 비록

을 무시하는 도덕교육은 아나키즘적 도덕교육이다. 이때 '아나키즘적'이란 말의 뜻은 '무정부주의적' 내지는 '자유지상주의적'이라는 뜻이다. 북한사회에서 실시되고 있는 것과 같은 전체주의적 도덕교육의 역설은 그런 도덕교육이 일차적으로 추구하는 것이 사회유지와 통합이지만 개인의 자아실현을 막아버림으로써 결국은 사회유지와 통합도 불가능하게 된다는 것이다.[36] 왜냐하면 사회란 변화하고 발전하면서 유지되는 것인데, 전체주의적 도덕교육은 사회변화를 거부하는 교육을 시키기 때문이다. 그러나 변화하지 않는 사회는 결국 죽은 사회일 것이다. 마찬가지로 자유지상주의적 도덕교육도 역설적인 상황에 봉착하게 되는 데, 자유지상주의적 도덕교육이 일차적으로 목표로 하는 것은 개인의 자유이지만, 아리스토텔레스의 말대로 인간은 정치·사회적 동물이어서 국가를 떠나서는 자신의 자유를 실현할 수가 없다는 것이다. 칸트는 『순수이성비판』에서 공기의 저항이 없으면 더 빨리 날 수 있을 것이라고 생각하는 비둘기의 어리석음에 대해 말하고 있는데,[37] 자유지상주의적 도덕교육은 이 비둘기의 오류를 범하는 것이 된다. 공기가 오히려 비둘기의 비상을 가능하게 해 주는 근본요인이듯이 공동체는 개인이 자신의 자유를 실현하게 해 주는 터전이다. 개인의 자유 실현과 변화를 통한 사회유지를 동시에 가능하게 하는 도덕교육은 '공동체적 자유주의' 도덕교육이다.

자유가 없지만, 그런대로 '견딜 만한' 사회라고 말하는 꼴이다. 무엇보다도 집필진이 생각하지 못한 것은, 인용문의 논리대로라면, 북한과 같은 독재사회도 충분히 정당화된다는 것이다. 남한사회의 독재를 미화하는 것이 목표였는데, 재미는 엉뚱하게도 김일성이 보는 꼴이 되고 말았다.

36 필자가 염두에 두고 있는 통합이 박정희, 전두환 시절 그들이 추구했던 한국사회의 통합처럼, 권력자의 권력욕이 내장된 정치 이데올로기를 국민정신교육이란 이름하에 전 국민에게 상명하복식으로 교육시켜 전체주의적 방식으로 사회를 통합시키는 그런 통합이 아님은 말할 필요가 없겠지만, 불필요한 오해의 발생을 방지하는 차원에서 말해 둔다.

37 I. Kant, *Kritik der reinen Vernunft*, A4-5 참조.

관습적 도덕과 반성적 도덕의 이런 구분에서 볼 때, 도덕교육의 일차적 목표는 합리적으로 사유하고 판단하여 행동하는 반성적·도덕적 행위자를 기르는 것임을 알 수 있다. 이런 관점에서 본다면, 철학적 윤리학은 비록 도덕·윤리교육에게 넘겨줄 확인된 진리 규범을 갖고 있지 못하다 하더라도, 학생들이 진정한 도덕적 행위자가 되는 데 결정적으로 중요한 역할을 한다. 그러면 우리는 반성적 도덕성을 소유하기 위해 어디에서 반성reflection을 시작해야 하는가? 우리는 우리의 생각을 어디에다 되비추어 보아야 하는가? 우리의 반성이 진공이나 허공에서 시작될 수는 없는 일이다. 그렇다면 우리는 한국인들의 삶의 터전인 '지금-여기'를 반성의 출발점으로 삼아야 한다. 다시 말해서 '한국인의 삶의 윤리'가 도덕·윤리교육의 출발점이다.

6. 결론

필자는 지금까지 개인이 먼저인가 사회(혹은 공동체)가 먼저인가 하는 문제를 부분이 먼저인가 전체가 먼저인가 하는 모순대립적 문제로 바꾸어 해결하려는 시도는 잘못임을 밝힌 뒤, 사회는 유기체적인 것도 아니고 합성체적인 것도 아니며, 유기체적이면서 동시에 합성체적인 것임을 입증하였다. 이러한 증명에 힘입어 공동체적 자유주의라는 용어가 가능함을 밝혔으며, 공동체적 자유주의의 자아관은 자아가 연고적인 측면과 무연고적인 측면을 모두 갖고 있는 것으로 본다고 했다. 사회는 부분적으로 유기체적이기에 자아는 부분적으로 연고적이다. 사회가 부분적으로만 합성체적이기에 자아는 무연고적이다. 자아가 철저하게 연고적이기만 하다면 인간의 도덕생활은 구체적 내용을 획득하겠지만 공동체의 닫힌 상대성 안에 머물 수밖에 없게 된다. 이런 상대성을 넘어서 사유하고 행동할 수 있음은 자아가 부분적으로는 무연고적이기 때문이기도 하다. 그러나 자아가 무연고적이기만 하다면 자아는 규범의 보편성을 획득하겠지만, 칸트의 정언명법에서 보듯이 그 규범성은 구체성을 결여한 형식적 보편성에 불과하게 된다. 그런데 공동체주의적 자유주의 자아관에서의 자아는 연고적이면서 무연고적이기에 이 양자의 결함을 극복할 수 있다. 그리고 공동체주의자들은 인간은 사회 속에서 태어나기 때문에 사회에 묶인다고 주장하지만, 공동체적 자유주의자는 사회를 넘어서기 위해 사회 속에서 태어나야 한다고 말한다. 그리고 극단적인 공동체주의자들은 사회유지와 통합을 위해 개인의 자유가 희생될 수 있다고 주장할 것이고, 극단적인 자유주의자는 개인의 자유를 위해 사회는 도구적 가치밖에 가지지 못한다고 할 것이다. 그러나 공동체적 자유주의자는 이 둘 다를 배격하고, 개인의 자아실현과 공동체의 유지·통합을 상보적인 관계로 본다. 개인의 자유를 억압하는 공동체주의, 공동체 의식이 없는 개인주의는 둘 다 잘못된 것이다. 공동체주의와 자유주의는 서로가 서로를 필요로 한다. 이 둘이 서로 상보하지 못하고 분리되는 순간에 이 둘은 개인이나 사회에 해로울 것이다. 필자는 공동체적 자유주의야말로 도덕교육이 자리 잡아야 할 올바른 도덕철학적 기초라고 생각한다.

제5장

공동체적 자유주의와 세계시민윤리 : 애국심의 문제를 중심으로

1. 서론

필자는 앞에서 공동체주의 윤리와 자유주의 윤리의 대립 중에 올바른 도덕·윤리교육의 방향을 탐색하면서, 도덕 상대주의의 위험에 빠질 우려가 있는 공동체주의 윤리도 해답이 될 수 없고 그렇다고 공동체의 역사와 문화로부터 분리된 추상적인 원자적 개인주의에 기초하고 있는 자유주의 윤리도 해답이 될 수 없으며, '공동체적 자유주의'communitarian liberalism에 기초한 도덕·윤리교육이 올바른 것임을 주장하였다. '공동체적 자유주의' 혹은 '자유주의적 공동체'란 용어는 필자가 처음 사용하는 용어가 아니며, 이미 다수의 학자들이 사용하고 있지만,[1] 필자는 이 용어를 필자의 방식으로 사용하고 있다. 필자는 이 장에서 필자의 방식으로 규정된 '공동체적 자유주의'의 시각에서 최근 학계에서 쟁점이 되어 있는 세계시민주의와 애국주의의 대

1 예컨대 황경식은 자유주의와 공동체주의 논쟁이 서로의 약점을 보완하는 방식으로 전개되면서 '공동체주의적인 자유주의'로 발전해 가는 양상을 띨 것으로 기대한다. 그는 또한 '자유주의적 공동체주의'라는 용어를 '공동체주의적 자유주의'와 동의어로 사용한다.(『자유주의는 진화하는가』, 서울 : 철학과 현실, 2006, 59쪽, 71쪽 참조)

립문제를 검토해 보고자 한다. 이제 사람들은 어느 나라의 국민이면서 세계시민이기를 강요받는 시대에 살고 있다. 그런데 세계화는 이제 더 이상 외면하거나 부정할 수 없는 사실이기도 하지만, 다른 한편 우리가 그 바람직한 방향을 설정해야 할 과제이기도 하다. 세계시민주의와 애국주의의 대립문제를 순서 바르게 검토하기 위해서는 먼저 세계화의 세 가지 계기 및 '세계시민주의'의 개념과 '공동체적 자유주의'란 개념이 무엇인지 살펴볼 필요가 있겠다.

2. 세계화의 세 가지 계기와 세계시민의 개념

최근 세계화가 급속히 진행되면서 세계시민주의와 애국주의의 대립이 문제로 부상하고 있다. 필자는 '세계화'라는 용어가 널리 유포되기 시작한 데는 세 가지 계기가 있다고 생각한다. 첫째는 정치적으로 구소련과 동구권 공산주의가 멸망하면서 냉전체제가 종식을 고하게 되는데, 그 결과 세계가 단일한 거대 자본주의 시장으로 변해 가면서 사람들의 입에 회자되기 시작했다. 기업, 자본, 상품, 노동력의 국제적 교류가 그 어느 때보다 활발하게 이루어지면서 사람들은 세계라는 하나의 단일한 자본주의 시장에서 살아남기 위해 무한 경쟁의 세계 속으로 뛰어들게 된다. 말하자면 신자유주의라는 경제이데올로기가 세계화를 널리 유포시킨 주된 요인 중의 하나라는 것이다.[2] 둘째는 세계적인 산업화와 도시화의 결과 폐수나 이산화탄소 같은 환경오염물질의 배출이 기하급수적으로 증가하면서 지구적인 환경위기가 도래했

2 경제적 차원의 세계화가 세계적 단일 자본주의 시장의 출현으로 표현된 이면에서, 정치적 차원에서는 구소련의 해체에서 확인하게 되듯이 민족주의가 부활하는 모습이 연출되었다.

는데, 이 위기는 특정 국가의 문제가 아니라 전 지구적 문제인 바, 말하자면 인류가 당면하게 되는 문제의 세계화가 이루어졌다. 전 지구적 환경문제가 세계화라는 개념을 유포시킨 또 다른 계기라는 것이다. 셋째로 교통과 인터넷 같은 통신수단의 발달로 말미암아 국가 간, 인종 간, 민족 간 교류가 활성화되면서 세계 어떤 지역에서 일어나는 일도 이내 전 세계 다른 곳에 알려지게 되는 시대가 되었다. 이제는 그야말로 세계가 하나의 촌락처럼 되어 버린 것이다. 교통수단과 통신수단의 발달은 물리적 세계의 시공간을 단축시키고 축소시켰으며, 그 결과 지구촌 시대가 도래한 것이다.[3]

첫 번째 방식의 세계화는 사람들을 무한 경쟁의 전쟁터로 몰아넣으며 한편으로는 국가적 생산성을 극대화시키기도 하지만 다른 한편 사회적 약자

---

3 경제적 차원의 세계화를 신자유주의 경제이데올로기를 앞세워 경제 영역의 미국화를 강요하는 것으로 간주하여 반대하는 사람들이 많이 있는 것이 현실이다. 대표적으로 한스 피터 마르틴과 하랄드 슈만이 그러한데 그들은『세계화의 덫』(강수돌 옮김, 서울 : 영림카디날, 1998)에서 세계화가 빈자와 부자의 비율이 20 대 80인 세계로 몰아간다고 비판한다. 이 입장에서 보면 경제적 차원의 세계화와 교통과 통신의 발달로 야기된 세계화를 구분할 필요가 있을 것이다. 사실 학자들 중에 전자를 '세계화'(economic globalization)로, 후자를 '지구화'(globalization)로 구분하는 이들도 있다.(이동수,「지구시민윤리」,『한국정치연구』, 제20집, 제1호, 2011, 72쪽) 그러나 세계화가 비록 부정적인 측면을 노정하고 있다 하더라도 적어도 경제 분야에서만큼은 자본과 노동력의 국가 간 이동을 활성화시키면서 국가의 경계선을 많이 허물어 버림으로써 사람들로 하여금 막연하게나마 세계시민주의의 가능성을 생각하게 만들기도 했다. "세계화 현상은 시장 메커니즘의 확산과 그에 따른 인적, 물적 자원 및 정보의 이동에 의해 근대 국가의 속성인 영토성과 주권의 의미가 희석되는 현상이라고 말할 수 있다."(변종환,「세계시민성 관념과 지구적 시민성의 가능성」, 한국윤리교육학회,『윤리교육연구』, 제10권, 2006, 4쪽) 이런 점에서 볼 때 경제적 차원의 세계화를 세계화의 한 부분으로 인정하는 것도 무리가 없을 것이다. 요약하자면 필자는 세계화를 경제적 차원, 환경적 차원, 교통과 통신 차원으로 구분하여 보는 것이 가능하지만 이 삼자를 분리시켜 다른 이름을 붙일 필요는 없다고 생각한다. 경제적인 관점에서만이 아니라 문화, 매체, 지식, 인권담론 등등 복합적인 계기들의 상호 결속에 의해서 복합적으로 진행된다는 관점에서 세계화의 과정을 고찰하는 입장에 대해서는, 임홍빈이 지은『세계화의 철학적 담론』(서울 : 문예출판사, 2002)을 보라.

들을 도태시켜 버리는 부정적인 역할을 하였다. 두 번째 방식의 세계화는 특정 문제의 해결을 위해서는 세계 여러 국가들이 공동의 노력과 지혜를 모아야 할 필요가 있음을 인류에게 가르쳐 주었다. 지구 온난화를 막기 위해 이산화탄소나 메탄 등의 온실가스를 감축하자는 국제적 협약인 '교토의정서'Kyoto protocol는 그런 노력의 결과 생겨난 협약이다. 세 번째 방식의 세계화는 우리로 하여금 더 이상 다른 나라의 가난한 사람들의 경제적 고통에 무관심하지 못하게 만들었다. 근대 국가들의 경우에는 지구 반대편에서 일어난 지진으로 말미암아 수많은 사람이 죽어도 그 참사를 몰랐기에 지진피해자들에게 구호물자를 보내지 않는 것이 윤리적 비난거리가 되지 않았다. 그러나 인터넷을 통해 지구 반대편 일도 신속하게 알려지는 현대에는 정보부재를 핑계 삼아 지구 반대편의 참사에 대해 모른 체하는 것이 윤리적 비난의 대상이 될 수 있다.

어떤 식의 세계화이든 세계가 신속하게 세계화 중에 있음은 이제 더 이상 부정하기 힘든 현실이며 사실이다. 세계화 과정에서 세계적 표준global standard이 가장 강력하게 요구된 분야는 경제 영역이었다. 무한 경쟁의 자본주의 시장이 성립하려면 경쟁에 참여하는 모든 사람들이 받아들일 공동의 규칙이 있어야 하기 때문이다. 그 다음으로는 환경 분야에서 세계적 표준이 요구되고 있다. 환경문제의 경우에 한편으로는 인류의 공생공존과 관계된 윤리적 측면에서도 세계적 표준이 요구되지만, 다른 한편으로는 경제문제와 얽혀 있기에 이 측면에서도 세계적 표준이 요구된다. 결국 세계화는 결국 모든 분야에서 세계적 표준을 요구하는 방향으로 나아가면서 윤리의 영역에서도 세계적 표준을 요구하게 되고, 소위 '세계윤리'global ethics의 문제가 등장하게 된다.[4] 세계윤리를 강력하게 요구하는 입장에서는 세계 보편의 인권을 중시

4 '세계윤리'라는 용어는 지난 수십 년 동안 등장하게 된 용어로 아주 예외적으로 짧은

하면서 인권탄압국가에 대한 국제적 제재를 요구하기도 하고 폐쇄적 민족주의나 국가주의에 기초한 애국주의를 바람직하지 못한 것으로 간주한다. 그리고 사해동포주의적 사고에 입각하여 해외원조의 의무를 강조하기도 한다. 과연 바람직한 세계화의 모습은 어떤 것인가? 세계 보편적 인권의 이름으로 인권탄압 국가의 자율성을 부정하는 것은 어느 정도까지 정당화될 수 있으며, 세계윤리의 관점에서 타도되어야 할 애국주의는 어떤 것이며, 세계윤리의 관점에서 권장되어야 할 국가 간 해외 원조나 개인 간 해외 기부는 어느 선까지인가에 대해 학자들마다 상이한 의견을 내놓고 있다. 당연히 세계시민이란 개념도 다양한 방식으로 이해될 수 있을 것이다. 혹자는 현존하는 모든 국가들이 해체되고 단일한 입법, 사법, 행정권을 가진 단일 세계정부의 출현을 염두에 둔 세계시민을 생각할 수 있을 것이다. 그러나 이런 세계시민은 그 바람직성 여부를 떠나 현재로서는 기대할 수 없는 유형이다. 그 다음으로 단일하고 강력한 민주적인 세계정부의 실현을 위해 노력해야 하는 의무를 지닌 차원의 세계시민을 생각할 수 있을 것이다. 피터 싱어가 전형적으로 이 경우에 해당한다.

> 20세기의 우주정복은 인간이 지구를 지구 위의 어떤 지점이 아닌 지구 바깥에서 보는 것을 가능하게 해 주었다. 그래서 지구를 글자 그대로 하나의 세계로 보는 것을 가능하게 해 주었다. 이제 21세기는 바로 이런 단일한 세계에 어울리는 형태의 정부를 개발하는 과제와 마주하고 있다. 이것은 도덕적으로나 지적

기간 동안에 학자들의 연구 대상이 되었다. 세계윤리는 세계화의 문맥 속에서 일어나는 새로운 윤리적 딜레마들의 해결책을 찾는다. 애국주의와 세계시민주의의 대립도 세계화의 과정에서 발생한 딜레마의 하나일 수 있다. 이 용어에 대한 보다 정확한 설명은 H. Widdows의 *Global Ethics : An Introduction*(Durham : Acumen, 2011), 1-13쪽 참조.

> 으로 쉽지 않은 도전이지만, 우리는 떠맡지 않을 수 없다. 세계의 장래는 우리가 이 도전에 얼마나 잘 대처하느냐에 달려 있다.[5]

이 역시 강한 의미의 세계시민주의로 분류될 수 있을 것인데, 우리가 뒤에서 살펴보게 될 너스봄의 세계시민주의를 이런 유형의 세계시민주의로 이해한 마이클 왈저는 강한 의미의 세계시민주의를 다음처럼 비판한다.

> 나는 사람들이 세계시민이 될 수 있는, 그런 세계가 존재한다는 것조차 모르고 있다. 이제껏 아무도 나에게 시민권을 준 사람도 없고, 귀화과정을 설명해 주거나 그 세계의 기구체계에 참여해 줄 것을 요청한 사람도 없었다. 또한 나에게 결정과정(민주적인 결정과정이기를!)에 관하여 설명해 준 사람도 없었고, 시민권의 이점과 의무사항을 보여 주거나 그 세계의 일람표와 시민들의 공동의식 및 기념행사를 보여 준 사람도 없었다.[6]

보다 온건한 세계시민주의를 생각할 수 있는데, 필자는 '세계시민'이란 개념을 인간으로서의 자신의 시민적 정체성을 자신이 속한 특정 국가 안에서만 찾거나, 시민으로서의 자신의 권리와 의무, 관심과 시야를 자신이 속한 국가에만 국한시키는 사람이 아니라, 자신의 관심과 책임을 국가의 경계를 넘어 전 지구적인 차원으로 확대하면서 인간으로서의 권리와 의무를 고려하는 사람 정도로 정의해 두고자 한다. 문제는 이런 세계시민이 되기 위해서는 자신의 관심과 의무를 자기가 속한 나라의 국경선을 넘어 전 지구적 차원

---

5 P. Singer, *One World : The Ethics of Globalization*(2nd edition, New Haven & London : Yale University Press, 2004), 200-201쪽.

6 M. Walzer, 「애정의 영역들」(『나라를 사랑한다는 것』, 서울 : 도서출판 삼인, 2003), 175쪽.

으로 확대해야 하는데, 어느 정도까지 확대해야만 온건한 의미에서나마 세계시민이 될 수 있는가 하는 것이다.

3. 공동체적 자유주의란 무엇인가?

모든 사람은 그가 태어난 공동체의 전통과 문화적 토양 위에서 도덕적 삶을 시작할 수밖에 없다. 우리는 이 점을 인정할 수밖에 없으며, 이 점을 인정하는 한 우리는 공동체주의자이다. 그럼에도 우리는 개인의 자유가 특정 공동체가 신봉하고 추구하는 공공선의 한계에 갇히지 않는다고 생각하지 않을 수 없다. 이 사실은 철저한 우상화 교육이 이루어지는 김일성 시대의 북한사회나 철저한 세뇌교육이 행해졌던 유신시대의 한국사회에서도 주체사상과 유신을 거부하는 사람들이 있었으며, 이들에 의해 사회가 변화하고 발전했다는 사실이 증명한다. 인간은 공동체의 전통과 역사에 철저하게 종속되거나 갇히는 존재가 아니다. 인간은 다소간 공동체의 역사와 전통으로부터 자유롭다. 이 점을 인정하는 한 우리는 자유주의의 입장에 선다. 이 양자를 결합하는 방법은 공동체의 인습과 전통이라는 상대성의 안마당을 넘어서서 이성이라는 보편성의 궁전을 향해 나아가도록 하는 도덕·윤리교육을 실시하는 것임을 앞에서 밝혔다. 이것이 공동체적 자유주의에 입각한 도덕·윤리교육이다. 칸트는 모든 인식은 감각에서 출발하지만 감각이 인식이 되기 위해서는 이성의 도움이 필요하다고 생각했다.[7] 우리는 이와 마찬가지로 모든 도덕생활은 우리가 태어나서 소속되는 공동체에서 시작하지만 도덕생활이 완성되기 위해서는 우리가 속한 공동체의 한계를 벗어나는 것이 필요

7 I. Kant, *Kritik der reinen Vernunft*(Hamburg : Felix Meiner Verlag, 1971), B1-2 참조.

하다고 말할 수 있겠다. 특수에서 시작하여 보편을 향해 나아가도록 가르치는 것이 참다운 도덕교육이다.

1) 상대주의 윤리설 대 절대주의 윤리설의 대립에 대한 공동체적 자유주의의 입장

공동체적 자유주의는 어떤 사회가 신봉하는 도덕은 '잠정적인 진리'라고 생각한다. 왜 잠정적인가? 모든 사회(공동체)는 그 사회가 진리로 받아들이는 규범체계를 갖고 있으며, 그 규범체계에 입각해서 시민들을 결속시키고 후세를 교육한다. 그런데 그 진리가 절대적이라면 결코 그 규범체계는 바뀌지 말아야 할 것이다. 그러나 우리가 현실적으로 관찰하듯이 각 사회가 받아들이고 있는 규범체계들은 시간의 흐름과 더불어 바뀐다. 따라서 그 규범체계들은 절대적이지 않다. 그럼에도 불구하고 각각의 사회는 그 규범체계들이 마치 절대적인 진리인 듯이 받아들이고 있다. 그러니 그 규범체계들은 '잠정적인 진리'일 수밖에 없는 것이다. 그러나 엄격히 말한다면, '잠정적 진리' 역시 확정적인 절대적 진리는 아니기에 상대적이다. 그렇지만 우리는 이 대목에서 상대주의를 두 종류로 구분할 필요가 있다. 닫힌 상대주의와 열린 상대주의이다. 닫힌 상대주의는 그것이 고립된 채로 고찰될 때, 절대주의와 같은 방식으로 기능한다. 예컨대 세계와 단절된 아마존의 특수한 종족 사회를 지배하는 규범체계가 그 종족 사회에서 기능하는 방식은 절대적이다. 그러기에 닫힌 상대주의는 변화의 계기를 거부하는 고정된 상대주의이다. 그러나 공동체적 자유주의가 말하는 잠정적 상대주의는 고정성을 거부하는 역동적 상대주의이다. 잠정적 상대주의가 갖고 있는 역동성은 보편성과 절대성을 향한 역동성이다.

2) 연고적 자아 대 무연고적 자아의 대립에 대한 공동체적 자유주의의 입장

샌델이 '무지의 베일'을 쓰고 계약을 맺는 롤즈적 자아를 무연고적 자아로 간주하여 비판한 것은 너무나 잘 알려진 사실이어서 이젠 거의 철학적 상식이 되다시피 했다. 그러면 인간의 자아 정체성은 철저하게 그가 속한 공동체의 역사와 전통에 얽매여 연고적으로만 형성되는가 아니면 무연고적으로 형성되는 측면이 있는가? 자아의 연고성과 무연고성을 둘러싼 논쟁을 종식시키려면, 자아를 그 파트너 개념인 사회(공동체)와의 관계에서 고찰하지 않으면 안 된다. 문제는 매우 다양한 유형의 사회가 존재한다는 것이다. 예컨대 백 년 전 아마존의 원시 부족에게 있어서 사회는 개인에게 결정적인 역할을 하였고, 그래서 부족 사회를 떠난 부족민은 생존이 힘들었을 것이다. 그런 부족사회는 유기체적인 측면이 강하다. 공동체가 유기체와 더 강하게 닮으면 닮을수록 그 공동체 구성원의 자아 정체성은 훨씬 더 연고적인 방식으로 형성될 것이다. 그러나 인종의 용광로로 간주되며, 국가가 개인들의 가치관 문제에 중립적이어야 한다는 주장이 공공연히 거론되는[8] 현대 미국사회는 백 년 전의 아마존 부족 사회보다는 훨씬 덜 유기체적일 것이다. 따라서 현대 미국인의 정체성은 백 년 전의 아마존 부족민보다는 훨씬 덜 연고적인 방식으로 형성될 것이다. 유기체적 결속력의 측면에서 두 사회의 차이가 크며 그 결과 두 사회의 구성원들이 자아 정체성의 형성에 있어서 사회로부터 받게 되는 연고성의 강도가 다르다 하더라도, 일반화시켜 말한다면 사

---

8 "현대 자유주의 이론의 하나의 특징적인 모습은 '중립성'에 대한 강조이다. 즉 국가는 좋은 삶에 대한 특정한 입장을 장려하거나 억제해서는 안 되고, 오히려 어떤 중립적인 틀을 제공해야 하는데, 이 틀 안에서 좋은 삶에 대한 상이하고 심지어 서로 다툴 가능성이 있는 입장들이 추구된다."[W. Kymlieka, "Liberal Individualism and Liberal Neutrality"(in : *Liberalism : Critical Concepts in Political Theory*, ed. G. W. Smith, London and New York : Routledge, 2002), 70쪽]

회(공동체)란 전적으로 유기체적인 것도 전적으로 합성체적인 것도 아니다. 물론 어떤 사회(아마존 부족사회)는 유기체성이 더 강하고 어떤 사회(현대 미국사회)는 합성체성이 더 강할 것이다. 그럼에도 모든 사회는 합성체적인 측면과 유기체적인 측면을 다 갖고 있다.[9] 따라서 개인의 자아 정체성도 연고적인 측면과 무연고적인 측면을 모두 갖고 있다. 자아가 일정 부분 연고적임은 사회가 일정 부분 유기체적이기 때문이다. 자아가 일정 부분 무연고적임은 사회가 일정 부분 합성체적이기 때문이다. 그러므로 자아는 연고적인 사유를 하기도 하지만 동시에 무연고적인 사유를 할 수도 있으며, 따라서 자아는 공동체적이면서 자유주의적이다. 바로 이 때문에 인간은 자기가 태어나 몸담고 있는 사회를 대상화시켜 바라볼 수 있고, 사회를 벗어나서 사유할 수 있다.

3) 도덕교육의 목표로서 자아실현 대 사회유지통합의 대립에 대한 공동체적 자유주의의 입장

특정 사회나 국가가 공적인 교육기관을 동원해서 그 사회나 국가가 잠정적인 진리라고 생각하는 도덕을 학생들과 시민들에게 교육하는 이유는 무엇인가? 물론 그것은 도덕교육을 통해 사회를 유지하고 통합하려는 것이다. 역사상 수많은 나라들이 '수신교육', '시민교육', '종교교육', '정치교양교육', '공민교육' 등등 다양한 이름으로 도덕교육을 실시해 왔다. 레이첼즈에 의하면 어떤 사회든지 살인과 거짓말을 금하며 어린이를 보호하기를 명령한다. 이 세 가지 도덕 명령의 공통점은 어떤 사회든지 그 사회가 유지되기 위해

---

9 이에 대한 더 자세한 논의는 이 책의 제4장을 참조 바람.

서는 반드시 지켜져야 하는 도덕적 명령이라는 것이다.[10] 이는 사회를 유지하고 통합하는 기능이 도덕의 중요한 기능 중에 하나임을 말해 준다. 에밀 뒤르켐은 이런 이유에서 도덕교육은 본질적으로 사회화교육이라고 생각했다.[11] 문제는 불합리한 도덕을 교육하는 사회가 있다는 사실에서 발생한다. 홉스는 무정부 상태보다는 독재가 낫다고 생각했지만, 마틴 루서 킹은 홉스의 주장에 동의하지 않았다. 그는 사회통합에 걸림이 되더라도 흑인들의 인권을 신장시키기 위해 시민불복종 운동을 전개했다. 그는 사회통합보다는 양심의 명령에 따르는 자신의 자아를 실현하려 했다. 소크라테스는 사회혼란을 최소화하면서 자신의 자아를 실현하는 길을 택했다. 그러나 우리는 킹 목사나 소크라테스는 도덕의 자아실현기능에 손을 들어 주었고, 일부 독재자들이나 도덕사회화론자들은 도덕의 사회통합기능에 손을 들었다는 식으로 해석할 필요는 없다고 생각한다. 소크라테스가 청년들을 상대로 도덕교육을 한 것은 그 고발자들의 눈에는 사회를 혼란스럽게 만든 것으로 보였을 것이며, 또 새로운 신을 끌어들여 사회통합을 깨트린 것으로 보일 것이다. 그러나 소크라테스는 자신의 조국 아테네가 사회적으로 분열하여 멸망하기를 원해서 젊은이들을 그렇게 가르친 것은 아니다. 그 동기는 그가 스스로를 등에로 비유했듯이 정신 차리지 못하고 망해 가는 조국 아테네를 각성시켜 조국의 영원한 번영을 갈구하는 애국심이었다. 킹 목사의 시민불복종 운

---

10 J. Rachels, *The Elements of Moral Philosophy*(2nd edition, New York : McGraw-Hill, Inc., 1993), 25-26쪽 참조. 필자는 도덕의 영역에서 벌어지고 있는 상대주의·절대주의 논쟁을 해결하기 위해 '잠정적·도덕적 진리'라는 개념을 도입했는데, 그나마 도덕의 영역에 절대적인 도덕이 있다면 이 세 가지일 가능성이 크다고 생각한다. 그럼에도 불구하고 이 세 가지 도덕적 명령조차도 여전히 잠정적인 도덕일 수밖에 없는 이유는 거짓말하지 말라는 도덕 명령의 이유에 대해서는 다시금 공리주의자들과 의무론자들이 의견을 달리하며 다투기 때문이다.

11 E. Durkheim, "The Determination of Moral Facts"(in : *Sociology and Philosophy*, Glenceo : Free Press, 1953), 52쪽 참조.

동도 미국사회를 혼란에 빠트리기 위한 것이 아니라 오히려 인권문제에서 한 차원 업그레이드된 미국사회의 통합을 위한 것이었다. 인간은 사회 속에서 태어나 사회 속에서 자아정체성을 형성하고 사회구성원이 되지만, 인간이 진정 사회적인 이유는, 인간이 동물과 달리 사회 속에 갇혀 사는 방식으로 사회적인 것이 아니라, 새로운 사회를 창조하는 방식으로 사회적이기 때문이다. 인간이 특정 사회 속에서 태어나 사회 구성원이 될 때, 인간은 관습적 도덕성을 갖게 된다. 이 점에서는 공동체주의가 옳다. 그러나 동물과 달리 사회의 도덕을 벗어나서 생각하는 능력을 가지게 되면서부터 인간은 반성적 도덕성을 갖게 된다. 이 대목에서는 자유주의가 옳다. 그러면 우리는 반성적 도덕성을 소유하기 위해 어디에서 반성reflection을 시작해야 하는가? 우리는 우리의 생각을 어디에다 되비추어 보아야 하는가? 우리의 반성이 진공이나 허공에서 시작할 수는 없는 일이다. 그렇다면 우리는 한국인들의 삶의 터전인 '지금-여기'를 반성의 출발점으로 삼아야 한다. 다시 말해서 '한국인의 삶의 윤리'가 도덕·윤리교육의 출발점이다. 우리는 사회를 넘어서기 위해서라도 사회 속에서 태어나지 않으면 안 된다. 사회 속에서 태어나지 않으면, 다시 말해서 특정 사회의 습속과 풍습과 문화와 도덕을 내면화시키지 못하면, 늑대인간의 예에서 보듯이, 사회를 넘어서지도 발전시키지도 못한다. 이런 관점에서 본다면, 모든 인간에게 자신이 속해 있는 특정 공동체는 자신이 도덕적 자아실현을 위해 필요한 도약대 역할을 한다고 말할 수 있다. 소속된 공동체가 없으면 자아실현을 위한 도약대를 갖지 못한 것이나 마찬가지이다.[12] 필자가 보기에 소크라테스나 킹 목사는 비록 각자의 도약대는 달

12 필자는 인간을 가능적 무한자로 규정하고 있는데, 수직선상에서 무한을 향해 나아가는 인간의 입장과 비교해서 공동체적 자유주의를 설명해 보고자 한다. 우리가 수직선상에서 무한을 향해 나아가려고 할 때, 우리는 먼저 우리가 서 있는 자리를 확인하지 않으면 안 된다. 그것이 2일 수도 2만일 수도 2억일 수도 있다. 그렇게 주어

랐지만 공동체적 자유주의의 정신으로 도덕적 삶을 산 표본적 인물들이다. 킹 목사의 도약대는 흑백 간의 인종차별이었으며 소크라테스의 도약대는 소피스트들의 도덕 상대주의로 말미암은 공동체의 도덕적 타락이었다.

4. 공동체적 자유주의와 세계시민주의의 문제

서양 사상사에서 고대의 견유학파 철학자 디오게네스는 누군가로부터 조국이 어디냐는 질문을 받고, 자신을 스스로 세계시민으로 소개했으며, 스토아 학파는 사해동포주의를 제창하기도 했지만, 디오게네스나 스토아 사상가들이 고대인들의 일반적인 정서와 생각을 대변한 것은 아니었다. 근대에 이르러서조차도 세계시민주의는 낯선 것이었으며 애국심은 당연한 것이었다. 나라를 사랑할 줄 모르는 것은 인간의 도리를 저버리는 일로 간주되었고, 모든 나라는 어린이들에게 애국심을 가르치고 주입시켰다. 그리고 나라를 위해 목숨을 바치는 것은 어느 나라에서나 고귀한 일로 칭송되었다. 특히 한국처럼 역사상의 수많은 외침에도 불구하고 오랜 기간 단일민족의 혈통을 유지해 온 것을 자랑스럽게 생각해 온 나라일수록 애국심은 아무리 강조되어도 지나침이 없는 국민의 덕목이었다. 정도의 차이가 있을 뿐 다른 나라도 애국심을 강조하는 것은 마찬가지였다.

진 구체적 수로부터 우리의 헤아림은 시작되는 것이다. 그것 없이는 우리에게 출발점이 없는 것이며, 우리는 헤아림을 시작할 수 없다. 구체적인 출발점은 그것이 아무리 적은 수라도 우리가 더 큰 수로 나아가기 위한 발판이요 도약대이다. 인간에게는 그가 몸담고 살아가는 바로 그 공동체야말로 더 나은 사회로 향해 나아가려는 그의 노력의 출발점이요 도약대가 되는 것이다. 그 출발점 없이 우리는 세계공동체를 향해 일보도 전진할 수 없을 것이다.

1) 너스봄의 세계시민주의와 문제점

국민이 나라를 사랑한다는 것은 그 자체로 문제될 것이 없다. 문제는 국가의 경계선 안에 적용되는 기준을 경계선 밖의 다른 나라 사람에게 적용하지 않을 때 발생한다. 더 심각한 문제점은 애국심이란 맹목성과 폭발성이 강한 감정이어서 독재자들이 항상 그것을 악용했다는 데 있다. 일본의 군국주의, 파시즘, 나치즘, 스탈린의 국가사회주의는 한결같이 국민들에게 국가에 대한 무한한 충성심과 애국심을 요구했다. 애국심은 내부적으로는 국민총화 등 맹목적 통합과 강제적 안정을 강요하고 외부적으로는 국수주의로 표현된다.[13] 지금의 북한사회도 주민들의 맹목적 애국심에 의지하여 유지되는 측면이 강하다.

특히 세계가 경제, 환경, 통신에서 한 덩어리로 묶이면서 각 국가들 간의 상호의존성이 과거 어느 때보다 심화되고 있는 세계적 현실에 부응하여 세계시민주의와 세계정부가 인류 역사상 그 어느 때보다도 진지하게 거론되기 시작하면서, 애국주의는 더 이상 설 자리가 없어 사라져 가며 또 사라져야만 하는 구시대적 사고방식이고 애국자는 멸종해야 하는 별난 인간으로 간주되는 경향이 생겨났다. 이러한 흐름 위에서 애국주의를 가장 논쟁적으로 문제시한 현대 사상가 중 한 사람이 마사 너스봄이다. 그녀는 세계화 시대에 국가주의적 사고보다 세계시민주의적 사고가 인류의 당면한 문제해결에 더 도움이 됨을 주장하면서, 미국사회가 후세들에게 '조국만세'만 외치도록 가르칠 것이 아니라 세계시민주의 교육을 시켜야 함을 역설하였다. 너스봄에 의하면 "한 나라를 마치 신인 양 숭배하는 것은 확실히 그 나라에 대한 저주를 낳

---

13 J. Kahne & E. Middaugh, "Is patriotism good for democracy?"(*Patriotism and Education*, 2006, April), 602쪽 참조.

는다."[14] 충성을 바쳐야 할 대상은 국경과 인종과 성과 노소를 초월한 전체 인류에 대한 사랑에 의해 수립된 도덕공동체이다. 그래서 세계시민주의는 나라를 절대시하고 나라의 국경선 안과 밖을 엄격하게 구분하여 내국인과 외국인을 차별하는 애국심을 거부한다. 세계시민주의자에게 있어서 국경선은 "도덕적으로 임의적인 경계선"[15]에 불과하다. 왜냐하면 "우리가 태어난 장소라는 우연은 바로 우연, 그것도 하나의 우연일 뿐"이기 때문이다.[16] 우리는 다른 나라에서 태어났을지도 모른다는 말이다. 그녀는 국경선을 중심으로 하는 사고방식의 문제점을 보여 주기 위해 다음과 같은 예를 든다.

> 이런 점을 생각해 보자. 동일한 집단들이 국경선 안팎에 모두 존재한다. 왜 우리는 중국 사람들이 어떤 지역, 즉 미국에 거주하는 순간에는 우리의 동료라 생각하고 다른 지역, 즉 중국에 거주하고 있을 때는 우리의 동료라고 생각하지 않는가? 국경선과 관련해서, 우리가 무관심하고 냉담하게 대해 온 사람들을 서로 존중할 의무를 갖고 있는 사람들로 마술처럼 전환시키는 것이 무엇인가?[17]

너스봄은 세계시민주의적 입장에서 미국 중심주의에 대해 다음과 같은 결정적 비판을 한다.

> 적어도 개발도상국이 당면하고 있는 공해규제비용과 경제적 상황을 감안할 때, 생태학적 재앙에 직면하지 않으면서 현재 우리가 향유하는 높은 생활수준을 보

---

14 M. Nussbaum, 「애국주의와 세계시민주의」(『나라를 사랑한다는 것』, 오인영 옮김, 서울 : 도서출판 삼인, 2003), 40쪽.
15 M. Nussbaum, 「애국주의와 세계시민주의」, 38쪽.
16 M. Nussbaum, 「애국주의와 세계시민주의」, 29쪽.
17 M. Nussbaum, 「애국주의와 세계시민주의」, 38쪽.

> 편화하기란 거의 불가능하다. 우리는 이러한 사실을 어떻게 받아들여야 할까? 우리가 칸트주의의 도덕성을 당연한 것으로 진지하게 받아들인다면, 우리는 그러한 사실에서 비롯될 수 있는 문제점을 아이들에게 가르쳐야 한다. 그렇지 않다면, 우리는 말로만 보편주의의 가능성을 거론하지만, 실제로는 이기적이고 편협한 자기 세계를 견지하는 도덕적 위선자 집단을 가르치는 셈이다.[18]

미국인의 현재와 같은 낭비적이고 부유한 삶을 전 세계로 보편화시키면 인류가 감당할 수 없는 환경재앙에 직면하기 때문에, 아이들에게 미국인의 삶의 방식이 잘못된 것임을 가르치고 실천하게 해야 하며, 그렇게 하지 않으면 미국은 아이들에게 도덕적 위선을 가르치는 것이 된다는 것이다.

너스봄의 주장에 대해 찬성과 반대의 소리가 교차하였다. 애피아는 자유주의적이고 다원주의적 입장에서 세계시민주의를 지지한다.

> 내가 옹호하는 자유주의적 세계시민주의의 유형의 요점은 다음과 같이 정리할 수 있다. 우리는 인류의 사회적·문화적 생활방식의 다양성에 가치를 둔다. 우리는 어떤 사람도 동질적인 전 지구적 문화의 일부가 되는 것을 원치 않는다. 그리고 우리는 이것이 (국가 내에서건 국가들 사이에서건) 도덕적 분위기조차 다를 수 있음을 뜻하는 것을 알고 있다. 그러한 차이가 보편적인 윤리적 제약에 대처하는 것인 한, 특히 정치적 제도가 기본 인권을 존중하는 한, 우리는 기꺼이 그러한 차이가 존재하도록 놔둘 것이다.[19]

---

18 M. Nussbaum, 「애국주의와 세계시민주의」, 36쪽.

19 K. A. Appiah, 「세계시민주의적인 애국주의자」(『나라를 사랑한다는 것』), 51쪽. 애피아는 자유주의자이면서 다원주의자로서 세계시민주의자임을 자처한다. 그는 기본인권이 존중되기만 하면, 나라마다 도덕이 다른 것도 기꺼이 인정해야 한다고 말한다는 점에서 특이하다.

그러나 너스봄을 반대하는 의견도 적지 않았다. 우선 시실라 벅은, 특정 국가에 대한 충성보다도 인류에 대한 사랑에 의해 수립된 도덕공동체에 대한 충성이 우선이며 국가의 경계선은 도덕적인 관점에서 중요한 것일 수 없다는 너스봄의 주장이 "만일 물에 빠진 두 사람 중에서 한 사람이 친척이라면, 그 경우에 먼저 구조할 사람을 결정하는 데 있어 혈연관계(혹은 국적이라고 해도 좋고)를 고려해서는 안 된다고 한 윌리엄 고드윈William Godwin"의 입장과 다를 바가 없다고 비판한다.[20] 벅의 이런 비판에 대해 너스봄은 다음처럼 답변할 것이다.

> 다시 한 번 말하지만 이것(세계시민주의 : 필자 주)은 사람들이 자신의 고유한 영역에 특별한 관심을 기울이는 것을 허용할 수 없다는 의미가 아니다. … (중략) … 자신의 영역에 특별한 주의를 기울이는 것은 보편주의 견지에서도 정당하며, 내 생각에는 이것이야말로 보편주의의 정당성을 가장 확실하게 보여 주는 것이다. 사례를 하나 들면, 자녀를 둔 부모로서 우리는 대체로 다른 사람보다 아이들에게 훨씬 더 많은 사랑과 관심을 기울이지만, 실제로 우리 아이들이 다른 사람의 아이보다 도덕적으로 더 중요하다고 생각하지 않는다.[21]

센은 너스봄과 벅의 입장이 양립할 수 있음을 보여 주는 방식으로 너스봄의 입장을 변호하면서 다음처럼 말한다.

> 너스봄의 세계시민권에 관한 중점적 논의는, 말하자면 혈연관계나 지역사회 혹

---

20 S. Bok, 「부분에서 전체로」(『나라를 사랑한다는 것』), 68쪽.

21 M. Nussbaum, 「애국주의와 세계시민주의」, 36쪽. 이 구절이 가장 심각한 논란을 일으키는 것으로 보인다. 필자는 뒤에서 이 구절에 대한 분석을 통해 너스봄의 입장을 비판해 보고자 한다.

은 국적에 의해 우리와 관련이 맺어지지 않은 사람들의 이익을 무시하는 심각한 상태를 교정한다는 점에서 중요하다. 인류 전체에 대한 충성이 일차적이라는 주장은 어느 한 사람도 배제하지 않고 모든 사람을 관심의 영역 안으로 끌어들인다. 우리의 공동의 인간성이 확실한 도덕적 타당성을 가지고 있다면, 실제로 이런 충성을 이차적이라고 생각할 근거는 충분하다.[22]

센의 이런 절충적 변호에도 불구하고 필자는 너스봄의 입장은 자체상 모순점을 갖고 있다고 생각한다. 국경선이 도덕적 관점에서 보았을 때 아무런 의미가 없으며 우리가 이 나라 혹은 저 나라에서 태어난다는 것, 이 부모 저 부모를 만나는 것, 이런 자식 저런 자식을 만나는 것들이 순전히 우연에 불과하며, 그리고 애국심이란 것은 우리를 지배하고 있는 이런 우연에 대한 비이성적 집착에 불과하다면, 만일 물에 빠진 두 사람 중에서 한 사람이 친척일 경우, 그 경우에 먼저 구조할 사람을 결정하는 데 있어 혈연관계(혹은 국적)를 고려해서는 안 된다는 결론이 필연적으로 따라 나온다. 그럼에도 불구하고 너스봄은 "스토아 학파는 세계시민이 되기 위해서 사람들이 풍요로운 삶의 원천이 될 수도 있는 지역적 정체성을 포기할 필요는 없다고 강조한다"[23]고 말하면서, 부모로서 우리는 남의 아이보다 자기 자식을 더 많이 사랑하는 것이 당연하다고 주장한다. 앞서 보았듯이 그녀는 기이하게도 "자신의 영역에 특별한 주의를 기울이는 것은 보편주의 견지에서도 정당하며, 내 생각에는 이것이야말로 보편주의의 정당성을 가장 확실하게 보여 주는 것이다"라고 강변한다. 내 아이와 어떤 외국인의 아이가 도덕적으로 동등한 중요성을 가지고 있다는 세계시민주의적 생각을 하면서, 정작 두 아이 중 하나

---

22 Amartya Sen, 「휴머니티와 시민권」(『나라를 사랑한다는 것』), 157쪽.

23 M. Nussbaum, 「애국주의와 세계시민주의」, 31쪽.

를 구해야 할 경우에는 내 아이를 구해야 하며, 그렇게 하는 것이 세계시민적 보편주의의 정당성을 보여 준다는 주장은 납득할 수 없는 말이다. 너스봄이 말하고 있듯이 내 아이와 남의 아이가 합리적 도덕성의 관점에서 봤을 때는 똑같이 소중한 생명이어서 도덕적인 관점에서는 누구를 먼저 구조해야 할지를 판정할 수 없다면, 그리고 그런 판정을 내리는 기준이 합리적 도덕성 이외에는 없다면, 내가 내 아이를 포기하고 남의 아이를 구조하건 아니면 그 반대로 하건 문제될 것이 없을 것이다. 그러나 우리는 결코 그렇게 생각하지 않는다. 너스봄도 이 사실을 알고 있다. 그래서 그녀도 세계시민적 관점에서도 내 아이를 남의 아이보다 먼저 구조하는 것은 용인된다고 말한다. 그러나 그렇게 말하면서 그녀는 내가 남의 아이보다 내 아이를 먼저 구조하는 것을 자연스럽게 만드는 또 다른 중요한 기준을 남몰래 도입하고 있는 것이다. 그것은 합리적 도덕성이라는 기준이 아닌 감정적이고 심정적인 특수성이다. 너스봄은 이 감정적-심정적 특수성을 우연으로 간주하여 거부했지만, 남몰래 다시 받아들이고 있다.

너스봄은 나를 중심으로 가족, 마을, 국가, 세계로 확장되는 동심원에 대해 소개하는데, 나의 국적을 우연이라고 말할 때는 동심원의 가장 바깥을 강조하는 입장이지만, 남의 아이보다 내 아이를 더 사랑하는 것이 세계시민주의 입장에서도 받아들여질 수 있다고 말할 때는 동심원의 안을 강조하는 모습을 보여 주고 있다. 이는 모순인데, 그녀가 이런 모순에 빠지는 이유는 필자가 보기에 '원리상 이성적으로 우리에게 일차적인 것'과 '정서상 현실적으로 우리에게 일차적인 것'을 구분하지 않고 있기 때문으로 여겨진다. 인류를 사랑하고 내국인이건 외국인이건 인간으로서의 권리를 차별해서는 안 된다는 것은 원리상 일차적인 것이며, 이성적으로 생각한다면 보편적 인류애가 국가에 대한 사랑보다 중요하고 앞선다. 그러나 감정적·심정적으로 말한다면 인류보다는 나의 국가, 나의 국가보다는 나의 동네, 나의 동네보다는 나의 친인척, 나의 친인척보다는 나의 가족이 중요하고 앞선다. 이성이 보여 주는 순서가 보다 보편주의적이고 자유주의적이라면 감성이 보여 주는 순서는 보다 특수주의적이고 공동체주의적이다.

앞서 언급했듯이 너스봄은 때로는 동심원의 바깥을, 때로는 동심원의 안을 중시하는 일관성 없는 모습을 보이고 있는데, 센과 같은 비평가는 동심원의 안을 중시하는 너스봄의 입장을 적극 활용하여 그녀에 대해 옹호적인 모습을 보여 준다면, 일부 비판자들 중에는 동심원의 바깥을 중시하는 너스봄의 입장만을 적극적으로 확대하여 보여 주면서 비판한다. 거트루드 힘멜파브는 철저하게 공동체주의적인 입장에서 너스봄의 세계시민주의를 다음처럼 신랄하게 공격한다.

> 무엇보다도 세계시민주의는 부모, 조상, 가족, 인종, 유산, 역사, 문화, 정통, 공동체, 국적 등과 같이 생명을 주는 기존의 사실들을 애매하게 만들고, 심지어 부정한다. 그것들은 개인들의 '우연적인' 속성이 아니다. 그것들은 본질적인 속성이다. 우리는 자유로이 유영하는 자율적인 개인들로서 세계에 편입되는 게 아니다. 우리는 우리를 인간으로 정체성을 지닌 인간으로 충분히 형성시키는 모든 고유하고 독특한 특성들을 완전히 갖추고서 세계로 유입된다. … (중략) … 세계시민주의에 '근본적인 충성'을 서약하는 것은 국적을 넘어서려는 시도일 뿐만 아니라, 자연(발생)적인 정체성을 구성하는 사람의 모든 현실성, 특수성 그리고 실체들을 넘어서려는 시도이다. 세계시민주의는 멋있고 고상한 울림을 지니고 있다. 그러나 그것은 환상이고, 모든 환상이 그렇듯 위험한 환상이다.[24]

힘멜파브의 이런 비판은 동심원의 안을 중시하는 또 다른 너스봄의 입장

---

24 G. Himmelfarb, 「세계시민주의의 환상」(『나라를 사랑한다는 것』), 108쪽.

에서는 부당하게 받아들여질 것이다.

2) 공동체적 자유주의의 입장에서 본 애국주의와 세계시민주의

필자는 지금까지 너스봄의 세계시민주의를 중심으로 벌어진 찬반논쟁을 살펴보았다.[25] 이 찬반논쟁의 기저에는 결국 자유주의적 사회(국가)관과 공동체주의적 사회관의 대립이 있다고 생각한다. 공동체주의자들이 보기에 자유주의에 뿌리를 두고 있는 여러 유형의 세계시민주의자들은 개인의 자율성과 가치를 과도하게 존중하는 나머지 사회를 개인적 선의 실현을 위한 수단 내지는 도구로 보며, 그 결과 자유주의자들의 사회에는 '사회적 연대성'이 부족하게 된다. 애국심은 특정 국가의 구성원들이 국가에 대해 갖는 심정적 충성심인데, 이는 국가를 개인보다 상위에 둘 때 발생하는 감정이다. 당연히 사회가 개인에 선행한다는 전제 위에서 애국심은 그 확고한 자리를 잡게 된다. 그렇지 않고 개인이 사회에 선행한다고 생각하는 자유주의자들의 관점에서는 국가가 개인을 위해 존재하는 것이지 개인이 국가를 위해 존재하는 것은 아니기에, 개인이 국가를 위해 목숨을 바친다는 것은 받아들이기 힘든 일이 될 것이다. 자유주의자들이 보기에 공동체주의자들은 사회나 국가를 과도하게 실체화시키면서 개인의 자율성과 가치를 참다운 사회적 실재가 아닌 국가를 위해 희생시키는 잘못을 범하고 있다.

세계시민주의와 애국주의의 대립을 해결하려면 먼저 자유주의와 공동체

---

25 너스봄은 나중에 「애국주의와 세계시민주의」에서 제시했던 자신의 주장을 2008년에 고려대학교에서 했던 강연, 「순화된 애국주의는 가능한가?」에서 바꾸는데, 이에 대한 자세한 논의는 나종석의 논문 「민족주의와 세계시민주의」(한국헤겔학회, 『헤겔연구』, 제26권, 2009), 188-191쪽 참조. 너스봄은 그 강연에서 자신이 처음에 갖고 있었던 급진적 세계시민주의를 많이 순화시켜 애국주의와의 조화를 모색하고 있다.

주의의 대립문제를 해결해야 할 것이다. 이 문제에 관한 한, 필자는 공동체적 자유주의가 적절한 해답임을 제4장에서 밝혔다. 필자는 이하에서 공동체적 자유주의의 관점에서 세계시민주의와 애국주의의 대립을 해소해 보려고 한다. 필자는 앞에서 필자식으로 이해된 공동체적 자유주의의 세 가지 측면을 소개하였다. 이제 그 세 가지 측면이 애국주의와 세계시민주의의 대립문제를 해결함에 있어 어떻게 적용될 수 있는지를 살펴볼 것이다.

공동체적 자유주의의 관점에서 보면 모든 사회가 신봉하는 도덕은 '잠정적인 도덕적 진리'라고 했다. 그리고 그것은 결국 '열린 상대주의 도덕'으로 귀착한다고 했다. 이 열린 상대주의 도덕은 상대성과 절대성, 특수성과 보편성의 건강한 긴장관계 위에 성립하는 도덕이다. 상대성(특수성)이 절대성(보편성)과의 관계를 단절하는 순간에 그 상대성은 역동성을 상실하고 폐쇄적이고 죽은 상대성이 된다. 마찬가지로 절대성이 상대성과의 관계를 단절하는 순간에 전체주의적 폭력을 자행하게 된다. 칸트는 "내용(직관) 없는 개념은 공허하고 개념 없는 직관은 맹목이다"라고 말했는데,[26] 공동체적 자유주의자로서 필자는 이 말을 '특수성 없는 보편성은 공허하고, 보편성 없는 특수성은 맹목이다'라고 풀이한다. 그리고 같은 사고방식의 연장선상에서 필자는 '개별 국가 없는 세계시민정부는 공허하고, 세계시민주의를 지향하지 않는 개별국가는 맹목이다'라고 생각한다. 급진적 세계시민주의자는 칸트가 말하는 비둘기와 같다. 하늘을 경쾌하게 나는 비둘기는 공기의 저항을 느끼며 공기가 없다면 더 빨리 날 수 있을 것이라 기대한다. 그러나 공기가 없이는 날 수가 없다. 칸트의 비유는 공동체적 자유주의의 입장에서 온건한 세계시민주의를 도출하려는 필자의 의도를 더할 나위 없이 잘 표현해 주고 있다.

---

26 I. Kant, *Kritik der reinen Vernunft*, A51/B75.

공중을 자유롭게 날아가는 경쾌한 비둘기는 공기의 저항을 느끼면서 진공 중에서는 더 잘 날 수 있을 것으로 생각한다. 이처럼 플라톤은 감성계가 오성에 대해서 그토록 많은 방해를 하기 때문에, 이념의 날개에 의지하여 감성계를 떠난 피안에, 순수오성의 진공 중에 뛰어드는 일을 감행했다. 그러나 그는 자신의 그런 노력이 실패했음을 깨닫지 못했다. 그는 오성을 움직이기 위해서 그 밑받침이 되는 것, 즉 오성이 힘을 쓸 수 있도록 하는 지점인 저항을 가지지 않았기 때문이다.[27]

인류가 세계시민주의를 향해 날아가려고 할 때 각각의 국가의 국민들이 자기들의 국가에 대해 갖고 있는 애국주의는 공기처럼 저항한다. 그러나 개개 민족이나 국가는 세계시민주의를 향한 인류의 비행을 가능하게 하는 토대이다. 마이클 왈저는 필자와 유사한 입장을 다음처럼 표현하고 있다.

좀 더 광범위한 충성을 배제하는 자국중심주의는 비도덕적 행위를 유발한다. 그러나 협소한 충성을 무시하는 세계시민주의도 마찬가지로 비도덕적인 행위를 유발한다. 둘 다 위험하다.[28]

필자는 또 앞에서 인간의 자아는 연고적인 측면과 무연고적인 측면이 있다고 생각했다. 인간은 어떤 나라의 일원으로 태어나 그곳에서 교육받고 자람에도 불구하고 맹목적 애국주의가 나쁘다는 것을 잘 알고 있었다. 톨스토이L. N. Tolstoy는 말했다.

27 I. Kant, *Kritik der reinen Vernunft*, A5.

28 M. Walzer, 「애정의 영역들」(『나라를 사랑한다는 것』), 177쪽.

> 애국심이란 감정으로서는 나쁘고 해로운 감정이요, 주의(主義)로서는 미련한 주의라는 것은 분명한 것 같다. 각 국민과 각 국가가 그 자체를 가장 훌륭한 국민이요, 국가라고 생각한다면, 이들 모두가 터무니없는 해로운 미망 속에서 살아가고 있다는 사실이 확실하기 때문이다.[29]

모파상Guy de Maupassant은 "애국심은 일종의 종교이다. 애국심은 그것으로부터 전쟁이 부화되는 달걀이다"라고 말한다.[30] 비슷한 맥락에서 쇼B. Shaw도 "여러분들이 인류로부터 애국심을 두들겨 내쫓기 전에는 결코 세상이 조용하지 않을 것이다"라고 말한다.[31] 사람들은 맹목적 애국심 때문에 세계가 시끄럽고 전쟁이 발발함을 지적하고 있다. 이처럼 자아가 자기가 속한 사회나 국가와의 연고성을 넘어설 수 있기 때문에 인간은 '맹목적 애국심'을 벗어나 '반성적 애국심'을 가질 수 있는 것이다. 필자는 앞에서 너스봄이 때로는 동심원의 바깥을, 때로는 동심원의 안을 중시하는 일관성 없는 모습을 보이고 있는데, 그녀가 이런 모순에 빠지는 이유는 '원리상 이성적으로 우리에게 일차적인 것'과 '정서상 현실적으로 우리에게 일차적인 것'을 구분하지 않고 있기 때문이라고 말했다. 전자는 자아의 무연고적 측면과 관계가 있고, 후자는 자아의 연고적 측면과 관계가 있다. 전자는 자아의 원심력이고 후자는 자아의 구심력이다. 자아는 이 두 힘의 긴장과 조화 위에서 건강을 얻을 수 있다. 원심력이 과도하여 구심력이 그 원심력을 붙잡아 두지 못하면 세계시민주의적 성향이 강화될 것이다. 이렇게 되면 자아는 사회적 소속감도 이웃도 고향도 없는 세계시민이 될 것이다. 그러나 그런 시민은 정서적-정신적 안정성을 찾을 수 없을 것이며, 결국 자아붕괴의 고통을 맞이할 것이다. 그 반대로

---

29 양주동 (편), 『세계명언대사전』(서울 : 교육서관, 1987), 919쪽.

30 양주동 (편), 『세계명언대사전』, 919쪽.

31 양주동 (편), 『세계명언대사전』, 918쪽.

구심력이 지나치게 과도하여 원심력을 소멸시키면, 쇼비니즘적인 성향이 강화될 것이고 결국 자아는 고립되어 정서적-정신적 고사상태를 맞이하게 될 것이다. 극단적인 세계시민주의가 창문을 과도하게 열어 놓아 동사(凍死)하는 사람 같다면, 극단적인 애국주의는 창문을 너무 꼭꼭 닫아 놓아 질식해 죽는 사람과 같다. '원리상 이성적으로 우리에게 일차적인 것'과 '정서상 현실적으로 우리에게 일차적인 것'은 원심력과 구심력이 서로로부터 분리되려 하듯이 서로 밀어낸다. 그러면서 서로가 서로를 건강하게 만들어 주기에, 이 양자는 이율배반적 협동의 관계다. 애국주의 없는 세계시민주의는 공허하고, 세계시민주의 없는 애국주의는 맹목이다. 이 양자는 긴장관계를 유지하며 연결되어 있을 때만 건강성을 유지할 수 있다. 건강한 반성적 애국주의는 건강한 반성적 세계시민주의를 필요로 하며, 그 반대도 마찬가지이다. 그 양자가 연결고리를 놓아 버릴 때 전자는 쇼비니즘이 되어 버리고 후자는 차이를 인정하지 않고 관용을 모르는 제국주의적 보편주의가 되어 버린다. 필자는 앞서 칸트의 비둘기 비유를 통해 애국주의의 이중적 기능을 언급했다. 마치 공기가 비둘기의 비행을 가능하게 하는 토대이기도 하지만, 비둘기를 더 빨리 날지 못하게 만드는 근본적인 제약이 되듯이, 애국주의도 인류가 세계시민주의를 향해 비행함에 있어서 이율배반적인 이중성을 보여 준다. 즉 애국주의는 그 비행의 가능성 조건이면서 비행의 근본적 제약으로 기능한다. 애국주의는 정서적 특수성에 집착하는 맹목성과 그 맹목성을 넘어서려는 자기반성적 측면을 갖고 있는데, 인류가 세계시민주의에 다가가려면 애국주의에서 전자를 약화시키고 후자를 강화시키는 것이 요구된다.[32] 그렇다면 애국주의를 구성하는 중요한 요소인, 지역과 혈연 등의 특수성에서 유래하

---

32 필자는 이런 애국주의를 '반성적 애국주의'(reflective patriotism)라 부르고, 너스봄은 '순화된 애국주의'(purified patriotism)라 부른다. 애국주의의 맹목성을 반성하게 되면, 그 애국주의는 순화된다.

는 정서적 연대감을 어느 정도까지 줄여야 하는가 하는 문제가 생겨날 수 있다. 세계시민주의를 공허하게 만들어 버릴 정도로까지 줄여서는 안 된다는 것이 답이다. 이것이 답이 됨은 필자가 위에서 사용한 원심력-구심력의 비유에서도 알 수 있다. 지역과 혈연 등의 특수성에서 유래하는 정서적 연대감은 '정서상 현실적으로 우리에게 일차적인 것'으로서 구심력을 형성하는데, 이것이 완전하게 제거되어 버리면 세계시민주의라는 원심력도 존재하지 않게 된다. 만약 모든 인간이 부모, 형제자매, 친구, 스승과 제자 등등의 인간관계에서 생겨나는 모든 특수한 정서적 연대감이 완벽하게 제거된 세계에서 산다면, 세계시민주의라는 것도 더 이상 필요가 없을 것이다.

필자는 앞에서 인간이 특정 사회 속에서 태어나 사회 구성원이 될 때, 인간은 관습적 도덕성을 갖게 되지만, 다른 한편 인간은 '반성적 도덕성'의 능력이 갖고 있기에 인간은 자기가 속한 사회에 갇히지 않고 새로운 사회를 만들 수 있다고 했다. 이 능력을 인정하기에 필자는 자유주의적이다.

> 자아에 대한 자유주의적 입장에 따르면, 개인들은 현존하는 사회적 관습에 그들이 참여하는 것에 대해 자유로운 것으로 간주된다. 그리고 그러한 사회적 관습들이 더 이상 추구할 만한 가치가 없어 보일 때, 개인들은 그 실행에 자유롭게 참여하지 않기로 선택할 수 있다.[33]

킴리카가 정확하게 지적하고 있듯이, 롤즈는 이러한 자유주의적 자아관을 "자아는 자아에 의해 확언된 목적들보다 앞선다"[34]라고 표현했다. 자아가 기존의 사회적 관습들에 대해 의문을 제기하는 것은 자아가 반성적이라는

---

33 W. Kymlicka, *Contemporary Political Philosophy*(2nd edition, Oxford University Press, 2002), 221쪽.

34 J. Rawls, *A Thoery of Justice*(revised edition, Harvard University Press, 1999), 491쪽.

말이다. 그런데 '반성'reflection, 즉 생각이 튕겨 나오게 하는 일을 진공이나 허공에서 시작할 수는 없는 일이다. 그렇다면 모든 나라 사람들은 그들의 삶의 터전인 '지금-거기'를 반성의 출발점으로 삼아야 한다. 이 점에서 필자는 공동체주의의 입장이다. 특정 사회의 독특한 습속과 풍습과 문화와 도덕을 내면화시키지 못하면 사회를 넘어서지도 발전시키지도 못한다. 그렇다면 우리는 제대로 된 세계시민주의자가 되기 위해서라도 제대로 된 애국심을 갖지 않으면 안 된다는 결론이 따라 나온다. 진정으로 자기가 속한 나라를 사랑하는 사람은 자기 나라를 맹목적으로 신처럼 숭앙하고 떠받드는 사람이 아니다. 오히려 그런 사람은 자기 나라를 망하게 한다. 왜냐하면 그런 사람은 잠정적으로만 진리인 그 나라 그 시대의 도덕을 절대화하면서 자기 나라가 변화하는 세계에 적응하지 못하게 만드는 일에 앞장서는 사람이기 때문이다. 오히려 소크라테스나 킹 목사처럼 뜨거운 조국애로 자기 나라를 비판하는 사람이 진정한 애국자다. 특정 공동체의 도덕과 가치관과 문화와 습속을 내면 깊이 체득한 사람만이 자기가 속한 공동체의 문제와 한계가 무엇인지 누구보다 잘 알 수 있으며, 그 문제의 해결방안과 한계의 극복방안을 누구보다 더 잘 제시할 수 있을 것이다. 킹 목사는 인종차별주의로 신음하는 미국사회의 문제를 누구보다 분명하게 제기하고 해결하는 방식으로 미국사회의 변화와 발전을 도모했고, 미국사회의 발전을 도모하는 방식으로 세계의 발전에 기여했다. 모든 사회의 분별 있는 인간은 킹 목사처럼 자기가 속한 사회의 문제점—물론 이 문제들은 사회마다 나라마다 민족마다 모두 다를 것이다—을 해결하려고 노력하는 방식으로 그 나라를 사랑해야 하고, 그 나라를 그렇게 사랑하는 것을 통해 세계의 발전에 기여해야 한다. 이것이 참다운 애국주의를 통한 건강한 세계시민주의로의 길이다.

5. 결론

공동체적 자유주의는 만일 물에 빠진 두 사람 중에서 한 사람이 친척이라면 먼저 구조할 사람을 결정하는 데 있어 혈연관계를 고려해서는 안 된다는 윌리엄 고드윈의 입장을 어떻게 평가해야 하는가? 당연히 고드윈의 주장에 반대한다. 친척을 먼저 구조해야 할 것이다. 그렇다면 국경선 안의 가난한 동포와 가난으로 말미암아 그와 비슷한 정도로 고통받는 국경선 밖의 사람 중에 누구를 먼저 도와야 하는가? 당연히 동포를 먼저 도와야 한다. 그렇다면 공동체 자유주의자는 자기 나라의 가난이 온전히 해결되기 전에는 외국의 빈곤 문제에 대해서는 완전히 눈을 감아야 하는가? 그렇게 해야 한다면, 그것은 세계시민주의적인 것과는 아주 거리가 먼 행동이 될 것이다. 공동체적 자유주의는 외국의 빈곤 문제에 대해서도 관심을 가져야 한다고 생각한다. 인간이 자기를 둘러싸고 있는 동심원의 다양한 공동체들 한가운데에서 자기를 중심으로 공간적-정서적으로 더 가까이 있는 공동체의 연대성을 더 우선시하는 것은 아주 자연스러운 일이기에, 그 연대성을 파괴하지 않는 범위 내에서 국경선 밖의 가난한 외국인들에게 구조의 손길을 주는 것은 얼마든지 권장될 수 있는 일이다. 이는 상식적인 주장이며, 우리는 아주 상식적이고 평범한 결론에 도달하기 위해 먼 길을 돌아온 느낌이다.

세계에는 230개 정도의 국가들이 있다. 그 국가들은 그들 나름의 역사와 전통, 종교와 풍습, 도덕과 법을 갖고 있다. 똑같은 법과 도덕을 가진 나라는 없다. 그리고 각각의 나라는 각각의 문제점을 갖고 있으며, 각각의 방식으로 그 문제를 합리적으로 해결하려고 애쓴다. 비록 서구인들의 주도적인 노력 덕분이라고 말할 수도 있겠지만, 문제해결의 방향은 인권, 자유, 복지, 평등 등이 될 것이다. 그런 노력이 계속되면서, 비록 일방적인 동질화라는 문제점이 있지만 마치 동양의 많은 부분이 서구화되었듯이, 세계 각국이 점차

이질성을 줄여 나가고 동질성을 확대해 간다면, 인류 역사의 아주 먼 미래에는 애국심이란 말이 사라질 것인가? 필자는 그런 동질화에도 한계가 있다고 생각하며, 아무리 동질화가 이루어지더라도 단일한 세계정부는 출현하지 않을 것이라고 생각한다. 설령 단일하고 강력한 세계정부가 출현하여 기존의 모든 국경선을 지도상에서 지운다 하더라고, 여전히 소규모 공동체 구성원들 간의 애향심이나 민족애는 남아 있을 것이다. 왜냐하면 인간은 순수 정신이 아니라 동시에 피와 살을 가진 존재이기 때문이다. 인간이 순수하게 정신이라면 급진적 세계시민주의가 옳을 것이며 단일한 세계정부의 실현도 가능할 것이다. 인간이 순수한 몸이라면 극단적 애국주의가 옳을 것이다. 그러나 인간은 정신이면서 동시에 몸이기 때문에 애국주의적 세계시민주의가 옳다. 그리고 이 세 가지의 차이를 분별할 줄 아는 것이 인간의 합리성이다. 필자는 어떤 학회에서, 내 아이와 남의 아이가 물에 빠졌는데 내 아이는 나와 거리가 멀어 구조 가능성이 상대적으로 낮고 남의 아이는 나와 거리가 가까워 구조 가능성이 상대적으로 높을 때, 누구를 먼저 구하려고 노력하는 것이 도덕적이냐 하는 문제를 제기한 뒤, 남의 아이를 먼저 구하는 것이 도덕적이라고 강변하는 교수를 본 적이 있는데, 아마 그 교수는 강한 의미의 세계시민주의자임이 분명할 것이다. 왜냐하면 '원리상 이성적으로 우리에게 일차적인 것'과 '정서상 현실적으로 우리에게 일차적인 것' 중에서 전자를 따랐기 때문이다. 그러나 필자가 보기에 그는 이 세 가지 차이를 구별하는 합리성을 결여한 것처럼 보였다.

제6장

공동체적 자유주의와 도덕·윤리교육의 쟁점 : 교재관의 문제

1. 서론

필자는 앞에서 개인이 먼저인가 사회가 먼저인가 하는 오래된 사회철학적인 문제를 해결하는 과정에서, 필자식으로 이해된 '공동체적 자유주의'가 도덕·윤리교육의 철학적 기초임을 입증하였다. 필자가 말하는 공동체적 자유주의는 네 가지 특징적인 주장을 하고 있다. 첫째로, 공동체 자유주의는 '잠정적인 도덕적 진리'의 개념을 도입함으로써 윤리학에서 해묵은 논쟁거리인 상대주의 윤리설과 절대주의 윤리설의 대립을 해결할 수 있다. 둘째로, 자아는 연고적인가 무연고적인가라는 문제를 이분법적 대립의 문제로 보아서는 안 되고, 자아는 연고적인 측면과 무연고적인 측면을 동시에 갖고 있는 것으로 보아야 한다. 셋째로, 사회는 합성체인가 유기체인가 하는 문제에 대해서도, 합성체와 유기체를 모순 대립관계로 보아서는 안 되고, 사회는 합성체적이면서 동시에 유기체적인 것으로 보아야 한다. 넷째로 도덕의 두 가지 기능으로 자아실현과 사회통합이라는 두 기능의 관계를 어떻게 설정할 것인가 하는 문제에 관해서, 도덕의 자아실현기능을 무시하는 도덕교육은 전체주의적 도덕교육이고, 도덕의 사회유지 및 통합기능을 무시하는 도덕교육은 아나키즘적 도덕교육이라고 주장한다.

필자식으로 이해된 공동체적 자유주의의 이 네 가지 주장 중에서 첫 번째는 윤리학 분야의 오래된 문제에 대한 해답을 제시하려 했다. 두 번째, 세 번째 문제는 정치·사회철학적인 문제들에 대한 해법을 제시했다. 네 번째 주장은 도덕교육론의 해묵은 문제에 대한 해법을 제시하는 것이었다. 그런데 윤리학이나 교육학 혹은 도덕교육론의 분야에는 더 많은 이론적 대립이 존재한다. 첫째로, 도덕교육에 국가는 중립적이어야 하는가 아니면 개입해야 하는가, 개입해야 한다면 어느 정도로 개입해야 하는가 하는 문제가 있다. 둘째로 만약 국가가 공동체의 이름으로 학생들에게 가르쳐야 할 교육내용이 있다면, 도덕교육은 학생을 공동체가 원하는 인간 유형으로 '만드는 것'인가 '기르는 것'인가 아니면 '깨우치도록 하는 것'인가라는 문제가 있다. 셋째로 피터스R. S. Peters에 의해 '도덕교육의 역설'paradox of moral education로 불리게 된 습관과 이성의 대립문제가 있다. 넷째로 콜버그L. Kohlberg에 의해 본격적으로 문제되기 시작한 형식과 내용의 대립문제가 있다. 다섯째로 공동체주의와 자유주의의 대립에서 핵심적인 역할을 하는, 덕 윤리와 원칙 윤리의 대립문제 등등이 있다. 필자는 이 장에서 공동체적 자유주의의 관점에서 국가는 도덕교육에 중립적이어야 하는가, 아니면 개입해야 하는가, 개입해야 한다면 어느 정도로 개입해야 하는가 하는 문제를 다루고자 한다.[1]

이 문제는 결국 교재관의 문제로 이어진다. 우리나라의 경우 해방 이후 한국전쟁을 거치면서 반공을 국시로 하였다. 이런 상황에서 도덕교과서는 국정교과서라는 이름으로 국가의 강력한 개입에 의해 만들어졌다. 이승만 정권 이후 유신에 이르기까지 모든 정권은 도덕과목을 통해 반공 이데올로기를 가르쳤다. 그 후 유신시대의 도덕교재는 기존의 반공 이데올로기에 더

1 나머지 문제는 다음 기회에 차례로 다룰 예정이다.

하여 유신을 정당화하는 교육까지 떠맡게 된다. 그러다가 최근에 이르러 도덕, 국사, 국어 등 국정교과서 체제로 만들어지던 교과서들이 검인정 교과서로 바뀌게 된다.[2] 과연 국가는 도덕교과서를 만드는 데 어느 정도 개입해야 하는가? 이 물음에 대한 적절한 답은 반완전주의가 옳으냐 완전주의가 옳으냐 하는 문제를 먼저 해결한 뒤에 구해질 것이다.

필자는 이 장에서 목표로 하는 것은 크게 다음의 두 가지이다. 첫째는, 국가 완전주의를 주장하는 공동체주의도 틀렸고, 국가 중립성을 주장하는 자유주의도 틀렸으며, 완전주의perfectionism와 반완전주의anti-perfectionism 간에 벌어지는 논쟁의 맥락에서 공동체적 자유주의가 옳음을 밝히는 것이다. 둘째로, 공동체적 자유주의의 관점에서 도덕·윤리교육계에서 교재관의 문제와 깊이 관계된 세 가지 쟁점을 해결하고자 한다. 이 세 가지 쟁점은 ①도덕교육을 통해 양성하려는 인간상의 문제이며, ②통일교육을 도덕과에서 계속 떠맡아야 하는가, 사회과로 넘겨 주어야 하는가 하는 문제이며, ③사회과와 도덕과의 교육주제가 부분적으로 중첩되는 가운데 어떻게 도덕과의 정체성을 확립할 수 있는가 하는 문제이다.

2. 도덕교육에서 국가의 역할에 대한 자유주의의 입장과 공동체주의의 입장

존 롤즈J. Rawls 이후 현대정치철학의 논쟁점 중의 하나는 국가가 특정 가치관을 시민들에게 교육하거나 장려하거나 강제하는 것이 과연 정당한가 하는

2 최근 우리 사회 일각에서는 검인정 체제로 만들어지던 국사교과서를 다시금 국정교과서로 만들어야 한다는 논의가 대두되고 있다.

것이다. 최소국가론을 주장하고 있는 노직R. Nozik류의 자유지상주의자들은 개입을 최소화해야 한다고 주장한다. 롤즈 역시 도덕교육에 국가가 적극적으로 개입하는 것은 반대한다. 사람들은 자유주의의 입장을 반완전주의라 부른다.

> 현대 자유주의 이론의 특징적인 모습은 그것이 '중립성'에 대해 강조하고 있다는 것이다. 이 견해에 따르면, 국가는 좋은 삶에 대한 특정한 관점을 상 주거나 벌 주어서는 안 되고 오히려, 상이한 가치관, 심지어 잠재적으로 서로 모순을 일으킬 수도 있는 가치관들이 그 안에서 추구될 수 있는 중립적인 틀을 제공해야 한다.[3]

롤즈는 '완전성의 원리'the principle of perfection를 다음처럼 설명한다.

> 그것은 예술, 과학 그리고 문화에서 인간 탁월성의 성취를 극대화하기 위한 목적론적 이론의 유일한 원리인데, 사회는 이 원리에 따라 제도를 마련하고 개인들의 의무 혹은 책무를 규정한다.[4]

사람들은 국가 완전주의에 반대하는 롤즈의 입장을 반완전주의 혹은 '중립주의'라 부르는데, 그는 완전주의 국가관에 단호하게 반대한다.

> 완전주의의 윤리에 도달하기 위해서 우리는 당사자들에게 어떤 자연적 의무, 말하자면 어떤 스타일의 인격과 미적인 고상함을 개발시킬 의무와 예술함양과 지식추구를 전진시킬 의무를 선천적으로 수용하도록 해야 한다. 그러나 이런

---

3 W. Kymlicka, "Liberal Individualism and Liberal Neutrality"(in : *Communitarianism and Individualism*, ed. S. Avineri and A. de-Shalit, Oxford University Press, 1999), 165쪽.

4 J. Rawls, *A Theory of Justice*(Harvard University Press, 1971), 325쪽.

가정은 원초적 입장에 대한 해석을 근본적으로 바꾸어 놓는다.[5]

롤즈가 말하는, 무지의 베일을 쓰고 계약을 맺는 원초적 입장의 개인은 특정 '가치관'conception of the good의 지배를 받지 않는다. 롤즈는 『정치적 자유주의』에서도 국가의 '중립성'을 다음처럼 설명한다.

> a. 국가는 모든 시민들이 자유롭게 지지하는 그 어떤 가치관이라도 증진시킬 수 있는 동등한 기회를 보장해야 한다.
>
> b. 국가는 어떤 특정한 포괄적 교설comprehensive doctrine을 다른 교설보다 선호하거나 장려하려는 의도로 어떤 일을 해서는 안 된다. 혹은 특정의 포괄적 교설을 추구하는 사람들에게 더 커다란 지원을 하려는 의도로 어떤 일을 해서는 안 된다.[6]

도덕적 회의론의 입장에서 가치의 문제를 주관적 선택의 문제로 보기에, 주관주의적 자유주의자로 분류될 수 있는 애커만B. A. Ackerman 역시 국가 중

---

5 J. Rawls, *A Theory of Justice*, 328쪽.

6 J. Rawls, *Political Liberalism*, Columbia University Press, 1993, 192-193쪽. 비록 자유주의자들이 가치관의 문제에서 국가가 중립적인 입장을 취해야 한다고 하지만, 자유주의자들은 국가는 모든 사람들이 선호하는 삶의 방식을 영위하는 데 필요한 사회적 조건을 갖추어 주는 일을 해야 한다고 생각한다. 첫 번째 필요조건은 기본 도덕을 갖추어 주는 일이다. 기본 도덕은 사회 구성원들이 선호하는 삶을 영위하는 것을 보호하거나 촉진시키는 일단의 규칙들로 구성된다. 살인, 신체적 상해, 절도, 계약위반을 금하는 것과 같은 소극적인 것뿐만 아니라, 곤경에 처한 사람을 도우라는 권유처럼 적극적인 것도 있다. 둘째로, 좋은 삶이 무엇이건 간에 일단 그것은 의, 식, 주, 건강 등을 필요로 하는데, 기본적인 복지의 제공도 국가가 할 일이다.(J. White, 『교육목적론』, 서울 : 학지사, 2004, 40쪽 참조) 롤즈도 다음처럼 말한다. "비록 정치적 자유주의가 공통 토대를 희구하고 목적에 있어서 중립적이라 하더라도, 정치적 자유주의는 여전히 어떤 형태의 도덕적 성격이 우월하다는 것을 긍정하며 어떤 도덕적 덕목들을 장려한다는 사실을 강조하는 것이 중요하다."(*Political Liberalism*, 194쪽)

립성을 주장한다. 그에 의하면 아무도 가치관의 우열을 가릴 수 없으며, 국가도 이 점에서는 예외가 아니다. 좋은 삶에 대한 판단과 선택은 오직 개인의 사적인 자율성의 영역에 속하기에, 국가는 이 문제에 대해 중립적인 입장을 취해야 한다고 주장한다.[7]

킴리카에 의하면 로크나 칸트 같은 고전적 자유주의자들은 인간의 필요와 인간의 합리성에 대한 보편적 진리를 찾아내려고 했다.[8] 그러나 가치와 도덕의 영역에서 보편적으로 규정될 수 있는 것은 너무 빈약했다. 예컨대 인권, 소유권, 관용, 자율성, 자유주의적 공공선, 절차적 공정성 정도였다. 이처럼 빈약한 보편성 바깥의 나머지 부분, 예컨대 도덕이나 종교의 문제들은 개인의 자의적 선택 영역으로 넘겨졌다. 개인의 자의적 선택 영역으로 넘겨진 도덕은 결국 주관주의 윤리설이나 정서주의 윤리설의 지배하에 놓이게 된다. 모든 도덕적 명령의 본질은 감정표현이라는 '정서주의'emotivism 윤리학의 영향권 하에 만들어진 도덕교육론이 미국에서 한때 래쓰L. E. Raths가 주도적으로 확산시킨 '가치명료화 접근법'Value Clarification Approach이다. 래쓰에 의하면, 가치란 경험의 산물이며, 참과 거짓의 문제가 아니다.[9]

---

7 장동진, 「완전주의와 자유주의」(『사회비평』, 제16호, 나남출판사, 1996), 69쪽 참조.

8 W. Kymlicka, *Contemporary Political Philosophy*, 209쪽 참조.

9 L. E. Rath et al., *Value and Teaching : Working with Values in the Classroom* (Columbus, Charles E. Merrill Publishing Co., 1966), 36쪽 참조. 다원주의 사회에는 다양한 가치관이 공존하는데, 여러 가치관들 중에 어느 것이 다른 것에 비해 더 옳은 가치관인지를 판단하는 것은 불가능하므로, 이런 상황에서 도덕교사는 학교에서 아동에게 특정 종교나 가치를 주입하거나 강제해서는 안 된다. 그러면 교사가 할 수 있는 것 혹은 해야만 하는 것은 무엇인가? 그것은 학생이 어떤 특정한 가치관을 가지게 될 때, 일관성 있고 자기모순적이지 않게 사고하도록 도와주는 일이다. 가치명료화 교육에서 교사에게 중요한 물음은 '학생들에게 **무슨** 가치를 내면화시킬 것인가?'가 아니라, '학생들은 **어떤 과정을 거쳐** 가치를 내면화하는가?' 하는 것이었다. 교사는 학생들의 갖게 되는 가치 내용이 아니라, 가치를 갖게 되는 과정을 명료하게 해 주는 일을 해야 한다.

공동체주의자들은 국가가 구성원들의 도덕교육에 적극적으로 개입해야 한다고 주장한다. 공동체주의에 의하면, "공동체의 전통과 관행이 도덕적 가치의 중심에 놓여 있기에"[10] 모든 공동체의 구성원들은 공동체가 소중히 여기는 '공동선'common good의 실현을 위해 노력해야 한다. 공동체주의의 입장을 완전주의라 부른다. 공동체적 완전주의의 대표자인 아리스토텔레스의 국가관을 흔히 도덕적 국가관이라고 부르는데, 아리스토텔레스는 폴리스 시민이 가져야 할 도덕적 품성과 가치를 교육하는 것을 국가의 중요한 기능으로 생각했다.

> 국가의 목적은 선한 삶이며, 사회생활을 위한 제도들은 그 목표에 대한 수단이다. … (중략) … 우리들의 결론은 이렇다. 즉 정치사회는 고귀한 행동을 위해 존재하는 것이지, 단순히 생활을 함께하기 위해 존재하는 것은 아니다.[11]

중국의 공자나 맹자도 이 점에서는 마찬가지였으며, 우리나라도 조선시대에는 국가가 국민들을 상대로 도덕교육을 실시하였다. 예컨대 세종 때 만들어진 『삼강행실도』는 백성들을 위한 도덕교재였던 셈이다. 동서고금의 세계 모든 나라들은 사회 구성원들에게 특정한 삶의 방식을 교육하거나 강제했으며, 그것을 따르지 않을 경우 어떤 식으로든 제재를 가했다. 이런 국가관을 '국가 완전주의'state perfectionism라 부른다. '완전주의'라 불리는 이유는 국가가 권장하는 특정한 삶의 태도, 가치관, 삶의 방식이 인간을 보다 완전한 상태로 이끌어 간다는 생각을 하기 때문이다.

자유주의자들이 반완전주의 국가관의 입장이라면, 공동체주의자들은

---

10 S. Mulhal and A. Swift, *Liberalism and Communitarianism*(2nd edition, Blackwell Publishing, 1996), 20쪽.

11 Aristoteles, *Politics*(In : *The Basic Work of Aristotle*, trans. by B. Jowett, ed. R. McKeon, New York : Random House, 1970), 1189쪽.

완전주의 국가관의 입장을 취한다. 그들은 중립주의 국가는 '공동선의 정치'politics of common good를 방기한다고 생각한다. 뿐만 아니라 메킨타이어가 보기에는 가치를 주관적인 것으로 보는 이런 입장이 서구 사회에 만연된 도덕적 아노미로 인한 공동체 붕괴의 근본 원인이다. 그가 보기에 도덕적 쇠퇴는 세 단계를 거쳐 진행되었다. 첫째 단계는 도덕 이론과 사회적 실천이 객관적이고 비인격적인 표준들—이 표준들은 특정 정책, 행위, 판단에 대한 합리적 정당화를 제공한다—을 구현하는 단계이다. 두 번째 단계는 도덕 판단의 객관성과 비인격성을 유지하고자 시도하지만 실패하는 단계이다. 세 번째 단계는 정서주의자들의 이론이 폭넓게 수용되는 단계이다.[12] 메킨타이어에 의하면 롤즈식의 무연고적 자아라는 개념으로부터 도출된 반완전주의적 입장에서는 우리가 공통적으로 인정하는 시민적 책무, 그리고 다른 도덕적·정치적 연대를 설명할 수가 없다.

> 가족, 민족, 문화, 전통의 성원으로서의 정체성과 같은 연고 깊은 정체성은 자유주의적 인간관과 상충되는데, 왜냐하면 자유주의적 인간관은 인간을 선행하는 도덕적 연대에 속박되지 않고 자기 목표를 스스로 선택할 수 있는 자유롭고 독립적인 자아로 보기 때문이다. 자유주의적 인간관은 중립체제로서의 국가라는 이념 속에서 표현되는 관점이다.[13]

공동체주의자인 메킨타이어는, 1945년 이후에 태어났기에 과거 나치가 유대인들에게 행한 것으로 말미암아 현재 자신이 알고 지내는 유대인들에

---

12 A. MacIntyer, *After Virtue*(2nd edition, Indiana : University of Notre Dame Press, 1984), 18-19쪽 참조. 국내에서는 이 책의 제목을 '덕의 상실' 혹은 '덕 이후'로 번역하는 사람들이 있지만, 필자가 보기에 '덕을 찾아서'로 번역하는 것이 옳은 것 같다.

13 마이클 샌델, 『공동체주의와 공공성』(김선욱 외 옮김, 서울 : 철학과 현실사, 2008), 49쪽.

대해 도덕적으로 미안한 마음을 가질 필요가 없다고 생각하는 독일 청년의 예를 들면서, 자아가 그 속에서 태어나 자란 역사와 전통에 얽매여 있어서 자유롭지 못함을 다음처럼 설명한다.

> (독일 청년의 이런 태도에 의하면 : 필자 주) 자아는 그의 사회적·역사적 역할과 지위로부터 분리될 수 있다. … (중략) … 그런 자아는 아무런 역사도 가질 수 없다. 자아에 대한 서사적 관점과는 분명하게 대비된다. 왜냐하면 나의 삶의 이야기는 항상 내가 그것으로부터 나의 정체성을 끄집어내는 공동체의 이야기 안에 끼워져embedded 있기 때문이다. 나는 나의 과거와 함께 태어났다. 그리고 나 자신을 그 과거로부터 개인주의적 방식으로 단절시키려고 시도하면, 나의 현재 관계들을 불구로 만들게 된다.[14]

공동체주의자들의 주장에 의하면, 각각의 공동체는 그들 나름의 공공선, 역사와 전통, 규범체계, 삶의 방식을 갖고 있기에 구성원들은 그런 것들에 합치하는 삶을 살아야 한다. 킴리카는 공동체주의가 완전주의 국가관을 지지함을 다음처럼 설명한다.

> 공동체주의 국가는, 사람들이 공동체의 생활방식에 합치하는 가치관을 채택하도록 장려하거나 장려해야 하며, 그것과 갈등을 일으키는 가치관들은 단념시켜야 한다. 그러므로 공동체주의 국가는 상이한 생활방식들의 가치에 대해 공적으로 서열을 매기기에 완전주의 국가이다.[15]

---

14 A. MacIntyer, *After Virtue*, 220-221쪽.

15 W. Kymlicka, *Contemporary Political Philosophy*, 220쪽.

이어서 킴리카는 두 종류의 완전주의 국가를 구분한다.

> 마르크스주의적 완전주의는 인간의 선에 관한 초역사적 이유에 따라서 생활방식들의 서열을 매기는 반면에, 공동체주의는 생활방식들이 현존하는 관례들에 얼마나 합치하는지에 따라 순위를 매긴다.[16]

킴리카는 두 종류의 완전주의 국가를 구분했는데, 그러나 독재자의 독재를 교묘하게 정당화시키기 위해 고안된 정치이데올로기에 얼마나 부합하느냐에 따라 서열을 매기는 독재정치적 완전주의나 종교적 완전주의 국가도 있을 수 있다. 물론 우리의 유신이나 현 북한사회는 독재정치적 완전주의 국가의 경우인데, 이런 완전주의도 표면적으로는 마르크스적 완전주의처럼 이상사회에 대한 그 나름의 청사진을 제시하지만, 기실은 그것은 독재를 정당화하기 위한 것이다. 마르크스적 완전주의나 독재정치적 완전주의 국가는 칼 포퍼식으로 말하면 모두 '닫힌 사회'closed society이다. 독재사회가 아니더라도 외부와 단절된 고대의 원시부족 공동체 역시 닫힌 사회이다.

3. 도덕교육에서 국가의 역할에 대한 자유주의와 공동체주의의 문제점

지금까지의 우리는 도덕교육에 국가가 적극적으로 개입해야 하는가 아니면 중립적인 입장을 취해야 하는가 하는 문제를 둘러싸고 자유주의와 공동체주의 간의 논쟁이 어떻게 전개되고 있는지를 살펴보았다. 이제 이 문제에

---

16 W. Kymlicka, *Contemporary Political Philosophy*, 220쪽.

대한 우리의 입장을 개진할 차례다. 우리는 먼저 국가 중립성을 주장하는 반완전주의의 입장을 비판적으로 검토할 것이다. 그다음에 우리는 공동체주의적 완전주의의 입장을 비판적으로 살펴볼 것이다. 필자는 먼저 반완전주의의 문제점을 세 가지로 나누어 살펴보고자 한다.

첫째로, 자유주의자들은 삶의 방식의 우열을 논할 수 없다고 주장하는데, 이는 잘못이다. 돼지고기를 먹지 않는 유대인들의 삶의 방식이 소고기를 먹지 않는 인도인의 삶의 방식보다 더 바람직한 것인가? 이 물음은 우리가 유목생활을 하는 유대인과 농경생활을 하는 인도인의 삶의 터전의 차이를 고려하지 않는다면, 무의미한 물음이다. 그러나 우리가 유대인과 인도인의 삶의 터전의 차이를 이해하고 그 차이를 인정하게 되면, 이 물음은 아주 의미있는 물음이 되며, 돼지고기를 먹지 않는 것과 소고기를 먹지 않는 것이 단지 개인의 자유 혹은 개인의 선호에 기초한 선택의 문제가 아님을 알게 된다. 유대인들의 삶의 터전과 그 터전에서 적응하며 생존을 영위해야 하는 유대인의 입장에서는 돼지고기를 먹지 않는 전통이나 사회적 관례가 소고기를 먹지 않는 것보다 훨씬 더 바람직하고 권장되어야 할 삶의 방식이다. 마찬가지로 인도인의 삶의 터전과 그 터전에서 적응하며 생존을 이어 가야 했던 인도인의 입장에서는 소고기를 먹지 않는 삶의 방식이 바람직한 것이다. 유대인들은 유목생활을 하면서 돼지고기를 즐겨 먹는 것이 집단의 유지에 도움이 되지 않음을 알고 있었다. 돼지는 양처럼 초원의 이곳저곳으로 몰고 다니기 쉬운 동물이 아니다. 더군다나 돼지는 인간과 먹이 경쟁을 하는 짐승이기에 농경민족들은 남은 음식 찌꺼기로 키울 수 있지만, 유목민에게는 적합하지 않다. 게다가 키우는 데 물도 많이 필요한데 유목민들에겐 물이 귀하다. 또 힘들게 키워 봤자 돼지가 인간에게 제공하는 것은 고기뿐이다. 돼지가죽은 인간의 의복으로 만들기에는 너무 거칠며, 돼지는 인간에게 젖도 제공하지 않는다. 그러나 양은 한곳으로 몰고 다니기 수월하고, 인간과 먹이경쟁 관계에 있지도 않고 또 고기와 젖과 가죽과 털을 제공한다.[17] 어떤 삶의 방식을 그 삶의 방식이 뿌리내리고 있는 역사-문화적, 공간-지리적 터전으로부터 분리시켜 버리면, 삶의 방식들 간의 우열을 논하는 것이 불가능하다. 왜냐하면 어떤 삶의 방식의 정당성은 부분적으로 그 삶의 방식이 뿌리내리고 자라나온 터전으로부터 생겨나기 때문이다. 그럼에도 불구하고 자유주의적 반완전주의자는 특정 삶의 방식을 그 터전으로부터 뽑아내어 진열장에 전시해 놓고 어느 삶의 방식이 더 나은 것인가를 살펴보는 방식으로 물음을 제기한다. 그리고는 우열을 논하는 것은 불가능하다고 말한다.

둘째로, 여러 종류의 삶의 방식에서 우열을 논할 수 없다는 반완전주의자들의 주장조차도 어떤 특정한 종류의 삶의 방식을 강조하고 있다. 어떤 삶의 방식이 다른 삶의 방식보다 바람직한가 바람직하지 않는가 하는 문제는 결국 그 삶의 방식이 적용되고 있는 공동체를 떠나서 생각될 수 있는 문제가 아니다. 심지어 롤즈가 주장하는 자유주의적 정의론조차도 다양한 인종들이 온갖 다양한 종교를 신봉하며 다양한 삶의 방식으로 공존하며 살아가야 하는 가치다원주의 사회인 미국사회에서나 가능한 이야기라고 말할 수 있을 것이다. 현재로서는 그런 주장이 중동의 이슬람 국가에게는 적용되기는 무리일 것이다. 철학을 부정하는 것이 철학의 한 형태이고 윤리를 부정하는 것이 윤리의 한 형태이듯이 특정한 가치관과 삶의 방식을 편들지 말아야 한다는 반완전주의자들의 주장이 결국은 특정한 삶의 방식을 편드는 것이 된다. 반완전주의자들이 강조하는 삶의 방식은, 첫째로, 개인의 자유·인권·소유권·관용·공정한 절차를 중시하는 삶의 방식이요, 둘째로, 그런 삶의 방식을 장려하는 삶의 방식이요, 셋째로, 타인의 가치관을 나의 가치관으로 평가하

---

17 유대인들이 돼지고기 음식금기를 갖게 된 이유와 인도인들이 소고기를 먹지 않게 된 이유에 대해서는 마빈 해리스의 『문화의 수수께끼』(박종렬 옮김, 서울 : 한길사, 1989), 2, 3장을 볼 것.

지 않는 삶의 방식이다. 이런 삶의 방식은 미국과 같은 사회에서는 어느 정도 필요한 삶의 방식일 수가 있다. 그러나 앞서 말했듯이, 특정한 가치관과 삶의 방식을 편들지 않는 국가나 공동체란 것은 불가능하다.

셋째로, 공동체주의자들의 비판에 대한 자유주의자들의 방어에 문제가 있다. 자유주의자인 킴리카는 공동체주의자들이 자유주의에서 말하는 자유를 마치 '진공 속의 자유'인 것처럼 오해하고 있다고 말하면서, 다음처럼 주장한다.

> 자아에 대한 자유주의적 입장에 의하면, 개인들은 현존하는 사회적 관습에 그들이 참여할 것인가에 대해 자유롭게 의문을 제기할 수 있고, 그러한 사회적 관습들이 더 이상 추구할 만한 가치가 없다고 여겨진다면, 그 관습들에 참여하지 않기로 자유롭게 선택할 수 있다.[18]

또, 자유주의자들이 주장하듯이 자아가 목적들에 선행하는가, 아니면 공동체주의자들이 주장하듯이 이미 공동체로부터 주어진 목적들이 자아를 구성하는가 하는 문제와 관련해서도 킴리카는 다음처럼 주장한다.

> 자유주의의 중심적인 견해는, 우리가 자아를 그것의 목적들에 우선하여 파악할 수 있다는 것이 아니라, 어떠한 목적이나 목표도 가능한 재검토로부터 면제될 수는 없다는 의미에서 우리는 우리 자신을 우리들의 목적에 선행하는 것으로 이해한다는 점이다.[19]

롤즈도, 자아는 특정한 시점의 가치관과 거리를 두고 자유롭게 원하는 것

---

18 W. Kymlicka, *Contemporary Political Philosophy*, 221쪽.

19 W. Kymlicka, *Contemporary Political Philosophy*, 225쪽.

을 선택할 수 있으며, 자유로운 인격체인 시민들은 특정한 목적들의 체계 즉 가치관에 매여 있지 않으며, 가치관을 형성할 수도 바꿀 수도 또한 합리적으로 추구할 수도 있다고 말한다.[20] 그러나 롤즈가 말하는, 무지의 베일을 덮어쓰고 계약을 맺는 자아는 명백히 '진공 속의 자아'가 분명하며, 그 자아가 가지고 있는 자유 역시 '진공 속의 자유'가 분명하다. 따라서 그런 자아는 그 어떤 가치관이나 삶의 방식과 아무런 연고가 없는 무연고적 자아임도 분명하다. 그렇다면 어떻게 아무런 연고가 없는 자아가 자신의 가치관을 바꾸는 것이 가능한가? 특정 시점에 자아가 신봉하는 특정 가치관을 바꾸는 것이 가능하기 위해서 자아는 이미 특정 가치관에 연루되어 있어야 하는데, 롤즈가 『정의론』에서 말하는 자아는 아무런 가치관에도 연루되어 있지 않다.

자유주의적 반완전주의의 문제점을 이렇게 요약할 수 있다. 삶의 방식의 우열을 논할 수 없다는 주장은 잘못이며, 특정한 가치관과 삶의 방식을 편들지 않는 국가나 공동체란 것은 불가능하다. 그렇다면 도덕교육은 삶의 방식에 대한 우열을 판정하여, 그런 삶의 방식을 장려하는 방식으로 이루어져야 한다. 그러면 각각의 공동체는 어떤 삶의 방식을 장려할 것인가? 당연히 그 공동체의 공동선을 극대화하는 삶의 방식을 편들어야 할 것이다. 예컨대 유목민의 삶을 살았던 유대인들이 돼지고기를 좋아하는 삶의 방식을 고집한다면, 그리고 그런 음식문화가 모든 구성원들에게 확산된다면, 그 유목민의 공동체는 붕괴위험에 직면하게 될 것이다. 바로 그런 이유에서 유대인들은 신의 이름으로 돼지고기를 먹지 못하도록 명령했다. 그러므로 국가는 당연히 시민들의 도덕교육에 어떤 정도로든 개입해야 한다.

이하에서는 국가가 시민들의 도덕교육에 적극적으로 개입해야 한다는 공

20 J. Rawls, "Kantian Constructivism in Moral Theory"(in : *J. Rawls Collected Papers*, ed. S. Freeman, Harvard University Press, 1999), 331쪽 참조.

동체주의적 완전주의의 문제점을 살펴보고자 한다. 공동체가 개인이 그 공동체 속에서 추구해야 할 목표, 역할을 정해 주고, 개인이 받아들여야 할 규범 체계까지 마련해 준다고 생각하기에 공동체주의자들은 다음처럼 주장한다.

> 공동체주의자들이 보기에 적절한 질문은, "내가 무엇이 되어야 하는가? 나는 어떤 종류의 삶을 살아야 하는가?"가 아니라, "나는 누구인가?"이다. 자아는 그 목적들을 '선택에 의해서'가 아니라 '발견에 의해서', '이미 주어진 것들을 선택함으로써(이것은 이해할 수 없는 말이다)가 아닌, 그 자신에 대해 반성하고 그 구성적인 성질을 조사하고 그것의 법칙들과 명령들을 분간하고 자아의 목적들을 그 자체로 인정함으로써', '획득한다'.[21]

킴리카는 공동체주의자들이 자아의 연고성을 강하게 주장하게 될 때, 공동체주의자들도 받아들이기 힘든 결론에 도달하게 됨을 다음처럼 보여 준다. 샌델은 자유주의의 무연고적 자아 개념은 우리의 자아가 우리가 수행하는 사회적 역할 속에서 끼워 넣어진다는 사실에 대해 눈을 감고 있다고 생각하는데, 그는 우리들이 자기를 해석하는 존재들로서, 우리가 '구성적 애착들'constitutive attachments[22]의 의미를 해석할 수 있다고 말한다. 우리는 그런 애착을 선택하지도 거부하지도 않는다. 오히려 우리는 그것들 속에서 우리 자신을 발견한다. 우리의 목표들은 선택이 아니라 자기 발견에 의해서 생겨난다. 이런 목표들은 한 인간으로서의 나를 구성하므로, 내 인생에서 무엇을 결정해야 할지를 결정함에 있어서 그것들을 주어진 것들로 받아들여야 한다. 내 인생의 선에 대한 질문들은 내가 속한 공동체가 내게 정답으로 제시

---

21 W. Kymlicka, *Contemporary Political Philosophy*, 225-227쪽.

22 공동체가 그 구성원들의 자아를 구성하는 것.

해 준 선에 대해 어떻게 하면 그것들의 의미를 가장 잘 해석할 수 있을지에 대한 질문이 될 수 있다. 나에게 그것들이 아무 가치가 없다고 말하는 것은 이치에 맞지 않는다. 왜냐하면, 그것들 너머에 '내'가 서 있을 수 없다는 것, 즉 **이들 구성적 애착들에 우선하는 자아란 존재할 수 없기 때문**이다.[23] 이처럼 자아가 공동체에 강하게 구속되어 있다면, 자아는 온전히 공동체에 갇힌 존재가 될 것이며, 자아는 자유가 없다. 공동체의 연대성을 얻는 대신에 개인의 자유는 희생된다. 킴리카에 의하면 이것이 자아의 연고성을 강하게 주장할 때 공동체주의자들이 불가피하게 도달하게 되는 결론이다.

그렇다면, 공동체주의자들이 말하는 자아는, 개미왕국의 공동선을 위해 자기가 해야 할 일이 정해진 채로 태어나는 한 마리 개미와 마찬가지일 것이며, 개인은 공동체와 혼연일체가 되어 있어야 할 것이다. 단 차이점이 있다면, 인간은 자기 해석적이지만 개미는 그렇지 못하다는 것이다. 공동체가 개인의 정체성과 목적과 삶의 방식과 도덕성을 결정한다는 이런 입장을 우리는 '공동체 결정론'이라 부를 수 있을 것이다. 물론 샌델은 자신을 공동체 결정론자로 간주하는 것은 자신에 대한 터무니없는 오해라고 말할 것이다. 샌델은 자아가 자아에 선행해서 존재하는 공동체에 의해 구성된다고 주장하지만 그것이 자아는 공동체의 공공선과 사회적 관례들과 도덕에 대해 거리를 두고 반성하고 수정할 수 있음을 부정하는 것은 아니라고 말한다.

> 나는 자기 해석적 존재로서 나의 역사를 반성할 수 있으며, 이런 의미에서 나는 나의 역사와 거리를 둘 수 있다. 그러나 이 거리는 항상 불확정적이고 잠정적이며, 반성 지점은 결코 역사 그 자체의 외부에서 최종적으로 확보되는 것은 아니다.[24]

---

23 W. Kymlicka, *Contemporary Political Philosophy*, 227쪽 참조.

24 M. Sandel, *Liberalism and the Limits of Justice*(Cambridge University Press, 1982) 197쪽.

그러나 자아가 공동체의 역사와 전통 혹은 사회적 관례와 공공선으로부터 거리를 둘 수 있음을 인정하는 순간, 그는 남몰래 공동체주의에 자유주의적 요소를 밀반입하는 것이 될 것이다. 뿐만 아니라 그런 공동체주의를 '완전주의'로 부르는 것도 어폐가 있을 것이다. 왜냐하면 자아가 자신이 속한 공동체에 거리를 두고 비판적으로 사고할 수 있다는 말은, 그 공동체는 그 구성원들이 인간적 탁월성을 완전하게 구현하는 데 필요한 완전한 가치관을 제공하지 못하고 있다는 전제를 깔고 있기 때문이다. 이런 이유로 필자는 킴리카의 다음과 같은 말에 전적으로 동의한다.

> 사람들이 그의 목적들을 재검토할 수 있다는 점을 샌델이 인정하는 한—그 목적들이 그 자신을 구성한다고 해도—그는 공동체주의 정치를 정당화하는데 실패하기 때문이다. … (중략) … 샌델은 공동체주의 정치를 방어하면서 그가 사용한 인간관의 애매성을 악용하고 있다. (자기 발견이 결단을 대체한다는) 강한 주장은 그럴듯하지가 않고, 반면에 (그 목적에 의해 구성된 자아라 하더라도 재구성될 수 있다는) 약한 주장은, 매력적이지만 스스로를 자유주의적 견해와 차별화하는 데 실패한다.[25]

자유주의적 반완전주의는 개인의 자유를 강조하다가 국가 중립성의 입장에 도달하게 되며 결국 공동체의 연대성을 깨트리게 되고, 반면에 공동체주의적 완전주의는 개인의 자유보다 공동체의 전통과 관례 및 공공선을 우선시하다가 결국은 개인의 자유를 부인하게 된다. 왜 자유주의자들은 개인의 자유를 중시하면서 공동체의 연대성을 깨트리게 되는가? 그 이유는 그들의 사회관이 계약론에 기초한 합성체적 사회관이기 때문이다. 사회를 합당한

25 W. Kymlicka, *Contemporary Political Philosophy*, 227쪽.

다원주의의 지배를 받는 자유로운 개인들 간의 합의 혹은 계약에 의해 만들어진 합성체로 보는 관점에서는 공동체의 연대성보다 개인의 자유가 우선한다. 그러면 왜 공동체주의자들은 공동체의 전통과 관례를 중시하다가 개인의 자유를 질식시키는가? 그 이유는 그들이 머릿속에 상정하고 있는 사회는 자유주의자들이 생각하는 합성체적 사회가 아니라 자연발생적으로 존재하는 유기체적 사회이기 때문이다. 유기체적 사회에서는 공공체의 공동선이 개인의 자유에 우선하는 것은 너무나 당연한 일이다. 자유주의자들과 공동체주의자들의 논쟁은 많은 부분 언어적 논쟁에 불과하다.[26]

공동체에 앞서거나 독립해서 자아가 존재할 수 없으며, 따라서 공동체로부터 거리를 두거나 그것을 비판하는 것도 불가능하다는 입장을 초지일관 밀어붙이는 공동체주의자는 없을 것이라고 말하면서,[27] 킴리카 역시 다음처럼 말한다.

> 우리는 그 안에서 우리 자신을 발견하는 역할들의 의미에 관한 질문들뿐만 아니라, 그것들의 가치에 관한 질문들도 이해하려 하며, 이해할 수 있기 때문에, 그러한 견해(구성적 애착에 우선하는 자아란 존재하지 않는다는 견해 : 필자 주)는 설득력이 떨어진다. 아마도 공동체주의자들은 그것을 부인하려 들지는 않을 것이다. 아마도 우리의 '끼워 넣어짐'embeddedness이라는 그들의 생각은, 우리가 그 속에서 우리 자신을 발견하게 되는 애착에 대한 우리들의 거부와 양립할 수 있을 것이다. 그렇다면 자유주의적 견해와 공동체주의적 견해를 대비시켜 광고하는 것은 기만이다. 왜냐하면 공동체주의자들이 우리를 공동의 역할들 속에 끼워 넣어져 있는 것으로 본다는 의미는 우리가 그것들로부터 독립적인 존재라고 보는 자유주의적 견해의 의미와 합치되며, 실천적 추론을 '자기발

---

26 이에 대한 자세한 논의는 제4장 참조.

27 W. Kymlicka, *Contemporary Political Philosophy*, 227쪽 참조.

견' 과정으로 보는 공동체주의의 견해의 의미는 실천적 추론을 판단과 선택의 과정으로 보는 자유주의적 의미와 합치하기 때문이다. 양자 간의 차이는 단순한 의미론상의 것이다.[28]

이런 이유에서, 최근 자유주의와 공동체주의의 논쟁은 상호 간에 접합점을 찾아가는 방식으로 진행되고 있다. 자유주의는 개인의 자유를 위해 공동체의 연대성을 희생시키고 있다는 공동체주의의 비판에 대해, 자유주의도 공동체의 연대성을 중시한다는 쪽으로 방어하고 있다. 그리고 공동체주의가 공동체의 연대성을 강조하면서 개인의 자유를 희생시키고 있다는 자유주의의 비판에 대해, 공동체주의도 개인의 자유를 소중하고 생각한다는 식으로 방어하고 있다.

신중한 자유주의도 분명 어떤 공동의 책임과 공유된 가치관shared values이 바람직한 사회에 있어서 필수적인 요소임을 인정하고 있으며, 신중한 공동체주의 역시 통합된 사회질서관 속에 진정한 개인성individuality의 여지를 남겨 두지 않을 수 없는 것이다.[29]

자유주의와 공동체주의 간의 논쟁은 양자 간의 갈등과 보완을 통해 공동체주의적인 자유주의로 발전해 가는 양상을 띠게 되는 것이다.[30]

---

28 W. Kymlicka, *Contemporary Political Philosophy*, 227-228쪽.

29 황경식, 『자유주의는 진화하는가』(서울 : 철학과 현실사, 2006), 45쪽.

30 황경식, 『자유주의는 진화하는가』, 59쪽. '공동체적 자유주의'에 대한 보다 자세한 논의는, Thomas A. Spragens, JR의 논문 "Communitarian Liberalism"(in : *New Communitarian Thinking*, ed. A. Etzioni, The University Press of Virginia, 1996), 37쪽 이하 참조.

사실 대표적 공동체주의자인 메킨타이어, 샌델, 테일러는 "자아의 정체성과 공동체의 구성적 결부를 논하면서 그것이 '부분적'으로만 그러하다는 것을 명백히 밝히고 있다."[31] 다시 말해서 그들도 공동체가 자아의 정체성을 부분적으로만 구성한다는 것을 인정하고 있다. 그렇다면 그 나머지 부분은 자유가 될 것이다. 자아의 무연고성을 부분적으로 인정하는 이런 주장이 가능하려면, 공동체주의자들은 자연발생적인 유기체적 사회관을 포기해야 한다. 자유주의자들도 그들 방식의 공동선에 대해 언급한다.

> 자유주의 정치에서도 마찬가지로 '공공선'은 존재한다. 자유주의 국가의 정책도 공동체 구성원들의 이익증진을 목표로 하기 때문이다. 정치적이고 경제적인 과정들—이 과정들에 의해서 개인적인 선호들이 사회의 선택 기능 안으로 결합된다—이 공동선을 결정하는 자유주의적 방식이다.[32]

만약 자유주의 국가에서도, 그 연대성이 형식주의적으로 이해된 것이건

---

31 박정순, 「자유주의의 건재」(철학연구회, 『철학연구』, 제45권, 1999), 22쪽. 이 인용문에서 등장하는 '구성적 결부'는 아마 'constitutive attachment'의 번역어로 보인다.

32 W. Kymlicka, *Contemporary Political Philosophy*, 220쪽. Stephen Holmes, "The Permanent Structure of Antiliberal Thought", in : *Liberalism and the Moral Life*(ed. N. Rosenblum, Cambridge, Mass. : Harvard University Press, 1989), 239-240쪽 참조. 물론 자유주의자들이 말하는 공동선은 공동체주의자들이 말하는 공동선과는 성격은 다르다. 전자는 보다 형식적이라면 후자는 보다 실질적이다. 예컨대 롤즈가 구상하는 국가의 공공선은 그가 『정의론』에서 주장하는 '정의의 실현'이 될 것이지만, 어떻게 행위하는 것이 정의의 실현인지 분명치가 않다. 이는 마치 칸트의 정언명법이 형식적인 도덕적 명령이어서 구체적인 삶의 현장에서 어떻게 행위하라는 것인지 분명치 않은 것과 비슷하다 하겠다. 칸트의 정언명법이나 롤즈의 정의 개념에는 맥락적 행위지침기능이 부족한 이유는 그것들이 형식적인 개념들이기 때문이다. 그러나 공동체주의자들이 말하는 공공선은, 구체적인 전통과 관례를 갖고 있는 특정 공동체가 받아들이고 있는 삶의 방식과의 관계 속에서 만들어지는 것이기에 실질적이며, 맥락적 행위지침기능이 충분하다.

실질주의적으로 이해된 것이건 간에, 어떤 형태의 연대성을 인정하다면, 자유주의자들은 계약론적 합성체적 사회관을 버려야 한다. 연대성은 전체를 부분의 합 이상이 되도록 만들어 주는 것인데, 합성적체 사회관의 관점을 고수하는 한 전체는 부분의 합 이상이라고 말할 수 없기 때문이다.

그러면 자유주의와 공동체주의가 이런 식으로 상호 접점을 찾을 수 있는 이론적 근거는 무엇인가? 필자는 사회가 합성체적이면서 동시에 유기체적인 측면을 갖고 있다는 사실에 그 이론적 근거가 있다고 생각한다. 이 말을 뒤집어 말하면, 자아는 연고적이면서 동시에 무연고적인 측면을 갖고 있다는 말이 된다. 필자는 제4장에 사회유기체설과 사회합성체설이 모순 대립관계를 형성하는 것이 아님을 일련의 논의 과정을 통해 밝힌 뒤, 다음처럼 주장했다.

> 사회를 '**개인에 앞서서 유기체적 합성체로서 존재하는 경향적 여건**'으로 정의하고자 한다. 이 경향적 여건이 극단적으로 강하게 되면 그 사회는 전체론적인 유기체적 사회가 될 것이고, 이 경향적 여건이 극단적으로 약할 경우 개인주의적인 합성체적 사회가 될 것이다. 전자의 사회의 예는 고대의 원시부족사회 같은 데서 찾아볼 수 있을 것이다. 그런데 아무리 경향적 여건이 강한 사회라 하더라도 그 사회와 개인의 관계는 유기체와 세포의 관계와 같을 수는 없다. 사회가 철저하게 유기체적인 것이라면, 사회가 개인의 의지·생각·도덕성을 결정한다는 사회결정론이 옳을 것이다. 사회가 철저하게 합성체적인 것이라면 개인자유론이 옳을 것이다. 그러나 사회는 유기체적 합성체요 합성체적 유기체이기 때문에, 극단적인 사회 결정론도 극단적인 개인자유론도 잘못이다.

필자는 또 제5장에서 다음처럼 주장했다.

사회(공동체)란 전적으로 유기체적인 것도 전적으로 합성체적인 것도 아니다. 물론 어떤 사회(아마존 부족사회)는 유기체성이 더 강하고 어떤 사회(현대 미국 사회)는 합성체성이 더 강할 것이다. 그럼에도 모든 사회는 합성체적인 측면과 유기체적인 측면을 다 갖고 있다. 따라서 개인의 자아 정체성도 연고적인 측면과 무연고적인 측면을 모두 갖고 있다. 자아가 일정 부분 연고적임은 사회가 일정 부분 유기체적이기 때문이다. 자아가 일정 부분 무연고적임은 사회가 일정 부분 합성체적이기 때문이다.

공동체주의자들이 이해하는 자유주의자들의 사회관은 합성체적 사회관이다. 그래서 공동체주의자들은 자유주의자들을 공격할 때, 자유주의적 자아의 추상성과 공허성과 형식성을 공격한다. 그러나 자유주의자들은 자신들이 생각하는 사회는 순수한 합성체적인 사회가 아니라, 유기체적인 요소도 포함하고 있으며, 자유주의적 사회에도 적지 않은 부분 연대성이 있다고 응수한다. 반면에 자유주의자들이 이해하는 공동체주의자들의 사회관은 유기체적 사회관이다. 그래서 자유주의자들은 공동체주의자들이 자아의 도덕성과 목표를 공동체가 결정하게 된다는 결정론으로 빠져든다고 비판한다. 그러나 공동체주의자들은 자신들이 생각하는 사회는 순수한 유기체적 사회가 아니라, 합성체적인 요소도 포함하고 있으며, 자아는 공동체로부터 거리를 둘 수 있으며 적지 않은 부분 자유롭다고 응수한다. 공동체주의와 자유주의의 논쟁은 결국 서로가 서로의 주장을 부분적으로 수용하면서 '합성체적이면서 동시에 유기체적인 사회관'과 '연고적이면서 동시에 무연고적인 자아관'을 수용하게 되었으며, 결국 '공동체적 자유주의'로 나아가고 있다.

모든 사람은 그가 속한 공동체의 역사와 전통, 지리적 토양과 문화 위에서 도덕적 삶을 시작할 수밖에 없으므로 자아는 연고적이며, 이 점에서는 공동체주의자가 옳다. 그럼에도 개인의 자유가 특정 공동체가 신봉하고 추구하는 공공선의 한계에 갇히지 않는다는 점에서는 무연고적이며, 이 점에서는 자유주의자가 옳다.

4. 공동체적 자유주의의 도덕교재관

지금까지의 논의에 기초하여 우리는 도덕교육에서 국가 중립성을 주장하는 자유주의도 잘못이고, 국가 혹은 공동체가 그 구성원들이 추구해야 할 공동선 및 그 구성원들이 가져야 할 가치관에 대해 배타적 권한을 갖는다는 공동체주의도 잘못이라고 말할 수 있겠다. 그렇다면 국가는 도덕교육에 어느 정도 관여해야 하는가? 어떤 사회의 도덕적 진리란 그 사회가 공동선의 실현을 위해 채택하고 있는 '비교적 변화가 느린 규범들의 다발'이다. 물론 이 '규범들의 다발'에는 한 사회가 추구하는 헌법적 가치를 포함하여 구성원들의 삶에 스며들어 있는 사회적 관례와 도덕적 당위들이 포함된다. 이런 것들은 적어도 그 공동체의 구성원들에게는 '잠정적인 도덕적 진리'이다.[33] 국가

33 '잠정적인 도덕적 진리'의 개념은 도덕상대주의와 도덕절대주의 간의 논쟁을 해결하기 위해 필자가 도입한 개념이다. 도덕상대주의와 도덕절대주의의 대립은 소위 형식논리학에서 말하는 모순대립이기에, 도덕은 상대적이든지 절대적이든지 둘 중에 하나이다. 그러나 이 양자의 논쟁을 이렇게 형식논리적으로 해결하려는 것은 잘못이다. 형식논리학은 변화하는 것을 다루는 논리가 아니기 때문이다. 그런데 도덕은 변화하는 것이다. 도덕이 상대적인 것인가 절대적인 것인가 하는 물음을 제대로 해결하려면, 우리는 시간을 고려해야 한다. 시간을 고려한다면, 우리는 도덕이란 것이 지역과 시대에 따라 다르기에 상대적이지만, 그 상대성은 폐쇄적이고 고정된 상대성이 아님을 알 수 있다. 즉 어느 시대 어느 지역이든, 변화의 속도에 완급은 있을지언정, 변하지 않는 도덕은 없다는 것이다. 그런데 이 변화가 모종의 보편성을 지향할 때, 그 상대성은 열린 상대주의가 된다. 그리고 '잠정적인 도덕적 진리'의 개념을 받아들인다는 것은 도덕의 문제가, 애커만 같은 주관적 자유주의자들이 주장과는 달리 개인적 선호의 문제라고 생각하지 않는다는 것이 되겠다. 도덕은 비록 '잠정적' 이란 한정어구가 앞에 붙어 있긴 하지만, 여전히 '진리'를 논할 수 있는 문제이기 때

는 구성원들에게 바로 이 잠정적인 도덕적 진리를 가르쳐야 한다. 올바른 도덕·윤리교육은 후세들에게 전수해 줄 한국사회의 가치관과 덕목 및 공공선에 대한 지식, 즉 잠정적인 도덕적 진리를 피교육자인 후세들로 하여금 반성적으로 내면화하게 만들고 또 그 지식을 행동으로 옮기게 하는 교육이다. 이런 관점에서 필자는 도덕교과서의 성격과 범위를 둘러싼 세 가지 문제를 살펴보고자 한다.

첫째로, 도덕과 교육의 목표가 제5차 교육과정에서 설정되었듯이 "바람직한 인간의 형성"이어야 하는지, 아니면 제7차 교육과정에서처럼 "바람직한 한국인의 형성"이어야 하는지의 문제가 있다.

> 뒤돌아보면 우리나라에 도덕과라는 하나의 독립적인 교과가 개설된 이래, 도덕과의 성격에 반대되는 의견들이 있어 왔으며, 그 가운데 대표적인 것은 도덕과가 바람직한 '인간'을 양성하기 위한 교과인가, 아니면 바람직한 한국인을 양성하기 위한 교과인가 하는 관점의 차이였다. 전자의 경우에는 인간의 보편적인 규범을 가르쳐야 한다고 생각하여, 인간 사회에 존재하는 최고선이나 최고 가치를 규명하고 이해시키는 데 도덕과 교육의 목적을 두어야 한다고 주장한다. 후자의 경우는 한국이라는 시·공간적, 문화·역사적 특성을 지닌 사회에서 실제로 대두되고 있는 도덕규범의 문제를 해결하는 데 도덕과 교육의 목적을 두어야 한다고 주장한다. … (중략) … 제6차와 이번 제7차 교육과정에서는 한국인의 양성에 역점을 둔 것이다.[34]

문이다. 커피를 마실 것인가 홍차를 마실 것인가 하는 개인적 선호의 문제로 사람들은 토론하지 않겠지만, 도덕의 문제는 얼마든지 토론의 대상이 될 수 있다. 바로 이 때문에 도덕교육은 반성적 내면화의 방법을 통해 이루어져야 하는 것이지, 주입식 내면화 즉 교화의 방법을 통해 이루어져서는 안 된다.

34 교육부, 『고등학교 교육과정 해설③』(서울 : 대한교과서주식회사, 1997), 21쪽.

전자는 자유주의적 보편주의의 입장에 서 있다면, 후자는 공동체주의적 특수주의의 입장을 갖고 있는 듯이 보인다. 우리 사회의 일부 도덕교사들은 사람들이 '바람직한 한국인'이란 용어에서 '한국적 민주주의'의 미명하에 인권탄압과 언론탄압을 했던 박정희 정권시절에 행해졌던 도덕교육의 잔재를 본다. 그러나 '바람직한 한국인'이란 말에서 유신의 그림자를 보게 되는 것은 마치 "자라 보고 놀란 마음 솥뚜껑 보고 놀란다"는 속담이 있듯, 이해되는 부분이 없지는 않으나 과민한 반응으로 보인다.[35] '전국도덕교사모임'은 '바람직한 인간 양성 대 바람직한 한국인 양성'의 대립구도에서 보편윤리를 가르쳐야 한다며 전자를 지지하였다. 전국도덕교사모임은 심지어 한국·중국·일본이 함께 사용할 수 있는 공동교과서를 만들어야 한다고 주장하기도 한다.[36] 그러나 우리가 앞서 그 정당성을 입증한 공동체적 자유주의의 관점에서 볼 때, 전국도덕교사모임의 주장은 잘못임을 즉각적으로 알 수 있다. 한중일 공동의 도덕교과서를 만들자는 제안은 황당하고 어처구니없는 제안이다.[37] 자유주의가 반완전주의anti-Perfectionism이고 공동체주의가 완전주의

---

35 김상봉이 대표적인 경우인데, 박정희의 유신독재 시절 이후 도덕교과서를 짓눌러 왔던 어용교과적 요소에 대한 신랄하고 설득적인 비판에도 불구하고, 유신시절과 전두환 정권시절의 도덕교육에 대해 타당한 비판을 그 이후의 도덕교육에 대해서도 적용함으로써 도덕교육계를 섬세하게 비판하지 못한 아쉬움을 남겼다. 이에 대해서는 『도덕교육 파시즘 : 노예도덕을 넘어서』(서울 : 도서출판 길, 2005)를 보라. '바람직한 인간 양성 대 바람직한 한국인 양성'의 대립구도에서, 후자를 '유신 이데올기로기를 주입식 교육으로 내면화한 인간'으로 해석한다면, 당연히 '바람직한 한국인 양성'을 도덕교육의 목표로 삼아서는 안 된다. 그런 교육은 김상봉의 주장대로 '노예교육'이 될 것이다.

36 이광연, 「'도덕과 교육과정 개정 영역 및 쟁점'에 대한 제언」(한국윤리교육학회, 2005년도 춘계학술대회 대회보), 14쪽.

37 한·중·일 공동의 도덕교과서를 만드는 것이 가능하다면, 남북한이 공동으로 사용할 수 있는 도덕교과서를 만들 수도 있을 것이다. 그렇다면 전 세계인이 같이 사용할 수 있는 도덕교과서를 만드는 것도 가능하다고 해야 할 것이다. 그러나 이런 주장이 얼마나 황당한 것인지는 설명이 필요 없다.

Perfectionism라면, 공동체적 자유주의는 불완전주의Imperfectionism라 할 수 있다. 불완전주의로서 공동체적 자유주의는 특정 공동체가 그 구성원들이 배워야 할 바람직한 삶의 방식에 대한 '잠정적인 도덕적 진리'들을 갖고 있다고 본다. '잠정적'이라는 말 속에 이미 공동체가 바람직한 삶의 방식에 대한 배타적 해석권을 갖고 있는 것도 아니고, 또 공동체의 공동선도 시간의 흐름에 따라 바뀔 수 있으며, 그 구성원들이 자신이 속한 공동체의 공공선과 생활습속과 사회적 관례들을 비판적으로 검토할 수 있다는 생각이 들어 있다. 포퍼K. Popper식으로 말하자면 '열린 사회'open society이다. 불완전주의로서 공동체적 자유주의에 입각한 도덕교육이 교육을 통해 도달하고자 하는 인간상은 다음과 같다. ①한국이라는 국가 공동체의 공동선과 역사와 사회적 관례를 반성적으로 내면화한 인간이다. ②반성적 방식의 가치 내면화를 통해 한국인으로서의 바람직한 시민의식, 연대성, 공동체에 대한 충성심을 가진 인간이다. ③한국사회라는 특수 공동체의 사회적 관례와 삶의 방식을 상황의 변화에 따라 합리적으로 자기교정self correcting함으로써 한국인으로서의 바람직한 시민의식, 연대성, 공동체에 대한 충성심(애국심)을 항상 새롭게 갱신할 수 있는 인간이다.

둘째로, 공동체적 자유주의의 입장에 선다면, 도덕교과서에 통일교육을 포함시켜야 하는가, 배제시켜야 하는가? 먼저 우리는 이 점을 분명히 해 둘 필요가 있겠다. 공동체의 공동선을 극대화할 수 있다면 국가가 도덕교과서를 만드는 일에 일정 부분 개입해야 한다는 것이 공동체적 자유주의의 입장이라 하더라도, 도덕·윤리교과가 국가 공공선의 문제를 독점할 수 있는 것은 아니라는 것이다. 공공선, 삶의 방식, 사회적 관례의 문제들은 단지 윤리학이나 도덕교과에서만 다룰 수 있는 문제가 아니다. 사회과에서도 다룰 수 있다. 1960년대의 반공교육이나 지금까지 중시되고 있는 통일교육은 분명히 한국사회의 공공선의 실현을 위해 필요한 교육이며, 공교육에서 실시되어야 한다. 지금까지 도덕과에서 그런 교육들을 맡아 왔지만 최근에는 도덕과에서 배제시켜야 한다는 주장이 강하게 제기되고 있다.

> 통일교육과 국가 안보교육은 우리 교과의 정체성과 관련해서 가장 많은 비판을 받고 있는 영역입니다. 이 성격 때문에 도덕과가 타 교과로부터 국책교과니, 이념교과니 하는 오명을 들어야 하고, 또 도덕교사들 자신도 원죄의식에서 벗어나기 어렵습니다.[38]

1970년대 도덕·윤리교사의 원죄는 유신독재를 미화하는 내용을 교육했다는 것이지, 통일교육과 안보교육을 했다는 것과는 무관하다. 통일교육과 안보교육을 한다는 이유만으로 교사가 원죄의식을 가져야 한다면, 그 교육을 사회과로 넘겨줄 경우 이번에는 사회과 교사들이 원죄의식을 가져야 할 것이다. 그런 교육은 한국사회의 공동선을 위해 필요하다. 그러므로 교과서에 통일교육과 안보교육 내용이 수록되어 있기에 잡동사니 도덕교과서가 되고, 그런 교육을 했다는 것이 교사의 수치가 되는 것은 아니다. 문제는 그 교육 내용이 윤리교과에 부합하느냐 부합하지 않느냐 하는 것이다. 통일교육과 안보교육을 하는 두 가지 교육방법을 생각해 볼 수 있는데, 하나는 규범학적-윤리학적 방식이고 다른 하나는 사실과학적-사회과학적 방식이다. 전자의 방식으로 행해졌다면, 그 교육을 도덕·윤리과에서 맡아 하는 것이 당연하다. 그러나 후자의 방식으로 행해졌다면, 그 교육은 사회과로 넘겨주는 것이 순리이다. 그러면 그 동안 우리 사회에서 도덕교과 내에서 실시해 온 통일교육과 안보교육은 어떤 방식으로 행해져 온 것인가? 이에 대한 자세하고 정확한 관찰 결과에 따르면, 많은 부분이 후자의 방식으로 행해졌다

---

38 이광연, 「'도덕과 교육과정 개정 영역 및 쟁점'에 대한 제언」, 15쪽.

는 것이 답이다.[39] 통일교육과 안보교육을 도덕교과가 계속해서 맡으려면 그 교육에 대한 규범학적-윤리학적 접근법을 동원해야 할 것이다. 당연한 말이지만 규범학적-윤리학적 접근법에 기초한 통일교육과 안보교육은 유신시대의 지배 이데올로기 주입교육으로서의 정치교육과도 다르고, 대학의 정치학과에서 행해지는 사회과학적 정치학교육과도 다르다.[40] 유신시대의 통일-안보교육이 강제적인 가치주입식 교육이라면, 정치학교육으로서의 통일-안보교육은 가치중립적 교육이지만, 공동체적 자유주의의 입장에서 권장하는 통일-안보교육은 통일과 안보라는 가치의 정당화 교육이다.

셋째로, 공동체적 자유주의의 입장에 선다면, 민주시민교육을 담당하는 사회과와 도덕과의 교육내용이 중첩되는 문제를 어떻게 해결할 것인가? 공동체주의는 아리스토텔레스의 예에서 보듯이 좋은 시민이 되는 것과 좋은 인간이 되는 것을 구분하지 않는다. 바로 그런 이유로 그는 정치학과 윤리학을 분리하지 않았다. 자유주의자들의 경우 시민교육은 공교육의 영역에서 다루지만, 어떤 가치관을 가질 것인가 하는 문제와 관련된 도덕교육은 개인들에게 맡겨 둔다. 자유주의는 정치학과 윤리학을 분리한다. 그러나 공동체적 자유주의는 좋은 시민과 좋은 인간은 일치하는 것은 아니지만, 많은 부분 겹친다고 생각한다. 이런 관점에 서면 좋은 시민을 육성하는 사회과 교육과 좋은 인간을 양성하는 도덕과 교육은 그 교육 주제에서 겹칠 수밖에 없다는

---

39 장영란, 「윤리교육에서의 정치철학적 주제와 목표」(『하이데거연구』, 21집 특별호, 2009), 80쪽 참조.

40 최근 검인정 체제에서 발간된 고등학교 『생활과 윤리』(서울 : 천재교육, 2012)의 통일교육 부분은, 이전의 고등학교 『도덕』 교과서(교육인적자원부, 서울 : 지학사, 2003)의 통일교육 부분에 비해 많이 개선되었음을 확인할 수 있다. 서울대학교 국정도서 편찬위원회에서 편찬한 이 『도덕』 교과서는 최악의 도덕교과서로 보이는데, 명색이 '도덕' 교과서임을 표방하면서, 책 분량의 반 정도가 통일 관련 내용으로 채워져 있다. 그것도 '민족분단과 남북한사회현실', '남북한 통일정책과 통일의 과제', '민족 공동체의 번영과 통일한국의 모습' 등 사회과에서 다루어야 할 내용들로 채워져 있다.

결론이 나온다. 그렇지만 같은 주제라도 도덕과는 규범과학의 관점에서 다루어야 하고 사회과는 사실과학의 관점에서 다루어야 한다. 그 반대가 되면 이는 두 교과의 정체성에 큰 혼란이 생기는 것이라 말할 수 있겠다. 사실과 당위의 이분법을 전제로 하여 필자가 제시하는, 도덕과와 사회과의 이런 역할 분담론에 대해 이런 의문을 제기하는 사람이 있을지 모르겠다.

> 사실과 가치의 이분법은 이론적으로는 그럴듯하지만, 현실적으로는 지켜지지 않는다. 도덕과의 교재내용들을 살펴보면, 가치만이 다루어지는 것이 아니고 사실의 문제도 다루어진다. 그리고 사회과의 교재내용들을 살펴보면, 거기서도 사실의 문제만이 다루어지는 것이 아니고 가치의 문제도 다루어진다.

물론 가치와 사실, 규범과학과 사실과학의 구분은 이론적으로는 그럴듯하지만, 현실에서 그 양자는 분리시켜 버리면 말이 안 되는 경우가 허다하다. 예컨대 누군가가 다음처럼 말했다고 하자.

> 한국인들은 약속시간을 잘 지키지 않는다. 그래서 '코리안 타임'이라는 말도 생겨났다. 이제는 그런 악습으로부터 벗어나 약속시간을 엄수하는 태도를 가져야 한다.

이 말에서 '이제는' 앞부분은 사회적 사실에 대한 진술이고, 뒷부분은 도덕적 태도에 대한 진술이다. 그런데 사실과 가치는 엄격하게 구분되기에, '이제는' 앞까지는 사회과에서 다루고, 그 뒤로는 도덕과에서 다루어야 한다면 우스꽝스런 주장이 될 것이다. 도덕과가 사회과에게 '사회과는 사실과학이니 규범에 대해서는 언급하지 말라'고 하는 것은 잘못이다. 이는 사회과가 도덕과에게 '도덕과는 규범학이니 사실에 대해 언급하지 말라'고 요구하는 것이 잘못인 것과 마찬가지다. 서로가 서로의 요구를 받아들이게 되면, 사회과는 "한국인들은 약속시간을 잘 지키지 않는다. 그래서 '코리안 타임'이라는 말도 생겨났다"는 말만 해야 한다. 그리고 도덕과는 "한국인은 '코리안 타임'의 악습으로부터 벗어나 약속시간을 엄수하는 태도를 길러야 한다"는 말만 해야 한다. 그러나 이는 도덕과나 사회과 양쪽 다에게 부자연스러운 일이다. 사실에 대해 언급하면서 가치를 언급하게 되고, 가치를 언급하면서 사실을 언급하게 되는 것은 자연스런 일이다. 그럼에도 불구하고 사회과와 도덕과가 앞서 언급된 그 진술을 다루는 방식은 다르다. 사회과는, 한국인들이 언제부터 약속시간을 잘 어기게 되었는지, 한국인의 몇 %가 그런지, '코리안 타임'이란 말은 언제 누가 만들었는지, 어느 연령대의 한국인이 약속시간을 가장 잘 안 지키는지, 그리고 약속시간을 엄수하지 않음으로써 외국인들과의 거래에서 어떤 손해를 봤는지 등등에 대해 사회과학적 분석을 하고 통계자료를 만들 수 있을 것이다. 비록 사회과가 약속시간 엄수의 태도에 대해 언급할 수 있겠지만, 어디까지나 그것은 사회과가 주안점을 두는 부분은 아니다. 그러나 도덕과는 사회과와는 정반대로 접근한다. 도덕과의 입장에서 보면, 사회과에서 중시하는 그런 분석과 통계는 그다지 중요하지 않다. 도덕과는 앞의 진술의 뒷부분에 관심을 집중시킨다. 약속시간을 엄수해야 하는 규범적 이유들에 대해 의무론적 윤리, 공리주의 윤리, 행복주의 윤리, 이기주의 윤리설 등등의 입장에서 분석하고 검토한다. 그리고 학생들로 하여금 대한민국이라는 공동체의 역사와 전통과 공공선에 잘 부합하는 방식으로 반성적 내면화 과정을 거치도록 한다. 그렇게 함으로써 '반성적 도덕적 행위자'를 길러 내려 한다. 때로는 두 교과가 공히 가치와 관련된 주제를 다룰 수도 있다. 예컨대 민주적 시민의 덕목에 대해 다룰 수 있다. 그렇지만 도덕교과는 그 덕목들에 대해 반성적 내면화의 관점에서 다루어야 하고, 사회과는 사회화의 관점에서 다루어야 한다.[41] 사회과에

41 필자가 이 대목에서 '다루어야 한다'는 당위적 표현법을 사용하는 이유는, 지금까지

서 즐겨 사용하는 가치 내면화 방식이 반성적 내면화가 아님은 사회과에서도 인정하고 있는 사실이다. "사회과에서 전통적으로 이루어졌던 가치교육의 방법은 특정한 가치의 주입inculcation 또는 교화indoctrination이다."[42]

이런 관점에서 본다면 사회과의 교육주제 중에 일부분이 도덕·윤리 교재의 교육주제로 등장하는 것은 자연스런 일이다. 그것으로 인하여 도덕교과

도덕과에서도 도덕사회화의 관점에서 가치를 주입식으로 교육해 온 경우가 허다함을 인정한다는 뜻이다. 바로 그 때문에 도덕과와 사회과는 가치교육에 관한 한, 주제와 교육방법의 유사성으로 인하여 구분이 잘 안 되었다.

42 박상준, 『사회과 교육의 이론과 실제』(서울 : 교육과학사, 2006), 209쪽. 필자는 이하에서(이하 『사회과 교육의 이론과 실제』에서의 인용은 쪽수만 명기함) 사회과가 가치를 다루는 방식이 주입식 내면화의 방식이지 반성적 내면화의 방식이 될 수 없음을 말해 보고자 한다. 사회과 내부에서는 사회과의 정체성에 대한 몇 가지 경쟁적인 견해가 있다. 첫째는 시민성 전달로서의 사회과이다. 둘째는 사회과학으로서의 사회과이다. 셋째는 반성적 탐구로서의 사회과이다.(67쪽) 사회과를 첫 번째 방식으로 이해했을 때, 사회과 교육의 목표는 훌륭한 시민을 육성하는 것인데, 훌륭한 시민의 모습은 그 사회에서 승인된 가치와 규범을 내면화하고, 사회규범에 복종하고 법과 규칙을 준수하는 인간이다.(73쪽) 이런 사회과는 가치문제를 다루게 되며, 특정 가치를 주입식으로 내면화시킨다. 사회과를 두 번째 방식으로 이해했을 때, 사회과 교육의 목표는 '꼬마 사회학자'를 양성하는 것이다. 꼬마 사회학자는 사회학자의 관점, 분석도구, 탐구방법, 사고방식 등을 습득한 학생으로 묘사된다.(92쪽) 이런 식으로 이해된 사회과는 객관성과 가치중립성을 중시하게 되기에 가급적 가치문제를 배제시키게 된다. 가치는 사회과학과 같은 실증과학이 다룰 수 있는 것이 아니라 생각하기 때문이다. 사회과를 세 번째 방식으로 이해했을 때, 사회과의 교육목표는 의사결정능력의 함양으로 규정된다.(110쪽) 이 입장은 가치 상대주의의 입장에 선다. 그리고 가치를 다룰 때 가치명료화 접근법을 선호한다. 그러다 보니 세 번째 견해를 따를 경우에는 앞의 두 방식과 달리 국가나 주(state) 차원의 공통교재를 만들지 않았다. 왜냐하면 "반성적 탐구로서의 사회과는 그 지역 학생들의 흥미와 필요에 기초하여 사회문제들을 구성해야 하기 때문"이었다.(112쪽) 이 세 가지 중에서, 예나 지금이나 사회과가 가장 선호하는 입장은 첫 번째 입장이다. 사회과는 사회과학과 구별되는데, 사회과학은 사회현상에 대한 과학적 설명이나 예측을 목표로 하지만, 사회과는 민주시민을 육성하는 것을 목표로 하기 때문이다.(21쪽) 그러므로 사회과는 자신의 정체성을 첫 번째 방식으로 규정하는 것이 불가피하며, 그런 한 사회과가 가치를 다루는 방식은 주입식 내면화의 방식이지 반성적 내면화의 방식이 될 수는 없는 것이다.

와 도덕교재의 정체성에 혼란이 오는 것으로 볼 필요는 없을 것이다.

5. 결론

지금까지의 논의를 요약하는 것으로 결론을 맺고자 한다. 공동체적 자유주의의 입장에 서면, 세상의 모든 국가공동체는 그 나름의 도덕교재를 만들어야 한다. 그리고 교육을 통해 각각의 공동체가 추구하는 공동선의 실현에 적합한 인간을 육성해야 한다. 당연히 도덕교재는 '바람직한 한국인'을 양성하는 데 적합한 방식으로 구성되어야 한다.[43] 따라서 통일과 시민적 덕성을 주제로 한 교육이 도덕교재 안에 포함되는 것이 허용될 수 있다. 그럼에도 불구하고 사회과가 공동체의 구성원들이 공유하는 가치들을 주입식으로 내면화한다면, 도덕과는 반성적으로 내면화시켜야 한다는 점에서 큰 차이가 있으며, 따라서 교육주제의 중첩성이 양 교과의 정체성을 뒤섞는 것은 아니다. 혹자는 도덕교육에서 '반성적 내면화'를 강조함으로써 도덕교육이 윤리학교육이 될 것이라고 걱정할지 모르겠다. 그러나 다양한 윤리사상과 가치들 간의 대립을 반성적으로 '검토'하는 것은 윤리학의 할 일이지만, 도덕과는 구성원들이 공유하는 가치들을 반성적으로 검토하는 것을 넘어서서, 후세들에게 반성적으로 '내면화'시킨다는 점에서 윤리학교육과는 다르다. 한국사회의 공유된 가치들, 즉 한국사회의 잠정적인 도덕적 진리들을 반성적으로 내면화한 '바람직한 한국인'은 자국중심주의와 세계시민주의라는 두 세계의 시민이다.

---

43 그러면 북한이 북한이라는 국가공동체의 공공선을 실현하기에 적합한 인간을 양성하는 것을 목표로 한 도덕교재를 만들어 교육하는 것도 정당한 것으로 인정해 주어야 하는가? 그러나 과연 북한의 독재자들이 제시하는 북한사회의 공공선이라는 것이 진정 북한 인민들의 공공선인지는 의심스럽다.

제2부

도덕·윤리교육의 현실과 나아갈 방향

제7장

도덕·윤리교육의 태생적 멍에와 그 위기구조

1. 서론

구소련 연방이 1991년 해체되고 동구권 공산국가들이 멸망하면서 수십 년간 지속되어 왔던 냉전체제가 종말을 고한 지 15년 가까이 되어 가고 있다. 그리고 내년이면 북한 개성에 100만 평 규모의 공단을 조성하여 남한 기업들이 입주하게 할 예정이라는 뉴스가 신문을 장식하고 있다.[1] 이런 시점에 도덕·윤리교육은 여전히 정체성 논란에 휩싸인 채 교육현장에서 학생들로부터 외면당하는 교과가 되어 가고 있다. 그 여파로 도덕·윤리교사가 국어나 일반사회 등의 연수를 받아 국어 교사 혹은 일반사회 교사로 바뀌기를 강요받으며, 종당에는 도덕·윤리교과가 폐지되는 것은 아닌지 걱정해야 한다는 것은 무척이나 가슴 답답해지는 이야기다.

도덕·윤리교육이 처해 있는 이런 위기 현실의 한복판에서 우리가 이 위기를 극복하기 위해서는 과연 도덕·윤리교육은 어떤 형태로 거듭나야 하는가

1 필자는 이 장에 해당하는 글을 2005년 4월에 발표하였다. 독자들은 이 점을 고려하여 읽어 주기 바란다.

를 살펴보는 것이 이 장의 목표다. 좀 더 구체적으로 말한다면, 필자는 먼저 도덕·윤리교육이 걸어온 지난 30년의 발자취를 개략적으로 살펴보면서 도덕·윤리교육을 출범시켰던 태생적 질곡에서 생겨난 두 가지 불문율적 가정이 시간의 흐름과 더불어 도덕·윤리교육계의 위기를 구조적으로 강화시키고 있음을 밝혀 보고자 한다. 도덕·윤리교육계의 자기반성을 촉구하는 차원에서 쓰는 것이기에 저어되는 바가 없는 것은 아니나, 결코 특정 학문 이기주의 차원에서 쓴 것이 아님을 분명히 해 두고 싶다.[2]

2. 윤리교육계를 지배하는 두 가지 불문율적 가정

중·고등학교와 대학에서의 도덕·윤리과 교육이 내우외환으로 말미암아 커다란 위기에 직면해 있다. 여기서 '내우'라 함은 1970년에 우리나라 대학에서 '국민윤리'라는 교과목이 교양강좌로 개설된 이래, 그리고 1979년에 전국에서 처음으로 경북대학교에 국민윤리교육과[3]가 설립된 이래 '국민윤리학'의 학문으로서의 정체성 문제와 '국민윤리학과'의 학과로서의 정체성 문제가 줄곧 문제되어 왔음에도 불구하고, 윤리교육계는 한번도 자신의 정체성을 자기 자신에게 명료하게 납득시킨 적이 없었다는 것이다.[4] 그야말로

2 필자가 '특정 학문 이기주의'를 언급한 것은 대학의 윤리교육과 내부에 상존해 왔던, 철학 교수와 정치학 교수 간의 갈등을 염두에 두고 있기 때문이다.

3 경북대학교의 경우는 1995년에 학과명칭을 윤리교육과로 바꾸었다. '국민'이라는 말이 '황국신민'의 준말이라는 이유로 '국민학교'도 '초등학교'로 바뀐 것이 오래전 일이건만, 그리고 고등학교 교재명칭에서도 '국민윤리'가 사라진 지 이미 한참 전이건만, 존재하지도 않는 '국민윤리학'을 연구하는 연구자들의 모임인 '국민윤리학회'가 아직까지도 존재한다는 것이 무엇을 의미하는지 곰곰이 생각해 볼 필요가 있을 것이다.

4 물론 고등학교나 대학에서의 '국민윤리' 교육이 정치교육으로 이해되기도 했다. 그러나 그럴 때조차도 '국민윤리' 교육은 북한에서 시행되었거나 시행되고 있는 바와

그 자신의 존재 이유가 끊임없이 그 자신에게 문제가 되었던 학문이요, 학과였다. 그럼에도 불구하고 대학의 교양 국민윤리는 권위주의 시대에 정권 차원의 지원을 받았던 국책 교과로서 모든 대학생들에게 투철한 국가관과 역사관 그리고 반공·멸공 이데올로기를 내면화시키기 위해 융단폭격식으로 교육되었다.[5] 이런 사정은 고등학교 '국민윤리' 교과의 경우도 마찬가지였다. 지배 이데올로기 주입이라는 신성한 역사적 사명을 감당한 대가로 박정희 정권은 '국민윤리학계'에다 인접 인문사회학계가 받지 못한 재정적 지원을 해 주었다.[6] 한번도 학계에서 그 정체성을 증명해 보인 적이 없는 유사학문인 '국민윤리학'의 외형적 전성기는 교양 국민윤리 강좌가 국책과목으로 지정되어 대학에서 교육이 시행되던 시절이었으며, 이 시절에는 외형적인 성공에 가려 통상 학제적 학문 혹은 종합학문으로 이해되었던 국민윤리학

같은 형식의 순수한 정치교육은 아니었다.

5 이와 관련하여 한국국민윤리학회에서 발간하는 『국민윤리연구』 제5호(1976년 8월)에 실린 윤원구의 논문 「대공전력(對共戰力)으로서의 국민윤리」는 국민윤리교육의 본래적 목표가 무엇이었는가 하는 의문에 대해 시사하는 바가 크다. 그리고 우리나라 초·중·고 도덕 윤리 교과서에 스며 있었던 군사주의와 전체주의적 국가이데올로기에 대한 비판적 분석을 한 글로는 윤구병의 「민족교육과 이념교육」(윤구병 편, 『교과서와 이데올로기』, 서울 : 천지, 1988)을 볼 것.

6 '국민윤리'가 어용과목이 아니며, 국민윤리학과가 어용학과가 아니라는 주장이 없는 바 아니지만, 설득력이 있어 보이지는 않는다. 고등학교 교과서에서 10월 유신이 찬양되었던 것이 사실인 마당에 어용교과가 아니라고 하는 것이 받아들여질지는 심히 의문이다. 1973년 제3차 교육과정 개정 시 도덕과가 최초로 하나의 정규교과로 자리 잡았는데, 그 당시 도덕을 하나의 정규교과로 설정한 이유는 "유신과업을 완수하기 위하여 한국 민주주의에 기반을 둔 도덕교육이 그 어느 때보다도 절실하게 강조되어야 함을 느꼈기" 때문이다.(「새 종합 교육과정 해설(도덕·국민윤리)」, 교학도서주식회사, 1977, 149쪽. 윤구병이 엮은 『교과서와 이데올로기』에 실린 조난심의 「도덕교과서 비판의 재검토」에서 재인용) 심지어 전두환 정권 시절에는 고등학교 교재 내용에 전두환의 12.12 쿠데타를 정당화하는 글도 실렸던 것으로 기억된다. (국민)윤리학과에 몸담고 있는 우리는 우리 학과의 태생적 한계를 인정해야 한다고 생각한다. 중요한 것은 과거가 아니고 미래가 아닌가.

이[7] 과연 학문으로 성립할 수 있는가 하는 본질적인 문제가 해결되지 않고 있었다는 것은 그리 큰 문제가 되지 않았던 것 같다. 물론 한국국민윤리학회의 기관지인 『국민윤리연구』에는 종종 국민윤리학을 학문으로 정립하려는 산발적인 시도를 보여 주는 글들이 실리긴 했지만, 돌이켜보건대 그것은 부질없는 시도였다. 왜냐하면 국민정신 세뇌(내면화)교육을 책임지는[8] 국민윤리학은 '국민교육헌장'에 명시된 대로, 모든 국민을 "반공·민주 정신에 투철한 애국 애족" 정신으로 무장시켜, 국가와 민족의 무궁한 발전을 이루는 것 혹은 그 방법을 제시하는 것이 근본이념이었다. 이 이념을 이론적으로 정당화하고 알아듣기 쉽게 설명하며, 또 실현하기 위해서는 모든 인문사회과학적 지식을 끌어와 이것들을 유기적으로 조직하고 체계화해야 하는데, 탐구방법론을 달리하는 두 부류의 학문, 즉 윤리학과 같은 규범학을 여타의 사실과학과 유기적으로 결합하는 것은 쇠로 된 나무를 만든 것이나 마찬가지였기 때문이다. 결과적으로 만들어진 국민윤리 관련 교재들은 고등학교 교재건 대학의 교재건 한결같이 종합 학문으로서의 면모를 유감없이 드러내 보였지만, 종합의 근본원리는 그 어디에서도 발견할 수 없었다. 그것은 종합이 아니라 무원칙한 나열이었다.[9] 지금까지의 논의를 통해 알 수 있는 일이

---

7 박용헌은 "국민공동생활의 원리와 현상을 연구대상으로 삼고자 하는 국민윤리학은 기존의 규범학과 사회과학의 거의 모든 학문들과 직접 간접으로 관련을 갖게 된다"고 말한 뒤, 그중 특별히 철학, 윤리학, 사회학, 정치학, 경제학, 인류학, 역사학, 심리학, 교육학이 국민윤리학과 관계가 더 많다고 말한다.(한국국민윤리학회 편, 『국민윤리학개론』, 서울 : 형설출판사, 1987, 30쪽)

8 국민윤리교육에 종사하는 사람들 중에 혹자는 국민윤리교육은 단순한 지식교육이 아닌 정신교육이요 가치관 교육이라고 한다. 이는 마치 사관학교가 그 생도들에게 외부로부터의 강제에 의한 의식화·내면화 교육을 시키듯이, 혹은 사이비 종교집단의 교주가 신자들에게 모종의 세뇌교육을 시키듯이 교육을 시켜야 함을 암시하는 셈이다. 그러나 설령 아무리 좋은 내용이라도 그런 식의 의식화 교육은 결국 교화주의(indoctrination)의 문제점으로부터 자유롭지 못할 것이다.

9 류인희는 「수단화된 도덕교육과 비주체성 문제」에서 정권담당자들이 도덕교과를

지만, 도덕·윤리교육계를 지배하는 첫 번째 가정은 도덕·윤리교육은 정치교육이라는 것이다. 정치교육으로 이해된 국민윤리교육은 곧 국민정신교육이었다. 두 번째 근본적인 가정은 도덕·윤리교육은 학제적 교과라는 것이다. 이와 관련하여 다음의 말을 주목할 필요가 있다.

> 도덕·윤리교과의 경우에는 어떤 전통적인 학문의 한 영역에서 비롯된 것이 아니고 우리나라의 특수한 여건에서 개설된 것이며, **또 학제적 접근 interdisciplinary을 취하고 있기 때문에 그 정당성을 학문 체제와의 일치에서 찾기보다는 개인적 필요성 및 국가·사회적 요구에서 찾게 된다고 하겠다.** 그런 점에서 보면 도덕·윤리교육과는 공교육의 사회적 목적의 제일 대표되는 사회유지의 목적, 즉 "사회의 바람직한 가치, 규범 및 신념을 계속 활용할 수 있도록 그 조건들을 영속화시키기 위하여 학교가 추구하는 사회적 목적에 제대로 부합되는 것"이라고 할 수 있다.[10]

도덕·윤리교육의 정당성을 국가·사회적 요구에서 찾음으로써 도덕·윤리

정권의 홍보 수단으로 이용하면서 도덕을 잡동사니 박물학으로 만들었다고 지적한 뒤, 다음처럼 말한다. "이와 같은 수단화 방편화 경향은 급기야 도덕을 잡동사니 박물학으로 만드는 데로 돌아가고 말았으니, 그 상징물이 고등학교 '국민윤리'이다. 현행 고등학교 '국민윤리'에는 인간, 가치관, 전통사상, 전래사상, 서양철학사, 예술, 과학, 종교, 현대사회 등 사회학, 국가관 등 정치학, 그리고 공산주의의 본질, 북한 공산주의 등이 실려 있어 종합예술(?)의 극치를 이루고 있다. 이것은 아이러니컬하게도 조국통일과 새 역사 창조로 마무리되었다."(윤구병 편, 『교과서와 이데올로기』, 147쪽) 필자는 도덕의 수단화가 도덕의 박물화를 초래했다는 류인희의 분석에는 동의하지 않지만, 최근 몇 년 전까지도 사용되었던 고등학교 「국민윤리」 교과서가 한 나라의 국정 교과서로 내놓기에는 부끄러울 정도로 혼잡스러웠다는 점은 인정하지 않을 수 없다고 생각한다. 제7차 교육과정이 시행되고 있는 현재에도 4종의 윤리 관련 교과서도 적지 않게 혼잡스럽다.

10 정세구, 「도덕·윤리교육학 정립을 위한 접근법」(한국도덕·윤리과교육학회, 『도덕·윤리교과교육학 개론』, 서울 : 교육과학사, 1999), 5쪽. 강조는 필자에 의함.

교과가 여전히 어용교과라는 오해를 불러일으킬 소지가 있는 이런 견해에 의하면, (국민)윤리교과는 학제적 접근이라는 가정과 (국민)윤리교육은 정치교육이라는 가정이 불가분리적인 관계를 맺고 있는 것이 된다. 그 불가분리성이 논리적으로 잘 이해가 되지 않지만, 필자는 이하에서 윤리교육계를 지배하는 이 두 가지 불문율적 가정이 윤리교육계의 위기를 어떻게 심화시켜 왔는가를 차례로 살펴보고자 한다.

3. 첫 번째 위기 : 대학의 교양필수 과목에서 교양선택 과목으로

비록 자신의 학문적 정체성도 확립하지 못한 내빈(內賓)의 유사학문이지만 국책과목으로서 외화(外華)했던 덕에 별 타격 없이 굴러가던 (국민)윤리학계가 첫 번째 외환(外患)을 맞이한 것은 교양필수 과목이었던 몇몇 국책과목들과 함께 교양선택 과목이 되면서부터였다. 교양선택이 된 때가 시기적으로 박정희, 전두환, 노태우로 이어지는 군사정권이 끝나 갈 무렵임을 유념할 필요가 있다.[11] 일반적으로 사람들이 '국민윤리'를 군사독재정권이 정통성 없는 자신들의 입장을 정당화하는 데 이용하는 어용교과로 간주하던 시절, 민주화에 대한 사람들의 요구 중 대학 국민윤리를 없애라는 요구가 있었으나, 이미 대학에 다수의 국민윤리교육과가 만들어져 있고 고등학교에 수많은 국민윤리 교사가 자리 잡고 있는 현실에서 그런 극단적인 주장이 통

---

11 사실 노태우 대통령 시절에 고등학교 교육과정에서 국민윤리를 없애 버리려는 시도가 있었다. 제6차 교육과정에서는 고등학교 국민윤리가 없어질 위기에 처했었으나, 그 때 경북대학교에 재직 중이던 고 박인희 교수가 당시 대통령의 처남인 김익동 경북대학교 총장을 통해 노태우 대통령에게 직접 부탁하는 방식으로 그 위기를 모면한 것으로 알고 있다.

할 수는 없었다. 1989년에 경북대학교에서는 이미 교양 국민윤리교과가 필수과목이 아니었다. 그러나 대학의 교양 국민윤리가 선택과목이 되고, 이런 저런 국가시험의 필수과목 목록에서 빠졌다고 해서 당장 (국민)윤리학계가 큰 고통을 당하게 된 것은 아니었다. 필수에서 선택으로 바뀌면서 가장 큰 타격을 받은 곳은 전문대학이었다. 교양 국민윤리 강의를 담당하던 기존의 교수들은 직업윤리를 강의하는 방식으로 1차 시련에 대처했다. 그러나 곧이어 정부의 지원이 끊어지면서 겨우 명맥을 유지해 오던 국민윤리학회의 각 지방 지회들이 문을 닫기 시작했다. 첫 번째 외환을 미리 감지한 정세구는 이에 대한 대책을 다음처럼 제시했다. 먼저 교과 외적인 측면에서 대략 세 가지 대비책을 제시했으며, 그 다음에 교과 그 자체의 내실화를 통한 대비책을 세 가지 제시했다. 먼저 교과 외적인 측면에서 교양 국민윤리과목의 선택과목화나 폐지를 막아 내는 대책은 다음과 같다. 첫째로 그 과목을 가르치는 우리들이 과목의 목적과 정당성에 대한 분명한 소신을 가져야 한다. 둘째로 국민윤리에 대해 적대적인 사람들이 갖고 있는 적대감의 원인을 잘 파악하여 그들의 잘못된 인식을 고쳐 주어야 한다. 그리고 국민윤리교과에 대한 우군을 만들기 위해 인접학문분야 교수들의 참여를 유도한다. 셋째로 국민윤리교과목이 축소된 형태로라도 필수교과의 자리에서 물러나지 않도록 해야 한다.[12] 이는 전후학기 2학점 필수과목으로 존속하는 것을 고집할 것이 아니라, 한 학기 3학점짜리 혹은 한 학기 2학점짜리 과목이 되더라도 필수교양이 되는 길을 모색해야 한다는 뜻으로 풀이된다. 다음으로 교과목 자체의 내실화를 통한 대비책으로 그는 세 가지 대책을 제시한다. 첫째로 국민윤리교과교육의 개선을 위한 종합적 시각과 접근이 필요하다. 국민윤리교육의 내

12 정세구, 「국민윤리교육의 교과운영에 관한 고찰」(한국국민윤리학회, 『국민윤리연구』, 제28호, 1989. 9.), 238-240쪽 참조.

실화를 위해 고려되어야 할 8가지 요소로는 목표, 내용, 지도방법, 평가, 교·강사 교육, 인접교과활동 및 교과 외 활동, 교육 풍토 및 환경, 지원·관리 체계가 있다. 둘째로 국민윤리교과교육의 특수성을 부각시키면서 실제 목표나 내용 등을 구성하여야 한다. 그의 진단에 의하면 그때까지의 국민윤리교육은 국민들을 위한 일반적인 윤리교육이었지 미래의 사회지도층으로서의 대학생들을 위한 윤리 교육적 성격이 부각되지 않았다는 것이다. 즉 대학생들로 하여금 일반국민들을 위해 헌신하고 봉사하는 윤리적 자세를 가지도록 교육시켜야 한다는 것이다. 셋째로 국민윤리교육은 단순한 지식교육이 아니라 정의적 차원의 교육이기도 하기 때문에 지도방법상의 개선이 이루어져야 한다. 그리고 학생들이 정의적 차원에서 변하도록 하려면 강좌당 수강생 수를 적절하게 줄여야 한다.[13]

국민윤리과목의 폐지 혹은 선택과목화라는 1차 외환에 대한 이러한 대비책은 국민윤리교과를 존속시키려는 그 나름의 충정을 담고 있음에도 불구하고, 필자가 보기에는 임시방편적이고 피상적인 대비책으로 보인다. 국민윤리교과의 폐지 혹은 선택과목화가 거론되었던 이유는 시대상황의 변화로 말미암아 더 이상 정권을 편드는 국책교과가 필요 없게 되었기 때문이거나 혹은 성숙해 가는 시민사회가 더 이상 그런 어용교과를 용납하지 않기 때문일 것이다. 그렇다면 우리가 궁리해야 할 방향은 도덕교육의 방향을 근본에서부터 재검토하는 일이다. 그럼에도 불구하고 정세구의 대책에는 그런 고민이 전혀 보이지 않았던 것 같다. 그는 오히려 국민정신교육 혹은 정치교육으로서의 국민윤리교육을 더 강화하는 식으로 사태를 해결하려 하고 있다. 그는 국민윤리교과에서 중요한 것은 단순한 지식의 습득이 아니라 신념이나 가치관의 내면화임을 강조한 뒤 다음처럼 말한다.

---

13 정세구, 「국민윤리교육의 교과운영에 관한 고찰」, 242-243쪽 참조.

교과목의 명칭을 변경하는 것은 좀 더 신중하게 생각하여야 할 것입니다. '국민윤리'라는 교과목의 명칭이 좋지 않은 이미지를 줄 수 있다고 생각하여 다른 여러 개의 교과 명칭으로 분리하여 가르칠 경우 그것은 '국민윤리' 본래의 통합적 목적에 부합되지 않을 가능성이 높기 때문입니다.[14]

4. 두 번째 위기 : 구소련의 멸망과 냉전의 종식

국민윤리교과에 닥친 두 번째 외환은 세계사적 변화와 맞물려 다가왔다. 그것은 다름 아닌 미소냉전체제의 종식과 더불어 불어닥친 세계화의 바람을 타고 날아왔다. 세계화는 더 이상 특정 이데올로기는 주입하고 특정 이데올로기는 비판하는 이데올로기 교육으로서의 국민윤리교육, 혹은 특정 정권을 옹호하는 정치교육으로서의 국민윤리교육을 허용하지 않았다. 더 이상 그럴 필요가 없어진 것이다. 이런 세계사적 변화가 일어나고 있었음에도 불구하고, 그런 변화의 와중에서 국민윤리교육이 어느 방향으로 나아가야 하는지에 대한 학회 차원의 그 흔한 학술대회 한 번 열리지 않았던 것으로 기억된다. 소련이 망한 뒤에도 소련 헌법에 대한 강의가 이루어진 시대착오적인 국민윤리학과가 있다면 웃음거리가 될 것이다. 그러나 더 재미난 것은 세계화와 신자유주의가 전 세계를 강타하고 있는 지금 이 시점에도 국내적으로는 유신시대이자 세계사적으로는 냉전시대에 만들어진 '국민윤리학'이란 용어가 사용되고 있다는 것이다. 그것도 한 번도 그 학문적 정체성을 증명하지 못한 상태로. 우리는 김영삼 정권 시절을 거치면서 더 이상 정치교육으로서의 국민윤리교육으로는 되돌아갈 수 없는 강을 건넜다.

---

14 정세구, 「국민윤리교육의 교과운영에 관한 고찰」, 239쪽.

이것을 인식하는 것이 매우 중요하다. 그때 이미 늦었지만, 그때부터라도 우리 교과가 나아가야 할 새로운 길을 모색했어야 했다. 새로운 길을 모색하지 않으면 폐지될 위험에 처했으면서도, 새로운 길을 모색하지 않고 과거의 타성에 따라 살겠다는 것은 만성적 자살 행위가 될 것이다. 냉전시대에는 비록 어용교과라는 욕을 먹었을지언정 어쨌든 정권 차원에서 보면 국민윤리교과는 유용한 것이었으며, 비록 학적 정체성은 확립되지 않았다 하더라도 그 존재 이유가 분명히 있었다. 그러나 세계화 시대가 되자 과거에는 통했던 그 존재 이유, 과거에는 정권의 담당자들이 인정해 주었던 그 유용성이 시효만료가 되어 버렸다. 이제 정치교육 혹은 이데올로기교육으로서의 국민윤리교육의 시효가 끝난 뒤, 우리는 우리의 존재 이유를 대내외적으로 증명해 보였어야 했으며, 도덕·윤리교육의 무용론을 근거로 폐지를 외치는 반대자들에게 도덕·윤리교육의 유용성을 증명해 보였어야 했다. 적어도 그런 증명을 위해 학계 차원의 노력이 있어야만 했다. 그러나 새로운 길이 진지하게 모색되어야 했음에도 불구하고 그렇게 되지 못한 주된 이유는 무엇인가? 대학의 (국민)윤리학과 교수진들의 구성상의 특수성이 그런 진지한 모색을 방해했다는 것이 필자의 진단이다. 공부한 이력과 학문방법론을 달리하는 두 부류의 교수 집단 간에 감지되는 미묘한 분위기 속에서 그런 민감한 문제를 공론화시켜 다루는 것은 학과를 두 동강 내고 학회를 두 동강 내는 일이 될 것이다. 그러니 덮어 두는 것이 상책이라는 자조적인 무관심주의가 지배하게 된 것이다. "교육의 본질은 사람을 사람답게 기르는 데 있으며, 도덕교육이야말로 모든 교육의 핵심이라는 신념을 갖고 있는" 한 사람의 윤리학 전공 교수가 고등학교 국민윤리교과서가 정치 및 반공 교육에 치중되어 있음으로 말미암아 제대로 된 도덕·교육이 안 되고 있음을 지적하면서, 이를 진작부터 "표현하고 싶으나 감히 못하고 있는 것을 학자의 충정을 가지고" 말한다는 부연설명을 달아야 했던 것이 한국 도덕·윤리 학계의 현실이었다.[15] 사실 필자 역시 학자의 충정을 거론한 바로 그 교수의 충정으로 이 글을 쓰고 있다.

김영삼 정권 시절에 우리가 도덕·윤리교육의 존재 이유를 우리 스스로에게뿐만 아니라 다른 이들에게도 증명해 줄 수 있는 방향으로 나아갔더라면, 세 번째 외환은 오지 않았을 것이다. 이데올로기 교육으로서의 국민윤리교육 시절에는 비록 학문 내적 체질은 약했지만 워낙 강력한 정권적 차원의 외적 보호막이 있었기에, 국민윤리교과를 다른 학과에서 함부로 건드리지 못했다. 그러나 이제 그 보호막이 벗겨지자 교육학과가 도덕·윤리교육의 본래 주인임을 자처하고 나섰다. 교육학계의 공격은 두 방향에서 진행되었다. 하나는 도덕·윤리교육에 대한 소유권의 일부를 윤리교육과로부터 찬탈하려는 파들이 있었다. 다른 하나는 인성교육론자들이다. 찬탈파들은 도덕·윤리교과 폐지론자들이 아니다. 그러나 인성교육론자들은 폐지론자들이다. 찬탈파의 첨병 역할을 했던 사람이 박부권이다.[16] 그리고 그 배후에 그 당시 교육부장관이었던 문용린이 있었다.[17] 박부권은 처음에는 찬탈파였으나 나중에 폐지론에 가담한다.[18] 사실 교육학계가 5년 내지 7, 8년, 길게는 10년마

15 진교훈, 「윤리학의 시각에서 본 고등학교 국민윤리교육의 문제점과 그 대책에 관한 소고」(한국교육개발원, 『고교 국민윤리교육과정 개정을 위한 세미나』 발표원고, 1987 미간. 윤구병이 엮은 『교과서와 이데올로기』에 실린 조난심의 「도덕교과서 비판의 재검토」에서 재인용)

16 박부권은 "도덕·윤리의 본질을 밝히는 철학의 논리와 도덕·윤리성의 형성에 초점을 두고 있는 교육의 논리는 그 구조부터가 다르다"(『교수신문』, 2000. 6. 19.)고 말하면서 교육학과 출신자들도 도덕·윤리교사가 될 수 있음을 주장한다. 그러나 그의 주장에 따르면, 교육학과 출신자들은 도덕·윤리의 본질도 모르면서 도덕·윤리를 가르치는 것이 될 것이다. 말하자면 '윤리학' 없는 '윤리 교육'이 실시될 것이다.

17 이에 관련하여 이 책의 36쪽 이하를 참조하라.

18 박부권 교수는 2000년 7월 3일 자 『교수신문』에 투고한 글 「담당주체 논의 앞서 과목존폐여부 따져야」에서 도덕·윤리교과를 없애 버릴 것을 제안한다. 못 먹는 밥에 재 뿌리기 전법으로 나간 것이다.

다 이루어지는 교육과정 개정 시에[19] 매우 막강한 권력을 행사한다는 것은 삼척동자도 다 알고 있는 사실이다. 그처럼 힘이 센 교육학계가 옛날의 연고를 들먹거리며 교육학과에서도 윤리교사 자격증을 받아 갈 수 있도록 만들려 했다. 그러자 마찬가지로 윤리교육과 옛 연고가 있는 철학과 교수들이 교육학과 교수들을 대대적으로 규탄하면서, 도덕·윤리교육의 주체는 철학과여야 한다는 주장을 한다.[20] 그러면 교육학과가 도덕·윤리교육의 중심학과가 되어야 한다고 생각하는 근거는 무엇인가? 초등학교의 경우 가르쳐야 할 도덕교과의 내용은 매우 뻔한 것들이다. 이런 것들을 효과적으로 가르칠 수 있는 학과는 어려운 개념 놀음이나 하고 있는 철학과가 아니라 다양한 교육 기법을 알고 있는 교육학과이다. 박부권의 말대로 "도덕·윤리성의 형성에 초점을 두고 있는 교육의 논리"는 이것이다. 그러나 박부권은 거짓말해서는 안 된다는 것은 확인된 진리이며, 이것을 다양한 교육기법을 동원하여 학생들에게 내면화시키는 것을 도덕교육이라고 생각하고 있다. 그러나 '거짓말해서는 안 된다는 것은 확인된 진리'인지는 매우 의심스럽다. 우리는 친구의 생명을 구하기 위해 거짓말을 할 수도 있다. 초등학생들을 상대로 도덕교육을 한다는 것은 단지 다양한 교육기법을 동원하여 그들을 정직한 기계 혹은 기계적으로 정직한 인간으로 만드는 것이 아니다. 비록 초등학생들을 상

---

19 참고로 아래에 교육과정 개편 연도를 적어 둔다.
제1차 교육과정(1955년 제정)
제2차 교육과정(1963년 제정)
제3차 교육과정(1973년 제정)
제4차 교육과정(1981년 제정)
제5차 교육과정(1987년 제정)
제6차 교육과정(1992년 제정)
제7차 교육과정(1997년 제정)

20 이에 대해서는 『철학비평』 제4호(2000년 6월, 세종출판사)와 전국철학교육자연합대회의에서 펴낸 『한국 「도덕·윤리」교육 백서』(서울 : 한울, 2001)를 보라.

대로 한 도덕교육이라 하더라도 왜 거짓말하는 것이 나쁜지, 그리고 거짓말은 항상 나쁜 것인지 등등에 대해 그들 수준에서 반성적으로 사유해 보게 하는 것이 대단히 중요하다. 그러므로 도덕·윤리교사는 교육기법만 알고 있다고 할 수 있는 것이 아니다. 박부권은 교육학과가 학생들의 도덕성을 더 잘 형성할 수 있다고 말하지만, 도덕성이란 무엇인가 하는 문제에 대해 대답하지 못한다. 그렇다면 "도덕·윤리성의 형성에 초점을 두고 있는 교육의 논리"를 앞세워 도덕·윤리교육의 담당주체는 교육학과가 되어야 한다는 주장은 참으로 허무맹랑한 주장이라 아니할 수 없다.

두 번째로 인성교육론자들의 공격을 살펴볼 필요가 있다. 인성교육론자들의 주장에 의하면 도덕·윤리교육의 근본적인 목표는 도덕적으로 행동하는 인간을 길러 내는 것인데, 지금까지의 도덕교육은 그 목표를 달성하지 못했다. 제6차 교육과정 때의 현실이지만 중·고등학교의 경우 주당 1-2시간씩 시행되는 교과 중심의 도덕교육을 통해 도덕적인 인간을 육성하는 것은 불가능하다는 진단 하에서 교과 중심 즉 지식 중심의 도덕교육을 폐지하고, 그 대신 모든 교과를 통해 인성을 육성하는 전방위적 교육을 실시해야 한다고 주장했다. 이들 인성교육론자들의 주장에 의하면 학생들의 인성을 함양하기 위해서는 국어, 미술, 음악, 체육 등등의 과목들은 말할 것도 없고 심지어 생물, 기술 과목들도 활용될 수 있다고 한다.[21] 인성교육론자들의 주장을 따라가면 인성교육과 무관한 것은 아무것도 없다는 희한한 사실을 알게 된다. 그렇다면 정신과 의사나, 작곡가나 가수와 같은 음악가들, 미술가들, 극한적 고통을 견뎌 내게 만들어 씩씩하고 담력 있는 인간을 만드는 유격부대 조교, 야구 감독이나 코치 및 선수 등등 이 모두가 인성교육가들이 될 것이다. 그러나 모든 것과 다 관련된 인성교육은 결국 아무것과도 관련이 없는 것이나

21 이에 대해서는 『인성교육』(한국교육학회, 서울 : 문음사, 1998), 246쪽 이하 참조.

마찬가지이다. 뿐만 아니라 인성교육론자들은 아동 혹은 학생들을 심리학적 조작대상으로 간주함으로써, 오히려 학생들이 자율적 인격체로 성장해 가는 것을 방해하는 교육이 될 가능성이 있다.

5. 세 번째 위기 : 고등학교 교육과정에서 선택과목화

도덕·윤리교육계를 강타한 세 번째 외환은 1997년에 확정된 제7차 교육과정에서 고등학교에서도 선택과목으로 지정되면서 시작되었다. 교육부에서 펴낸 고등학교 도덕·윤리교육과정에 대한 해설서를 보면, 제7차 교육과정 개정 시 도덕과 교육과정 개정작업에 관여했던 사람들이 중점을 두었던 것이 4가지로 정리되어 있다. ①선택과목의 운영 ②행동실천의 강화 ③교과의 타당성 제고 ④교과 교육과정의 체계성 확립이 그것이다.[22] 그중 우리의 눈을 붙잡는 것은 ①선택과목의 운영이다. 이에 대해 해설서는 다음과 같이 설명하고 있다.

> 고등학교 도덕과는 제7차 교육과정에서 많은 변화를 가지게 되었다. 교과 명칭이 '윤리'에서 '도덕'으로 변경된 것과 함께, 단일 교과목인 '윤리'로 고1에서 고3까지 운영하던 것을 고1에서 국민 공통 기본 교과인 '도덕', 그리고 고2-고3 학년에서 일반 선택과목인 '시민윤리', 그리고 심화선택과목인 '윤리와 사상'과 '전통윤리'를 운영하게 되었다. 이와 같은 선택교과의 운영은 물론 교과 쪽에서 발의한 것이 아니고, 총론팀의 요청에 따라 교과 쪽이 응한 것이었지만 수준별 교

22 교육부, 『고등학교 교육과정 해설③』(서울 : 대한교과서 주식회사, 이우용·정세구·추병완·차우규·오종석), 15-19쪽 참조.

육과정의 운영은 학습자 위주의 교수·학습 운영이라는 교육학적으로 타당한 근거를 가지고 있었기 때문에 '도덕'교과 쪽에서 따라가지 않을 수 없었다.[23]

고등학교에서 '윤리'가 선택과목이 되면서, 마치 대학에서 '국민윤리'가 선택과목이 될 때 경험했던 것과 유사한 현상이 발생하게 시작했다.[24] 사회과의 다른 과목과 비교해서 윤리가 경쟁력을 갖지 못해 윤리를 선택하는 학생들이 많지 않다는 것이다. 그러면 경쟁력을 갖지 못하게 된 원인은 무엇인가? 이와 관련하여 신동수는 "현재 고등학교 교육과정은 대학입시와 밀접한 관계를 맺고 있기에 심화선택과목을 중심으로 학교교육과정이 편성될 수 밖에 없는 실정"임을 지적한 뒤, 다음과 같은 심각한 의문을 제기한다.

> 따라서 대학 입시에 윤리교과가 필요 없다면 일선 인문계 고등학교의 경우 선택과목에서 윤리 교과는 점차 배제되고 말 것이다. … (중략) … 처음 제7차 교육과정이 확정되었을 때는 크게 윤리교과에 영향을 줄 것이 없다고 안이하게 생각을 하고 있었는데, 위와 같은 2005학년도 수능 개편안을 보면서 하나의 의문이 생겼다. 누가 윤리교과를 다른 교과와 달리 두 과목을 이수해야만 한 과목으로 수능에 응시할 수 있도록 만들어 놓았을까? 윤리과 교수님들일까? 아니면 교육인적자원부일까? … (중략) … 어느 쪽이 정답인지는 모르겠지만, 결과적으로 2005학년도 수능 개편안은 학생들에게 수능에서 윤리교과를 기피하

23 교육부, 『고등학교 교육과정 해설③』, 15쪽.

24 대학에서 국민윤리가 필수에서 선택이 됨으로써 전문대학에서 국민윤리가 없어져 박사과정을 두고 있는 (국민)윤리과에서 제자들을 취직시킬 수 있는 길이 크게 막혀 버리는 타격을 받았다. 그러나 이는 윤리교육과의 존폐에 관계된 문제는 아니었다. 그런데 이제 고등학교에서 윤리가 필수에서 선택으로 바뀌면서 윤리교사 양성기관인 대학의 윤리교육에서 제자들을 취직시킬 자리가 급감하게 되었다. 결국 윤리교육과의 존폐에 직결되는 심각한 문제가 발생한 것이다.

도록 만드는 요인이 될 것으로 판단이 된다.[25]

두 개의 교과서를 이수하여야 한 과목으로 수능에 응시할 수 있게 된 것은 제7차 교육과정이 일선 학교에서 실제로 운영되게 되면 명백히 사회과 과목들 간에 심각한 경쟁이 발생하게 될 현실에 직면하여 윤리교육계가 정밀하게 대응하지 못한 결과임이 분명하다. 그러나 필자는 최근 윤리교육계가 직면하고 있는 위기의 본질은 우리가 아직도 우리의 정체성을 제대로 정립하지 못한 가운데, 도덕·윤리교과서를 도덕·윤리교과서답게 만들지 못함으로써 우리의 존재 이유를 남들에게 증명하지 못한 데 그 근본 원인이 있다고 생각한다. 사람들은 아직까지도 도덕·윤리교과를 종합교과 혹은 학제 간 교과라고 생각하고 있다. 제7차 교육과정 개편 시 도덕·윤리교육계를 대표하여 관여했던 사람들의 생각에 의하면, '도덕과 교육학'은 한국학·철학·윤리학·사회학·정치학·심리학·교육학 등등의 학문들의 종합학문이다.[26] 그러나 이 많은 학문들, 그것도 방법론을 달리하는 이 많은 학문들을 하나의 유기적 체계로 만들려는 시도는 아마 세계적으로도 유례가 없는 일일 것이다. 그러니 이런 교과관에 의거해서 만들어진 교과서는 좋은 의도에도 불구하고 결과적으로 종합잡학 수준을 넘어서지 못하게 되는 것이다.

필자는 '국민윤리' 시절부터 통용되던 이 두 가지 사고방식, 즉 (국민)윤리는 정치교육이라는 생각과 (국민)윤리는 학제적 학문이라는 생각이 불식되지 않는 한 도덕·윤리교과서다운 교과서를 만드는 것은 불가능할 것으로 생각한다. 당장 "학생들로 하여금 한국인으로서의 주체적인 윤리관을 가지도

25 신동수, 「7차 교육과정 속의 윤리교과 현황과 개선방안」, 2003년 11월 22일 안동대학교에서 개최된 한국윤리교육학계 2003년도 추계학술대회 발표자료집, 『중등 8차 교육과정개정을 대비한 도덕 윤리과 운영의 개선안』, 5-6쪽. 강조는 원저자에 의함.

26 교육부, 『고등학교 교육과정 해설③』, 22-23쪽 참조.

록 도와주는 과목"[27]이라는 『윤리와 사상』 교과서를 보라. 대부분이 사회사상 혹은 사회철학과 동서양 철학 사상에 관한 것들이다. 그것도 너무나 압축적으로 다루어지고 있어서 교사들조차도 충분히 이해하여 가르치는 것이 힘들 정도다.[28] 그러나 필자는 그 책이 무슨 근거에서 도덕·윤리교과서 중의 하나가 될 수 있는지 모르겠다. 그건 차라리 철학 교과서 혹은 사상 교과서이지 윤리와는 아무런 관계가 없다. 이는 아직까지 우리가 도덕·윤리교과는 종합교과라는 사고의 영향 하에서 벗어나지 못하고 있음을 보여 준다. 교과서가 그런 식으로 만들어져 있으니, 철학과에서도 우리 '졸업생들도 가르칠 수 있다'고 말하게 되는 것이다. 또한 고등학교 1학년 학생들이 배우는 『도덕』 교과서를 보라. 교과서의 절반이 북한에 관련된 것으로 채워져 있다. 어째서 그것이 도덕교과서인가? 이는 우리가 아직도 도덕·윤리교육은 정치교육이라는 사고로부터 벗어나지 못하고 있음을 보여 준다. "학생들로 하여금 우리 조상들의 윤리적 삶을 현대적 시각에서 재음미하여 한국인으로서 지녀야 할 바람직한 윤리적 인식과 자세를 보다 확고히 정립하게 하려는" 의도에서 만들어진[29] '전통 윤리'도 대동소이하다. 현행 교과서의 문제점에 대한 분석은 별도의 지면을 필요로 하는 일이지만, 이런 교과서로는 우리가 여타의 다른 교과들과 경쟁하기가 힘들 것이라는 것이 필자의 생각이다. 우리가 윤리교과와 윤리교육과의 존재 이유와 존재 가치를 증명함에 있어서 가장 중요한 것이 중·고등학교 교과서인데, 여전히 현행 교과서들에서도 냉전의 종식과 함께 유효기간이 이미 만료된 존재 이유와 유용성을 강변하는 구

---

27 교육부, 『고등학교 교육과정 해설③』, 58쪽.

28 이와 관련된 현장교사의 증언으로는 김봉준의 「고등학교 윤리교과의 위상 정립방안」(윤리교육학계 2003년도 추계학술대회 발표 자료집, 『중등 8차 교육과정개정을 대비한 도덕·윤리과 운영의 개선안』), 31쪽을 보라.

29 교육부, 『고등학교 교육과정 해설③』, 83쪽.

시대적 모습을 발견하게 된다. 교과서를 개혁하지 않고서는 우리에게 지금의 위기로부터 탈출하는 길은 없을 것이다. 제8차 교육과정 개편 시에는 도덕·윤리교육에 종사하는 모든 사람들은 지혜를 모아 학생들에게는 배워 보고 싶은 교과서, 학교장들에게는 학생들에게 배우라고 권하고 싶은 교과서, 학부형들에게는 자기 아이들이 배웠으면 하는 교과서, 타 교과 교사들에게도 정말 잘 만들어진 교과서라는 찬사를 하지 않을 수 없게 만드는 교과서를 만들어야 할 것이다. 우리가 '윤리와 사상'이나 '전통 윤리'를 현행 2단위에서 4단위로 만들어 그중 한 교과서만 택해 들어도 수능에서 한 과목으로 인정받아 응시할 수 있게 만든다 하더라도, 그것은 현재 우리가 당면해 있는 위기에 대한 대증적이고 피상적인 대응책에 불과하다. 붕어빵에 붕어가 없어도 붕어빵은 팔린다. 바로 그 때문에 붕어빵을 먹기 때문이다. 그러나 윤리교과서에 윤리가 없으면 그 교과서는 팔리지 않고 외면당할 것이다.

6. 결론

윤리교육계는 노태우 정권 말에 이미 우리의 태생적 질곡으로부터 벗어나라는 시대적 사인을 받았다. 그리고 김영삼 정권 시절에 구소련의 멸망과 더불어 아주 강력한 신호를 받았다. 그러나 우리는 꿈쩍도 안 했다. 이제 고등학교에서 선택교과가 되어 다른 사회과 과목들과 경쟁해야 하는 시절이 되었다. 이는 윤리교육계가 신사고로 새로운 길을 모색하라는 마지막 경고처럼 보인다. 그야말로 변하지 않으면 멸망하게 될 것이다. 그러나 아직 변화의 방향에 대한 합의를 못 보고 있다는 것이 우리를 더욱 답답하게 만든다. 그나마 위로가 되는 것은 가치명료화론, 덕교육론, 인지발달론적 교육론, 탐구공동체론, 인격교육론 등등 다양한 도덕교육 방법론에 대한 논의들이 소개되면서 이 방면에 대한 논의가 활성화되고 있다는 사실이다. 그러나 이 교육 방법론에 대한 이 모든 논의들이 교과서와의 연계성을 갖지 못하고 있다. 예컨대 『윤리와 사상』의 철학사상 부분을 택해서 그 부분이 어떤 교육 방법론을 통해서 가르쳐야 할지를 생각해 보라. 교과 내용과 교육방법론이 이렇게 상호무관하게 평행선을 긋는 이유는 무엇인가? 교과서는 우리 교과의 태생적 질곡에 붙잡힌 상태에서 만들어지고 있지만, 소개되는 외국의 도덕교육론은 그 태생적 질곡과 무관하기 때문이 아니겠는가? 제8차 교육과정 개정에 대비하여 우리는 우리를 속박하고 있는 두 가지 원초적 질곡을 깨트리고 모두의 지혜를 모아 우리 교과의 존재 이유를 증명시켜 주는 새로운 교과서를 만들어 내어야 할 것이다. 제대로 된 도덕·윤리교육은 제대로 된 교과서를 만드는 일에서 시작해야 한다.

제8장

'인성교육'의 의의와 문제점

1. 서론을 대신하여 : 왜 '도덕교육' 대신에 '인성교육'이 거론되고 있는가?

사람들은 우리 사회가 엄청난 도덕적 위기에 직면해 있다고 생각한다. 백화점이 붕괴 되어 수백의 인명이 터무니없는 죽음을 당하고, 교수가 그 아버지를 살해하고, 아버지가 그 자식들을 산으로 데려가 매장해 버린 일들이 발생했다. 결코 발생해서는 안 될 모든 유형의 반인륜적 범죄들이 이 땅에서 일어나고 있다. 최근에는 가정주부가 '심심해서' 윤락행위를 했다는 기사가 신문에 보도되면서 파문을 일으킨 일이 있었다. 사람들은 이구동성으로 우리 사회의 도덕적 위기가 위험수위를 한층 넘어서 버렸다고 개탄한다. 그리고 그 원인에 대해 다각도에서 분석하고 그 대처방안을 제시한다. 칠팔 년 전에 인신매매라는 범죄가 극성을 부렸을 때에도 사람들은 도덕 위기를 소리 높여 외쳤다. 그리고 학계와 종교계에서 그 나름의 진단과 처방을 내렸다. 그럼에도 불구하고 우리 사회는 도덕적으로 개선되기는커녕 더 타락되어 가고 있는 듯이 보인다. 이런 상황에서 최근에 사람들은 우리 사회의 도덕적 위기를 극복하기 위한 방안으로 '도덕교육'moral education 대신에 '인성교육'이란 말을 사용하기 시작했다. 그런데 '인성교육'이란 용어는 "아직 교육학에서도 전문용어로 정착되어 있지도 않고 국제어가 된 영어에도 그에 해당하는 표현이 없는"[1] 말이다. 도덕성이 인간을 여타의 금수와 구별시켜 주는 핵심적인 요소라는, 일반적으로 받아들여지고 있는 가정의 관점에서 보면, 우리는 '왜 도덕교육이란 말이 있는데도 불구하고 인성교육이란 말을 사용함으로써 혼란을 일으키는가?'라는 의아심을 갖기 않을 수 없다. 우리는 이 의구심을 현재 진행 중에 있는 한국교육에 대한 총체적 반성의 문맥 즉 교육개혁의 문맥 안에서 해소할 수 있으며, 그렇게 함으로써 인성교육이 거론되는 그 배후에 숨겨진 논리를 발견할 수 있을 것이다.

2. 지배 이데올로기 주입교육으로서의 도덕교육에 대한 총체적 반성으로서의 인성교육

해방 이후 지금까지 행해진 도덕교육이 도덕교육의 이름을 빌린 지배 이데올로기 주입 교육이었음은 널리 알려진 사실이다. 이리하여 '도덕교육'은 암기 위주의 주입식 교육이 되어 버렸다. 일반적으로 독재사회에 가까울수록 (아니 개방사회에서조차도) 그 사회를 지배하는 지배 이데올로기는 토론의 대상이 되기보다는 학습의 대상이요 암기의 대상이 된다. 따라서 도덕교육이 자연스럽게 지배이데올로기 주입교육으로 대체되어 버린 상황에서 도덕교육은 암기 위주의 지식교육 중심으로 흘러갈 수밖에 없었다. 우리는 공산주의에 대해 토론하기보다는 공산주의는 무조건 나쁜 것이라는 사실을 암기하도록 교육해 왔으며 또 그렇게 교육받았다. 마찬가지로 유신에 대해

1 손봉호, 「인성교육 : 필요, 성격, 방법」(『철학과 현실』, 1995년 겨울호), 60쪽.

토론하기보다는 유신의 정당성을 암기하도록 교육받아 왔다. 이런 상황에 지속되면서 사람들은 '도덕교육'을 '지배 이데올로기 주입교육'과 거의 동의어로 사용하게 된다. 이리하여 학생들은 도덕공부란 것은 지배 이데올로기를 위시한 몇몇 도덕적 지식들을 암기하는 것이라는 생각을 가지게 되었고, 도덕교육은 점점 더 실천과 유리된 방향으로 진행해 왔다. 도덕교육을 실천과 유리시킨 또 하나의 원인은 학생들의 창의력보다는 암기력을 평가하는 잘못된 입시제도다. 도덕교육을 잘 받는 것은 '도덕시험'을 잘 치는 것으로 바뀌었다. 이런 상황에서 컨닝이라는 비도덕적 방법을 통해서 높은 도덕점수를 받는 도덕교육의 아이러니가 발생하게 된다. 그러나 구소련과 동구권이 무너지고 세계적 냉전체제가 종식을 고하고 세계지도가 자본주의 일색으로 칠해지면서 지배 이데올로기 주입교육의 필요성은 줄어들었다. 그 대신 우리 사회가 세계적 경쟁에서 살아남을 수 있기 위해 필요한 인간유형을 길러야 할 필요성이 강력하게 대두되었다. 우리는 이런 상황에서 교육개혁이 단행되고 있음을 유념할 필요가 있다. 현재 진행 중인 교육 개혁의 목적은 한마디로 말한다면 교육의 국제 경쟁력을 강화하기 위한 것이다. 전 지구적 경쟁의 물결이 높이 일고 있는 상황의 변화는, 최근 우리 사회의 모든 분야에서 인기리에 불리고 있는 '무한경쟁'과 '세계화'란 노래를 만들어 내었다. 세계경제가 GATT 체제에서 WTO 체제로 바뀌면서 국가 간에는 핏물 튀기는, 국경 없는 경제전쟁이 시작되었다. 이 경쟁에서 살아남아야 한다는 지상명령을 위해 우리는 세계를 알아야 하고 무한 경쟁에 익숙해지지 않으면 안 되게 되었다. 우리 사회의 모든 분야에서 국가 경쟁력을 강화하기 위한 몸부림이 시작되고 있다. 이제 교육도 당연히 국가의 경쟁력을 강화하는 데 도움이 되는 인재를 양성하지 않으면 안 된다. 이제 교육계를 지배하는 신종 이데올로기는 국제적 생존경쟁에서 살아남아야 한다는 경쟁 이데올로기이다. 그리고 교육부는 바로 이 신종 이데올로기로써 교육계를 원격조정하고 있다. 개별 대학의 '자율성'이란 미명하에 교육부는 그 어느 때보다 더 철저하게 교육계를 경쟁 이데올로기의 지배하에 두고 있는 것이다. 전 지구적 경쟁이라는 전대미문의 상황에서 도덕교육은 어떻게 되어야 하는가? 이 물음 앞에서 한국교육은 헷갈리고 있다. 만약에 교육의 국제경쟁력을 강화시키기 위해 교육계를 자본주의의 경쟁논리로 경쟁시키는 것과 같은 방식으로 국가 구성원들, 특히 배움의 도상에 있는 학생들에게 그들 상호 간에 경쟁에서 살아 남는 자가 되어야 한다는 경쟁 이데올로기를 심어 준다면 이는 도덕교육의 파괴를 초래할 것이다. 한국교육은 이런 문제에 봉착하여 이중 잣대를 사용하고 있다. 즉 한국교육은 국제사회에서는 경쟁의 명수이지만 국내에서는 서로 인간답게 대우할 줄 아는 인간을 육성해야 한다는 것이다. 이것이 교육 개혁의 요체다. 밖에 나가서는 싸워서 이기고 들어오되 안으로 형제간에는 싸우지 말라는 것이다. '형제간에 싸우지 않는 것'을 위해 이제 지배 이데올로기 주입교육으로서의 암기식 지식 위주의 도덕교육이 아닌, 행동 위주의 도덕교육이 요구된다. 사람들은 후자의 도덕교육을 전자의 도덕교육과 구분 짓기 위해 인성교육으로 부르고 있다.

3. 인성교육의 전략과 문제점

1) 봉사활동의 점수화

최근 발표된 교육개혁안에 따르면 학생들의 봉사활동이 점수화되어 대학입시에 반영된다고 한다. 양로원이나 고아원 같은 곳에서 얼마나 봉사했는가 혹은 몇 번이나 헌혈을 했는가 하는 것들이 기록되고 점수가 된다. 대학에서도 봉사활동을 학점화하는 추세다. 이는 기존의 지식 위주 도덕교육의 문제점을 보완하기 위해 도입된 궁여지책이다. 예컨대 물리교육은 물리학적 지식을 학생들이 이해하게 되는 것 그 자체를 궁극적인 목적으로 하지만, 도덕교육의 궁극적인 목적은 도덕적 지식의 이해가 아니라 도덕적 행위라는 관점에서 보면, 봉사활동의 점수화는 그 나름의 설득력을 갖는다. 그럼에도 불구하고 봉사활동의 점수화는 도덕성의 본질을 훼손시킨다는 결정적인 비판에 직면하지 않을 수 없다. 모든 도덕적 행위는 자발성을 그 생명으로 하고 있다. 칭찬을 받기 위해 학교 운동장에 있는 휴지를 줍는 행위는, 물론 비난에도 불구하고 운동장에 휴지를 버리는 행위보다는 바람직한 것이지만, 참된 도덕적 행위는 아니다. 어떤 학생이 점수를 위해 헌혈을 했다면 그 학생은 도덕적 행위를 한 것이 아니라 단지 적법한 행위를 했을 뿐이다. 칸트는 결과적으로 '의무에 적합한'pflichtmäßig 행위와 내면적 동기에서 '의무로 말미암은'aus Pflicht 행위를 구분한 뒤, 전자의 행위는 적법성Legalität을 가지며, 후자의 행위만이 도덕성Moralität을 가진다고 말한다.

> 행위들의 도덕적 가치의 본질은, 도덕법이 의지를 직접적으로 규정한다는 점에 의존한다. 도덕법에 합치하였다 하더라도, 어떤 종류의 것이든 감정을 … (중략) … 매개해서만 결의하고 도덕법 그 자체를 위해서 결의하지 않는다면 행위는 실로 적법성을 갖기는 하지만 도덕성을 포함하지는 않을 것이다.[2]

최근 우리 사회에는 효도법을 제정하고 효도세를 신설하자는 주장이 있

---

2 I. Kant, *Kritik der praktischen Vernunft*(Hamburg : Verlag von Felix Meiner, 1974), 84쪽. 칸트는 또한 *Grundlegung zur Metaphysik der Sitten*(in : *Immanuel Kant Werkausgabe* VII, hrgs. W. Weischedel, Suhrkamp, 1974), 14쪽에서 "무릇 어떤 행위가 도덕적으로 선한 것이 되기 위해서는, 그것이 도덕법에 **적합하다**는 것만으로는 충분하지 않고 **도덕법 자체를 위해서** 행해져야만 한다"고 말했다.

다. 소위 각계 원로 108명이 모여 만든 단체인 '효 세계화 운동본부'에서 그런 주장을 하고 있다. 이에 대해 다음과 같은 비판이 있다.

> 이러한 세의 신설이나 법의 제정은 다 좋은 의도에서 나온 묘안임에 틀림없다. … (중략) … 그렇지만 결과적으로 효는 세제감면을 받거나 아파트를 우선적으로 분양받기 위한 수단이 될 수밖에 없을 것이다.[3]

도덕성은 그 자체가 목적이지 다른 어떤 것을 위한 수단이 되어서는 안 된다. 만약 우리들이 바람직한 행위라고 생각하는 것들의 목록을 만들어서 그 모든 행위들에 점수를 부여하거나 포상하는 방식으로 학생들의 바람직한 행동을 하도록 강제한다면 결국 도덕의 영역은 사라지고 법의 영역만이 남을 것이다. 이는 법만능주의적인 발상이다. 법만능주의에 대해 법학자 최종고는 다음처럼 경고한다.

> 파괴된 인간성의 회복을 위하여 법질서는 어떻게 되어야 할 것인가? … (중략) … 실제적으로 흉악한 범죄가 많이 발생할수록 더욱 강력한 제재조치로서 형법을 강화해 왔다. 1990년에 우리는 드디어 '폭력과 범죄와의 전쟁'을 선포하여 전 국가적으로 '전시상태'에 들어가기도 했다. … (중략) … 그러나 어느 정도 단속이 되는 듯 하다가 시간이 지나면 더욱 범죄가 확산되는 것 같이 보인다. 어느 사회에나 있는 것으로 결코 발본색원되어지는 것이 아니고, 오히려 인간은 흉포와 폭력을 보면 그 것이 범죄자에 의해 행해졌든 국가에 의해 행해졌든 더욱 그것을 닮게 된다는 것이 학자들의 지적이다. … (중략) … 이렇게 본다면 범죄에 대항하여 강력한 입법을 하는 것만이 능사가 아니고 오히려 범죄를 빈발시

---

3 정진홍, 「도덕성 회복의 윤리」(『녹색평론』, 1994년 11-12월, 통권 제19호), 11쪽.

키는 인간성의 파괴현상 그 자체를 더욱 심각히 진단하고 대처해야 한다는 논리가 된다. 물론 형법이 방관하여서도 안 되지만 법률 만능주의적 사고방식으로 범죄에 접근해서는 더욱 역효과가 난다는 사실을 지적하는 것이다.[4]

도덕이 법의 기초이며 법의 문제는 도덕으로 해결해야 한다는 관점에서 볼 때, 도덕적 당위를 법제화하는 것, 즉 도덕의 문제를 법의 문제로 바꾸어 해결하려는 것은 본말전도의 근본적 잘못을 범하는 것이라고 말하지 않을 수 없다. 법으로 인간성을 회복할 수는 없을 것이다. 혹자는 봉사활동의 점수화는 바람직한 행위인 봉사활동을 **권장**하지만 형법은 바람직하지 못한 특정 행위를 **억제**하는 것을 목표로 한다는 점에서 그 양자가 다르다고 말할 수도 있다. 이는 틀린 말은 아니다. 그러나 이 양자는 결국 권장되는 행위나 금지되는 행위를 하지 않으면 불이익을 받게 된다는 점에서는 다를 것이 없다. 혹자는 또 봉사활동을 점수화하는 방식으로 억지로라도 봉사활동을 하게 함으로써, 처음에는 점수를 얻기 위해 봉사활동을 하던 학생들이 나중에는 봉사활동 그 자체의 매력에 이끌리어 봉사활동을 하게 되는 도덕교육적 효과를 기대할 수 있는 이점이 있을 수 있다고 말할 수도 있다. 물론 소수의 학생들은 그렇게 될 수도 있다. 그러나 다수의 나머지 학생들은 그렇게 되지 않을 수 있다. 문제는 그렇게 되지 않은 이 다수의 학생들의 경우 학생들을 억지로 봉사활동을 하게 함으로써 도덕성을 죽이는 일이 된다는 것이다. 이는 마치 곱추의 등을 펴기 위해 망치질함으로써 굽어진 등은 펴지만 곱추를 죽이는 것과 마찬가지의 잘못이 될 것이다. 결과적으로 봉사활동을 하게

4 최종고, 「법질서 의식과 인간성 회복」(정해창 외 10인 공저, 『인간성의 회복』, 한국정신문화연구원, 1994), 140-141쪽. 필자 역시 졸고 「도덕위기의 현주소와 그 원인」(경북대학교 인문과학연구소, 『인문과학』, 1991)에서 범죄의 문제를 법적으로나 해결하려는 것은 평면적이고 군사문화적인 발상임을 지적한 적이 있다.

하였지만, 그래서 적법성을 획득하였지만, 봉사활동을 하는 마음씨Gesinnung는 순수하지 못하기 때문에, 도덕성은 증발해 버리게 된다. 봉사활동에 점수를 부여하는 것은 어린아이에게 쓴 알약을 먹이기 위해서 알약의 표면을 감미롭게 만드는 것에 비유될 수 있다. 그러나 영악한 어린아이는 당분만 빨아먹고 쓴 약은 뱉어 버릴 수 있다. 사실 이런 우려는 현실화되고 있다. 일부 부자 집에서 자기 아이 이름으로 봉사활동을 대신해 주는 아르바이트 학생을 구한다는 이야기가 들린다. 봉사활동 점수를 받기 위해 봉사를 돈으로 사는 일이 발생한 것이다. 그리고 관공서에서 봉사활동을 하는 학생들 중에는 2시간 활동해 놓고 6시간 활동한 증명서를 받아 가는 학생도 있다고 한다. 정직을 팔아 봉사점수를 받는 이 학생의 경우 과연 봉사활동을 통해 인성이 올바로 될 것인지 삐뚤어질지는 물어볼 필요조차 없는 일이 아닌가.

2) 도덕교육의 분산

최근에 진행되고 있는 교육개혁안에 따르면 도덕교과를 독립적인 교과로 인정하지 않으려는 움직임이 보이고 있다. 우리는 그 이유를 세 가지 정도로 생각해 볼 수 있을 것이다. 첫째로 지금까지의 도덕교육은 지적인 측면에 치중함으로써 학생들로 하여금 그들이 소유한 도덕적 지식을 행동화하게 하는 데 실패했다는 것이다. 둘째로 특히 초등학교 도덕교육의 경우 교사가 학생들에게 전달할 도덕적 지식이란 것이 매우 상식적인 것이어서 이런 상식적인 지식을 학생들에게 전수하기 위해 특별히 전담교사가 필요한가라는, 전담 도덕교사의 존재의의에 대한 회의론이 대두되었다. 셋째로 모든 교사는 일차적으로 도덕교사라는 교육학적 상식에 입각하여, 도덕을 하나의 교과로 만들어 전담하는 교사는 불필요하다는 것이다. 이런저런 이유에서 도덕교과 폐지론이 언급되고 있다. 그러면 그 대안은 무엇인가? 전 교사의 도덕교사화를 통한 생활예절교육이 그 대안이다. 그렇게 되면 영어교사도 도덕교사요 수학교사도 도덕교사다. 그리고 모든 교사는 학교현장에서 그때그때 학생들의 생활예절을 지도한다. 꼭 도덕교사만이 학생들의 생활을 지도하란 법이 어디에 있는가? 도덕 전담교사제는 도덕교사 이외의 다른 교사들이 학생들의 도덕지도에 무관심하게 만들었다. 일견 도덕 전담교사 폐지론은 그럴듯하게 보인다. 그러나 우리가 좀더 면밀히 고찰해 보면 이는 아주 잘못된 것임이 백일하에 드러난다. 첫째로, 지금까지의 도덕교육이 실패했다는 인성교육론자들의 현실진단은 정확하다. 그러나 그 실패의 원인을 그들은 잘못 지적하고 있다. 실패의 원인은 도덕 전담교사제 때문이 아니라, 도덕·윤리교육을 정치교육으로 악용하면서 제대로 된 도덕·윤리교육을 실시해 보지 못했기 때문이다. 둘째로, 도덕교과의 내용이 매우 상식적이기에 도덕 전담교사가 불필요하다고 한다. 실상 학교현장에서는 '도덕교과는 아무나 맡아도 되는 과목' 정도로 인식되고 있기도 하다. 만약 도덕교과가 '교실에 쓰레기를 버리는 행위는 나쁜 것이다'는 것과 같은 뻔한 상식을 가르치는 것으로 끝나는 과목이라면, 확실히 도덕교사는 불필요한 존재다. 그러나 우리는 도덕가와 도덕철학 혹은 윤리학을 구별하지 않으면 안 된다. 길에 쓰레기를 버리는 것이 나쁜 것임을 가르치는 것이 도덕교사가 할 일이 아니고, 왜 나쁜가를 **학생들의 발달 수준에 맞추어** 다양한 도덕철학적 각도에서 분석하고 비교하고 설명하는 것이 도덕교사가 할 일인 것이다. 만약에 도덕교육이 이런 식으로 전개된다면(마땅히 그런 식으로 전개되어야 하지만), 도덕교과는 결코 아무나 맡아도 되는 과목이 아니다. 셋째로, 모든 교사는 일차적으로 도덕교사이기에 도덕 전담교사는 불필요하다는 주장은 일견 그럴듯하게 들리지만 역시 심각한 문제가 있다. 그 말은 모든 교사는 도덕적으로 학생들의 본이 되어야 하며 학생들의 기본생활을 지도해야 할 의무를 갖고 있다는 뜻으로 풀이될 수 있다. 이는 결코 틀린 말이 아니다. 사실상 지금까지

교육현장에서 도덕교사 이외의 다른 교사들은 학생들의 생활지도에 무관심한 경향이 없지 않았다. 만약 도덕교사가 하는 일이 '약속을 어기는 것은 나쁜 일이다'는 등의 도덕적 상식들을 학생들에게 전달하는 것에 그친다면, 그리고 그렇게 하는 것이 도덕교사의 본분이라는 도덕교사관이 옳다면, 모든 교사는 도덕교사일 수 있다. 그러나 도덕교사가 해야 할 일이 도덕적 상식을 학생들에게 전달하는 것이 아니라, 거짓말을 하고 약속을 어기는 것이 **왜 나쁜 일인가를 학생들의 발달 단계에 맞추어** 반성적으로 내면화하는 일을 돕는 것이라면, '모든 교사는 일차적으로 도덕교사이다'는 말은 거짓이 된다. 그런 교육적 과업을 완수하려면, 도덕교사는 동서양의 광범위한 도덕철학적 지식을 소유하고 있어야 하기 때문이다. 그리고 도덕을 교과로서가 아니라 생활예절로 가르쳐야 한다는 주장은 과거의 잘못을 또 다시 반복하려 한다는 점에서도 심각한 반대에 봉착하지 않을 수 없다. 이와 관련하여 조난심은 다음처럼 뼈 있는 지적을 한다.

> 최근에 교육개혁 차원에서 인성교육의 강화가 주장되고, 그 방법으로 실천 중심의 도덕교육이 강조되고 있다. … (중략) … 그러나 실천 중심의 도덕교육에 의해 도덕과 교육이 대치되어야 한다는 식의 주장은 문제가 있다. 앞에서 지적한 바와 같이, 도덕과가 교과로 가르쳐지지 않았을 때의 문제점은 제2차 교육과정의 경험에서 이미 충분히 보았기 때문이다. 우리는 익히 알다시피, 1960년대의 제2차 교육과정에서는 도덕과가 아니라 '반공 도덕 생활영역'을 설정하여 전 교과를 통해 도덕교육을 실시하였다. 그러나 학교현장에서는 제대로 교육이 이루어지지 않아 제3차 교육과정에서는 도덕과를 하나의 교과로 설정하게 된 것이다.[5]

5 조난심, 「인성교육과 도덕교과서」(『철학과 현실』, 1995년 겨울), 71쪽.

4. 도덕교육의 새로운 해법은 없다

컴퓨터가 보급되고 교육될 수 있듯이 도덕이 교육될 수 있다면 얼마나 좋을 것인가? 그러나 우리는 도덕교육과 컴퓨터 교육은 다 같이 '교육'으로 불리지만, 이 양자가 본질적으로 다르다는 사실에서부터 출발하지 않으면 안 된다. 무엇이 다른가? 이 물음에 대답하기 위해서는 제작으로서의 교육, 재배 혹은 사육으로서의 교육 그리고 교육으로서의 교육을 구분할 필요가 있다. 우리는 흔히 사물을 제작하듯이 인간을 의도되고 계획된 방식으로 만드는 것이 교육이라는 생각을 갖고 있다.

> 교육은 기술자가 물품을 생산하는 생산공정에 비유될 수 있으며, 교사는 미리 생산계획을 세우고 그에 필요한 도구와 방법을 사용해서 그에게 맡겨진 학생들을 일정한 형태로 제조한다. 그러므로 교육학은 공학이 된다.[6]

우리나라에서는 정범모가 심층심리학 혹은 행동주의 심리학에 기초하고 있는 이런 교육관을 대변하고 있다.[7] 이런 제작적 교육관에 의하면, 마치 어떤 도구의 제작자 예컨대 의자를 만드는 사람이 무형의 원목에다 자신의 의도를 투입하듯이, 피교육자에게 교사의 의도를 투입한다. 의자를 용도에 맞추어 잘 만드는 제작자가 훌륭한 기술자이듯이 훌륭한 교사란 학생을 의도한 인간형으로 잘 만드는 교사다. 그러므로 교육은 일종의 공학이요, 교육과정은 일종의 공정이요, 교사는 일종의 기술자다. 이런 교육관은 교육만능주의로 발전한다. 행동주의 심리학자인 왓슨J. B. Waston은 "나에게 건강한 어린

---

6 송강호, 『깨우침에 관한 교육인간학』(서울 : 학민사, 1988), 24쪽.
7 정범모의 교육공학적 교육관에 대해서는, 이홍우의 『교육의 개념』(서울 : 문음사, 1991), 제2장 참조.

아이 12명만 맡겨라. … (중략) … 나는 그 가운데 임의로 아무나 한 아이를 골라 훈련시켜서 내가 만들려고 하는 전문가, 의사, 법률가, 예술가 … (중략) … 혹은 도둑으로도 만들 수 있다"고 말한다.[8] 제작으로서의 교육관을 주장하는 사람들은 인간의 자유를 부정한다.

> 전통적인 견해에 따르면 사람은 자유롭다. 사람은 자신이 아닌 다른 어떤 원인에 의해서 자신의 행동이 결정되지 않는다는 의미에서 자유적이다. 그러므로 그는 자신의 행동에 대해 책임질 수 있고 간혹 잘못을 저지르면 마땅히 이로 인해 처벌받을 수 있다. 이런 견해는 과학적 분석이 이제까지 알려져 있지 않던, 환경의 행동에 대한 지배관계를 밝혀냄에 따라, 이 견해를 밑에 깔고 있는 여러 관행들과 더불어 재검토되어야 한다. … (중략) … 과학적 분석, 특히 개인의 행동을 설명하는 데 있어서의 과학적 분석이 발전함에 따라 사람만은 완전한 결정론으로부터 제외된다는 생각은 무너지게 되었다.[9]

---

8 J. B. Waston, *Behaviourism*(제2판, London : Routledge, 1931), 104쪽.

9 B. F. 스키너, 『자유와 존엄을 넘어서』(차재호 옮김, 서울 : 탐구당, 1987), 32-33쪽. 이 인용문에서 스키너는 인간에게 의지의 자유란 것이 없음은 과학적 탐구의 **결과**인 듯이 주장하고 있지만, *Science and Human Behavior*(New York : Macmillian Co., 1953, 447쪽)에서는 "과학의 방법을 인간의 행동의 연구에 적용하기 위해서는 인간은 자유롭지 않다는 가설이 필요하다"고 말함으로써, 인간에게는 의지의 자유가 없음이 과학적으로 증명된 이론이 아니라, 인간행위의 탐구를 위해 편의상 도입된 자의적인 가설임을 인정하고 있다. 그러나 우리가 일단 인간의 행위조차도 인과적으로 결정된다는 가설을 일단 받아들여 그 관점에서 보면, 모든 인간의 모든 행위가 인과적으로 결정되는 듯이 보이게 될 것이다. 이는 그 가설이 정당하기 때문이 아니라, 그 가설은 그 가설로 설명되지 않는 사례를 배척하기 때문이다. 다시 말하면 가설로 세워지는 순간에 확증된 이론이 되어 버리는 **자폐적 가설**이기 때문이다. 이와 유사한 또 다른 가설로는 인간의 모든 행위는 이기적인 동기에서 행해진다는 심리학적 이기주의의 가설과 인간의 모든 행위는 성적(性的)인 동기에서 행해진다는 프로이트의 가설이 있다. 이런 가설들은 가설이라기보다는 차라리 하나의 고집이라고 할 수 있다. 스키너처럼, 인간의 의지자유가 인정되면 인간에 대한 과학적 탐구는 불가능하므로, 인간에 대한 과학을 위해 인간의 의지자유를 부정해야 한다는 것은 과학을 위해 인간을 희생시키는 과학주의의 잘못이 될 것이다.

제작으로서의 교육관은 기술교육이나 지식교육에는 설득력이 있는 교육관이다. 컴퓨터 학원에 몇 달 다니기만 하면 컴퓨터를 사용할 수 있게 된다. 혹은 입시학원에 몇 달 다니기만 하면 학생에 따라 약간씩 다르기는 하지만 예전에는 풀지 못했던 수학문제를 풀 수 있게 된다. 그러나 마치 물건을 제작하듯이 인간을 제작한다는 이런 교육관이 컴퓨터 교육이나 수학교육에서 진가를 발휘한다는 사실에 고무되어 도덕교육의 영역에까지 확대 적용될 수 있는지는 의심스럽다. 몇 달 다니기만 하면 인간을 도덕적으로 만드는 그런 도덕학교를 만들 수 있을는지는 의문이다. 인간이 물건이 아니라면 제작으로서의 교육관은 결코 도덕교육의 영역에까지 확대 적용되어서는 안 될 것이다.

재배 혹은 사육으로서의 교육관 요컨대 "기르는 교육"[10]관은 인간을 식물이나 동물처럼 생각하는 인간관을 갖고 있다. 우리가 동물이나 식물을 기를 때에는 기르려는 동물이나 식물의 성장방식에 대한 이해를 갖지 않으면 안 된다. 마찬가지로 인간의 교육에 있어서도 인간의 성장방식에 대한 이해를 가져야만 성장 단계에 맞는 교육을 할 수 있다. 식물을 재배하면서 물을 주어야 할 때 물을 주지 않으면 말라 죽듯이 발달과정상 추상적 사유를 할 수 없는 갓난아이에게 철학교육을 시킨다든지 해서는 안 된다. 기르는 교육에 있어서 교사의 역할은 제작으로서의 교육에서의 교사의 역할과는 사뭇 다르다. 기르는 교육에서의 교사의 역할은 보살핌이다. 교사는 유기체로서의 인간의 잠재적 성장 가능성 내에서 인간을 기를 수 있을 뿐이기에 기르는 교육에서는 제작하는 교육에서의 교육만능주의는 사라진다. 제작하는 교육에서는 피교육자는 교육자가 의도하는 대로(그 의도가 어떤 것이건) 만들어진다. 이는 마치 목공예 기술자가 원목을 갖고 어떤 형태의 나무조각품이라도 만들 수 있는 것과 마찬가지다. 그렇지만 기르는 교육에서 교사는 그런 존재

---

10 송강호의 『깨우침에 관한 교육인간학』, 28쪽에서 빌려온 용어임.

가 아니다. 고양이 새끼를 호랑이로 기를 수는 없다. 그러나 고양이 새끼를 훌륭한 고양이로 기를 수는 있다. 그러므로 기르는 교육관은 교육낙관주의에 사로잡혀 있다고 볼 수 있다. 기르는 교육관은 인간의 정서교육에 대해서는 그 나름의 설득력을 갖는 듯이 보인다. 인간은 태어나서 자라면서 각 발달 단계별로 상이한 정서적 특징을 갖고 있고, 정서라는 것은 억지로 조작되는 것이 아니기 때문이다. 그러면 기르는 교육관은 도덕교육에 무리 없이 적용될 수 있는가? 아동의 발달 단계에 따라 그때그때 적절한 감독과 보살핌이 주어지면 아동 내부에 있는 잠재적 도덕성이 서서히 외부로 개화하게 되는가? 도덕성이란 것이 어린아이가 자라면 생겨나게 되는 이빨과 같은 것이라면 그렇게 될 것이다. 그러나 과연 도덕성은 그런 것인가? 우리는 이하에서 이 물음에 답하면서 도덕교육에는 왕도가 없다는 것을 밝힘과 동시에 기르는 교육관 역시 도덕교육에는 적용될 수 없음도 밝히고자 한다.

우리는 도구를 제작하고 식물을 재배하며 동물을 사육한다고 말한다. 그러나 유독 인간만은 교육한다고 말한다. 인간을 제외한 도구나 식물이나 동물은 모두 자연법칙의 지배를 받기만 하는 존재들이다. 그러나 인간은 자신이 자연법칙의 지배를 받는 존재라는 사실을 인식함으로써 자연법칙의 지배를 일정 부분 벗어날 수 있는 존재, 즉 자유로운 존재다. 교육한다는 것, 특히 도덕교육을 한다는 것은 피교육자의 자유를 전제한다. 교육을 제작, 재배, 사육으로 이해하는 교육관에서는 피교육자의 자유가 부인되고 있다. 문제는 **자유가 인정되지 않는 피교육자는 도덕적 행위자가 아니게 되며, 따라서 그런 존재에 대해서는 도덕교육이란 것이 처음부터 불필요하게 된다는 것이다. 반면에 피교육자를 자유로운 행위자로 본다면, 도덕교육은 결코 교육자의 의도대로 되지 않을 수 있는 가능성을 전제한다. 이것이 도덕교육이 본질적으로 직면하고 있는 어려움이다.** 모든 교육은 본질적으로 인간이 인간답게 되는 것을 목표로 한다는 인본주의적 교육관에 의하면, 우리가 제작하고 사육하고 재배하는 교육이라고 부르는 교육들은, 그것들이 따로 떼어 내어져 고찰되는 한 진정한 교육은 아니다. 왜냐하면 그런 교육들에는 가치가 배제되어 있기 때문이다. 그러나 현대에 들어와서 실증주의적이고 경험주의적인 학풍의 영향을 받아서 사람들은 제작하고 재배하고 사육하는 교육을 참된 교육으로 간주하고 오히려 도덕교육은 교육이 아니라고 생각하게 되었다. 도덕교육은 앞서 언급한 본래적 어려움으로 말미암아 교육을 공학으로 이해하는 사람들의 주문이요 노랫말인 '인간행동의 계획적 변화'를 만족시키지 못하기 때문이다. 그들은 의도되지 않은 변화는 교육의 범주에서 제외시킨다. 정범모는 "이른바 무의도적 교육은 교육의 개념에서 제외되어야 한다"고 말한다.[11] 그런데 도덕교육은 의도의 결과를 정확하게 실증적으로 예측할 수 없으므로 교육의 범주에서 제외된다. 그들은 그렇게 함으로써 도덕교육의 본질을 오해해 버린다.

그러나 칸트가 말하고 있듯이 "자유는 도덕법칙의 존재근거요, 도덕법칙은 자유의 인식 근거"[12]여서 자유와 도덕이 불가분리적으로 결합해 있다면, 도덕교육에서 실증적으로 예측할 수 있는 결과를 요구하는 것은 도덕교육의 본질을 말살하는 것이 될 것이다. 칸트에 의하면 "자유의 개념은 모든 경험론들에게 대해서는 그들을 걸려 넘어지게 하는 돌이지만, 비판적인 도덕론자들에게 대해서는 가장 숭고한 실천원칙에 도달하는 열쇠다."[13]

스키너나 정범모류의 제작으로서의 교육관은 칸트의 말대로 이 자유의 개념에 좌초한 전형적인 사례들이다. 그러나 도덕교육은 인간은 파블로프의 개가 아니라는 사실에서부터 시작하지 않으면 안 된다. 뿐만 아니라 도덕교육은 학생들로 하여금 인간은 파블로프의 개가 아니라는 사실을 각성시키는 것을 근본적인 사명으로 삼지 않으면 안 된다. 파블로프의 개는 자극

11 이홍우, 『교육의 개념』, 52-53쪽에서 재인용.
12 I. Kant, *Kritik der praktischen Vernunft*, 4쪽.
13 I. Kant, *Kritik der praktischen Vernunft*, 8쪽.

stimulus에 대해 기계적으로 반응response하지만, 인간은 자극과 반응 사이에서 사유thinking를 한다.[14] 파블로프의 개의 행동은 S-R 모델로 설명되지만 인간은 S-T-R 모델로 설명되어야 한다. 도덕교육은 인간성 속에 있는 자유의 가능성을 각성시켜 현실화하도록 도와주는 것이라는—교사가 노력하는 것만으로도 학생이 자신의 내부에 있는 자유의 가능성을 각성하게 된다는 보장은 없지만—관점은 인간성 속에 자유의 가능성이 있음을 인정하는 점에서는 기르는 교육과 의견을 같이한다. 그러나 기르는 교육에 의하면 인간이 자기 속에 갖고 있는 자유의 가능성은 학생을 적절하게 교육하는 과정에서 **자연스럽게** 각성된다고 생각하는 점에서 우리의 입장과는 다르다. 자유의 각성은 결코 자연스럽게 즉 자연적 발전과정에 따라 이루어지는 일이 아니다. 자유의 각성은 점진적으로 혹은 자연적 과정에 따라 이루어지는 것이 아니라 비약적으로 이루어진다.

사람들은 소크라테스의 교육방법론이 기르는 교육의 전형이 아닌가 하고 생각할지도 모른다. 소크라테스는 기하학에 대해 전혀 들어 본 적도 없는 노예 소년과의 대화를 통해 노예 소년이 기하학의 문제를 해결하는 극적인 모습을 보여 주고 있다.[15] 이 경우 소크라테스는 익히 알려진 대화법을 구사한다. 그는 대화 혹은 질문을 통해 소년의 내부에 있는 이성의 빛을 자극하기만 할 뿐, 어떤 적극적인 조치를 취하지 않는다. 그럼에도 불구하고 그 소년은 스스로의 힘으로 정답에 접근해 간다. 일견 소크라테스적인 교육법이 기

---

14 이때 '사유'란 데카르트적인 의미로 사용되어야 한다. 그는 사유를 "의심하고, 이해하고, 긍정하고, 부정하고, 무엇을 하고 싶어 하고 또 하지 않고, 그리고 상상하고 감각하는 것이다"로 정의한다.(R. Descartes, *The Philosophical Works of Descartes* I, trans. E. S. Haldane & G .R. T. Ross, Cambridge University Press, 1979, 153쪽).

15 Plato, *Meno*(in : *Plato : The Collected Dialogues*, ed. Edith Hamilton & Huntington Cairns, Princeton University Press, 1961), 364쪽 이하 참조.

르는 교육처럼 보일 수 있다.[16] 그러나 우리는 소크라테스가 기하학의 문제를 해결하는 방식으로 덕을 가르칠 수 있는가 하는 문제를 해결하려고 노력한 끝에, 덕은 기하학적 지식과 동일한 방식으로 가르쳐질 수 있는 것은 아니라는 결론에로 나아간다는 사실을 주목할 필요가 있다. 그는 지식교육과 도덕교육의 차이점을 인정하고 있다. 우리가 소크라테스의 교육관을 올바로 파악하려면 '소크라테스의 아이러니'Socratic Irony라는 것을 염두에 두지 않으면 안 된다. 소크라테스에 있어서 아이러니는 단순한 빈정거림도 아니고 상대를 희롱하는 태도도 아니며 소크라테스의 기만술이나 위장술도 아니다. 그것은 소크라테스가 신탁사건을 통해 직접 경험했던 인생의 아이러니를 대화상대자로 하여금 간접적으로 경험하게 하기 위한 방편이다. 그것은 상대방의 인격 전체를 흔들어 놓는 정신적 지진이다. 그것은 편견과 무비판적 믿음—이런 것들은 정신의 감옥이다—으로부터 우리를 해방시킨다.[17] 말하자면 소크라테스적 아이러니는 생도로 하여금 자기 속에 있는 자유의 가능성을 각성하게 하는 일이다. 그러나 소크라테스의 아이러니에 대한 대화 상대자의 태도는 결코 일률적이지도 않고 예측가능한 방식으로 표현된 것도 아니다. 아이러니의 해방작용을 통해 즉 도덕교사로서의 소크라테스의 인격과의 충돌(만남)을 통해 자신의 자유의 가능성을 각성한 사람이 있는가 하면, 충돌의 고통을 이기지 못하고 이전보다 더 딱딱한 고정관념과 편견의 껍질 속으로 숨어 들어간 사람도 있다. 소크라테스는 도덕교육과 관련하여 교사로서 자기의 입장을 산파로 이해하였다. 키에르케고르에 의하면 "그는 산

16 노예 소년에 대한 소크라테스의 기하학 교육방식은 소년의 정신을 로크가 말하는 백지상태로 본다면 만드는 교육이 될 것이다. 그러나 소크라테스는 인간 속에 내재한 본유적 이성의 존재를 인정하고 있기에 적어도 노예 소년에 대한 소크라테스의 기하학 교육방식은 기르는 교육으로 보일 가능성이 높다.

17 졸고, 「소크라테스적 사유의 본질」(『교육연구지』, 제32집, 경북대학교 사범대학, 1990. 6.), 16-17쪽 참조.

파였으며 끝까지 산파로 머물렀다. … (중략) … 그것이 한 인간이 다른 인간에 대해 취할 수 있는 최고의 것임을 통찰했기 때문이다"[18]고 말한다. 흔히들 소를 물가로 끌고 갈 수는 있지만 물을 마시게 할 수는 없다고 말한다. 인간의 도덕교육과 관련시켜 볼 때, 이 말은 영원한 진리다. 강제되어서가 아니라 스스로 도덕적 행위를 할 수 있다는 것이 입증되지 않으면 인간은 인격성을 가질 수가 없는 것이다.

우리는 앞에서 도덕교육은 인간은 자유로운 존재라는 사실에서 출발해야 하며, 생도로 하여금 생도 자신이 갖고 있는 자유의 가능성을 각성시키는 것을 목표로 해야 한다고 말했다. 그런데 인격이란 것이 자유를 그 본질로 하고 있다는 사실은 우리에게 의미심장한 시사점을 던져 준다.

> 페르조나persona는 주어진 것이며, 나면서부터 존재하는 것이다. 이에 대해서 인격personality은 처음부터 형성하지 않으면 안 되는 것이다. 페르조나는 인격을 형성하는 근원이며, 자신의 인생에 있어서 이상을 실현함으로써 인격을 서서히 형성해 가는 것이다. 페르조나에는 양(良)과 불량(不良), 다(多)와 소(小)라는 차이는 없지만, 인격에는 그러한 차이가 있다. 인간은 모두 페르조나이다. … (중략) … 그러나 모든 사람이 인격을 지니고 있다고 할 수는 없다. 인격은 인간의 자유에 의존한다.[19]

18 S. Kierkegaard, *Philosophische Brocken*(übersetzt von Emanuel Hirsch, Köln : Eugen Diederichs Verlag), 8쪽.

19 호안 J. 소빼니야, 『인간은 어떻게 살아야 하나』(박영도 옮김, 부산 : 지평, 1984), 47쪽. 칸트도 "그것(의무에 따르는 것 : 필자 주)은 틀림없이 인격성(Persönlichkeit)이요, 다시 말하면 전 자연 기구로부터의 자유요 독립이며, 동시에 독특한 법칙에, 즉 자기 자신의 이성이 보내 주는 순수한 실천법칙에 복종하는 존재자의 능력이라고 보아지는 것이다"(*Kritik der praktischen Vernunft*, 101쪽)라고 말하면서 도덕성과 인격성과 자유를 동일한 지평에서 고찰하고 있다.

여기서 페르조나는 생물학적인 인간의 모습, 즉 인간의 탈을 의미한다. 호모사피엔스라는 종족의 유전적 특질을 가진 생명체를 의미한다. 이런 생명체가 인격체로 되는 것은 바로 자유에 의해서라는 것이다. 우리는 흔히 '인간의 탈을 썼다고 다 인간인 것은 아니다'고 말한다. 이 경우 전자의 인간은 페르조나이며 후자의 인간은 인격이다. "도덕교육의 목적이 인격의 형성에 있다"[20]면, 인격의 본질은 자유이기에, 도덕교육에 관한 한 만드는 교육이나 기르는 교육은 불가능하다는 결론을 내릴 수밖에 없을 것이다.

5. 결론을 대신하여 : 독립교과로서의 도덕교육은 포기되어야 하는가?

도덕교육에는 왕도도 없고 새로운 해법도 없다면 도덕교육은 포기되어야 하는가? 우리는 앞에서 도덕교육의 목적이 인격의 형성에 있으며, 인격의 본질은 자유라고 했다. 자유로서의 인격은 어떤 도덕적 가치를 외적 강제나 반복적 교화, 주입에 의해 내면화해서는 안 된다. 인격체로서의 도덕적 행위자에게 필요한 것은 도덕법칙의 주입식 내면화가 아니라 반성적 내면화이다. 반성적 내면화는 결국 왜 내가 특정 관습과 가치관과 도덕체계를 받아들여야만 하는가 하고 되묻는 과정을 반드시 필요로 한다. 도덕 전담교과를 통해서만 이 과정을 거칠 수 있기 때문에 독립교과로서의 도덕교과는 반드시 존치되어야 한다. 도덕적 신념이 반성적으로 내면화되지 않은 상태에서는 누군가가 아무리 고상한 습관을 가졌다 하더라도 그 습관은 결코 도덕적 습관이 될 수 없을 것이다. 근면해야 하는 이유를 반성적으로 내면화하지 못한 사람은

20 이돈희, 『도덕교육』, 16쪽.

그 사람이 아무리 근면하더라도 그의 근면은 로봇의 근면함보다 더 나을 것이 없을 것이다. 칸트는 이상의 내용을 다음처럼 좀 색다르게 표현하고 있다.

> 만일 인간 의지의 자유가 틀림없이 후자(심리적 자유)라고, 즉 선험적 자유가 아니라고 한다면, 그러한 자유는 필경 자동기계의 자유보다 조금도 나을 것이 없다. 자동기계는 한번만 그 나사를 틀어 주기만 하면, 저절로 그 운동을 계속하는 것이다.[21]

상벌체계에 입각한 생활예절교육은 예의바른 인간을 만들어 낼 수 있을지는 모르나 거세된 수퇘지같은 인간을 양산하는 것이 될 것이다. 거세된 수퇘지는 양순하여 주인이 다루기는 쉽지만 생산능력 즉 창조성은 없다. 그것은 본질적으로 예의 바른 기계다. 인성교육을 통해서는 학생들로 하여금 인간은 짐승과 차원을 달리하는 존재, 즉 도덕을 통해 자유에 이를 수 있는 존재라는 사실에 대한 각성을 하도록 도와주는 것을 할 수 없다.

---

21 I. Kant, *Kritik der praktischen Vernunft*, 113쪽.

제9장

도덕·윤리교육의 올바른 방향

1. 서론

최근 교육부에서 교육학과 학생들도 도덕·윤리교사 자격증을 받아 갈 수 있도록 한 것과 관련하여 철학계와 교육학계 사이에 특혜 시비가 일고 있다.[1] 교육학계에서는 특혜가 아니라고 반박하고 있음에도 불구하고, 특혜가

1 이에 관해서는, 성균관대 손동현 교수(철학)와 동국대 박부권 교수(교육학) 간의 2회에 걸친 지상논쟁이 실려 있는 『교수신문』(2000년 6월 19일 자와 7월 3일 자)을 보라. 그리고 교육부의 조치에 대한 철학계의 반발 내용에 대해서는 『철학비평』 제4호(부산 : 세종출판사, 2000)를 보라.
필자가 보기에 도덕·윤리교육에 대한 교육학계의 입장은 크게 세 가지로 나눌 수 있을 것 같다. 교육학계는 냉전이데올로기가 종식을 고한 마당에, 기존의 (국민)윤리교육과에서 맡아 오던 도덕·윤리교육은 정치교육이었으므로 사용연한이 종료되었다는 점에서는 의견의 일치를 본다. 그래서 도덕·윤리교육의 탈정치교육화가 시도되어야 한다고 생각한다. 이런 합의 위에서 첫째로, 도덕·윤리교과 존치론자들이 있을 수 있다. 도덕·윤리교과에서 가르칠 내용은 매우 뻔한 것들, 예컨대 부모님에게 효도를 해야 한다, 정직하고 예절 바른 인간이 되어야 한다, 공공질서를 잘 지켜야 한다, 음란물을 멀리해야 한다 등등이다. 이런 훈계들은 가정이나 이웃 어른들을 통해서도 학생들에게 제시되지만, 효과적으로 제시되지 않기에 다양한 교육기법을 알고 있는 교사들에 의해 효과적으로 제시되어야 한다. 이들의 입장에서는 철학자나 윤리학자들이 도덕·윤리교과를 맡아 가르칠 여지는 전혀 없다. 윤리학자들은 효

아님을 입증하기 위한 논거를 제시할 때마다, 교육학계의 논리는 모순을 확대 재생산해 내고 있는 형국이다. 마치 한 개의 거짓말을 정당화하기 위해 열 개의 거짓말을 새로 만들어야 하듯이, 한 개의 모순을 정당화하기 위해 새로이 열 개의 모순을 만들어 내고 있는 것이다.[2] 이처럼 자가발전적 모순

의 본질이 무엇인지를 물을 뿐, 교육학적으로 그 효율성이 입증된 교육기법을 동원해서 효를 가르칠 수는 없기 때문이다. 이렇게 되면 도덕·윤리교과의 핵심 주관학과는 교육학과가 된다. 박부권 교수는 "도덕·윤리의 본질을 밝히는 철학의 논리와 도덕·윤리성의 형성에 초점을 두고 있는 교육의 논리는 그 구조부터가 다르다"(『교수신문』, 2000. 6. 19.)고 말하면서 교육학과 출신자들도 도덕·윤리교사가 될 수 있음을 주장한다. 그러나 그의 주장에 따르면, 교육학과 출신자들은 도덕·윤리의 본질도 모르면서 도덕·윤리를 가르치는 것이 될 것이다. 말하자면 '윤리학' 없는 '윤리 교육'이 실시될 것이다. 두 번째로 도덕·윤리교과 폐지론자들이 있다. 앞서 말한 그런 뻔한 도덕적 상식을 교과 중심으로 가르쳐 봐야, 학생들의 인성이 함양되는 것은 아니므로, 보다 전방위적 방식으로 인성교육을 실시해야 한다고 생각하는 부류가 있는 것 같다. 이 입장을 취하면, 비록 교육학계가 도덕·윤리교사를 양성해 내지는 못하지만 교육학계의 영향력은 교육 전반에 걸쳐 확대되게 된다. 왜냐하면 인성교육과 관계없는 교과는 아무 것도 없기 때문이다. 세 번째는 꿩도 먹고 알도 먹자는 입장으로, 도덕·윤리교과를 존치시킨 뒤, 그 교과의 교사를 교육학계에서 주도적으로 배출하면서 동시에 인성교육 붐도 일으켜 교육학과의 영향력을 교육계 전반에 확대시키자는 부류이다.

2 예컨대 박부권 교수는 「교사양성, 특정학과 독점 이유 없어」라는 제목의 글(『교수신문』, 2000. 6. 19., 제4쪽)에서 "지금까지 도덕·윤리교사 양성에서 국민윤리학과가 행사해 오던 독점권을 더 이상 인정하지 않겠다는 것, 기본이수과목을 지정함으로써 도덕·윤리교사 양성과정의 핵심내용을 대폭 수정하고자 했던 시도 또한 그 의도에서는 옳았다고 본다"고 말한 뒤, "철학계가 제기해 온 쟁점 중에서 보다 깊은 토론이 요구되는 쟁점들(학문의 성격으로 볼 때, 도덕·윤리교사 양성은 어느 학과가 담당하는 것이 더 타당한가? 등)은 장소를 학문의 장으로 옮겨 특혜 시비와는 별도로 계속 논의할 가치가 있다고 본다"고 말한다. 박부권 교수의 이 말에 의하면, 도덕·윤리교사 양성은 어느 학과가 담당하는 것이 더 타당한가 하는 문제는 미결의 문제다. 그렇다면 그 문제가 미결임에도 불구하고 교육학과에만 윤리교사 자격증을 받도록 한 것이, 어떻게 특혜가 아니란 말인가? 또한 그 문제가 미결인 상태에서 어떻게 그 문제를 "특혜 시비와 별도로" 논의하는 것이 가능한 일인가? 그리고 지금까지의 도덕·윤리교육이 정치교육으로 이해됨으로써 파행으로 치달았다고 진단한 박부권 교수는(『교수신문』, 2000. 7. 13., 제7쪽 참조) "새로운 도덕·윤리교사 양성의 기본 이

생산의 끝에서 박부권 교수는, 6월 19일 자 『교수신문』에서 「담당주체 논의 앞서 과목 존폐여부 따져야」라는 기고문을 통해 독립교과로서의 중학교 '도덕'과 고등학교 '윤리'를 없애 버릴 것을 제안한다.[3] 어제는 도덕·윤리교육을 맡아야 할 적임자임을 자처하던 교육학계(혹은 박부권 교수)가 오늘은 윤리교과를 없애 버리자 하니 이 무슨 학문적 독단인가? 지금까지의 도덕·윤리교육이 파행적으로 실시되었으니, 민주화된 시대에 어울리는 제대로 된 윤리교육을 실시하자고 해야 이치에 맞는 일일 것이다.

필자는 우리 사회에서 지금까지 정치교육의 일환으로 이해되어 실시되어 온 교과 중심의 윤리교육이, 이데올로기 종언의 시대를 맞이하여 어떤 방향으로 강화되어 실시되는 것이 올바른 것인가를 검토해 보고자 한다.

수 과목들은 전통적으로 교육학과, 윤리학과, 철학과, 심리학과, 정치학과 등이 개설하고 있는 과목들로 구성되어 있다. 그러므로 이 과정은 연계·통합 전공의 성격이 강하다. 자격증을 따고자 하는 학생의 입장에서 보면 그 과목들이 어느 학과에서 개설되든 아무런 문제가 없다. 그리고 그 과정의 주관 학과 또한 어느 학과가 해도 무방하다"(『교수신문』, 2000. 6. 19., 제4쪽)고 말한다. 그는 도덕·윤리교육의 파행을 도덕·윤리교육의 정치교육화에서 찾으면서, 새로운 도덕·윤리교사 양성과정의 기본 이수 과목 중에 정치학을 존치시킨 교육부 고시안을 받아들인다. 말하자면 그는 도덕·윤리교육의 정치교육화를 거부하면서 동시에 인정하는 자가당착을 범하고 있는 셈이다. 뿐만 아니라, 현행 중·고등학교 도덕·윤리교과서가 학제적 교과라는 이유에서 관련 학문분야라면 어느 분야에서건 교사 양성의 주관 학과가 될 수 있다는 말은 과연 교육자적·학자적 양식과 양심에서 나온 말인지 심히 의심스럽다. 박부권 교수의 그 말은 자기 무덤을 파는 말이 될 것이다. 만약 그런 식으로 생각한다면, 교육학이란 학문 자체가 학제적 성격이 그 어떤 학문보다 강하므로, 교육학과 관련된 어느 학과에서도 현재로서는 교육학과 학생들만이 받아 가는 자격증을 받아 갈 수 있다고 말할 수 있을 것이다.

3 『교수신문』, 2000. 7. 3., 제7쪽. 독립교과로서의 윤리교과를 없애려 했던 것은 이미 제6차 교육과정 개편 때에도 있었던 일이며, 제7차 교육과정 개편 때에도 도덕·윤리교과를 아예 폐지해 버리거나 아니면 선택과목으로 만들려 했었다. 그 과정에서 제대로 된 학술 토론이나 공청회 한 번 열린 적 없었다는 것이 필자의 기억이다. 윤리 교과 폐지론의 주체 세력이 누구인지는 교육과정 개편 심의 위원에 위촉된 인사들이 누구인지를 조사해 보면 알 수 있겠지만, 독자들의 추측에 맡긴다.

2. 지금까지의 도덕·윤리교육의 문제점

해방 이후 지금까지 우리나라의 도덕·윤리교육이 도덕·윤리교육의 외양을 한 정치교육이었다는 것은 누구나 알고 있는 사실이다. 이 사실을 입증하기 위해 해방 이후 지금까지 만들어진 도덕·윤리 관련 교과서의 목차와 내용을 분석하는 것은 시간낭비가 될 것이다. 이승복 어린이가 "공산당은 싫어요"라고 말했다가 무장공비의 손에 의해 입이 찢겨 죽은 사건은 도덕·윤리교육이 다름 아닌 지배이데올로기 주입교육이었음을 단적으로 증명해 주고 있다. 이승복 어린이가 비록 "공산당은 싫어요"라고 말했지만 그가 공산주의가 어떤 것인지 제대로 알고 그렇게 말했을 리는 만무하다. 그리고 공산당이 싫다고 말하는 어린이의 입을 찢어 죽인 무장공비도 이데올로기적 맹목성의 희생자일 수가 있다. 최근 남북정상회담에서 보여 준 김정일의 '정상인'다운 모습을 보고 적지 않은 국민들이 혼동을 느낀 것도 그러한 교육의 영향이었음을 부정할 수는 없을 것이다. 그도 그럴 것이 일반 국민들의 머릿속에는 김정일은 '기쁨조'에 둘러싸인 섹스광, 최은희라는 남한 영화배우를 납치한 영화광, 엄청난 스피드를 즐기는 속도광, 버마의 아웅산 테러를 진두지휘한 테러광으로 각인되어 있다. 김정일과 관련된 것은 한결같이 정상이 아닌 어떤 것, 즉 '~광'으로 묘사되고 있는 것이 현실이다.

이런 현실이니 윤리교사의 임무는 애초부터 제대로 된 인격체의 육성이 아니라, 반공정신과 유신정신으로 무장한 체제 순응적 인간을 길러 내는 것이었다. 형식적으로는 '지덕체가 조화롭게 발전한 건전한 민주시민의 육성'과 같은 그럴듯한 교육목표를 내걸었지만, 실질적으로는 반공정신과 유신정신으로 무장한 체제 순응적 인간을 길러 내는 것이 중시되었다. 이런 상황에서 양심적인 윤리교사들 중 상당수는 수업시간에 '잘못 말하는' 바람에 교직에서 쫓겨나기도 했다. 한국전쟁 이후 남북 간 이데올로기 대립이 극에 달

했던 1960년대에는 전 교과를 통한 지배이데올로기 주입교육이 실시된 적도 있었다. 1960년대의 제2차 교육과정에서는 도덕과가 아닌, '반공·도덕 생활영역'을 설정하여 전 교과를 통해 도덕교육을 실시하였다.[4] 전 교과를 통한 지배이데올로기 주입교육은 북한에서 지금도 실시하고 있는 교육방식이다. 예컨대 산수의 경우는 '미제놈 3명과 국방군 4명이 인민군이 쏜 총에 맞아 죽었는데 모두 몇 명이 죽었는가?' 라는 식의 문제가 출제된다. 국어과의 경우는 김일성이나 김정일에 대한 충성예화가 소개되는 방식으로 지배이데올로기 주입교육에 사용된다. 여타 다른 교과목들도 마찬가지다. 비록 남북이 분단되어 대치하고 있는 상황이어서 도덕·윤리교육의 정치교육화가 요구되는 측면이 있었다 하더라도, 그것이 박정희 정권이나 전두환 정권기에 이르러 독제체제를 정당화시키는 수단 교과가 되어 버린 것은 변명의 여지 없이 잘못된 일이다. 도덕·윤리교과의 정치교육화는 도덕·윤리교과를 암기과목으로 만들어 버렸다. 반공·멸공만이 살길이며 유신만이 살길이라고 교과서에 적혀 있으므로, 우리는 왜 공산주의가 나쁜지, 왜 유신만이 살길인지에 대해 토론할 수 없었다. '적을 알고 나를 알면 백 번 싸워서 백 번 이긴다'는 관점에서 보면 공산주의를 이기기 위해서라도 공산주의를 알아야 하는데, 대학의 교수들조차도 마르크스의 책을 읽을 수 없도록 만들어 놓았으니 우리 사회의 이데올로기적 경직성을 재삼 언급하는 것은 입만 수고로운 일일 것이다. 윤리학은 본래 철학의 핵심적인 분과학으로서 암기를 통해 발전하는 학문이 아니라, 비판적 토론을 통해 발전하는 학문이다. 물론 도덕·윤리교육이 윤리학교육으로 대체될 수 있는 것은 아니지만, 학생들로 하여금 도덕규칙이나 덕목을 반성적으로 내면화하도록 하는 것이 필수적이다.

도덕·윤리교육을 정치교육의 일종으로 이해했기 때문에, 도덕·윤리교과

4 조난심, 「인성교육과 도덕교과서」(『철학과 현실』, 1995년 가을), 71쪽 참조.

서를 국정교과서로 만들어 학생들에게 가르쳤으며, 초등학교 도덕교과는 바른 생활습관 갖기 위주의 행동 길들이기 교육이 되어 버렸고, 중·고등학교 도덕·윤리교과는 반공 내지는 유신 이데올로기 세뇌교육, 즉 생각 길들이기 교육이 되어 버렸다. 이런 식으로 도덕·윤리교육을 행동과 생각 길들이기 교육으로 이해했기에, 제대로 된 비판적 토론 위주의 윤리 공부를 시킬 수가 없었다. 제5·6·7차 교육과정상의 고등학교 윤리 교과서에는 물론 '동양의 윤리사상'이니 '서양의 윤리사상'이니 혹은 '한국의 윤리사상'이니 하는 단원들이 등장한다. 그러나 그 단원들의 내용을 보면 윤리와는 거리가 먼 것들이다. 예컨대 '서양의 윤리사상'이라는 단원을 보면, 우리는 거기에서 행복주의 윤리니 공리주의 윤리니 의무론적 윤리니 하는 것들이 다루어지고 있지를 않고, 서양철학사가 다루어지고 있음을 보게 된다. 학생들은 왜 거짓말을 하는 것이 나쁜 일인가 하는 문제로 토론하는 대신, '절대정신'이니 '원융회통'이니 하는 용어들을 암기하도록 강요받는다.

고등학교 교과서의 경우는 교과서 자체가 철학, 윤리학, 정치학, 역사학, 발달심리학, 사회학 등등 다양한 학문분야의 내용들이 뒤섞여 아무런 학문적 일관성 없이 배열되어 있기에, 그런 교과서로 학생들의 도덕성을 함양하는 것은 짚단으로 금을 만드는 연금술보다 더 기적 같은 일이 될 것이다. 윤리학이란 것은 어떻게 사는 것이 바람직한 삶이며 의미 있는 삶인가를 반성하는 학문이요, 윤리 교육이란 학생들로 하여금 그런 문제로 고민하고 반성하게 함으로써 자신의 삶을 자신이 주체적으로 선택하는 일에 도움을 주는 교육이란 관점에서 볼 때, 학생들로 하여금 그런 문제의식을 갖도록 배려해 준 교과서는 없다.

3. 인성교육은 도덕교육의 대안일 수 있는가?

김영삼 정권이 들어설 무렵 국제 정치·경제적 환경은 크게 변하였다. 구 소련과 동구권 공산주의의 몰락은 세계적 냉전체제의 종식을 초래하였고, 그 결과 미국 주도의 세계적인 단일 경제 시장이 형성되었다. 말하자면 GATT 체제에서 WTO 체제로 바뀌었던 것이다. 이런 와중에서 국가 간 경쟁이 그 어느 때보다도 과열되었다. 미국 주도의 자본주의와 소련 주도의 공산주의가 대립하는 동안에는 적어도 양 진영 내부의 국가들 간에는 핏물 튀기는 국가간 경쟁을 자제했었다. 그러나 외부의 공동의 적이 사라지면 내부 구성원들끼리 싸우게 되듯이, 공산주의가 몰락하자 자본주의 체제 내부의 국가들끼리 싸우게 된 것이다. 사람들은 이러한 현상을 무한경쟁시대라는 말로 규정하였다. 무한경쟁이란 어느 한쪽이 죽을 때까지 경쟁하는 것을 의미한다. 그런 점에서 본다면, '무한경쟁'이란 말만큼 살벌한 분위기를 풍기는 말도 없다. 이런 살벌한 국제적 경쟁논리에서 살아남기 위해 김영삼 정권은 '세계화'를 국정지표로 제시하였다. 무한경쟁의 시대에 살아남아야 한다는 지상명령을 위해 우리는 세계를 알아야 한다는 것이다. 교육도 당연히 국가의 경쟁력을 강화하는 데 도움이 되는 인재를 양성하지 않으면 안 된다. 교육개혁은 이런 국제 정치·경제적 문맥에서 단행되었던 것이다.

국제 정치·경제적 환경의 변화는 (국민)윤리 교육에 직접적인 영향을 주었다. 구소련과 동구권이 무너지고 세계적 냉전체제가 종식을 고하고 세계지도가 자본주의 일색으로 칠해지면서 지배이데올로기 주입교육의 필요성은 사라졌고, 그 대신 우리 사회가 세계적 경쟁에서 살아남을 수 있기 위해 필요한 인간유형의 필요성이 강력하게 대두되었다. 그 당시 진행되었던 교육 개혁은 한마디로 교육의 국제 경쟁력을 강화하기 위한 것이었다. 김대중 정권은 우리 교육이 세계화 시대 혹은 신자유주의 시대를 맞이하여 개혁되어야 한다고 생각하는 점에서는 김영삼 정권의 교육정책의 충실한 계승자다.

교육개혁의 와중에 인성교육이란 말이 등장하였다. 그 말과 함께 중·고등학교에서는 '봉사활동운동'이 일어났다. 지금까지의 도덕·윤리교육은 지식 위주로 행해졌기에, 도덕·윤리교육의 본래적 목표인 실천을 등한시했다는 반성 위에서, 학생들로 하여금 실천 위주의 봉사하는 삶을 살도록 하기 위해서 봉사활동을 한 학생들에게 대학 입학 시 가산점을 주는 제도가 도입되었던 것이다.[5]

우리는 먼저 기존의 도덕·윤리교육에 대한 인성교육론자들[6]의 비판이 과연 타당한가를 살펴볼 필요가 있다. 기존의 도덕·윤리교육이 파행적으로 실시되었다는 지적은 정확하다. 그러나 기존의 도덕·윤리교육은 학생들의 도덕성을 함양하는 데 아무런 도움을 주지 못했는데, 그 이유가 지식 위주의 도덕교육이었기 때문이라는 진단은 과연 제대로 된 진단인지 의심스럽다. 인성교육론자들이 인정하고 있듯이 기존의 도덕·윤리교육의 목표는 학생들의 도덕성 함양이 아니라, 반공정신과 유신정신으로 무장한 체제 순응적 인간의 육성이었기 때문이다. 이런 점에서 본다면, 지금까지의 도덕·윤리교육계가 학생들의 도덕성을 함양해 줄 것으로 기대하는 것 자체가 잘못된 요구인 것이다. 우리 사회는 해방 이후 지금까지 한 번도 제대로 된 도덕·윤리교육을 실시해 본 적이 없다. 그러므로 도덕·윤리교육의 효율성에 대해 제대로 된 평가를 내릴 수가 없는 형편이다. 그 다음으로 지금까지의 도덕·윤리교육이 지식 위주의 교육이었기에 도덕적 실천을 등한시했다는 주장에 대해 살펴보자. 도대체 '지식 위주의 도덕교육'이란 말로 의미하는 바가 무엇

5 필자가 보기에 인성교육이 급부상하게 된 데에는, 물론 기존의 도덕·윤리학계가 반성해야 할 부분이 없는 것은 아니지만, 기존의 도덕·윤리교육계에 대한 특정 이해집단의 조직적 음모가 작용했을 가능성을 완전히 배제할 수 없을 것 같다.

6 필자는 '인성교육론자'란 용어로 봉사활동의 점수화를 통한 실천교육을 강조하고, 독립교과로서의 도덕교과를 없애고, 전 교과를 통해 학생들에게 인성을 심어 주는 것이 더 효율적인 도덕교육이라고 생각하는 사람들을 뜻한다.

인지는 모르겠으나, 인간을 지·정·의의 통합체로 간주하는 것이 옳다면, 인간의 이성에 호소하는 도덕교육이 잘못되었다고 말하는 것이 설득력이 있는 주장인지 되묻지 않을 수가 없다. 인성교육론자들이 말하는 '지식 위주의 도덕교육'이 암기 중심의 도덕교육을 의미한다면, 그것은 제대로 된 지식 위주의 도덕교육이 아님을 알 수 있다. 그러나 '지식 위주의 도덕교육'이란 말이 이성에 호소하는 도덕교육을 의미한다면, 우리는 그런 도덕교육을 절대시할 수 없을지언정 무시할 수는 없다. 사실 우리 사회는 한 번도 이성에 호소하는 도덕교육을, 다시 말해서 제대로 된 지식 위주의 도덕교육을 한 번도 시행해 본 적이 없다.

인성교육론자들은 학생들의 도덕성을 함양하기 위해서 교과로서의 도덕·윤리교육을 중시하는 기존의 방식은 포기하는 대신에, 교육학(교육목적론, 교육심리학, 생활지도론)과 심리학(성격심리학, 발달심리학, 상담심리학) 등의 학문적 배경 하에서 학생들의 인간관계지도, 생활습관지도, 정서지도, 비행예방지도를 주된 내용으로 하는 인성교육을 실시할 것을 제안한다.[7] 그리고 인성교육의 이러한 내용들은 전 교과를 통해 실시되어야 할 것을 주장한다. 체육, 음악, 미술, 국어, 자연, 기술(공업) 등등 모든 교과를 통해 인성교육이 실시되어야 한다는 것이다. 기술 시간에 생각해 볼 수 있는 인성교육의 사례로 다음과 같은 황당한 방식이 소개되고 있다.

> 여러분은 엔진을 움직이는 피스톤입니다. 이제 여러분들은 그 피스톤이 하는 일들을 해 보게 될 것입니다. 바깥의 공기와 연료(가솔린)가 혼합된 혼합가스를 빨아들이세요. 그리고 그것을 압축하여 폭발시켜 보세요. … (중략) … 더 큰 힘이 발생할 것입니다. 여러분은 혼합가스가 점화할 때 폭발합니다. 여러분은

7 한국교육학회, 『인성교육』(문음사, 1998) 참조.

크랭크 축을 돌리고 모든 연소 가스를 배출해 내고 내부를 청소합니다. 그리고 새롭게 공기와 연료를 받아들이고 일할 준비를 합니다. 이와 같은 피스톤의 운동을 직접 마음으로 느끼고 경험해 보세요.[8]

물론 기술 시간에 이런 상상을 해 보는 것이 전적으로 무용한 일이라고 말할 수는 없다. 그러나 이런 식으로 인성교육을 시킨다면, 생물 시간에 학생들은 자기가 메뚜기, 잠자리, 개구리 등등의 동물들이 되어 보는 상상을 해야 할 것인데, 어느 세월에 교과서 진도를 다 나갈는지는 의심스럽다. 그리고 흔히 교육관료들의 한탕주의, 실적주의, 반짝 이벤트주의적 사고방식과 결탁해서 반강제로 일선학교에서 실시되고 있는 인성교육의 사례들, 예컨대 '명상의 시간 운영하기', '기본생활 습관 기르기', '효자·효부 이야기 들려주기', '사랑의 편지 쓰기', '가족신문 만들기', '가훈 실천 사례 발표하기', '경로 교실 운영하기', '3분 말하기', '선비교실 운영하기', '먼저 인사하기 스티커 부착 운동' 등등의 인성교육은[9] 대체로 별 교육적 의미도 없이 시행되면서, 현장 교사들로 하여금 보고용 거짓서류만 작성하게 만들고 있다. 인성교육론자들이 인성교육의 내용으로 소개하고 있는 것들, 즉 인간관계지도, 생활습관지도, 정서지도, 비행예방지도 등은, 물론 체계적으로 실시되지 못한 감이 없는 것은 아니나 이미 학교현장에서 실시되고 있었던 것들이다. 뿐만 아니라 인성이란 말의 내포는 너무나 애매하고 그 외연은 너무나 넓어서 인성교육과 관계되지 않는 것이 없어 보일 정도로 학교교육 전체를 인성교육의 영역하에 두게 만드는 문제점도 지적하지 않을 수 없다. 인성교육론자들의 인성 개념에 의하면, 정신과 의사나 감정 순화적 만화를 그리는

---

8 한국교육학회, 『인성교육』, 250쪽.

9 한국교원단체총연합회, 『새교실』(1996년 9월호), 42-43쪽 참조.

만화가, 예술가 등등 어지간한 사람은 다 인성교육자의 범주에 들어갈 것이다. 그러나 모든 것을 포괄하는 규정은 결국 아무것도 규정하지 못하게 된다. 그 나름의 의의에도 불구하고 인성교육의 가장 치명적인 문제점은, 인성교육을 통해서는 왜 효도를 해야 하며, 가훈을 실천해야 하며, 기본생활 예절을 지녀야 하며, 국가에 충성해야 하는지 학생들이 그 이유를 알 수 없다는 것이다. 요컨대 왜 우리는 인간다운 인간, 즉 도덕적 인간이 되어야 하는가 하는 물음에 대한 답을 인성교육을 통해 얻을 수 없다는 것이다. 그럴 수밖에 없는 것이 그 물음은 가장 근본적인 윤리학적 물음이기 때문이다. 그 물음은 교육학이나 심리학의 물음이 아니다. 당장 인간을 인간답게 만드는 것은 무엇인가라는 물음, 즉 인성교육의 근본에 깔린 물음 그 자체가 윤리학의 물음이지 교육학이나 심리학의 물음이 아니다. 이 물음이 다루어지지 않는 한, 인성교육은 도덕·윤리교육을 대신할 수 없음은 분명한 이치이다. 또 한 가지 분명한 것은 우리가 윤리학상의 어떤 입장을 취하든 도덕교육의 중요한 목표는 학생들로 하여금 그들이 도덕적으로 행동해야 하는 이유를 분명히 인식하게 하는 것이다. 만약 그러한 인식이 없다면, 비록 어떤 학생이 남이 보기에는 '도덕적' 인간으로 보일 수 있다 하더라도, 그 학생은 '도덕적 행위자'가 아니게 된다. 관습적 도덕, 반복적 훈련에 의해 길들여진 도덕, 세뇌에 의한 도덕은 참다운 도덕이 아니다. 반성적인 도덕적 행위자를 길러 내는 것을 목표로 하는 교과로서의 도덕·윤리교육 없는 인성교육은 엔진 없는 자동차와 같다. 폴 테일러는 반성적 도덕교육의 필요성을 다음처럼 정리해 주고 있다.

> 모든 사람은 어떤 도덕적 신념체계를 통해서 양육되었으며, 그리고 모든 사회도 그 사회의 삶의 양식의 일부분으로서 어떤 도덕률을 가지고 있다. 그러나 개인은 맹목적으로 자기 사회의 도덕률을 받아들일 수도 있고 또는 그것을 반성

하거나 비판할 수도 있을 것이다. 만약 개인이 맹목적으로 받아들인다면 우리는 그의 도덕을 관습적 또는 습관적이라고 말할 수 있을 것이다. 그러한 사람은 강한 도덕적 확신을 가질 것이며 그리고 규범에 따라 살기 때문에 좋은 사람이라고 하겠다. 그러나 그는 … (중략) … 자기가 가진 확신을 합리적인 논의로써 뒷받침할 수 있는 능력을 결여하고 있다. 만약 그가 갑자기 자신의 도덕적 신념과 모순되는 신념과 또 그 신념에 대해 자기만큼이나 확신감을 가지고 있는 다른 사람을 만나게 되면, 그는 어찌할 바를 모르고 당황할 것이다. 만일 그렇다고 하면 그의 혼란 상태는 도덕에 대한 깊은 환멸로 바뀔 것이다. 그는 자신의 신념에 대해서 객관적이고 합리적인 정당성을 부여할 수 없기 때문에 그의 독단적 확신은 전적인 회의주의로 빠져들게 될 것이다.[10]

4. 도덕·윤리교육의 올바른 방향

1) 도덕·윤리교육의 목표

도덕·윤리교육의 올바른 방향은 어떤 것인가를 올바로 고찰하기 위해서는 먼저 도덕·윤리교육의 목표가 무엇인가 하는 문제를 앞세워 다루지 않으면 안 될 것이다. 도덕·윤리교육의 목표는 우리가 취하는 윤리학적 입장에 따라 달라질 수 있다. 아리스토텔레스 같은 윤리학자는 도덕·윤리교육의 목표를 자아실현을 통한 행복의 성취라고 말할 것이다. 공리주의 윤리학자는 최대다수의 최대행복을 행위의 근본원칙으로 받아들여 행동하는 인간의 육성이라 할 것이다. 칸트 같은 의무론적 윤리학자는 실천이성의 내부에서 명

10 폴 테일러, 『윤리학의 기본원리』(김영진 옮김, 서울 : 서광사, 1985), 23쪽.

령되는 정언명법에 따라 행위하는 인간의 육성이라고 말할 것이다. 도덕·윤리교육의 목표가 다르면 교육방법론도 달라질 수밖에 없는 법이다. 또한 도덕을 상대적인 것으로 보느냐 절대적인 것으로 보느냐에 따라, 혹은 도덕을 개인주의적으로 이해하느냐 공동체주의적으로 이해하느냐에 따라 도덕교육의 목표와 방법도 달라질 수 있다. 비록 도덕교육의 목표가 각각의 윤리설에 따라 달라질 수 있음에도 불구하고, 우리는 인격의 형성이란 목표는 어떤 윤리설도 공통분모적으로 받아들일 수밖에 없는 것이라고 생각한다.

그러면 인격이란 무엇인가? 필자는 인간을 호모사피엔스라는 종족의 유전적 특징을 가진 인격체로 정의한다. 그리고 인격성을 인간이 인간으로 되기 위한 충분조건으로 간주하며, 어떤 존재가 호모사피엔스라는 종족의 유전적 특징을 가지는 것은 그 존재가 인간이기 위한 필요조건이라고 말할 수 있을 것이다. 호모사피엔스라는 종족의 유전적 특징을 가진 어떤 존재가 인간이 되기 위해서는 인격을 가지지 않으면 안 된다. 인격체가 됨으로써 인간은 온전한 인간이 된다는 것이다. 그러면 호모사피엔스라는 종족의 유전적 특징을 가진 생명체를 인간으로 만들어 주는 충분조건으로서의 인격이란 무엇인가? 통상 교육학이나 심리학에서는 영어의 'character'를 '인격'으로 번역하곤 한다. 그러나 도덕교육은 성격교정교육과 같은 것일 수는 없다. 동물들도 그들 나름의 성격상의 특징을 갖고 있으며, 따라서 성격교정을 필요로 하는 경우가 있다. 'character'로서의 인격이 아니라, 인간을 다른 사물(物性)이나 동물(獸性)과 구분시켜 주는 인간 특유의 'humanity'로서의 '인격'—물격(物格), 신격(神格)과 대비되는 것으로서의 인격—이란 무엇인가?

피터스R. S. Peters는 인격의 세 가지 특징에 대해 언급하고 있다. 인격은 '입법적 기능'legislative function과 '집행적 기능'executive function과 '심판적 기능'judical function을 가진다. 인격의 소유자는 자신의 도덕생활을 위해 규범을 정하며, 그는 사회의 인습적 규범을 받아들여 내면화하든지 아니면 자신의 반성적 규범을 형성하든지 한다는 점에서 입법적이다. 그리고 인격의 소유자는 자신이 택한 규범이 명하는 의무나 선행을 수행해 낸다는 점에서 집행적이다. 이 경우 지속성 있는 습관의 형성이 중요하다. 마지막으로 인격의 소유자는 자신이 택한 규범에 따라 행동하지 못했을 때 자신에 대해 번민하고 후회하고 죄의식을 느낀다는 점에서 심판적이다.[11] 인격이 갖고 있는 이 세 가지 기능은 인간이 자유임이 전제되지 않으면 불가능한 것이다. 기존의 도덕규범을 받아들일 것인가 아니면 자신만의 규범을 만들 것인가를 결정하기 위해서, 인간은 자유이지 않으면 안 된다. 자유로서의 이성이 갖고 있는 입법적 기능에 대해서는 이미 칸트에 의해 증명되었다. 그리고 약속할 수 있는 유일한 존재로서 인간은 약속을 지킬 수 있기 위해서, 즉 집행할 수 있기 위해서 자유롭지 않으면 안 된다. 왜냐하면 약속이란 자연법칙에 따라 진행하는 시간이 경과 속에서 그러한 진행과는 독립적인 어떤 행위를 하겠다는 것을 의미하기 때문이다. 인격의 심판적 기능 역시 인간의 자유를 전제하지 않으면 안 된다. 인격의 심판적 기능 중의 하나인 후회의 감정에 대해서 생각해 보자. 사람은 종종 자신의 지난 행위에 대해 '그때 나는 그렇게 행동하지 말았어야 하는 건데' 하면서 후회를 한다. 이런 후회의 감정이 의미를 갖기 위해서는 후회하는 당사자가 '달리 행동할 수 있었음', 즉 자유임을 전제하지 않으면 안 된다. 바로 이런 이유로 철저한 결정론자였던 스피노자는 후회의 감정에 사로잡히는 것을 어리석은 것으로 간주하였다.[12] "도덕교

11 R. S. Peters, *Moral Development and Moral Education*(London : George Allen & Unwin Ltd, 1981), 32쪽 이하 참조.

12 B. Spinoza, *Sämtliche Werke Bd.II*, *Die Ethik*(Hamburg : Felix Meiner Verlag, 1976), 235쪽 제4부 정리 54에서 스피노자는 다음처럼 말한다. "후회(Reue)는 덕이 아니다. 즉 이성에서 생기지 않는다. 오히려 어떤 행위를 후회하는 자는 이중으로 비참하거나 무능하다." 그러나 칸트는 후회의 감정을 다음처럼 설명하고 있다. "일찍이 저지른 행위에 대해서 그것을 다시 생각할 때마다 생기는 후회도, 사실은 자기

육의 목적이 인격의 형성에 있다"[13]면, 그리고 인격은 앞서 살펴본 것처럼 자유를 전제로 한다면, 도덕교육의 목표는 스스로 자신의 행위규칙을 선택하는 능력을 길러 주는 일, 자신이 정한 규칙을 수행해 내는 능력을 길러 주는 일, 그리고 자신이 정한 규칙에 따라 행했는지 행하지 못했는지를 심판하고 반성하는 능력을 길러 주는 일이 될 것이다. 이 모든 능력은 인간이 자유임이 전제될 때에만 가능한 일이다. 그러므로 인격의 본질은 자유임을 알 수 있다. 인격의 입법적 기능을 입법하는 자유로, 수행적 기능을 수행하는 자유로, 심판적 기능을 심판하는 자유로 명명할 수 있다.

이 대목에서 유념할 사항은 비록 인격의 본질이 자유라 하더라도, 그 자유는 모든 사회문화적·역사적·지리적 상황으로부터 자유롭고 모든 인간관계로부터 자유로운 그런 자유는 아니라는 것이다. 인간의 자유는 상황 속의 자유요, 관계 속의 자유임을 유념할 필요가 있다. 혹자는 이런 의문을 가질지 모르겠다. 인격으로서의 인간의 본질을 형성하는 자유가 상황 구속적이고 관계 구속적이라면 그건 자유가 아니라는 말이나 마찬가지 아닌가? 이런 의문은 인격의 본질로서의 자유가 절대적 자유이거나 절대적 구속이거나 둘 중에 하나라는 전제 위에서 생겨나는 의문이다. 그러니 인간의 자유는 모든 경험적 구속으로부터 독립적인 그런 절대적 자유가 아니다. 인격의 자유

책망과 자기 질책에 기본하여 있는 것이다. 후회는 도덕적 심정이 낳는 괴로운 감정이다. 이 감정은 한번 발생해 버린 것을 발생하지 않도록 하는 데에 유용하지 않다. 그런 한 후회의 감정은 실천적으로 헛된 것이다. 아니 심지어 불합리한 것이겠다. … (중략) … 그렇지만 후회의 감정은 고통으로서는 전혀 정당하다. 왜냐하면 우리의 '가상적(可想的) 실존'의 법칙(도덕법)이 문제일 때는 이성은 아무런 시간구별도 인정하지 않고, 오직 사건이 행위로서 나에게 속하느냐 하는 것만을 물으며, 나에게 속할 경우에는, 그 사건이 지금 발생했건 전혀 과거에 발생했건 간에, 항상 동일한 후회감을, 그 사건에 도덕적으로 결합하기 때문이다."(*Kritik der praktischen Vernunft*, Hamburg : Verlag von Felix Meiner, 1974, 114-115쪽)

13 이돈희, 『도덕교육』(서울 : 교육과학사, 1983), 16쪽.

가 그런 절대적 자유가 아니라는 사실에 근거하여 '인간은 필연에 종속되어 있다'고 추리하는 것은 소위 논리학에서 말하는 '선언지 불완전 매거의 오류'를 범하는 것이 된다. 인간은 절대 자유존재도 절대 필연존재도 아니다. 자유와 필연 사이에서 필연을 박차고 자유를 향해 비틀거리면서 일보 일보 나아가는 존재일 뿐이다. 필자가 이 글에서 밝히려 하는 것은 시대와 장소를 초월한 도덕 행위자의 '인격'의 형식일 뿐이다. 이 형식에 들어갈 내용은 그 도덕 행위자가 처해 있는 공동체에 따라 달라질 수가 있다.

인격의 본질이 자유임을 밝혔으므로 이쯤에서 우리는 "자유는 도덕법칙의 존재근거요, 도덕법칙은 자유의 인식근거다"[14]는 칸트의 말을 인격 개념과 연결시켜 다루어 볼 필요가 있다. 만약에 인간이 철저하게 인과법칙에 종속된 존재라고 한다면, 도덕은 불가능하다. 왜냐하면 도덕적 당위는 우리가 인과법칙으로부터 벗어나기를 요구하기 때문이다. '인과법칙으로부터 벗어남'은 곧 자유이므로, 도덕적 당위는 자유와 불가분리적으로 연결되어 있다.[15] 그런데 우리는 앞에서 인격의 본질은 자유임을 밝혔다. 그러므로 우리는 인격, 자유, 도덕 이 삼자가 불가분리적임을 알 수 있다.

현재 우리 사회에서 도덕교육 대신에 거론되는 인성교육이 독립교과로서의 도덕교과를 없앤다는 전제 위에서 논의되는 것이라면, 그런 도덕교육으로는 인격의 핵심적 요소인 지적·입법적 자유를 각성시키지 못할 것이다. 물론 생활예절교육도 중요하고 바람직한 습관을 형성시키는 교육도 중요하며 또 수련활동을 하게 하여 학생들의 담력을 키워 주는 것도 중요하다. 그러나 그런 모든 것은 학생들의 지적·입법적 자유의 각성을 전제하지 않으면 별 의미가 없는 것이다. 생각이 확실하게 되어 신념이 되고, 신념에서 행동

14 I. Kant, *Kritik der praktischen Vernunft*, 4쪽.

15 이에 대해서는 졸저 『칸트 윤리학과 형식주의』(대구 : 경북대학교출판부, 2015), 제6장 「의지자유론」 참조.

이 나오고, 행동이 반복되어 습관이 형성되며, 습관에 따라 운명이 달라진다는 말이 있다. 이런 관점에서 보면 인격의 입법적 자유, 집행적 자유, 심판적 자유 중에서 입법적 자유가 가장 중요하다고 말할 수 있을 것이다. 사람들은 흔히 도덕교육에 있어서 습관의 중요성을 강조한다. 아리스토텔레스는 특히 실천적 덕의 요체인 중용의 덕에 이르기 위해서는 습관의 형성이 중요함을 강조하였다. "한 마리의 제비가 봄을 만들지 못하는 것"[16]처럼 한 번의 선행으로 유덕한 사람이 되는 것은 아니다.[17] 그러나 우리는 아리스토텔레스가 습관만이 유덕한 사람이 되기 위한 필요충분한 조건으로 간주했다고 해석해서는 안 된다. 김태길은 이와 관련하여 "실천의 덕에 관하여 아리스토텔레스가 풀고자 하는 첫째 문제는 '실천의 덕은 어떻게 생기느냐'라는 그것이다. 그 물음에 대해서 아리스토텔레스는 '실천을 통하여, 즉 습관에 의하여'라고 대답한다. … (중략) … 그러나 이 주장에는 일종의 모순이 포함된 것이 아닐까. 즉 미리 유덕하지 않다면 어찌 유덕한 행위를 실천할 수 있을까"[18]라는 문제점을 제기한다. 그리고 그는 로쓰W. D. Ross의 견해에 의거하여 다음과 같은 방식으로 대답한다.

> 이 반문에 대한 아리스토텔레스의 답변은 로쓰가 시사한 바와 같이, 대략 다음과 같을 것으로 생각된다. '유덕한 사람'이란 (i)자기가 하는 일이 무엇인가를 알고, (ii)영속적인 품성의 결과로서, (iii)이성적 행위 그 자체를 위하여 이성적

16 Aristoteles, *Nicomachean Ethics*, 1098a, In : *The Basic Works of Aristoteles*(ed. R. Mckeon, Random House New York, 1970), 934쪽.

17 아리스토텔레스는 "지적인 덕은 주로 그것의 발생과 성장이 가르침에 의존한다. … (중략) … 반면에 도덕적 덕은 습관의 결과로 발생한다. 이런 이유로 ethicke(도덕)라는 말은 ethos(습관)란 말을 약간만 바꾸어서 만들어지게 된 것이다"고 말하기도 한다.(*Nicomachean Ethics*, 1103a, In : *The Basic Works of Aristoteles*, 952쪽)

18 김태길, 『윤리학』(서울 : 박영사, 1995), 40쪽.

으로 행위하는 사람이다. 예컨대 정직해야 한다는 신념 없이 사실상 정직한 사람은 정직의 '덕'을 가진 사람이 아니며, 어른의 간섭에 못 이겨 부지런한 사람은 아직 근면이라는 '덕'의 소유자가 아니다.[19]

만약에 **도덕적 신념형성의 근본이 되는 지적·입법적 자유의 각성이 그 밑바탕에 깔려 있지 않다면, 아무리 고상한 습관이라도 그 습관은 결코 도덕적 습관이 될 수 없을 것이다.** 그것이 밑바탕에 깔려 있지 않으면, 어떤 사람이 아무리 근면하더라도 그의 근면은 로봇의 근면함보다 더 나을 것이 없을 것이다. 그것이 밑바닥에 깔려 있지 않은 상태에서 형성된 습관은 자동기계의 습관에 불과하다는 말이다. 상벌체계에 입각한 생활예절교육은 예의 바른 인간을 만들어 낼 수 있을지는 모르나 거세된 수퇘지 같은 인간을 양산하는 것이 될 것이다. 거세된 수퇘지는 양순하여 주인이 다루기는 쉽지만 생산능력, 즉 창조성은 없다. 그것은 본질적으로 예의 바른 기계다. 인성교육은 학생들로 하여금 인간은 짐승과는 차원을 달리하는 존재라는 사실, 즉 **도덕을 통해 자유에 이를 수 있는 존재, 또 그렇게 함으로써만 인격체가 될 수 있는** 존재라는 사실에 대해 각성하도록 도와주는 것에서 출발해야 하고 또 그 사실을 각성하도록 도와주는 것 이상의 것을 할 수가 없다. 마치 교각을 튼튼하게 건설하는 새로운 공법이 있듯이, 인간을 도덕적으로 만드는 새로운 해법이 있는 듯이 생각하고 그 해법을 찾는 것을 도덕교육의 일차적 목표로 생각하는 것은 도덕교육에 있어서 처음부터 길을 잘못 찾아드는 것이 될 것이다. 물론 더 효율적인 도덕교육의 방법이 있을 수 있다. 그러나 도덕교육의 기본은 교사와 학생 간의 자유로운 인격적 만남을 통한 영혼의 각성이다. 이것이 전제되지 않는 상태에서 교육기술적인 효율성만을 추구하는 도덕교육은 아무런 의미가 없을 것이다.

---

19 김태길, 『윤리학』, 40-41쪽.

봉사활동의 점수화라는 방식으로 우리 사회에서 행해지고 있는 인성교육이란 것은 근본적인 자기모순을 안고 있다. 인간을 인간답게 되도록 하는 것을 그 목표로 한다고 하면서 언필칭 그 전제는 인간을 철두철미 수동적인 존재로 파악하여 인간을 길들여야 할 대상으로 보거나 아니면 파블로프의 개로 간주하여 사회가 필요로 하는 인간으로 만들어야 할 대상으로 보고 있다. 참된 도덕교육은 피교육자가 갖고 있는 자유의 가능성이 현실화되도록 교사가 산파적인 보조를 하는 것 이상도 이하도 아니다. 학생이 자신의 인격성을 각성하는 것, 즉 자신의 자유를 각성하는 것은 결국 학생 자신의 몫이다.

2) 도덕교육의 내용과 방법

도덕교육의 목표가 인격의 형성, 보다 구체적으로 말해서 학생이 스스로 자신의 행위규칙을 선택하는 능력을 길러 주는 일, 자신이 정한 규칙을 수행해 내는 능력을 길러 주는 일, 그리고 자신이 정한 규칙에 따라 행했는지 행하지 못했는지를 심판하고 반성하는 능력을 길러 주는 일이라고 한다면, 암기식 교육이나 길들이기식 도덕교육은 지양되어야 함을 즉각적으로 알 수 있다. 학생들로 하여금 자신의 행위규칙을 선택하도록 하기 위해서는 선택의 이유를 제시할 수 있도록 지도하는 것이 중요하다. 왜냐하면 레이첼즈의 말대로 도덕이란 "자신의 행위를 이성적으로 이끌어 가려는 노력, 다시 말해서 도덕은 행위에 대한 최선의 이유가 있는 것을 하려는 노력"[20]이기 때문이다. 이런 도덕 개념의 관점에서 본 양심적인 도덕적 행위자란 첫째로 그의 행동에 의해 영향을 입게 될 모든 사람의 이익에 공정하게 관심을 가지는 사

---

20 J. Rachels, *The Elements of Moral Philosophy*(second edition, McGraw-Hill, Inc., 1993), 13쪽.

람이며, 둘째로 사실들을 주의 깊게 선정하여 그 의미를 검토하는 사람이며, 셋째로 행위의 원칙들이 건전한 원칙들이라는 것을 확신할 수 있을 정도로 세밀하게 검토한 후에야 그것을 받아들이는 사람이며, 넷째로 자기가 갖고 있던 확신들을 수정해야 할 합리적 이유가 생겼을 때에, '이성에 귀 기울이겠다'는 태도를 가진 사람이며, 마지막으로 이와 같은 탐구의 결과에 준하여 행동하려고 애쓰는 사람이다.[21]

도덕교육을 받은 사람이 이런 특징들을 가져야 한다면, 이런 특징들을 갖도록 하기 위해 도덕교육의 내용은 어떻게 구성되어야 하며, 도덕교육의 방법은 어떠해야 하는가? 우선 도덕교사는 학생들이 어떤 도덕 규칙을 선택하거나 어떤 덕목을 몸에 붙이려 할 때, 그 이유를 **공동체가 추구하는 공공선의 관점에서** 설명할 수 있도록 교육해야 한다. 그렇게 교육하기 위해서는 특정 규칙이나 덕목을 정당화하는 도덕이론들을 알아야 한다. 예컨대 교사는 학생들로 하여금 무작정 거짓말은 나쁘다는 것을 암기하도록 하거나, 거짓말을 하지 않도록 하는 것으로 목표가 달성된 것으로 생각해서는 안 되고, 왜 거짓말을 하는 것이 나쁜 것인지, 왜 남에게 친절을 베풀어야 하는지 그 이유를 설명할 수 있도록 해야 한다. 그렇게 할 수 있으려면 교사는 여러 가지 유형의 윤리학설들을 충분히 숙지하고 있어야 하며, 그럴 때에만 학생들의 토론을 효율적으로 지도할 수 있을 것이다.

흔히 사람들은 초등학생의 도덕교육에서는 그들의 이성이 충분히 발달하지 않았기에 정서적 측면이 강조되어야 하고, 중학생, 고등학생이 될수록 도덕·윤리교육의 인지적 측면이 강조되어야 함을 말한다. 이는 일리가 없는 생각은 아니나, 도덕·윤리교육의 목표가 균형 잡힌 인격의 형성이란 관점에서 볼 때 문제가 많다. 어린아이들은 그들 나름의 감정과 의지를 가질 뿐만

21 J. Rachels, *The Elements of Moral Philosophy*, 13-14쪽 참조.

아니라, 그들 나름의 논리와 이성을 갖고 있다. 비록 충분히 개화되지 않은 이성이라 하더라도, 그들의 이성에 호소하여 도덕교육을 시키지 않으면 안 된다. 사실은 어린아이들의 이성이 충분히 개화하지 못한 상태이기 때문에, 바로 그런 이유로 우리는 어린아이의 정서적 측면에 호소하는 도덕교육을 지양하고, 이성의 개화를 위해 더욱 더 이성에 호소하는 도덕교육을 실시해야 한다는 역설이 성립한다. 교사는 거짓말하지 말라는 훈계를 반복하기보다는 왜 거짓말을 해서는 안 되는지 그 이유를 깨우쳐 주려고 애써야 한다. 그런 노력을 통해서만 어린아이들의 이성이 개화할 수 있을 것이다. 어릴 때부터 토론교육을 받지 못한 학생들에게 갑자기 대학에 입학하여 토론 수업을 잘하기를 기대하는 것은 직진하던 자동차가 순식간에 후진하기를 기대하는 것이나 마찬가지이다.

이런 관점에서 본다면, 도덕·윤리 교재의 내용은 초등학교의 경우는 질서를 지켜야 하는 이유, 웃어른에게 공손해야 하는 이유, 친구 간에 사이좋게 지내야 하는 이유, 공공기물을 아껴 사용해야 하는 이유, 거짓말해서는 안 되는 이유, 효도를 해야 하는 이유, 공부를 열심히 해야 하는 이유 등등의 것들로 구성될 수 있을 것이고, 중·고등학교의 경우에는 행복이란 무엇인가, 의미 있는 삶이란 무엇인가, 왜 음란물을 멀리해야 하는가, 혹은 왜 우리는 도덕적인 삶을 살지 않으면 안 되는가, 인간답게 산다는 것의 의미는 무엇인가, 출세하고 성공하는 것은 그 자체로 가치 있는 일인가, 왜 우리는 정의로운 사회를 만들려고 애써야 하는가, 왜 정직의 가치를 입으로는 찬양하면서 실제로는 그렇게 행동하지 않는가 등등의 문제를 다룰 수 있을 것이다. 물론 응용 윤리학적인 여러 가지 문제들도 고등 학생들의 발달 수준에 맞추어 다루어질 수 있을 것이다. 필자는 학생들을 도덕적으로 만들기 위해, 삶의 의미와 여러 문제들에 대해 학생들로 하여금 고민하게 하는 것 이상의 좋은 방법은 없다고 생각한다. 우리는 **고민의 교육학적 의미**에 대해 관심을 기울이지 않으면 안 된다. 특히 인문교육에 있어서 삶에 대해 고민하는 자세를 길러 주는 것은 대단히 중요하다. 왜냐하면 인문학이란 "'삶의 의미'에 대한, 고민에 의한, 고민을 통한, 고민을 위한, 고민스런 학문"이기 때문이다.[22] 사실 어떻게 사는 것이 바람직한 삶인가 하는 문제의식을 그 근본에 두고 있는 윤리학이란 학문은 삶의 의미에 대한 고민에서 발생한 것이다.[23] 어떤 측면에서 볼 때 도덕·윤리교사가 학생들로 하여금 삶의 문제들에 대해 고민하게 만드는 일에 성공했다면, 그는 자신의 교육목표를 반 이상 달성했다고 말할 수 있을 것이다. 삶의 의미에 대해 개방적인 마음으로 진지하게 반성하면서 고민하게 하는 것 이상의 효율적인 도덕교육이 있을 수 있겠는가?

도덕을 교육한다는 것이 '약속을 지켜라', '정직한 사람이 되어라', '친절한 인간이 되어라' 등등과 같은 도덕적 훈계를 반복적으로 들려주거나, 혹은 효도의 사례를 보여 주거나 하는 것이 아니라, 왜 정직해야 하며, 왜 효도해야 하는지, 왜 도덕적으로 행위해야 하는지 그 이유를 토론을 통해 깨우치게 하는 것이며, 그렇게 함으로써 학생들이 갖고 있는 입법적 자유를 각성시켜 주는 것이라고 한다면, 도덕교육은 토론식으로 진행되어야 함을 알 수 있다. 필자의 이런 도덕교육론에 대해, 이런 도덕교육론에 따른 도덕교육은 윤리학을 교육하는 것과 다를 것이 없다고 말할 사람이 있을 것이다. 도덕교육의 목표는 인격의 형성이지 윤리학자의 양성은 아니라는 것이다. 그러나 고등학교에서 어려운 수학을 가르치는 이유가 모든 학생들을 수학자로 만들기 위함이 아니듯, 도덕·윤리교육을 통해 도덕적 문제를 토론하게 하는 것이 모든 학생들을 윤리학자로 만들기 위함은 아니다. 도덕교육을 통해 우리는 모든 학생을 윤리학자로 만들 필요도 없고, 또 만들어야 한다고 주장하는 것

22 문성학, 『어느 철학자의 한국사회 읽기』(부산 : 세종출판사, 1999), 7쪽.
23 이에 대해서는 졸저, 『삶의 의미와 철학』(대구 : 정림사, 2003), 57-59쪽 참조.

도 아니다. 단지 삶의 의미, 삶의 윤리적 문제들을 반성하면서 살아가는 윤리적 자세를 길러 주기 위함일 뿐이다. 이는 마치 소크라테스가 경건이란 무엇인가, 정의란 무엇인가, 용기란 무엇인가라는 주제로 학생들과 토론을 한 이유가 모든 학생들을 윤리학자로 만들려 한 것이 아님과 마찬가지다. 만약 도덕교육에서 윤리학적 반성이 빠져 있다면, 그 교육은 반복교육, 주입, 육성, 세뇌 등의 의미의 교화indoctrination 이상의 것이 될 수 없을 것이다. 물론 필자는 학생들로 하여금 인격의 입법적 자유를 각성시키기 위해, 토론을 통한 윤리학적 반성을 강조하지만, 이 윤리학적 반성은 학생들의 발달단계에 맞추어 실시되어야 할 것이다.

3) 도덕교사의 전문성

흔히 학교 교육현장에서는 도덕교사는 아무나 맡아 가르칠 수 있는 과목이라는 생각이 널리 퍼져 있다. 특히 중학교 도덕과목의 경우 자기 과목으로는 수업시수를 채우지 못하는 타 교과 담당자가 도덕과목을 가르치는 경우가 빈번하다. 이런 상황에서 도덕교사들은 역할극이니 조별발표니 혹은 예화 들려주기와 같은 수업 기법을 동원하여, 작은 수업 내용을 한 시간씩 늘려 가르치는 것으로 도덕교사로서의 자신들의 전문성을 증명하려 한다. 이런 도덕교육은 결국 도덕교육을 일종의 교화로 간주하는 것이 되며, 교화로서의 도덕교육에 있어서 도덕교사의 전문성은 교사들이 다른 비전문가들보다 효과적으로 교화할 수 있는 교육기법을 소유하고 있다는 사실에서 찾아진다. 그러나 이런 전문성은 유전공학이 발달하여 학생들을 예절 바르고 정직하고 친절하게 만드는 알약이 개발되기만 하면 아무런 쓸모가 없게 되는 전문성이 되어 버릴 것이다. 이에 비해 고등학교 윤리 교재는 중학교 교재에 비해 갑자기 난해한 철학용어들이 대거 등장한다. 이리하여 고등학교 윤리교사들은 어려운 철학용어들의 의미를 잘 설명하는 것에서 윤리 교사로서의 그들의 전문성을 입증하려 하는 경향이 있다. 그러나 중학교 도덕이나 고등학교의 윤리교재는 어떻게 사는 것이 바람직한 삶인가 하는 윤리학의 가장 근원적인 문제에 대해 학생들로 하여금 고민하고 그 해답을 주체적으로 모색하게 하지 않는다는 점에서 공통점을 갖고 있다. 현행 중학교 도덕교재는 일종의 훈계집이며, 고등학교 윤리교재는 본질적으로 윤리교재가 아니다.[24]

우리는 앞에서 도덕·윤리적 문제들을 학생들로 하여금 토론하게 함으로써, 학생들의 입법적 자유를 각성시키는 것이 중요하다고 말했다. 그렇게 할 수 있으려면 먼저 교사들은 다양한 윤리학적 입장에 대해 충분히 숙지해 있지 않으면 안 된다. 물론 이 경우 교사는 또한 자신이 이해하고 있는 다양한 윤리학적 내용을 학생들의 발달 단계에 맞추어 말해 줄 수 있기 위해서 교육학적 기술도 갖고 있어야 할 것이다. 그러나 교육학의 역할은 어디까지나 보조적인 것이지 주된 것일 수는 없다. 그럴 때에만, 교사는 학생들로 하여금 토론을 통해 모종의 지적인 깨우침을 얻도록 할 수 있을 것이기 때문이다. 만약 도덕·윤리교사의 임무가 이런 것이라면, 도덕·윤리교사는 결코 아무나 할 수 없다는 것은 분명한 이치다. 그리고 이렇게 함으로써만 도덕·윤리교사의 전문성은 온전히 확보될 수 있을 것이다.

5. 인격의 자유와 공동체

우리는 앞서 인격의 본질은 자유라고 했다. 그런데 인격의 자유라는 것은

---

24 2001년에 필자가 이 장에 해당하는 글을 발표할 당시에 비하면 현재의 중·고등학교 도덕·윤리 교재는 괄목할 만한 발전을 한 것으로 판단된다.

항상 내가 그 속에서 살고 있는 사회나 내가 놓여 있는 상황 속에서 고찰되지 않으면 안 된다. 인간은 예외 없이 사회 속의 존재이고, 상황 속의 존재이며 관계 속의 존재이다. '나는 자유롭다'고 말할 수 있지만, 내 자유를 자세히 들여다보면 나는 내가 생각하는 만큼 자유롭지 못하다. 인간은 많은 부분에 있어서 식물과 닮았다. 식물들은 땅에 뿌리를 내리고 하늘을 향해 가지를 벌린다. 식물은 땅에 매인 존재이다. 인간도 다소간 마찬가지다. 인간은 자기가 태어난 나라와 고향에서 형성된 수많은 인간관계라는 뿌리들을 내리고 살아가고 있다. 우리에게는 주거 이전의 자유가 있으며 원한다면 다른 나라로 이민을 갈 수도 있지만, 이미 형성된 부자관계, 부부관계, 형제관계, 사제관계, 친구관계, 이웃관계라는 뿌리들을 잘라 버리고 다른 나라로 이민 간다는 것은 결코 쉬운 일이 아니다. 물론 불가능한 일도 아니지만 어려운 일이다. 인간은 자유로운 존재이다. 그러나 그 자유는, 인간이 갖고 있는 다소간의 식물적 요소들로 말미암아 제한적이다. 나는 우선 대한민국의 특정 지역에서 특정한 부모 밑에서 태어나 살고 있다. 나의 부모는 사회적 지위가 높고 유식하며 부자일 수도 있고 그 반대일 수도 있다. 나는 우선 대한민국에서 태어났다는 이유로 한국어를 배울 수밖에 없다. 그리고 내가 태어난 특정 지역의 말씨를 배우게 된다. 서울에서 태어났다면 서울 말씨를, 경상도에서 태어났다면 경상도 말씨를, 전라도에서 태어났다면 전라도 말씨를, 충청도에서 태어났다면 충청도 말씨를 쓰게 된다. 그리고 나는 부모를 선택할 수 없듯이, 형제자매와 친인척을 선택할 수 없다. 나는 태어남과 동시에 이미 형성되어 있는 사회적 인간관계의 그물망 안으로 편입되어 들어간다. 나는 이미 한국사회를 지배하는 문화의 한가운데에서 내 삶을 시작하게 된다. 물론 나는 성장하고 자라면서 새로운 인간관계의 그물망을 만들어 가기도 한다. 내가 태어남과 동시에 내게 주어진 인간관계의 그물망과 내가 성장하면서 내가 만들어 가는 인간관계의 그물망들이 나의 자유를 제한하고 있다.

한국인으로 태어났기에, 혹은 가난한 집의 장남으로 태어났기에, 혹은 가난한 집의 딸로 태어났기에 내가 선택할 수 있는 길들의 가짓수가 제한된다. 예컨대 극빈자의 딸로 태어났다면 중학생 시절부터 해외 유학을 가는 것은 힘든 일이 될 것이다. 나는 나의 존재를 받쳐 주는 제반 여건 위에서 나의 인생을 영위할 수밖에 없다. '나의 존재를 받쳐 주는 제반 여건'들이 나의 자유를 제한한다면, 나의 자유는 어디에서 확보되는가? 여기에서 하나의 역설이 성립한다. '나의 존재를 받쳐 주는 제반 여건'은 나의 자유를 제한하지만, 동시에 나의 자유가 펼쳐지는 터전이기도 하다. 나는 한국인으로 태어났기에 한국어를 잘하지만, 그 대신 일본어를 못한다. 한국에서 태어났다는 사실은 일본어를 잘하고 싶은 나의 자유로운 소망에 제한을 가했다. 그러나 한국사회에서 삶을 영위함에 있어서 한국어에 능통하다는 사실은 한국사회에서 나의 삶을 자유롭게 만들어 준다. 당장 언어가 통하지 않는 외국으로 여행을 가 보라. 그곳에서는 자유를 누릴 수가 없다. 물속에서 태어난 물고기들이 물속을 유영할 때 물은 저항을 일으키지만, 저항의 근원인 물이 있기에 물고기들은 자유롭게 헤엄칠 수 있다. 인간도 이와 마찬가지다. 나의 자유를 제한하고 구속하는 제반 여건은 동시에 내가 나의 자유를 실현해 가는 터전이기도 하다. 우리가 앞에서 살펴본 인격의 입법적 자유라는 것도 이처럼 제한된 자유의 영역 안에서 의미를 가지는 것이다. 나의 자유를 제한하는 제반 여건들에는 개인적·가정적·사회적·국제적 여건들이 있을 수 있다. 예컨대 내가 남자라는 사실은 개인적 여건이다. 내가 가난한 집의 장녀라는 것은 가정적 여건이다. 내가 이슬람교를 국교로 채택하고 있는 국가의 구성원이라는 것은 사회적 여건이다. 내가 냉전시대가 종식된 뒤, 신자유주의의 무한경쟁논리가 온 세상을 뒤덮고 있을 때 태어났다는 것은 국제적 여건이다. 그리고 이런 여건들 중에 내가 바꿀 수 없는 것들도 있고, 쉽게 바꿀 수 있는 것들도 있다. 그리고 여러 사람들과 연대하여 힘들게 노력해야만 바꿀 수 있는 것들도 있다.

내가 한국인으로 태어났기에, '나는 6개월 안에 영어를 모국어처럼 사용할 수 있도록 하겠다'는 규칙을 정하는 것은 합당하지 않다. 여자로 태어났다는 사실로 말미암아 '나는 10년 안에 아이의 아버지가 되겠다'는 규칙을 정하는 것은 우스꽝스런 일이 된다. 나의 입법하는 자유는 내게 주어진 상황적-관계적 여건 위에서 확립되어야 한다. 물론 이 말은 나를 둘러싼 상황과 관계들이 아무리 잘못된 것이라 하더라도, 그것들을 순순히 받아들이고 따르라는 운명론자가 되라는 말이 아니다. 오히려 정반대로 자신의 삶을 자유롭게 개척해 가기를 촉구하는 말이다. 마틴 루서 킹 목사의 경우를 생각해 보자. 그는 흑인과 백인 사이의 인종차별이 극심한 미국사회에서 태어났지만, 그 부당한 차별을 받아들이지 않았다. 오히려 그는 그런 사회적 상황을 바탕으로 하여 자신의 자유를 실현시켰다. 그는 시민불복종운동을 통해 미국사회의 잘못된 폐습인 인종차별제도를 없앴다.

6. 결론

필자는 지금까지 자유를 그 본질로 하고 있는 인격의 형성을 목표로 하는 도덕·윤리교육에 있어서는 윤리학적 반성과 고민이 중요한 것이며, 이것을 뺀 모든 도덕·윤리교육, 혹은 인성교육은 결국 교화적인 것 이상의 것이 될 수 없다고 말했다. 물론 지금까지의 논의는 도덕·윤리교육의 올바른 방향에 대한 총론적인 스케치에 불과하며, 각론적으로 논의되어야 할 부분이 많이 남아 있다. 가장 먼저 제기될 법한 의문은 도덕·윤리교육의 중요한 목표 중의 하나는 어떤 민족이나 사회가 갖고 있는 기존의 가치체계를 전수함으로써 사회적 통합을 가능하게 하는 것이데, 필자가 제안한 도덕교육론에서는 도덕·윤리교육의 사회통합적 기능이 무시되고 있는 것이 아닌가 하는 점이다. 필자는 도덕·윤리교육이 갖고 있는 사회통합적 기능을 무시하고자 하지는 않는다. 어떤 형태의 도덕교육론에서도 그것은 반드시 고려되어야 한다고 생각한다. 그러나 사회통합적 기능이 절대화되어서도 안 될 것이다. 북한사회는 도덕교육과 정치교육이 일치한 사회인데, 도덕교육의 사회통합적 기능만 중시하면 그렇게 된다. 그렇게 되면 우리는 어떤 사회의 도덕적 발전을 기대할 수 없다. 필자의 도덕교육론에 대해 제기될 수 있는 또 다른 의문은, 인격은 입법적 자유만이 아니라 수행적 자유와 심판적 자유도 갖고 있는데, 필자가 지금까지 소개한 도덕·윤리교육론은 인격의 입법적 자유에만 초점을 맞추고 있는 것이 아닌가 하는 점이다. 혹은 필자식의 도덕·윤리교육론에 있어서 학생들의 도덕성을 평가하는 방법은 무엇인가 하는 문제도 제기될 수 있다. 또한 학생들이 삶의 윤리적 문제들에 대해 토론을 통해 실천적 이성(도덕적 사고)의 각성을 해야 한다는 주장에 대해, 학생들이 토론을 할 때 교사는 특정의 윤리학적 입장에서 그 토론을 지도해야 하는가, 아니면 그 어떤 윤리학적 입장에 의지하지 않은 상태에서 토론을 지도해야 하는가 하는 문제도 발생할 수 있다.

물론 필자가 제시한 도덕·윤리교육론이 학생들의 도덕성을 눈에 띄게 함양시킬 것이라는 보장은 없다. 그렇지만 이 방법 이외에 다른 방법이 있는 것도 아니다. 어차피 인간을 도덕적으로 만드는 무슨 기계적인 (교육)방법이 있는 것은 아니다. 굳이 있다면, 발전된 유전공학의 도움을 받아 봉사정신이 넘치고, 동정심이 많고, 기타 도덕적으로 칭찬되는 그런 성향만 가진 인간을 만들어 내는 일일 것이다. 그러나 그런 인간은 이미 도덕적 행위자가 아니다. 그런 인간이 만들어진다면, 그 인간은 선을 행하는 기계에 불과할 것이다. 인간을 도덕적으로 만드는 무슨 기계적인 (교육)방법이 없다는 사실에 근거하여 일부 학자들은 학교에서 도덕교육을 하는 것에 반대하지만, 그렇게 생각한다면 가정에서의 도덕교육도 포기해야 할 것이고, 각 종교단체에서의 도덕교육도 포기해야 할 것이다. 왜냐하면 그 어떤 가정이나 종교단체 혹은 정신과 의사도 인간을 도덕적으로 만드는 기계적인 (교육)방법을 갖고 있지는 못하기 때문이다. 그렇다 해서 우리는 학생들의 도덕교육을 포기해야 하는가? 그 실효성이 뚜렷이 눈에 띄지 않는다 하더라도 가정과 사회, 그리고 학교에서 최선을 다해 도덕교육을 하는 것이 오히려 바람직한 것이 아닐까? 어쩌면 그 실효성이 뚜렷이 눈에 띄지 않는다 하더라도 그 길 이외에는 다른 대안이 없기에 그렇게 할 수밖에 없는 것이 도덕교육의 운명이 아니겠는가?

제10장

도덕·윤리교과에서 창의성교육

1. 서론

과거와 달리 현대 사회가 요구하는 인재는 개성과 창의성이 넘치는 사람이다. 소품종 대량생산의 시대를 지나 다품종 소량생산의 시대로 접어든 오늘날에는 주어진 틀 안에서 사고하고 행동하는 사람이 아니라 주어진 상황을 새롭게 해석하고 기존의 형식을 깨뜨려 새로운 아이디어를 제시하는 사람을 필요로 한다. 학교나 기업의 인재 선발 기준 역시 이러한 경향을 반영하고 있다. 이러한 시대적인 요구에 부응하여 근래 교육계에서 '창의성교육'이 강조되고 있다. 학교 교육에서 창의성을 강조하는 것은 사회의 요구에 부합하는 것일 뿐 아니라 교육의 내재적인 목적과 방법에도 일치하는 것이다. 즉, 창의성은 교육학적으로도 가치가 있다.[1] 학생의 창의적인 사고를 무시하는 교육은 교육이 아닌 훈련이나 교화가 되고 만다. '주입으로서의 교육'이 아니라 학생 내부의 무한한 가능성과 잠재능력에 대한 신뢰를 바탕으로 '끌어내는 교육'을 하고자 한다면, 학생의 사고를 자극하고 기존의 것과는 다른 새로

---

1 윤종건, 『창의력의 이론과 실제』(원미사, 1998), 159쪽 참조.

운 것을 만들어 내는 능력의 함양은 교육의 중요한 목표 중 하나가 된다.

그러나 창의성에 대한 강조는 특정 시기의 단순한 당위적 구호만으로는 부족하다. 창의성을 위한 교육은 학생이 지닌 창의성을 드러내고 발휘하기 위한 적절한 교육 여건을 조성하는 것에서부터 시작되어야 한다. 창의성은 억지로 끌어내지는 것이 아니라 학생 내부의 내적인 동기에서 비롯되는 자발적인 인간 능력의 일부이기 때문이다. 또한, 창의성교육에 대해 교사가 올바른 인식을 가지고 있지 않다면 창의성 개발을 위한 다양한 활동이나 기법들이 그 본래의 취지를 상실하게 될 것이다. 특히, 무엇이 옳고 그른 것인지에 관한 가치의 문제를 중요하게 다루는 도덕·윤리교과에서의 창의성교육은 타 교과에서의 창의성교육과는 그 목표와 방법론을 달리한다는 사실을 인식할 필요가 있는 것으로 생각된다.

따라서 이 장에서는 먼저, 창의성의 일반적인 의미를 살펴본 후, 도덕·윤리교과에서 창의성이란 무엇을 의미하는지 생각해 볼 것이다. 도덕교육의 목표를 '기존 가치의 전수'로 이해한다면, 도덕·윤리교육에서 창의성교육이란 매우 제한적인 의미로 이해되어야 할 것이다. 즉 학생들로 하여금 기존의 도덕과 다르게 생각하는 능력을 길러 준다는 의미에서의 창의성이 아니라—그렇게 하는 것은 기존 도덕의 전수가 아니라 파괴가 될 것이기에—교사의 입장에서 기존 가치를 학생들에게 전수시킴에 있어서 전통적인 교육방법과 다르게 창의적으로 교육한다는 의미로만 창의성교육을 이해해야 할 것이다. 도덕·윤리과에서 창의성의 의미를 정의하기 위해서 도덕·윤리교육의 목표를 상기해 보고, 도덕·윤리교육의 기능을 사회화와 함께 기존의 가치 체계에 대한 비판이라는 두 가지 측면에서 접근해 보고자 한다.

둘째, 기존의 것과 '다르게', 그러나 가치의 퇴행이 아니라 기존 도덕의 보완 혹은 개선이라는 측면에서 도덕·윤리교육과 창의성교육이 이해될 수 있으며, 비판정신을 핵심으로 하는 철학의 한 분과로서 윤리학을 학문적 근거로 하는 도덕·윤리교육이야말로 창의성을 고취시키는 데 적합한 교과임을 밝히고자 한다. 셋째, 도덕·윤리과의 창의성교육에서 교사의 역할이 무엇인지 살펴볼 것이다. 도덕교사의 역할은 도덕·윤리과의 목표와 관련되어 있으며 비판적인 도덕 행위자로서 학생이 창의적인 사고를 바탕으로 '옳음'을 찾아갈 수 있도록 인도해 주는 것임을 논할 것이다.

2. 창의성이란 무엇인가

1) 일반적인 창의성 개념

창의성에 대한 오해들을 먼저 제거할 필요가 있다. 막연하게 알고 있는 창의성의 의미는 창의성의 일면만을 보여 주거나 오해된 경우가 허다하다. 창의성에 대한 그릇된 이해[2]의 예를 들어 보면 첫째, 창의성은 무질서하고 괴상한 것이라는 생각이다. 크로프리Cropley는 창의성을 무질서한 태도 혹은 하고 싶은 일을 마음대로 할 수 있는 능력이라고 이해하는 것은 큰 오산이라고 주장한다. 둘째, 창의성을 영재성과 동일하다고 여기는 것도 잘못이다. 창의성은 특별한 사람에게만 필요한 능력이 아니라 모든 사람에게 필요한 것이다. 셋째, 창의성이란 이전에 존재하지 않았던 새로운 것을 만들어 내는 독창적인 능력에만 국한된다는 생각이다. 그러나 창의성은 무에서 유를 창조하는 것이 아니라 유에서 유를 창조해 내는 것이다.

창의성에 대한 개념은 매우 다양하여 어렵고 복잡하며 다면적인 성격을

2 문정화·하종덕, 『또 하나의 교육 창의성』(학지사, 1999), 27-28쪽 참조.

띠고 있다.[3] 창의성에 대해 학자마다 다르게 정의하는 것은, 창의성이란 것이 특정한 인간의 지적인 능력을 의미하지는 않기 때문이기도 하다.

> 우리가 창의성의 본질에 관해서 말할 때, 창의성은 본질을 가지고 있지 않다는 사실을 잊어서는 안 된다. 창의성은 자연적이거나 어떤 실체가 아니다. 창의성은 가설적인 구조에 불과하다. 인간의 특별한 잠재능력과 적성 중 특별한 종류를 어느 정도까지 설명하고 기술하려는 가설적인 구조이다.[4]

창의성에 대한 다양한 정의는 다음과 같다. 창의성의 인지능력을 강조하는 길포드Guilford는 지능구조 모델을 소개하면서 그 모델의 한 부분인 확산적 사고를 창의성의 기본이 되는 사고 유형으로 보고, 창의성을 '새롭고 신기한 것을 낳는 힘'이라고 정의한다. 또한 산출물을 강조하는 입장에 서 있는 테일러Taylor는 창의성을 '특정한 목적을 갖고 모인 집단에 의하여 지속적이고 유용하고 만족스러운 것으로 받아들여진 신기한 작품을 만들어 내는 과정'이라고 정의하고 있다. 로저스Rogers는 내적 경험을 강조하여 창의성을 '하나의 새로운 결과를 야기하는 행동의 출현이며 그 개인의 특성과 그 개인을 둘러싼 사건, 사람, 자료, 자기의 생활사의 어떤 상황 등에서 생성되는 과정'이라고 정의한다. 그리고 토렌스Torrance는 창의성이란 '곤란한 문제를 인식하고 그것을 해결하기 위하여 아이디어를 내고, 가설을 세우고 검증하며, 그 결과를 전달하는 과정'이라고 정의한다.[5]

---

3 박병기, 『창의성교육의 기반』(교육과학사, 1998), 16쪽. "창의성이란 도대체 무엇인가? 그것은 과연 창의적 인간의 특성을 말하는 것인지, 창의적 과정의 특징을 말하는 것인지, 또는 창의적 산출의 준거를 말하는 것인지 모호할 때가 많다. 그만큼 창의성의 본질은 붙잡기 어려운 것이다."

4 조석희, 「창의성 계발과 교육평가」, 『대구교육』(대구광역시 교육청, 2001. 6.), 63쪽.

5 여기에 소개된 창의성에 대한 다양한 학자들의 정의는 문정화·하종덕, 『또 하나의

창의성에 대한 다양한 논의를 종합하여 박병기는 "새롭고 적절한 것을 만들거나, 생각하거나, 표현할 수 있는 가능성을 향상시키는 방향으로 한 인간의 동기, 태도, 능력, 기법이 지속적으로 통합되는 과정에서의 전체적 특성"[6]이라고 창의성을 정의한다.

창의성에 대한 연구는 심리측정적 접근, 인지심리학적 접근, 성격특성과 동기에 관한 연구, 신경생물학적인 시각에서 이루어졌으며, 이러한 연구들은 지능이 높다고 해서 반드시 창의적이지는 않다는 사실, 창의적인 인물들은 성격적으로 공통된 특성을 나타내며 내재적인 요인에 의하여 동기를 갖는다는 사실, 창의적인 결과는 특정한 신경구조와 과정에 관계가 있다는 사실 등을 주장하고 있다. 물론 이러한 논의는 앞으로 더욱 연구되어야 할 것이다.[7]

창의성에 대한 다양한 연구들을 정리하자면, 창의성은 확산적 사고의 요소들을 포함하는 인지적 요소이며 개인적 성향과 관련된 문제해결 능력의 한 형태로 설명된다. 또한 창의적인 사고는 '적절함'과 '새로움'을 동시에 지니는 것으로 새롭고 독창적일 뿐 아니라 사회·문화적 맥락에서 가치 있고 실현가능하다고 여겨지는 것이다.

2) 도덕·윤리교육에서 창의성 개념

도덕·윤리교육에서의 창의성 개념은 가치중립적인 개념이 아니다. 물론 여타 교과 역시 교육이므로 가치 지향적이기는 하지만 도덕·윤리교육은 가치를 그 중심적인 내용으로 하기 때문에 창의성 개념 역시 가치와 밀접한 관련을 맺고 있다. 예를 들어, 음악 교과 혹은 미술 교과에서는 기존의 방식과

교육 창의성』, 29쪽을 참조.

6 박병기, 『창의성교육의 기반』(교육과학사, 1998), 17쪽.

7 조석희, 「창의적 인간의 특성」, 『대구교육』 참조.

다른 방식으로 곡을 작곡하거나 미술 기법으로 표현한다면 창의적인 것이 되지만, 도덕·윤리교과에서는 단순히 새롭기만 해서는 창의적인 것으로 인정받을 수 없다. '자기의 이익을 위해서 거짓말해서는 안 된다'라는 기존의 가치에 대해 '자기의 이익을 위해서 거짓말해도 된다'와 같은 기존의 주장과는 다른 주장을 한다고 해서 창의적이라고 평가할 수는 없기 때문이다. 도덕·윤리교육에서 창의적인 것은 동시에 가치로운 것임을 내포한다.

> 에이머빌Amabile은 괴상함eccentricity은 창의성과는 다르다고 말한다. 단지 괴이하게 생긴 것을 만들어 낸다거나, 비인습적으로 소속된 사회의 규범을 거절한다거나, 끊임없이 다른 사람들과 다르게 행동하는 것만이 창의적인 행동은 아니다. 괴상하고, 비인습적이고, 다르다는 것은 창의성의 필요조건이지 충분조건이 아니다.[8]

도덕·윤리교육에서 창의성은 무엇을 의미하는가? 일반적으로 사람들은, 사람이 지켜야 할 마땅한 도리로서 도덕과 예절을 교육하는 '도덕·윤리교육'과 새로운 것을 생각하고 결과물을 산출해 내는 '창의성교육'은 서로 관련이 없는 것, 혹은 더 나아가 서로 반대되는 것으로 생각하는 경향이 있다. 이러한 주장에는, 이미 우리 사회에서는 옳고 그름에 대한 기준을 가지고 있으며, 그 도덕을 전수하고 전달하는 것이 도덕·윤리교과의 역할인데, 굳이 도덕·윤리교과에서 새로운 사고를 요하는 창의성에 대해 거론해야 하는가라는 회의가 내재되어 있다. 그러나 이러한 생각은 도덕·윤리교육의 본질에 대한 올바른 이해를 바탕으로 하고 있지 않다. 도덕·윤리교육은 사회 구성원으로서 바람직하게 생활해 나가도록 학생을 교육하는 기능 외에, 무엇이 옳은 것인지에 대해 스스로 고민할 수 있는 비판정신을 가진 '반성적 도덕행

---

8 문정화·하종덕, 『또 하나의 교육 창의성』, 27쪽.

위자'로 교육하는 기능을 가지고 있다. 만약 우리 사회의 도덕이 완전한 것이고 더 이상 개선될 여지가 없다면 기존 도덕의 전수 기능만을 도덕·윤리 교과에서 담당해야 하겠지만, 우리는 우리 사회의 도덕이 완전하다고는 생각지 않는다. 따라서 어떻게 살아야 할 것인가, 무엇이 옳은가에 대한 완결된 진리를 발견했다고 단언할 수 없는 이상, 도덕·윤리교육은 학생들이 '왜'라는 질문을 던질 수 있는 여지를 남겨 주어야 하며 또한 그렇게 할 수 있도록 교육해야 하는 것이다. 도덕교육은 양자 사이에서 적절하게 균형을 유지하는 것이 필수적이다.

도덕·윤리교육의 기능을 위와 같이 이해한다면, 도덕·윤리교육에서의 창의성의 의미는 다음과 같이 해석될 수 있다. 즉, 기존의 윤리를 학생이 겪게 되는 삶의 문제에 적절히 적용하는 창의성, 그리고 기존의 불완전한 도덕에 대해 비판하고 새로운 대안을 찾으려는 창의성 양자의 의미를 포함한다. 특히, 삶의 의미에 대해 반성적으로 음미하는 것을 본질로 하는 윤리학을 학문적 근거로 삼는 도덕·윤리교육에서 후자의 창의성은 보다 핵심적이다.

> 창의성이란 기존의 관습적인 사고와 다른 사고라는 의미가 포함되어 있고, 비판적으로 사고하는 것과 관련을 맺고 있다.[9]

얼마 전, 부안군의 핵폐기장 건설에 반대하여 등교를 거부한 학생들에 관한 기사가 실렸다.[10] 그들의 행동은 도덕교육의 두 가지 기능 중 사회화 기

9 한관일, 「창의성에 바탕을 둔 중등교육과정의 진단과 전망」(『교육과학연구』, 제16집 제2호, 2003. 2.), 249쪽.

10 "원전센터 건립에 반대하며 한 달째 등교거부 운동을 벌이고 있는 전북 부안 지역 초·중등생들이 오는 29일 서울에서 평화행진을 벌인다. 핵반대 범군민대책위는 26일 '부안지역에서 벌어지고 있는 핵 폐기장 반대운동의 실상을 서울 지역 학생과 시민들에게 정확히 알리고 동참을 호소하기 위해 29일 초·중등생 1천여 명이 서울 도

능만으로는 이루어질 수 없으며 비판적 사고력을 신장시켜 주어야만 가능한 것이다. 따라서 도덕·윤리교육에서 창의성은 다양한 문제들에 대해 다양하게 생각해 볼 수 있도록 기회를 제공하는 것이 중요하다. 사회에서 문제가 되는 여러 가지 주제들, 예를 들어 호주제, 동성애, 안티사이트 규제, 이라크 파병문제 등과 학생들이 실제 생활에서 부딪히는 여러 가지 문제들, 예를 들어 이성문제, 집단 따돌림, 학내폭력문제, 학급에서 자신의 역할과 관련된 문제 등을 학생 스스로 생각해 볼 수 있는 기회를 먼저 제공하여 사고를 자극하여야 한다. 이렇게 다양한 문제들에 대해 무엇이 옳은지, 왜 그렇게 생각하는지에 대해 진지하게 고민하는 동안, 학생들이 자유로운 사고를 하도록 유도할 수 있다.

우리 사회는 서로 다른 것에 대해 관용하기보다는 같아지기를 요구하고 남과 다른 것을 '튄다'는 이유로 배척하는 경향이 있으며 이는 학교 안에서도 마찬가지이다. 나와 다른 것에 대해 관용할 줄 아는 것은 창의적인 사고를 유발하고 이를 인정하는 데 기본이 된다. 중요한 것은, 창의성을 그저 자기 멋대로 생각하거나 근거 없이 특이하게만 생각하는 것과 구분하는 것이다. 앞에서도 살펴보았듯이 창의성이란 이상하고 특이한 것과는 다른 것이다. 획기적이고 파격적인 주장 혹은 무조건 기존의 도덕과 다르게 생각하는 것은 창의적인 생각이 아니다.

베르그송은 도덕을 '열린 도덕'과 '닫힌 도덕'으로 구분하여 설명한다. 그는 신약성경에서 예수가 베푼 산상수훈에서 닫힌 도덕과 열린 도덕의 사례를 발견한다. "'그대들은 다음과 같이 말하는 것을 들었다. … (중략) … 나는

심 일대에서 평화행진을 벌일 계획'이라고 밝혔다. 당일 행사는 한강 여의도 둔치 노란 종이배 띄우기(낮 12시)와 종묘공원 문화마당 공연(오후 3시)에 이어 종묘공원-서울시청 거리행진(오후 5시) 순으로 진행된다. 학생들의 평화행진에는 범군민대책위 관계자와 학부모 등 100여 명이 동행하게 된다." 『한겨레신문』, 2003. 9. 26.

그대들에게 말한다. … ' 한편은 닫힌 것이요 또 한편은 열린 것이다."[11] 예수는 바리세인들의 율법주의적 닫힌 도덕과 다르게 생각함으로써 율법주의적 도덕의 한계를 넘어선다. 그러나 기존의 도덕과 다르게 생각하고 행동했다는 이유 하나만으로 예수가 열린 도덕의 구현자가 된 것은 아니다. 그는 율법주의에 내포된 비인간주의적인 모순점을 보여 주고 사랑의 윤리로 그 한계를 극복한다. '열린 도덕'은 창의성과 관련이 깊다. 창의적으로 생각하는 것은 열린 도덕의 본질이다. 기존의 도덕 혹은 자신이 지닌 도덕만을 진리라고 여기는 태도는 창의성을 억압하는 것이며 이는 닫힌 도덕을 의미한다. 열린 도덕을 구현했던 역사 속의 인물로는 예수 이외에도 소크라테스, 마틴 루서 킹 목사 등이 있다. 이들은 모두 그들이 살았던 당시의 사회의 비인간적 관행에 반기를 들었던 인물들이다. 기존의 사고를 무비판적으로 따르지 않고 진정한 사회정의 실현과 인간의 존엄성을 위해 죽음조차 두려워하지 않았다. 그들의 이러한 태도에는 도덕·윤리교과에서 의미하는 창의성이 그 밑바탕에 깔려 있다. 이제 우리는 '**기존의 도덕적 관념이나 사회적 관행이 인격의 가치나 사회정의를 부정하거나 억압할 때, 그 문제점을 해결하기 위해 기존의 사고방식과는 다르게 생각하고 대안을 제시하는 것**'을 도덕·윤리교육에서의 창의적인 사고로 규정할 수 있을 것이다.

3. 도덕·윤리과에서 창의성교육과 교사의 역할

도덕교육의 주체가 되는 학생과 교사는 모두 진리를 찾아가는 순례자이다. 무엇이 옳은가에 대해, 그리고 현실적인 문제들에 대해 새로운 대안은

11 H. Bergson, 『도덕과 종교의 두 원천』(강영계 옮김, 서울 : 삼중당, 1976), 76쪽.

없는지 고민하는 동안 학생은 '작은 소크라테스'가 된다. 교사가 기존 도덕에 대해 어떠한 의문도 제기하지 않는 관습의 답습자라면 수업을 통해 다양한 학생의 생각을 받아들이기란 매우 어려운 일이며 창의적인 사고의 유발이란 애시당초 불가능할 것이다. 그러므로 도덕·윤리교육에서 창의성교육은 교사의 역할이 무엇보다 중요하다.

도덕·윤리과에서 교사의 역할을 알아보기에 앞서 일반적인 창의성교육에서 교사의 역할에 대해 생각해 보자. 창의성교육을 위해 교사는 먼저, 학생들이 가지고 있는 다양성을 인정해야 한다. 둘째, 수업 장면에서 학생과 학생 또는 학생과 교사 간의 토론을 중시해야 한다. 셋째, 교사는 학생의 확산적 사고를 유도한 후 수렴적 사고로 나갈 수 있도록 인도해야 한다. 넷째, 교사는 학생에게 진리의 전수자가 아니라 공동탐구자가 되어야 한다. 이러한 교사의 역할들은 도덕·윤리과 교사에게도 공통된 것이다. 도덕·윤리교육에서 창의적인 교육을 위한 교사의 역할은 무엇인지 보다 상세히 알아보자.

창의성교육을 위한 도덕·윤리과 교사의 역할은 크게 두 가지로 나누어 접근해 볼 수 있다. 먼저, 교사가 창의적인 수업 기법을 활용하여 교육하는 것이다. 학생들에게 다양한 방법으로 수업 내용을 전달하고, 학생들이 참여할 수 있는 다양한 수업 기법을 개발·활용하는 것이다. 창의적인 수업 기법을 교사 개개인이 개발하도록 하는 것은 과도한 요구이므로, 기존에 나와 있는 창의적인 기법들을 교육현장에서 이용하도록 하는 것이 바람직할 것이다. 도덕·윤리과에서 "기존의 틀에서 벗어난 새로운 발상으로 교수·학습방법에 혁신을 일으킬 수 있는 기법"에는 다음과 같은 것이 있다.[12]

12 이종순, 「도덕과 창의성교육」, 『제7차 교육과정의 효율적 운영을 위한 창의성교육』(대구광역시남부교육청, 2003), 25-31쪽 참조.

① 확산적 사고발문 기법 : 단순한 암기식 질문에서 벗어나 보다 다양한 사고를 요하는 질문. 예를 들어 “왜 그럴까?”, “어떻게 생각하는가?”, “그 이유는 무엇입니까?” 등.

② 브레인스토밍Brainstorming : 뇌에 폭풍이 일어날 정도로 어떤 문제에 대해 자유분방하게 아이디어를 생산할 수 있도록 하는 기법. 일정한 형식 없이 창의적인 생각을 자유롭게 말하면 된다.

③ 시넥틱스 법Synectics : 은유법과 유추법을 사용하는 고도의 발달된 기법. 습관과 낡은 관념으로부터 탈피하기 위하여 낯선 것을 친숙하게 하기, 가까운 것을 멀리하기, 새로운 것 만들어 내기 등.

④ PMI 기법Plus minus interest : 아이디어에 대한 좋은 점, 나쁜 점, 아이디어에 관해 발견한 흥미를 기록한 다음 이들 각각에 대한 문제 해결자 나름대로의 판단에 의해 이익되는 점을 찾는 기법.

⑤ 결점 제거법 : 기존의 아이디어가 갖고 있는 결점을 찾아 그 결점들을 제거함으로써 더욱 훌륭하게 개선시키고자 하는 것.

⑥ 조합법 : 별개로 존재하는 두 개 이상의 아이디어를 한데 묶어 각각의 가치를 합한 것보다 더 값진 것을 생산하는 기법.

그리고 이러한 기법과 더불어 도덕교과에서의 창의성교육 사례로 ‘온라인 프로젝트학습’과 ‘다양한 멀티미디어 활용을 통한 학생들의 창의성 개발’ 기법 등이 있다. 이런 방법들은 학생들로 하여금 직접 동영상을 만들거나 플래시, 소리파일 등을 제작하도록 하여 미디어 창작 활동을 통해 도덕수업을 이끌어 가는 것으로 정보화 시대에 발맞춘 창의적인 수업을 하는 데 도움을 줄 것이다.

그러나 창의성교육을 위해 보다 강조되어야 할 교사의 역할은, 진리의 전달자로서가 아니라 학생 스스로 진리를 찾아가도록 유도하는 안내자 혹은 산파로서의 역할이다. 창의적인 기법은 활용하되 기존의 가치에 충실하게 학생들을 가르친다면 이는 자유로운 인격체로 학생을 대하는 것이 아니다. 도덕교육은 교사가 학생을 스스로 규칙을 입법하고, 수행하며, 심판하는 자유를 지닌 인격체로서 대하면서, 교사와 학생 간의 자유로운 인격적 만남을 통한 영혼의 각성을 기본으로 한다. 따라서 교사는 학생이 스스로 생각할 수 있도록 기존의 가치나 교과서에 대하여 절대적인 입장을 취하는 '닫힌 교사'가 아니라, 학생 스스로가 합리적인 이유와 근거를 바탕으로 자신의 가치로 받아들이고 그에 따라 행할 수 있도록 교육하는 '열린 교사'가 되어야 한다. '열린 교사'는 학생들의 의견에 대해, 기존의 가치에 위배되거나 교과서에 실린 내용과 다르다고 해서 배제하거나 무시하지 않고, 왜 그렇게 생각하는지에 보다 관심을 가진다.

그런데 교사가 이와 같은 역할을 하기 위한 선결과제가 있다. 수업에서 교사와 학생의 상호작용 과정의 매개가 되는 교재가 '열린 교과서'가 되어야 한다. 지금과 같이 국정 교과서를 사용한다면, '닫힌 교과서'를 가지고 '열린 교사'로서 교육하기를 요구하는 것이므로 불가능한 것을 현실화하라는 부당한 요구가 될 것이다. 교과서를 통해 다양한 문제를 접해 보기 위해서는 교과서 역시 다양해져야 한다. 검인정 교과서로의 변화가 '열린 교사'로서의 역할을 수월하게 할 뿐만 아니라 근본적으로 창의적인 도덕 수업이 되게 하는 기본 요건이 된다.

열린 교과서를 바탕으로 교사 역시 진리를 찾아가는 순례자로서 자신을 간주할 때, 교사는 학생에게 진리를 전달하는 역할이 아니라, 학생이 무엇이 옳고 그른 것인지 그리고 삶의 목적은 무엇인지 고민하도록 교육할 수 있다. 이러한 교사의 역할은 소크라테스가 교육의 방법으로 강조한 '진리의 산파술'[13]

13 문성학, 「Socrates적 사유의 본질」(경북대학교 사범대학, 『교육연구지』, 제32집, 1990), 41쪽 참조.

과 다르지 않다. 학생 스스로 생각해 보게 하는 '열린 교사관'은 창의성교육을 위해 필수적인 것이다.

위에서 제시한 '창의성교육을 위한 교사의 역할 두 가지'는 서로 다른 차원의 것이 아니다. '열린 교사관'을 바탕으로 앞에서 소개한 기법들을 활용하면서 창의성교육은 이루어지게 된다. '열린 교사'의 입장에서 확산적 발문 기법을 이용할 수도 있고, 학생들 멀티미디어를 이용한 창작물을 만들도록 할 수도 있을 것이다. 그러나 다양한 기법들을 사용하기만 해서는 올바른 창의성교육을 할 수 없다. 따라서 '열린 교사관'은 창의성교육을 위한 충분조건이며, 창의적인 기법 활용은 창의성교육을 위한 필수조건이다.

4. 결론

도덕·윤리과 교육에서 창의성교육은 다양한 윤리적 문제와 삶의 의미에 대해 학생 스스로 생각해 볼 수 있도록 기회를 제공하고 반성적 사고를 통해 기존의 도덕이 인격의 가치나 사회정의를 부정할 때 그 문제점을 해결하기 위한 대안을 제시하는 능력을 길러 주는 것이라고 규정하였다. 그리고 이러한 논의를 바탕으로 우리는 교사의 역할을 가치의 전수자일 뿐만 아니라, 기존 도덕의 문제점을 학생과 함께 고민하면서 학생의 사고를 자극하는 소크라테스적 산파의 역할로 제시하였다. 창의성 신장을 위한 도덕·윤리과 수업의 목표는 닫힌 도덕이 아닌 열린 도덕을 구현하며 기존의 불완전한 도덕에 대해 부적절함을 지적하고 대안을 제시하는 학생으로 교육하는 것이다.

제11장

고도 정보화 시대 윤리교육의 방향

1. 서론

현대사회를 특징 짓는 말 가운데 최근 빈번히 인구에 회자되는 용어가 '정보화사회'다. 사회의 정보화 그 자체에 대해서 낙관론적 평가와 비관론적 평가가 병존하지만,[1] 어쨌든 일찍이 프란시스 베이컨이 '아는 것이 힘이다'

1 낙관론적 시각에 따르면, 정보사회화는 우선 경제적 차원에서의 집중화와 팽창, 표준화, 획일화, 착취 등과 같은 내재적 결함을 지니고 있는 자본주의적 생산구조에 새로운 전환의 계기를 만들어 준다. 정치적으로는 보다 참여적이고 분권화된 의사결정, 그리고 정보 접근에의 기회 확대 등을 통해 권력분산이 이루어짐으로써 민주화의 진전을 기대하게 해 준다. 또한 문화적으로 전자자동화에 의해 기술적 노동 대치가 확대됨으로써 늘어난 여가 시간을 통해 개별적인 문화적 향유의 기회가 증가될 것이다. 이에 반해 비관론적 시각에 의하면, 경제적으로 새로운 정보통신 기술은 자본주의적 생산양식을 영속화시키기 위한 새로운 도구에 불과하기에, 정보사회화는 비효용적인 분업과 생산과정의 파절화, 제 생산 국면의 통합된 통제 등을 초래할 것으로 예견된다. 또한 정치적으로는 새로운 정보통신기술을 이용하여 미증유의 집중화된 통제가 가능하게 될 것으로 예견된다. 그리고 문화적으로는 자율적이고 다양한 문화적 향수보다는 문화적 획일화를 초래할 것이며, 문화적 서비스의 본질은 문화산업의 확산과 소비와 향락의 소모적 문화환경을 확산시켜 사회환경에 대처하는 인간의 자기규정적 메카니즘이 상실되는 결과를 가져올 곳으로 예견된다.(전석호, 『정보사회론』, 서울 : 나남출판사, 1997, 31-32쪽 참조)

고 말했듯이, 이제 정보야말로 개인이나 국가가 무한경쟁시대에 살아남기 위한 힘이 되어 버린 현실을 부인하기는 힘들게 되었다. 그러면 '정보사회'란 무엇을 의미하는가?

> 정보사회는 혁명적인 정보통신기술의 발전으로 다양한 정보를 손쉽게 얻을 수 있는 네트워크 사회를 의미한다. 다가오는 21세기에는 세계정보통신기반global information infrastructure과 인터넷 등을 통해 국경과 거리의 장벽을 뛰어넘는 글로벌 네트워크가 진전되고, 고도 정보 통신기술의 활용으로 언제 어디서나 누구하고라도 멀티미디어 통신을 통하여 원하는 정보를 얻을 수 있는 사이버스페이스cyberspace가 실현될 것으로 예측되고 있다.[2]

> 정보화사회란 무엇인가? 그것은 정보가 물재(物財)나 에너지 이상으로 유력한 자원이 되고, 정보의 가치창출, 가치 생산을 중심으로 사회 전체가 기능하여 가는 사회를 의미한다.[3]

정보화는 우리에게 많은 편리함과 효율성을 제공하고 있다. 예컨대 폰뱅킹이라든지, 전자우편e-mail과 같은 것을 생각해 보라. 그러나 정보사회화는 우리에게 편리함이나 효율성을 선물하는 동시에 하나의 과제를 부과한다. 즉 급변하는 사회 환경에 적응할 줄 아는 인간형이 되기를 요구하고 있는 것이다. 사회의 변화가 과거 어느 때보다도 급변하기 때문에 변화의 흐름을 타지 못하는 개인이나 단체는 도태되게 되어 있다는 것이 세계적 현실이다. 이미 1970년에 엘빈 토플러는 너무나 급속히 변화하는 미래로부터 인

2 권기헌, 『정보사회의 논리』(서울 : 나남출판사, 1997), 79쪽.

3 김정흠, 「정보화 사회의 도래」(통신정책연구소 & 한국교육개발원 공편, 『미래 정보화 사회와 교육』에 수록), 43쪽.

간이 겪게 되는 충격을 '미래충격'Future Shock으로 표현하면서 다음처럼 말한 적이 있다.

> 과거와 현재의 사람들은 상대적으로 '낮은 일시성'의 생활을 영위하며, 그들의 여러 관계는 오랫동안 지속되는 경향이 있다. 그러나 미래형 인간들은 '높은 일시성'의 조건, 즉 관계들의 지속기간이 짧고 처리 시간이 극히 빠른 조건 속에서 생활한다. 이런 사람들의 생활에서는 사물, 장소, 인간, 이념 및 조직적 구조들 모두가 더 빨리 '소모'되고 만다. 이것은 그들이 현실을 경험하는 방법, 그들의 참여의식 그리고 그들의 대응능력 또는 무능력에 엄청난 영향을 미친다. 이러한 빠른 처리 시간이 환경에서의 새로움과 복잡성을 증대시켜 적응능력을 제약하고 미래 충격의 위협을 조성하게 된다.[4]

이런 점에서 본다면 정보화사회는 우리에게 그 편리함과 효율성의 측면에서는 하나의 축복이면서, 동시에 적응하기가 만만치 않으며 적응에 실패할 경우 무한경쟁의 시대에 도태될 수도 있다는 측면에서는 하나의 도전이라 할 수 있다.

2. 정보화사회에서 사고방식의 변화와 학교교육의 변화

정보화사회의 도래가 일으키는 영향을 올바로 파악하기 위해서는 산업사회에서의 주요 매체공학인 인쇄술의 발달이 사람들의 사고방식에 미친 영

4 Alvin Toffler, *Future Shock*(New York : Random House, 1989), 60쪽. 권기헌의 앞의 책 49-50쪽에서 재인용.

향을 먼저 살펴볼 필요가 있다. 인쇄술의 대중화는 인간이 인쇄문화에 얽매이는 사고를 하도록 만들었다. 인쇄술의 보편화는 인간의 선형적·계열적·명제적·분석적·객관적·위계적·합리적 사고를 촉진시켰다. 이런 사고방식에서는 문제해결이 분석적·실험적·환원주의적 방법들에 의해 이루어진다. 이에 반해 정보화 시대에 있어서 시각매체나 컴퓨터는 인쇄공학이 요구했던 사고방식과는 다른 사고방식을 요구하고 있다. 첫째로 시각매체는 정보를 위계적·선형적·논리적으로 조직하는 것이 아니라 수평적으로 조직한다. 인쇄물에서는 사고가 객관적·추상적 개념에 의해 인도되지만, 시각매체에서는 상대적으로 더 비추상적·표상적·주관적·정서적·비합리적으로 사고하게 된다. 둘째로 컴퓨터 공학은 인간의 사고방식이 잠정적·융통적·연계적·형태적·관계적·예측적인 특징을 갖도록 한다.[5] 정보사회의 도래가 미치는 파급효과는 사회의 모든 분야에 걸쳐 있다. 국방·경제·의료·정치·문화·예술 그리고 교육도 그 파장으로부터 예외가 아니다. 교사들이 정보화에 대해 관심을 가져야 하는 이유도 여기에 있다.

> 현재 많은 사람들이 미래사회를 고도산업사회, 탈공업화 사회, 정보화사회 등으로 지칭하고 있다. 이와 같이 미래사회를 여러 가지로 개념화하고 있지만, 결국 그런 말들은 미래사회에서는 기술과 지식이 더욱 양적으로 증가하고 질적으로 고도화되며 독창적인 활동이 더욱 많이 요구될 것이라는 점을 공통적으로 강조하고 있는 것이다. 그래서 많은 사람들이 미래사회에서는 산업구조가 지식산업 또는 정보산업 중심으로 변화하게 될 것이라고 보면서 그 어떤 재화보다도 지식이나 정보의 부가가치 창출력이 높을 것으로 전망한다. 만약 사회가 이와 같이 정보화사회 체제로 변화될 것이 분명하다면 학교도 그런 시대에 잘 적

5 정택희, 「정보화 사회와 컴퓨터 교육」(『미래 정보화 사회와 교육』), 69-70쪽 참조.

응할 수 있는 교육을 학생에게 제공해 줄 필요가 있는 것이다.[6]

정보사회에서는 개인이 독자적, 능동적으로 기존의 지식과 정보를 이용하여 문제해결을 위한 새로운 방법을 발견할 것이 요구되기 때문에, 학교는 그런 능력을 길러 주는 교육의 장이 되지 않으면 안 된다. 이를 위해 첫째로 학교는 개성을 존중해 주어야 한다. 물론 지나치게 개성을 강조하다 보면 공동체로서의 사회의 통합력이 문제시될 수 있다는 점을 염두에 두어야 한다. 둘째로 학교교육은 사고력을 키워 주는 교육이 되어야 한다. 정보화사회에서는 단편적인 지식을 무의미하게 암기하거나, 타인의 생각을 무비판적으로 수용하는 방식의 교육은 지양되어야 한다. 새로운 정보를 찾고, 분석하고, 정리하여 새로운 정보를 창출할 수 있기 위해서는 사고력이 중요하다. 셋째로 자발적 학습이 학교교육에 있어 그 어느 때보다도 중요하다. 넷째로 지식과 정보를 전수하는 것보다, 지식과 정보를 획득하는 방법을 교육하지 않으면 안 된다. 현대인은 과거 그 어느 때보다도 더 엄청난 지식과 정보의 팽창시대에 살고 있기에, 평생 학습하면서 살아가지 않을 수 없다. 이런 상황에서는 과거처럼 학교교육을 통해 몇 가지 단편적인 지식이나 사실, 혹은 기초기능을 배워 가는 것만으로는 부족하다. 따라서 언제 어느 곳에서라도 새로운 문제를 학습할 수 있도록 '지식을 획득하는 방식'을 교육해야 한다. 이를 위해 수업에서 첨단 정보통신기기 사용법을 가르쳐야 한다.[7]

---

6 신세호, 「정보화 사회와 교육」(『미래 정보화 사회와 교육』), 3쪽.

7 신세호, 「정보화 사회와 교육」, 15-17쪽 참조.

3. 정보화 시대와 윤리교사

일반적으로 윤리교사들은 윤리라는 교과목과 정보화가 별로 상관이 없다고 생각한다. 그렇게 생각하는 이유는, '인터넷'으로 특징지어지는 정보화와 유관성이 높으며 따라서 정보화라는 시대 흐름에 민감하게 반응하지 않으면 안 되는 교과목들은 결국 인터넷에서 활용 가능한 자료를 많이 뽑을 수 있는 과목들인데, 인터넷을 통해 활용할 수 있는 윤리교과 관련 자료는 거의 없다는 것이다. 전혀 일리 없는 생각은 아니다. 예컨대 물리, 화학, 생물, 지학 등등의 과학교과는 인터넷을 통해 다양한 사진자료를 얻을 수 있으며, 일반사회, 역사, 지리와 같은 사회과 과목들의 경우도 다양한 사진자료와 여러 가지 생생한 통계자료를 활용할 수 있다. 그러나 윤리교과는 그 내용이 인지적 요소로 이루어져 있을 뿐만 아니라 정의적·실천적 요소로 이루어져 있으며, 인지적 부분조차도 추상적인 개념을 잘 이해하게 하는 것이 중요하게 되어 있기 때문에, 인터넷에서 교사가 수업시간에 활용할 자료를 찾아내기가 어려운 것이 현실이기도 하다. 이런 사정은 중학교 도덕교과서에 대해서보다 고등학교 윤리 교과서에 대해서 더욱 타당하다. 예컨대, '이데올로기'라는 개념이나 노자의 '도' 개념을 학생들로 하여금 이해하도록 함에 있어서 활용 가능한 인터넷이나 에듀넷 자료는 거의 없다. 설령 윤리교사가 윤리교육과 관련된 자료를 인터넷이나 에듀넷에 띄울 수 있는 정보 교환능력을 구비했다 하더라도, 그가 올릴 수 있는 자료는 기껏해야 기존의 도서자료 중에서 설명이 잘 된 것을 올리는 정도가 될 가능성이 크다. 실제로 인터넷 상에서 '정치운동과 이데올로기'라는 제목의 자료를 발견할 수 있었으나, 그 자료는 플라메나츠가 지은 『이데올로기란 무엇인가』의 한글 번역판과 칼 만하임의 『이데올로기와 유토피아』 한글 번역판을 참조하고 있었다. 이 정도의 자료라면, 교사가 학생들에게 '이데올로기'란 개념을 가르치기 위해 반드시 인터넷상의 자료를 활용해야만 한다고 말할 수는 없을 것이다.

그럼에도 불구하고 우리는 정보화 시대를 맞이하여 윤리교사들도 보다 적극적 자세를 가질 필요가 있다고 생각한다. 수업시간에 설명되어야 할 내용들이 주로 추상적인 개념들이고, 추상적인 개념들의 경우에는 그 개념을 학생들이 얼마나 잘 알아듣도록 이해시키는 것이 중요한 것이지, 그 개념에 관한 자료를 얼마나 많이 모아 제공하느냐가 중요한 것은 아니란 점에서 본다면, 윤리교과가 정보화와 별로 관계가 없다고 생각하는 것을 타박할 수는 없다. 하지만 그렇다고 그런 자세를 상찬할 수도 없다. 왜냐하면 인터넷은 거대한 정보의 바다이므로, 그것을 이용하지 않고 교육에 임한다는 것은 어쨌든 교사로서 태만한 것이 될 것이기 때문이다. 정보화 시대에 대응하는 윤리교사들의 적극적인 자세를 촉구하는 관점에서 다음의 말은 시사하는 바가 적지 않다.

> 만들어진 정보를 접할 수 있는 능력뿐만 아니라 새로운 정보를 만들 수 있는 능력을 강조해야 한다. … (중략) … 인간에게 전달되는 정보는 본질적으로 무선적(無選的)이며 잡다한 것들이라고 말할 수 있다. 그러므로 그 정보들의 불확실성은 그만큼 높을 수밖에 없다. 여기서 잡다한 것들을 제거하고 개개인에게 필요한 정보들을 정확하게 선정·추출해 내는 일이 무엇보다 중요하다. 정보 생산능력의 배양은 주체적인 인간 양성이라는 측면에서도 매우 중요하다. 단순히 어떤 사실을 전달받는다는 것은 메세지 전달자의 처분에 내맡겨 버리는 셈이 된다. 이 경우 무엇을 알게 되었다는 것은 타인에 의해 행해진 사고를 이해하는 것에 불과하다. 그러나 무엇을 알 수 있는 능력을 갖춘 사람은 주체적인 입장에서 메시지의 전달자의 위치에 서게 해 준다.[8]

---

8 유완영, 「국민학교 컴퓨터 교육방향」, 29쪽. 정택희의 글 「정보화 사회와 컴퓨터 교육」(『미래 정보화 사회와 교육』), 63쪽에서 재인용.

1998년, 한 교육신문에 「인터넷 '전자 교과서' 서비스」라는 제목의 기사가 실렸다. 그 기사에 의하면, 9월부터 인터넷을 통해 서비스받을 수 있는 전자 교과서는 국어, 수학, 영어의 3개 교과 11종의 교과서다. 국어교과서의 구성은 언어사용기능, 언어, 문학의 세 영역으로 되어 있으며, 메뉴는 기존 교과서 내용을 기본으로 한 '배움마당'과 교과서 외의 내용을 중심으로 다양한 언어사용 기능을 습득할 수 있는 '나도 작가', '문학 산책', '아름다운 우리말' 등으로 만들어져 있다. 수학교과서는 정규 교육과정의 핵심 내용을 '단원학습', '주제학습', '만화학습', '단원정리', '재미있는 수학' 등의 항목으로 나누어 풀이하고, '문제은행', '용어사전', '수학의 역사', '자료방' 등 보충학습 자료도 수록하고 있다.[9] 중학교 도덕이나 윤리과목도 이와 유사한 '전자 교과서'를 만드는 것이 가능할 것이다. 특히 고등학교 윤리 전자교과서는 창의적 논술능력을 중시하며 또 중시할 수밖에 없는 교육계의 현실을 감안하여, 논술 예제를 개발·소개하는 메뉴도 포함시키는 것도 좋을 것 같다. 물론 이런 작업은 단시간에 될 수 있는 일이 아니기에 이 방면에 뜻을 같이하는 도덕·윤리교육 전문가들이 합심하여 장기적인 계발계획을 세워 일을 추진해야 할 것이다.

비록 중·고등학교 도덕·윤리교과의 내용이 많은 부분 추상적인 용어들로 되어 있으며, 이런 추상적 용어들을 설명하고 이해시킴에 있어서 교사가 인터넷이나 다른 정보 통신망을 통해 얻을 수 있는 자료들이 많지 않다 하더라도, 인터넷이나 에듀넷상의 정보를 활용하여 보다 더 효율적으로 수업하는 것이 가능한 단원들이 아주 없는 것은 아니다. 예컨대 고등학교 『윤리』의 제2단원인 '사회와 윤리'나 제5단원인 '통일의 과제와 전망'이란 단원은 인터넷상의 정보를 활용하는 수업이 가능할 것이다. 예컨대 'http://www.unikorea.go.kr'에서는 북한 관련 다양한 정보를 제공하고 있다. 물론 동서양 윤리 사

9 『한국교육신문』, 1998. 8. 31., 7쪽 참조.

상을 서술하고 있는 부분에 관해서도 인터넷상에서 유용한 자료들을 찾을 수 있다. 그리고 중학교 도덕교과의 경우에도 원칙적으로 1·2·3학년 교과서 모두 인터넷을 이용한 수업이 가능하겠지만 특히 다음과 같은 단원들은 인터넷이나 에듀넷상의 정보를 활용하여 수업함으로써 수업의 효율성을 높일 수 있을 것이다. 예컨대 2학년 교과서 제3단원 '현대사회와 도덕문제'와 제4단원 '민족 통일 문제와 북한의 현실', 그리고 3학년 교과서 제3단원 '민주사회와 도덕'과 제4단원 '민족의 통일과 한국의 미래' 같은 단원들이다. 또한 중학교 도덕교과 전 학년에 걸쳐 각 단원 말미에 나오는 '인물학습' 부분도, 등장하는 각각의 인물들에 대한 다양한 도서자료가 없는 것은 아니지만, 인터넷을 이용한 수업이 가능할 것으로 판단된다.

4. 결론

우리는 지금까지 윤리교육은 정보화와 무관하다는 일반적인 생각에는 그 나름의 일리가 있음에도 불구하고 현대를 살아가는 사람들에게 요구되는 '적극적으로 사고하기'의 관점에서 바람직하지 않은 것임을 보여 주려고 하였다. 필자 역시 이 장을 작성하기 전에는 '아테네와 예루살렘이 무슨 관계가 있는가?'라고 하면서 철학과 신학의 무관계성을 주장했던 어떤 사람의 말처럼, '인터넷과 윤리교육이 무슨 관계가 있는가?'라는 생각을 강하게 갖고 있었다. 그러나 이 장을 작성하면서 우리들이 처음에 갖고 있던 생각이 편견이었음을 알게 되었다. 비록 정보화와 윤리교육의 관계가 사돈의 팔촌만큼 먼 관계라 해도 관계를 맺고 있다면, 윤리교사는 정보화에 관심을 기울여야 할 것이다. 이때 교사는 몇 가지 사항을 주의해야 할 것으로 보인다. 첫째로, 인터넷상의 모든 정보가 믿을 수 있는 정보라는 생각을 가져서는 안 될 것이다. 인터넷상에는 어느 누구나 자신의 홈페이지를 만들어 자기 마음대로 아무 정보라도 올릴 수 있다. 그러므로 교사는 인터넷 사이트의 신뢰성을 따져볼 필요가 있다. 뿐만 아니라 참된 정보와 잘못된 정보를 식별하는 안목을 가져야 한다. 둘째로, 많은 정보를 소유하는 것이 무조건 좋은 것이라는 생각에서 벗어나야 한다. 한 사람의 교사가 처리하거나 수업에서 활용할 수 있는 정보의 양은 한정되어 있다. 많은 정보를 찾아내는 것도 중요하지만, 그 정보를 수업 현장에서 효율적으로 사용할 수 있는 능력을 구비하는 것도 그 못지않게 중요하다. 인터넷상의 정보들은 말하자면 조리하지 않은 음식재료에 불과하다. 당연한 말이지만, 교사는 음식재료를 구하는 일에만 시간을 소비해서는 안 되고, 그것을 어떻게 조리해 학생들이 맛있게 먹을 수 있도록 만들 것인가를 고민해야 한다. 셋째로, 적극적인 자세로 정보화된 상황에 적응하려 애쓸 필요가 있다. 인터넷상에는 수많은 사이트들이 생겼다가 없어진다. 그 때문에 교사는 특정 주제와 관련된 사이트를 학생들 스스로 검색하게 하기 위해 특정 사이트를 소개할 때 미리 그 사이트가 사라진 것은 아닌지 살펴볼 필요가 있다.

부록

부록 1 논술교육의 올바른 방향

부록 2 다차원적 개념으로서의 논술

부록1

논술교육의 올바른 방향

1. 글을 시작하며

현대를 특징짓는 세 단어를 들라고 하면 사람들은 아마 '정보화', '다원화', '세계화'를 들 것이다. 인터넷의 발달은 정보의 무제한적인 소통을 가능하게 하였으며, 그 결과 사람들은 뭔가에 대해 알고 싶은 것이 있으면 인터넷 검색창을 활용한다. 말하자면 우리는 정보화 시대에 살고 있다.[1] 또한 우리는 좋든 싫든 신자유주의로 말미암은 세계화 시대에 살고 있다. 이제 경쟁의 무대가 한국도 아니고 아시아도 아니고 세계가 되었다. 세계시장에서 경쟁해서 살아남아야 하는 입장에 놓이게 된 것이다. 세계화는 자본의 국제적 이동뿐만 아니라 노동력의 국제적 이동도 유발시킴으로써 다원화된 사회를 만들고 있다.

1 정보화사회란 ①질과 양의 2가지 면에서 풍부한 정보가 생산되어 전달(유통)되는 사회, ②풍부한 정보의 생산·처리·전달·축적에 일정한 경제적 가치를 인정하고, 직접 또는 간접으로 그 비용을 부담하는 구조를 이룬 사회, ③원활하고도 효율적으로 정보를 생산, 처리, 전달, 축적하기 위하여 정보기기나 정보 네트워크가 급격히 발달하여 보급되는 사회 등이다.(Daum 백과사전, '정보화사회' 항목 참조)

이런 무한경쟁의 시대에 한국교육이 여전히 암기 위주의 교육에 함몰되어 있다는 것은 심히 걱정스러운 일이다. 암기력도 대단히 중요한 능력임에 분명하나, 암기 위주의 교육에다 암기력 중심의 평가방식은 학생들의 창의적 사고능력, 논리적 사고능력, 종합적 사고능력의 싹을 잘라 버린다. 물론 일선 중등학교에서는 '수행평가'를 통해 학생들이 문제를 보다 자기주도적이고 체계적이고 논리적으로 해결하는 능력을 길러 주려 하고 있다. 그러나 수행평가가 매우 요식적으로 행해지고 있음은 다 알려진 사실이다.

우리나라 대학들은 한결같이 우수한 학생들을 선발하여 세계적인 인재로 키워 내고 싶어 한다. 그러나 수능 고득점자들이나 내신우수학생들은 세칭 서울의 일류대학들로 진학한다. 그러나 우리나라 중등교육은, 앞서 말했듯이 여전히 학생들의 암기력을 테스트하는 암기 위주의 교육을 해 오고 있기 때문에 수능 고득점자들이나 내신 우수 학생들이 반드시 암기력 이외의 다른 정신능력에서도 우수하다는 보장은 없다. 거꾸로 말하면 수능 고득점자나 내신 우수자가 아니라 하더라도 창의적이고 논리적이고 체계적인 사유능력을 가진 학생들이 있을 수 있다는 것이다. 필자는 수능 고득점자도 아니고 내신우수자도 아니지만, 창의성과 논리성, 그리고 남보다 앞선 문제해결능력을 갖고 있는 학생을 '블루칩'(저평가된 우량주)으로 부르고자 한다. 우리나라 대학들은 기존의 내신과 수학능력 시험으로는 찾아내지 못하는 숨은 블루칩을 발굴해서 무한경쟁시대의 세계적 인재로 육성하는 일에 관심을 기울일 필요가 있다. 필자는 이런 블루칩을 발굴함에 있어서 논술시험이 대단히 의미 있는 역할을 할 것이라고 생각한다. 더구나 공직적성검사PSAT : Public Service Attitude Test에서도 수험생들의 능력을 평가함에 있어서 언어논리능력을 중시하고 있다.[2] 또 최근 도입된 법학적성시험LEET : Legal Education

2 PSAT에서는 세 가지 평가영역을 갖고 있다. 문장의 이해 및 추론능력, 분석/종합

Eligibility Test에서도 논리적 사고가 매우 중시되고 있는 형편이다.

대학입시에서 논술의 비중을 높이는 것은 세계적인 추세다. 프랑스의 사실상의 대입시험인 '바칼로레아'Baccalauréat는 필기·구두·실기시험 세 가지로 구성된다. 이 중 필기시험은 사지선다형이나 단답형이 전혀 없는 논술시험이다. 이 가운데 계열에 상관없이 모든 학생이 치러야 하는 과목 중 하나인 철학 문제는 매년 국가적인 화제가 되곤 한다. 우리나라의 수학능력시험에 비견되는 미국의 SATScholastic Aptitude Test에서도 얼마 전부터 우리의 논술에 해당하는 에세이essay를 필수과목에 포함시켰다.[3]

필자는 이 장에서 우리사회에서 논술시험과 논술교육이 어떻게 실시되는 것이 바람직한 것인가를 살펴보고자 한다. 글의 특성상 엄밀한 의미의 논증적 글이 될 수 없음에도 불구하고, 다음의 몇 가지 사항을 입증하고자 한다. 첫째, 무한경쟁시대에 한국사회를 이끌어 갈 인재의 육성을 위해 우리 사회에서 논술교육은 강화되어야 한다. 둘째, 논술이 암기과목으로 전락해서는 안 되지만, 논술의 암기과목화를 막는다는 미명하에 통합논술을 도입하는 것은 곤란하다. 셋째, 현재 우리 사회의 여건상 대학 논술시험은 부분개방형이어야 한다. 넷째, 논술의 평가는 점수제 평가보다는 등급제 평가 혹은 Pass/Fail 평가여야 한다.

및 평가능력을 측정하는 언어논리영역, 자료를 수집하고 분석하여 정리하며, 정리된 것으로부터 정보를 추론해 내는 능력을 평가하는 자료해석영역, 마지막으로 문제해결능력, 의사결정능력 등을 측정하는 상황판단영역이 그것이다.(김영정, 「산파술을 넘어서 수태술로」, 한국철학윤리교육연구회, 『철학윤리교육연구』, 제37호, 2006년 12월 참조)

3 박영철·김재곤, 「논술이 교육을 바꾸고 있다 : 대입당락의 결정적 변수로 급부상」, 『주간조선』, 1891호, 2006. 2. 13.

2. 논술시험과 중등교육

논술이 무엇이냐에 대해 다양한 견해가 있다. 김광수는 논술을 다음처럼 정의한다.

> 논술은 자율적 판단주체로서의 논술자가 주어진 텍스트에 관하여 자신의 세계관, 가치관 등을 반영하는 견해를 논리적으로 설득력 있게 제시하는 것이다.[4]

박구용은 다음과 같은 의견을 내놓고 있다.

> 논술은 ①비판적이고 총체적인 생각을 기반으로, ②의견이 다른 사람과 토론하듯 ③근거를 제시하면서 자신의 주장을 펼치는 논리적 글쓰기다. 따라서 논술교육은 ①을 위해 철학교육, ②를 위해 토론교육, ③을 위해 논리학 교육을 해야 한다.[5]

교육부에서 펴낸 『고등학교 교육과정 해설 : 교양』에서는 다음처럼 정의하고 있다.

> 논술이란 여러 가지 논증들이 유기적 구조를 이룬 복합논증으로서, 글감을 비판적으로 읽고, 글의 논리적 구조를 파악하여 간결하고 명료하게 내용을 요약한 다음, 그 들에 대한 자신의 견해를 서술하는 것이다.

---

4 김광수, 「철학과 논술」(새한철학회, 『철학논총』, 제43집, 2006. 1. 25.), 395쪽. 김광수는 논술에 대한 자신의 이전의 정의("자신의 신념을 논리적으로 서술하는 것")는 논리만 알면 논술을 잘할 수 있을 것으로 오해하게 하는 결함이 있다고 말한다.

5 박구용, 「교육과 논술」(대한철학회 논문집, 『철학연구』, 101집, 2007. 2.), 79쪽.

한국대학교육협의회에서는 다음처럼 정의하고 있다.

> 논술이란 일상적인 수준에서 객관적인 근거를 바탕으로 하여 자신의 주관적인 견해를 진술하는 글쓰기의 일종이다.[6]

이상에서 우리는 논술에 대한 다양한 견해들을 살펴보았으나, 공통분모적인 것은 '주어진 주제나 사물에 대해 논리적, 논증적으로 글을 쓰는 것'이라는 사전적 정의를 크게 벗어나지 않는다는 점이다. 논술은 당연히 논리적인 서술이어야 하겠지만 동시에 논증적이어야 한다. 논증은 자기 주장이 옳고 남의 주장이 틀렸다고 말할 때, 그 근거나 이유를 대는 일이기 때문이다. 어떤 주장의 근거나 이유는 논리적인 것일 수도 있지만, 사실적인 것일 수도 있다.

일선 중·고등학교에서 선생님들은 여전히 논술을 부담스러워한다. 일선 중등교육현장에서 교사들에게 각인된 논술의 이미지는 대략 다음과 같다.

> 첫째, 논술의 교육적 의미와 취지를 무시하거나 외면한 채, 논술을 단지 대학 입학 자격을 부여하는 선발 수단으로만 이해하는 경향. 둘째, 첫째 경향과 관련하여, 논술교육의 방법이 대학의 논술고사 출제 유형에 종속적으로 자리 잡음으로써 정답 지향적인 단기교육으로도 논술교육이 가능하다고 생각하는 경향. 셋째, 논술을 글쓰기 혹은 작문과 동일시하여 국어교육(독서 및 작문 교과 학습 등)만으로도 논술교육을 충분히 대체할 수 있다고 믿는 경향. 넷째, 그나마 소수이기는 하지만, 논리학 수업을 통한 논증교육이 곧 논술교육이라고 생각하는 경향.[7]

---

6 뒤의 두 정의는 이용화의 「고등학교 논술교육의 방향」(한국철학윤리교육연구회, 『철학윤리교육연구』, 제38호, 29쪽)에서 재인용.

7 이용화, 「고등학교 논술교육의 방향」, 33쪽.

논술시험이 중등교육에 미치는 영향은 누구나 인정하듯이 긍정적이다. 현행 일선 중등교육의 방향을 절대적으로 규정하고 있는 것은 대학수학능력시험이다. 수능은 통합교과적 출제를 지향하지만, 결국 암기 위주의 시험이 되어 버렸음은 앞서 언급한 대로다. 수능을 폐지하고 주관식 평가를 강화한 대입 본고사를 도입하지 않는 한, 한국의 중등교육이 암기 위주의 객관식 시험으로부터 자유로워질 수는 없을 것이다. 그런 한, 논술시험은 암기 위주의 중등교육에 대한 훌륭한 보완책이 될 수 있다.

> 논술과 구술 중심의 학교 교육은 위기에 처한 우리 교육의 유력한 대안임에 틀림없다. 비판적 사고력과 창의적 논거를 요구하는 논술과 구술이 교육의 중심에 설 때, 학교는 발표와 토론, 독서와 다양한 체험활동 등을 수행하는 탐구공동체로 거듭날 것이다.[8]

> 초·중·고 수학·과학 경시대회에서는 한국에 판판이 나가떨어지던 외국 아이들이 대학에 가면 우리를 압도하는 이유는 그들이 초등학교부터 독자적으로 사고하는 능력과 이를 가장 적절하게 표현하는 방법을 일상적으로 훈련받기 때문이다. 우리 대학들이 꾸준히 수준 높은 논술시험을 만들어 정착시켜 간다면 이를 계기로 초·중·고 교육에도 변화가 오고 아울러 우리 교육의 장래도 함께 밝아질 것이다.[9]

제대로 된 논술교육이 중등학교에 자리 잡기 위해서는 극복해야 할 장애물이 많을 것이다. 그러나 정보화, 세계화, 다원화 시대에 암기력이 뛰어난

---

8 임덕준, 「윤리교육과 철학, 그리고 논술」(한국철학윤리교육연구회, 『철학윤리교육연구』, 제35호), 89쪽.

9 『조선일보』, 2006. 1. 17. 사설, 「논술시험 어렵다고 비판할 일 아니다」.

인재가 아니라 창의적이고 논리적으로 사고하는 능력이 뛰어난 인재를 길러 내는 것이 한국교육의 시급한 과제라면, 결코 미루어서는 안 될 것이 제대로 된 논술교육일 것이다.

제대로 된 논술교육을 위해서 가장 먼저 고려해야 할 사항은 일선 중등교육이 정답 외우기 중심의 암기교육에서 하루빨리 창의적이고 논리적이며 체계적으로 사유하고 토론하는 교육으로 바뀌어야 한다는 것이다. 한국에서의 논술교육과 논술시험의 문제에 대해서 김덕영은 다음처럼 설득력 있는 비판을 한다.

> 한국과 프랑스에는 하늘과 땅만큼이나 커다랗고 근본적인 차이가 존재한다. 그것은 한마디로 유기성과 비유기성의 차이라고 말할 수 있다. … (중략) … 프랑스의 고등학교는 기본적으로 토론식과 논술식으로 교육이 이루어진다. 이러한 바탕 위에서 논술형의 바칼로레아를 치루는 것이다. … (중략) … 이에 반해 한국의 학교교육은 … (중략) … 주입식으로 이루어지고, 시험 역시 이른바 '찍기식'인 선다형 객관식이 주조를 이룬다. … (중략) … 그리고 시험의 출제와 채점에서도 유기성과 비유기성의 차이를 관찰할 수 있다. 프랑스에서는 고등학교 교육을 담당하는 일선 교사들이 문제를 출제하고 채점한다. … (중략) … 유기적이다. 이와 달리 한국에서는 가르치는 사람 따로 있고 평가하는 사람 따로 있다. 후자는 전자를 철저하게 무시하고, 전자가 소유하지 못하는 문화자본을 가지고 전자가 가르친 학생들을 시험한다.[10]

고등학교 교육과 논술시험의 유기성이란 관점에서 본다면 하루빨리 우리나라 고등학교에도 철학교과가 필수로 도입되어 교육되는 것이 바람직할 것이다.

---

10 김덕영, 『입시공화국의 종말』(서울 : 인물과 사상사, 2007), 67-68쪽.

3. 통합논술시험 도입배경과 문제점

암기력 위주의 주입식 교육은 학생들의 창의력, 상상력, 사고력을 말살시킨다. 1980년대 중반에 학력고사가 학생들의 암기력만 평가하는 시험에 불과하다는 비판이 대두되면서, 고차원적인 사고능력을 평가할 수 있는 논술시험이 등장하였다.[11] 하지만 대학입시에서 논술고사의 반영비율이 10% 이내로 미미하였고, 채점결과의 객관성과 신뢰성 문제가 제기되면서 1986년에 한 차례 실시된 뒤 폐지된다.

학력고사를 대체할 새로운 시험제도를 1988년부터 3년간 연구한 끝에 수능시험이 등장하였다. 1991년 등장한 수능시험은 9개 과목이던 학력고사와 달리 통합교과를 지향하며 언어·수리·영어 3개 과목으로, 시험을 과목이 아니라 영역으로 만들어 치르게 했다. 처음에는 기존 중등학교 교육을 바꿀 수 있는 획기적인 시험 형태로 찬사를 받기도 했으나, 얼마 지나지 않아 수능시험 역시 문제유형이 정형화되면서 새로운 암기 위주의 교육을 부추기는 시험이 되었다는 비난을 받게 된다. 다시 기존의 시험으로 평가할 수 없는 창의적, 체계적, 조직적 사고능력을 평가할 수 있는 시험이 필요하게 된 것이다. 이러한 요구를 충족시키기 위해 1997년부터 논술시험이 다시 대학 입시에 등장하게 된다. 그러나 논술조차도 암기과목이 되어 버린다. 학원에서는 출제가 예상되는 인문사회학적 논제들 혹은 시사적인 논제들을 뽑아 모범답안을 만든 뒤 학생들에게 암기하게 했다. 처음에는 이런 방법으로 학생들이 논술시험에서 우수한 성적을 받았지만, 대학에서 다수의 학생들의 답안이 유사하다는 것을 알게 된 후 출제 방식을 바꾸게 된다. 다수의 제시문을

11 우리나라에서 대학입시에 논술시험이 최초로 등장하게 된 것은 1986년이다. 논술시험을 도입함에 있어서 권이혁 문교부 장관(1983년 10월부터 1985년 2월까지 재임)이 주도적인 역할을 했다.(권이혁, 「논술고사 유감」, 『중앙일보』 1998. 3. 19.)

읽은 뒤에 논술시험을 치게 하는 형태의 논술시험이 등장한다.

노무현 정권의 3불정책(대학본고사, 고교등급제, 기여입학제 불인정) 및 수능등급제로 말미암아 논술의 본고사화 및 다양한 이름의 논술이 등장하였다. 교육인적자원부가 수능점수 1점에 목을 매는 고등학교 교육의 비정상성을 교정하기 위해 수능점수제를 수능등급제로 바꾼다.[12] 그러나 그렇지 않아도 우수학생 선발에 도움이 되는 믿을 만한 지표가 없다고 생각하고 있는 대학들은 수능점수마저 등급제로 되면서 더더욱 학생선발의 기준을 갖기 힘들게 되어 버렸다. 이에 우수한 학생들을 유치하려는 대학들은 논술시험을 거의 본고사 형태로 사용하게 된다. 예컨대 인문사회계 논술에서 영어로 된 제시문이 등장하게 된다. 그러나 영어 독해능력이 없으면 논술 시험을 볼 수 없으므로 이는 정확하게 말해서 논술시험이라 말할 수 없을 것이다. 본고사화된 논술은 입시에서의 비중도 높아지고, 이름도 다양화된다. 예컨대 예전에는 없던 수리논술, 과학논술이라는 명칭들이 생겨났다. 그러나 이런 논술들은 기실 수학문제와 과학문제 풀이 시험이었다. 예전에도 인문계

---

12 수능점수제를 수능등급제로 바꾼 근본적인 교육적 동기를 이해하지 못하는 바는 아니나, 이미 점수화되어 있는 수능성적을 다시 등급으로 만들어 표기하는 것은 잘못된 것이라는 것이 필자의 생각이다. 수능 1점 차이로 A대학에 들어가고 못 들어가고 하는 것이 정당화될 수 있을 정도로 수능 1점이 교육학적으로 유의미한 점수가 아니라는 것을 누구나 인정할 수 있다. 그러나 바로 동일한 논리로 수능등급제가 비판받을 수 있다. 수능 1점 차이로 누구는 수능 1등급에 들어가고 누구는 수능 2등급이 된다면 이 역시 교육학적으로 받아들이기 힘든 일이 될 것이다. 가령 글짓기 시험을 치른 뒤, 이에 대한 평가를 한다고 해 보자. 학생들의 답안을 우리는 크게 9등급으로 나눌 수도 있을 것이고 5등급, 혹은 4등급으로 나눌 수도 있겠다. 그러나 객관식 5지 선다형 문제를 풀게 해서 나온 시험 점수를 다시 등급제로 만들어 표시한다는 것은 잘못이다. 수능시험 결과에 대한 평가방식이 등급제 평가로 가는 것이 정당화되기 위해서는 먼저 수능시험이 객관식 5지선다형 문제가 아닌 문제, 예컨대 논술시험이나 시짓기 시험, 혹은 소설 끝부분 이어쓰기 시험과 같은 시험이어야 할 것이다. 객관식 5지선다형 문제로 출제되는 한, 수능시험 결과는 점수제가 되어야지 등급제가 되어서는 안 된다.

논술과 자연계 논술의 구분은 있었지만, 자연계 논술이 문제풀이 논술은 아니었다. 인문사회계 논술과 자연계 논술의 구분은 논술 주제 혹은 글감의 차이에 의존할 뿐이었다.

논술의 암기 과목화를 막기 위한 고육지책으로 2008년도 서울대 논술을 필두로 통합논술이 등장하게 된다.

> 논술시험이 수학능력시험의 한계를 보완하고 창의력과 논리력이 뛰어난 학생들을 선발할 수 있는 형식의 시험이라는 데에는 이견이 없다. 하지만 창의적인 사고를 펼쳐야 하는 논술 답안이 과열된 사교육 시장에 의해 구조화되어 판에 박힌 유사한 답안이 속출한다면, 우리는 무엇이 창의적이고 무엇이 논리적인 논술답안인지에 대한 본질적인 의문을 갖게 된다. 주요 대학들이 수능시험이 변별력을 상실하는 2008학년도부터 기존의 논술시험을 이른바 '통합교과논술'로 바꾸려는 이유 또한 이러한 문제와 무관하지 않다.[13]

단일 주제가 주어지던 기존 논술과는 달리 영역이 나눠지고 그에 따라 다른 유형의 문제가 통합된 논술시험에서, 인문계는 언어, 문학, 철학 등 다른 분야를 통합해 역사와 사회, 언어와 문학, 철학과 예술 분야가 합쳐진 문제를 출제한다. 자연계 역시 인문, 사회과학, 수리과학 등 다양한 영역을 연계시킨 문제 출제가 가능하며 모집 단위에 따라 특정 분야를 필수나 선택으로 지정할 수 있다. 통합교과형 논술은 단순한 암기과목으로 전락할 위기에 놓여 있는 논술이 현재의 문제 상황을 극복하여 그 본래 의미와 취지를 더욱더 명료화하고 강화하기 위해 도입된 것이다. 대학들은 통합교과형 논술로 수험생의 논리적·비판적·창의적 사고에 대한 능력을 평가함으로써 통합과 비

---

13 한국대학교육협의회, 『논술교육 길라잡이 II』(중앙상담교사단, 엔터컴, 2007), 3쪽.

판의 능력을 가진 인재를 선발하고자 한다. 이러한 의도는 좋았으나, 통합형 논술은 너무 어려워 우리 시대의 대표적 논객인 이화여대 석좌교수도 그런 문제는 풀 자신이 없다고 말했다. "명색이 50년 동안 글을 쓴 나도 쓸 자신이 없다." 이어령 교수는 언론과 가진 인터뷰에서 대입 논술 시험을 가리켜 "논술은 창의력과 상상력을 길러 줘야 하는데 오히려 획일화된 글쓰기를 강요하고 있다"며 날선 비판을 가했다. 아울러 자신이 봐도 난해한 문제를 학생들이 어떻게 풀 수 있겠느냐며 현행 논술 시험의 난이도에도 화살을 날렸다. 그러자 서울대 입학관리본부의 한 관계자는 전자 메일을 보내 "논술의 의도는 (선생님의 생각처럼) 학생들에게 획일화된 글쓰기를 벗어나 자유로운 상상력을 펼쳐 보라는 것"이라고 반박한 것으로 알려졌다.[14] 이어령 교수는 획일화된 논술의 폐단을 지적할 때는 단순 논제 제시형 논술을, 난이도에 대한 불만을 토로할 때는 난해한 제시문을 많이 제시한 논술을 염두에 두고 있다. 단순 논제 제시형 논술문제는 학생들에게 암기과목으로 간주되었으며, 학원에서 배운 천편일률적 답안을 작성했다. 서울대 측에서는 이런 폐단을 극복하기 위해 제시문을 많이 제시하는 유형의 논술 문제를 출제하게 된다. 그러나 이런 논술은 지나치게 난해하게 출제된다는 문제점을 갖고 있었다. 이런 점에서 본다면 난이도에 대한 이어령 교수의 지적에 대해서 서울대 측 관계자는 제대로 된 대답을 내놓지 못한 것이 된다. 일선 교사들도 그 문제를 출제한 교수들부터 문제를 풀어 보라는 요구를 하고 있다. 통합교과형 논술은 좋은 취지에도 불구하고 많은 문제점을 갖고 있다. 서울대 측은 "통합교과형의 개념은 교과와 교과의 단순한 통합이 아닌, 고등학교 교육과정을 통하여 학생의 내면에서 길러지는 사고력의 통합을 의미함. 따라서 통합교과형 논술에 대비하기 위한 별도의 교과가 필요한 것이 아니라, 개별교과가 제

14 『주간한국』, 2006. 11. 27.

안하는 여러 학습방법들을 자기주도적으로 충실히 수행하는 것 자체가 논술을 준비하는 바람직한 방법"[15]이라고 말한다. 그러나 이 말은 '시험은 있으나 대처방안은 없다'는 뜻이 될 것이다. 통합교과형 논술시험에서는 얼마든지 인문사회계와 예체능계 그리고 자연계 문제가 뒤섞일 수 있을 텐데, 당장 그런 문제를 출제할 교수가 얼마나 될지 의문이며, 교수나 교사들 중에서도 그런 문제를 풀 수 있는 사람이 얼마나 될지 알 수 없다. 사실 '자연계 논술'이라 불리는 시험 영역에는 물리·화학·생물·지구과학 네 영역이 있으나, 자연계 논술 내부에서도 통합교과형 논술 문제를 만드는 것, 푸는 것, 평가하는 것 등등 그 어느 하나도 쉬운 것이 없다. 통합교과형 논술문제를 만들기 위해 출제자는 자기 전공 이외의 다른 모든 전공분야에 대한 기본적인 지식을 갖고 있어야 한다. 그러나 과연 그런 자격을 갖춘 출제자가 얼마나 될 것인가? 또 통합교과형 논술문제를 풀기 위해서 수험생은 개별교과 수업을 통해 배운 지식을 통합적으로 활용할 수 있어야 한다. 그러나 개별교과에 대한 충분한 이해만으로도 힘들어하는 수험생들이 대부분인 현실에서 그런 통합교과형 논술문제를 척척 풀어 낼 수험생이 얼마나 되겠는가? 설령 그런 수험생들이 많이 있다 한들, 자기 전공을 벗어나면 '힘을 못 쓰는' 교수들이 대부분인 대학 현실에서 통합논술형 답안을 채점해 낼 수 있는 채점자가 과연 얼마나 될 것인가? 하물며 인문사회계와 자연계, 예체능계를 넘나드는 통합교과형 논술시험은 필시 사교육 시장을 살찌울 것이다. 그러나 정작 심각한 문제는 공교육 내부에서건 사교육 시장에서건 그 분야의 전문가는 없다는 것이다. 모든 교과와 관련되지만 어느 교과와도 관계하지 않고, 모든 교사와 관계되지만 어느 교사와도 관계가 없는 시험이 통합논술시험이다.[16]

15 서울대학교 입시관리본부 보도자료, 2005. 11. 28.

16 서울대가 통합논술을 실시하는 근본 이유는 기존의 대학서열을 고착화시키기 위함이라는 주장도 있다.(김덕영, 『입시공화국의 종말』, 61-62쪽, 74쪽 참조) 독일

4. 논술시험의 세 가지 유형

논술시험은 첫째로 정답이 있느냐 없느냐에 따라, 둘째로 문제가 단순 '논제 제시형'이냐 아니면 '제시문+논제 제시형'이냐에 따라, 셋째로 논제의 글감이 인문사회계냐 자연계냐에 따라 유형을 구분할 수 있다. 이하에서는 첫 번째 기준의 관점에서 논술 시험을 세 유형으로 나누어 보고자 한다.

1) 완전 개방형 논술

이 유형 논술시험의 대표적인 사례가 프랑스의 고등학교 졸업자격시험인 바칼로레아이다. 바칼로레아는 일반·기술·직업 분야로 나뉜다. 일반 분야는 한국의 수능처럼 대학 진학을 목표로 하는 수험생들이 주로 지원하는 분야이다. 2005년의 경우는 전체 수험생 가운데 절반가량(329,833명)이 응시했다. 일반 바칼로레아는 다시 문과, 사회경제, 이과 계열로 나뉜다.

그러나 한국 학생들에 비해 프랑스 학생들이 느끼는 논술 부담은 상대적으로 적다. 한국처럼 수능 외에 별도로 더 준비해야 하는 시험도 아닌 데다, 프랑스 고등학교 교과 과정의 연장이기 때문이다. 흔히 철학 과목이 바칼로

의 케셀 대학에서 사회학을 가르치고 있는 김덕영은 어떤 논술고사에서 미셸 푸코(Michel Poucault)의 교수취임 강연인 「담론의 질서」 일부가 지문으로 나와 있는 것을 보고 다음처럼 말한다. "사실 나는 경악했다. 어떻게 고등학생에게 그 어려운 푸코의 글을 읽고 이해하고 논술하라고 할 수 있단 말인가? 그것도 푸코의 철학에 대해서는 단 한마디의 강의도 들어 보지 못한 어린 학생에게 말이다. 철학이 전공이 아닌 대학교수들에게, 아니 설령 철학이 전공이라고 할지라도 오랫동안 푸코를 연구하지 않은 대학교수들에게 한번 문제를 내 보시라. 이해와 논술은커녕 제대로 읽지도 못할 것이다."(『입시공화국의 종말』, 63쪽) 그리고 통합교과형 논술에 대해서는 "나같이 여러 분야(사회학, 철학, 사회심리학, 독어독문학 및 과학사)를 공부한 사람도 이제 고등학생만 보면 줄행랑을 쳐야 할 판이다. 그러한 통합능력이 없기 때문이다"라고 말한다.(『입시공화국의 종말』, 64쪽)

레아 논술의 대명사처럼 알려져 있지만, 실은 철학뿐 아니라 프랑스어·역사·지리 등 나머지 과목들도 모두 논술식으로 시험을 치른다.[17]

2005년의 경우 문과 계열에 출제된 문제는 '①옳은 일과 그른 일은 단지 관습적인 것인가? ②언어는 오직 의사 소통을 위한 것인가? ③존 스튜어트 밀의 자연에 관한 텍스트를 설명하라. ④인간이 어떻게 자연을 길들이고 변화시키며 거기에 굴복하는가?'였다. 이 중 하나를 골라 4시간 동안 시험을 치르는 것이다. 사회경제 계열에 출제된 문제는 '①우리는 기술로부터 무엇을 기다리나? ②정치 행위는 역사 인식에 이끌려야 하나? ③윤리와 도덕률에 관한 칸트의 텍스트를 설명하라.' 세 가지였다. 또 이과 계열에서는 '①자유롭다는 것, 그것은 어떤 장애물도 만나지 않는 것인가? ②예술 작품에 대한 감수성은 교육이 요구되는가? ③진리 탐구에 대한 말브랑슈(17-18세기 프랑스 철학자)의 텍스트를 설명하라.' 등의 문제가 출제됐다.[18]

바칼로레아식 논술문제는 한국처럼 긴 지문을 제시하지 않는다. 앞서 살펴봤듯이 간단한 문장으로 되어 있다. 말하자면 논제 제시형 논술이라 하겠다. 한국의 경우 간단한 문장으로 문제가 출제되면, 학원에서 문제에 대한 모범답안을 만들어 수험생들에게 암기하게 할 것이다. 실제 그런 부작용

---

17 『주간조선』, 1891호(2006. 2. 13.) 참조. 외국어 시험은 필기와 회화 시험을 동시에 보고, 수학은 주관식 문제로 출제한다.

18 『조선일보』, 2005. 06. 11. 참조. 바칼로레아 논술문제들을 일부 소개한다. ①관용의 정신에도 비관용이 내포되어 있는가? ②사랑이 의무일 수 있는가? ③인류가 한 가지 언어만을 말하는 것은 바람직한가? ④예술이 인간과 현실과의 관계를 변화시킬 수 있는가? ⑤우리는 과학적으로 증명된 것만을 진리로 받아들여야 하는가? ⑥오류는 진리를 발견하는 과정에서 어떤 역할을 하는가? ⑦이론의 가치는 실제적 효용가치에 따라 가늠되는가? ⑧현실이 수학적 법칙에 따른다고 할 수 있는가? ⑨의무를 다하지 않고도 권리를 행사할 수 있는가? ⑩정의의 요구와 자유의 요구는 구별될 수 있는가? ⑪노동은 도덕적 가치를 지니는가? ⑫평화와 불의가 함께 갈 수 있나? (최병권·이정옥 엮음, 『세계의 교양을 읽는다』, 제1권, 청아문화사, 2006 참조)

이 발생했으며, 그런 문제점을 피해 가기 위해 고육지책으로 도입된 것이 지문 제시형 논술이라 할 수 있다. 그러나 논술주제가 프랑스처럼 4,800여 개나 되면 논술을 암기과목화하는 것은 불가능할 것이다. 바칼로레아식 논술의 최대 장점은 학생들의 창의적 사고를 키워 준다는 것이다. 그야말로 정답이 없는 문제에 대하여 수험생들이 자신이 배운 모든 지식을 동원하여 창의적이고 체계적이며 논리적인 답안을 작성하면 된다. '인류가 한 가지 언어만을 말하는 것은 바람직한가?' 혹은 '우리는 과학적으로 증명된 것만을 진리로 받아들여야 하는가?'와 같은 물음에 답하려면, 학생들은 자연스럽게 그들의 세계관과 인생관을 그 바탕에 깔고 답하지 않으면 안 된다. 그야말로 논술다운 논술이 되는 셈이다. 지식의 폭과 넓이, 창의성, 체계성, 논리성을 평가하는 시험으로서는 아주 우수한 시험일 수 있다. 그러나 바칼로레아식 논술에는 심각한 문제가 있다. 그것은 누구나 짐작할 수 있다. 바로 채점의 공정성이 보장되지 않는다는 것이다.[19]

---

19 바칼로레아의 과목별 시험 주제는 이런 철학 논술을 포함해 무려 4,874개에 이른다. 2006년 기준으로 고사장 수도 4천여 개에 육박하며 배포되는 시험지도 400만 장에 달한다. 시험 종료 후엔 14만 9천여 명의 채점관이 투입된다고 한다. 이 때문에 1808년 나폴레옹 집권 당시 처음 선보인 이래 200년의 전통을 갖고 있음에도 과다한 인건비와 운영관리비, 자의적인 채점 기준 등에 대한 비판이 끊이지 않고 있다. 물론 이에 대한 다른 의견도 있다. "온통 주관식으로 출제되기 때문에 채점과정에서 시험관의 주관적인 판단이 개입될 가능성이 매우 높음에도 불구하고 평가의 공정성 시비는 찾아볼 수 없다. 학생들은 시험결과가 발표되면 7일 이내에 자신의 시험답안 채점을 열람할 권리가 있지만 기술적인 오류 이외엔 점수 자체를 문제 삼는 경우는 없다. 그만큼 사회적으로 시험관들의 판단을 인정하는 풍토와 문화가 형성돼 있다. 심사위원들도 주관적인 판단에 따라 학생들의 점수가 좌우되는 것을 막기 위해 채점이 끝나면 채점자 간 엄격성의 차이로 인한 오차를 조정하는 과정을 거친다. 이 과정에선 주로 내신 성적을 참고한다. 내신성적이 우수한 학생의 시험성적이 형편없이 평가됐을 땐 채점자들이 해당 학생의 답안지를 다시 검토한다.
(http://cafe.daum.net/hahahia2 참조)

2) 폐쇄형 논술

논술시험에서 채점의 공정성을 확보하기 위해 도입된 논술형태이다. 마치 어린아이들이 그림을 그릴 때, 점선으로 된 코끼리 그림을 미리 그려 놓고 그 위를 실선으로 덧입히도록 하는 방식의 시험이다. 이 경우 평가에서 중요한 것은 아이가 얼마나 이탈하지 않고 점선을 따라서 잘 이어 갔느냐 하는 것이다.

2008년도 경희대 모의논술문제는 유목민과 정착민에 관계된 5개의 제시문(가, 나, 다, 라, 마)이 제시된다. 분량은 크라운판 도서로 두 쪽 반 정도이다. 그다음에 다음과 같은 논제가 제시된다.

> 〈논제〉
>
> (1) 유목민과 정착민 사이에는 중시되는 가치가 다를 수 있다. 이를 제시문 (가)와 (라)의 관점에서 비교하되, 특히 제시문 (나)에서 밑줄 친 부분을 제시문 (라)의 관점에서 반박하는 논리를 포함하시오.(띄어쓰기 포함 501자 이상 600자 이내, 30점)
>
> (2) 제시문 (마)의 {*}에 해당될 수 있는 내용을 위의 제시문 (가)-(라)를 활용하여 유추하고, 수험생이 그렇게 생각하는 이유를 논술하시오.(띄어쓰기 포함 301자 이상 400자 이내, 10점)[20]

이런 폐쇄형 논술의 경우는 공통적으로 '제시문 속의 문장을 그대로 사용하지 마시오'라는 유의사항이 추가된다. 그러나 워낙 지문이 많고 길어서 채점자는 수험생이 제시문의 일부를 그대로 사용하는지 여부를 정확하게 가려내기 어렵다. 폐쇄형 논술이 과연 엄밀한 의미에서 논술이라 불릴 수 있는지는 의문이다. 우선 시험의 많은 부분은 독해력을 측정하고 있다. 그 다음

---

20 한국대학교육협의회, 『논술교육 길라잡이 II』, 54쪽.

에 수험생은 출제자의 의도를 적중시키는 답안을 작성해야 한다. 자유롭고 창의적으로 글을 쓴다는 것은 불가능하다. 수험생에게 굳이 글쓰기의 자유가 있다면, 그 자유는 어항 속에 있는 금붕어의 자유일 것이다. 채점의 공정성을 중시하다 보니 논술이 논술답지 않게 되어 버린 것이다.

이 자리에서 현행 자연계 논술의 정체성을 고찰해 볼 필요가 있겠다. 현행 자연계 논술은 대학을 불문하고 폐쇄형 논술이다. 그러나 앞서 언급한 인문사회계의 폐쇄형 논술과는 다르다. 자연계 논술은 말만 논술이지 논술의 외양을 한 주관식 문제 풀이라 할 수 있다. 자연계 논술문제에는 정답이 있다. 특히 수능등급제가 도입되면서, 우리 사회의 세칭 일류대학들이 논술시험을 변형된 본고사 형태로 바꿈으로써 자연계 논술은 문제풀이 시험이 되어 버렸다. 프랑스 바칼로레아도 수학이나 외국어의 경우는 논술시험이 없다. 자연과학의 영역에서도 논술시험은 어디까지나 글로써 자신의 주장을 서술하게 되어 있지 문제풀이 시험은 아니다. 바칼로레아 자연과학 분야 논술 문제의 예를 들어 보면 다음과 같다. '수학은 도구인가 언어인가, 모든 과학의 모델인가?', '과학적 진리는 잠정적일 뿐인가?', '무엇인가를 잘 알기 위해서 관찰하는 것만으로 충분한가?', '과학자는 발견하고 예술가는 창조한다는 말은 타당한가?' 등등이다.[21] 만약 대학 본고사가 부활한다면 현행 방식의 자연계 논술은 불필요하게 될 것이다.

3) 부분 개방형 논술

부분 개방형 논술은 바칼로레아식의 완전 개방형 논술과 폐쇄형 논술을 절충한 형태로서, 그 양자의 장점을 종합한 것이다. 2009학년도 경북대 모

---

21 최영주 편, 『세계의 교양을 읽는다』, 제3권, 차례 참조.

의 논술문제가 이 경우에 해당한다고 볼 수 있다. 여기에도 다문화주의와 관련된 제시문이 5개(가, 나, 다, 라, 마) 주어졌다. 그러나 제시문의 길이를 최대한 짧게 하였다. 그다음에 다음과 같은 논술문제가 제시된다.

【논술문제】

'다문화주의'와 관련된 한 편의 논술문을 작성하시오. 단, 아래의 세 가지 요구사항을 반드시 반영하고, 서론과 결론도 구성할 것.(분량은 띄어쓰기를 포함하여 1,600~1,800자로 할 것)

▶ 제시문 (가)~(마)의 내용에 근거하여 다문화주의의 긍정적, 부정적 측면을 설명할 것.

▶ 제시문 (바)의 내용을 논의의 실마리로 삼아 한국사회에서 다문화주의의 필요성 여부에 대해 논할 것.

▶ 아래와 같은 소수자들의 요구와 정부 기관의 행위에 대한 자신의 견해를 밝힐 것.

> 한국사회에 거주하고 있는 어떤 이민자가 정부 기관의 직원 채용 시험에 응시하였는데, 시험 일자가 자기가 속한 이민자 집단의 민족적·종교적 축제일과 겹치기 때문에 시험 참가가 불가능하니 시험일을 변경해 줄 것을 요구했다. 그러나 정부 기관은 예정대로 시험을 치렀고, 그 사람은 출석하지 않아 불합격 처리되었다.

특히 두 번째, 세 번째 요구 사항은 수험생에게 출제자가 정해 준 방향으로 글을 쓰기를 요구하는 것이 아니라, 수험생 자신이 쓰고 싶은 방향으로 쓸 수 있도록 만들어 놓고 있다. 두 번째 요구사항의 경우 수험생은 다문화주의가 불필요하다고 말할 수도 있고, 필요하다고 주장할 수도 있다. 세 번째 요구 사항의 경우, 로마에 가면 로마법을 따라야 하듯이 한국에 왔으면 한국의 문화를 따라야 한다고 말할 수도 있고, 이민자의 종교 생활의 자유를 중시해 주어야 한다는 주장을 펼칠 수도 있다.

5. 논술시험의 아킬레스건, 채점의 공정성 확보

누구나 알고 있고 또 인정하는 사실은 논술시험이 필요하다는 것이다. 마찬가지로 인정하는 또 하나의 사실은 논술시험은 채점의 공정성을 확보하기가 어렵다는 것이다. 대부분의 대학들이 채점 시 고려하는 것은 논리성, 창의성, 독해력, 비판적 사고능력 등이다. 그리고 답안지 한 장을 두 사람의 채점위원이 채점한 뒤, 점수 차가 정해 놓은 기준 이상으로 심하게 벌어질 경우 제3의 채점자가 조정 채점을 하는 방식으로 채점의 공정성을 유지하려 한다. 현행채점방식에 대해서는 다음과 같은 두 가지 문제들이 제기될 수 있을 것이다.

논술은 논술자의 인생관이나 세계관을 반영한다. 그리고 대학들은 논술시험에서 수험생의 창의성을 측정하기 위해 정답이 없는 열린 문제를 제시한다. 그러나 채점자의 가치관이나 인생관 혹은 세계관과 다른 관점에서 답안이 작성되었을 경우, 아무리 창의성, 논리성, 체계성이 있는 답안이라 하더라도 채점자의 편견으로 말미암아 좋은 점수를 받기 힘들 것이다. 예컨대 탈레반에 의해 납치된 샘물교회 교인들의 아프카니스탄 여행을 평가하라는 문제가 출제되었다고 하자. 이 경우 수험생은 위험지역으로의 선교여행을 반대하는 글을 조리 있게 작성했다 하더라도, 채점관이 기독교 근본주의자라면 좋은 점수를 받기 힘들 것이다. 마찬가지로 진화론의 관점에서 작성된 답안은 창조론자인 채점관으로부터 좋은 점수를 받기가 힘들 것이다.

논술은 수험생의 논리적 사고능력을 측정하는 시험이지만, 논리학에 대한 기본지식을 갖춘 채점관들이 많지 않다는 것이 문제이다. 물론 논리학에 정통하다는 것이 좋은 논술문을 쓰기 위한 필요충분조건은 아니다. 그러나 필요조건이 될 수는 있다. 논리적 비약과 오류로 가득 찬 글이 좋은 논술문이 될 수는 없을 것이기 때문이다. 그러므로 채점관은 최소한 답안에 들어있는 논리적 비약과 오류를 판별해 낼 수 있는 안목을 갖고 있어야 할 것이다. 그러나 그런 능력을 갖춘 채점관은 생각보다 많지 않다.

일각에서는 논술시험은 어차피 주관식 시험이기에 객관적인 채점을 기대해서는 안 된다고 말하는 사람들도 있다. 주관식 문제는 이미 그 명칭에서 암시되고 있듯이 객관적인 채점이 불가능한 문제라는, 다시 말해서 주관식 문제의 경우 채점에 어느 정도 채점관의 주관이 개입되는 것은 불가피한 일이라는 것이다. 객관식 문제는 채점에서 누구나 인정할 수 있는, 따라서 채점자의 주관이 개입될 수 없는 방식으로 채점할 수 있는 그런 문제이고, 주관식 문제는 그렇지 못하다는 말이다. 그러나 이는 커다란 오해이다. 만약 주관식 문제의 채점에는 채점자의 주관이 개입될 수밖에 없다면, 그 채점이 자의적인 채점과 어떻게 구별될 수 있겠는가? 주관식 문제와 객관식 문제의 차이점은 채점의 주관성과 객관성에 있는 것이 아니라, 답안 작성의 주관성과 객관성의 차이에 있다. 다시 말해서 주관식 문제는 답안 작성에 시험을 치르는 자의 주관이 개입될 수 있는 방식의 문제이고 객관식 문제는 그렇지 않은 문제이다. 그렇다 하더라도 주관식 문제에 대한 채점의 결과는 제3자가 납득할 수 있는 수준의 객관성을 가져야지 자의적이어서는 안 될 것이다.

논술시험의 채점의 공정성을 어렵게 만드는 중요한 요인 중의 하나는 지나치게 과속으로 진행되는 입시일정이다. 논술시험의 경쟁률이 과도하게 높아 채점해야 할 시험지 양이 많으면, 입시일정에 쫓겨 섬세한 채점을 못하게 되는 경우가 발생한다. 필자는 논술시험의 평가와 관련하여 김덕영의 다음과 같은 주장에 동의한다.

> 논술고사의 평가는 예컨대 서울대의 경우를 보면 인문계는 이해·분석력, 논증력, 창의력, 표현력에 따라 그리고 자연계는 개념과 원리의 이해 분석·구성력, 통합적 추론능력, 창의력, 의사소통능력에 따라 평가된다. … (중략) … 그런데 어떻게 이러한 인간의 지적능력을 어떻게 매 문제마다 정답을 고르면 일정한

점수를 부가해 시험의 전체적인 결과를 0점부터 100점까지의 산술적인 점수로 계량화하는 방식으로 평가할 수 있단 말인가. 논술에는 정답이 있을 수 없다. 아니 정답이 있는 시험의 부정적인 폐단을 극복하는 데 논술시험의 진정한 의미가 있는 것이다. 거기에서 요구되는 것은 어디까지나 개인이 주관적이고 자율적이며 논리적으로 인식하고 사유하는 능력이다. 그것을 0점부터 100점까지 세분화해서, 즉 100개의 단계로 쪼개어서 평가하기란 불가능하다. 그보다는 몇 개의 등급—이를테면 A, B, C, D, F와 같은—으로 평가하는 것이 합리적이다. 아니 상식적이다.[22]

6. 글을 마치며

우리나라 학생들은 죽음의 트라이앵글에 갇혀 있다는 자조적인 말을 한다. 대학에 들어가기 위해서는 내신, 수능, 논술을 다 잘해야 한다는 것이다. 그런데 프랑스 고등학생들은 외부인들이 보기에 매우 어려운 논술 시험을 치르는 것처럼 보이지만, 이미 초·중·고등학교를 거치면서 늘 해 오던 공부의 연장선상에서 논술시험이 치르기 때문에 생각보다 시험에 대한 스트레스가 과중하지는 않다고 한다.[23] 그들은 우리나라 입시생처럼 학교에서 제대로 배워 본

22 김덕영, 『입시공화국의 종말』, 265-266쪽.

23 "바칼로레아라는 시험은 프랑스 교육제도를 보여 주는 '빙산의 일각' 같은 존재다. 프랑스 학교에 다니는 학생들은 대부분 '학교에서 배운 대로 시험 보고, 그 시험의 연장이 바칼로레아'라고 대답한다. 그러니 바칼로레아라는 프랑스 시험제도만 보는 건 '달은 안 보고 달을 가리키는 손가락만 보는 것'과 똑같다. 평소 바칼로레아식으로 학교에서 공부하고 시험 보지도 않는데 덜컥 논리적 사고를 키운다며 비슷한 유의 논술시험부터 도입하는 건 사교육 시장만 더 키우고 학생들에게 이중 삼중의 입시 부담을 지우는 것이다. 그래서 '이 바칼로레아 기사가 한국 아이들을 또 얼마나 들볶는 데 동원될까' 하는 생각이 들어 기사 쓰기가 싫다. '중요한 건 시험제도가 아

적이 없는 어떤 시험과목으로서의 논술시험을 치러야 하는 것이 아니다. 우리나라는 중·고등학교 교육이 과도하게 암기 위주의 교육으로 흘러가는 것을 걱정하지만, 중등교육이 논술 위주로 되어 있는 프랑스에서는 일각에서 논술 위주의 교육에 대한 자성론이 제기되고 있음을 명심할 필요가 있다.

프랑스인의 자부심이자 일부 외국인들의 선망의 근원이 되고 있는 논술 형식의 답안 작성은 최근 몇 년 사이에 교육 전문가들과 일부 언론으로부터 십자 포화 대상이 되고 있다. 바칼로레아가 해당 학문의 기초 지식을 측정하는 데 목적을 두고 있으면서도 실제로는 논술 시험이라는 형식 때문에 어느 과목을 막론하고 프랑스어 문장력을 측정하는 시험이 되기 십상인 데다, 채점자의 주관에 따라 점수가 큰 폭으로 오르내릴 수 있기 때문이다. 프랑스 교육부의 바칼로레아 시행령은 채점자에게 전권을 주어 수험생이나 학부모가 어떤 경우에도 일단 받은 점수에 대해 항의하지 못하게 하고 있기 때문에, 학생들의 운명은 그야말로 채점관의 주관에 달려 있다. 더구나 프랑스의 대학 입학에는 미국이나 유럽의 다른 나라들과 달리 내신 성적이 전혀 고려되지 않고 오로지 바칼로레아 결과만이 고려될 뿐이어서, 12년 동안 공부한 결과가 3-4일 동안의 시험에 따라, 더 얄궂게는 시험 채점관의 주관에 따라 판가름 난다. 그래서 교육계 일부에서는 부분적으로라도 선다식 출제와 내신제를 도입해 이를 보완하자는 지적이 강력하게 나오고 있다. 시사주간지 『렉스프레스』는 '세계의 어떤 나라도 이런 괴물 같은 제도를 만든 적은 없다. 바칼로레아는 프랑스의 재앙이다'[24]라는 극언을 했다. 장-로베르 피트

니라 교과 과정'이라는 메시지를 전달하려고 애쓰지만 이미 방향을 정해 놓고 뛰는 한국사회에 그런 얘기가 얼마나 전달될지도 잘 모르겠다."(강경희, 「강경희의 파리, 파리지앵, 기사가 쓰기 싫어질 때」, 『주간조선』, 1894호, 2006. 3. 6.)

24 http://blog.naver.com/aquarius0/140000547990. 고종석의 글, 「프랑스의 자부심, 바칼로레아」.

Jean-Robert Pitte 전 파리 4대학 총장도 『박Bac의 사기극을 멈춰라』라는 책을 통해 바칼로레아 및 프랑스 입시제도의 문제점을 통렬하게 지적했다.[25]

우리 사회에서 논술교육 혹은 논술시험의 성패는 평가의 공정성을 어떻게 확보하느냐 하는 문제와 직결된다고 생각한다. 특히 한국사회처럼 수험생이 들어가는 대학이 어느 대학이냐에 따라 향후 그의 인생의 행로가 거의 결정되다시피 하는 학벌사회에서 대학입학의 당락을 결정하는 논술시험의 평가가 공정하지 못하다는 것은 치명적인 문제가 될 것이다. 채점의 공정성 문제를 피해 가기 위해 폐쇄형 논술시험 방식을 택한다면, 논술교육을 하고 또 논술시험을 치르는 가장 중요한 목적 중의 하나인 학생들의 창의적 사고력 신장과는 거리가 먼 논술이 될 것이다. 이 문제에 대한 해답은 대학입학시험에서 논술시험을 치르지 않으면서도 논술교육을 강화하는 방안을 모색하는 방식으로 해결될 수 있을 것이라 생각한다. 프랑스식 바칼로레아나 한국식 논술시험이나 미국식 에세이 쓰기 시험의 한결같은 공통점은 채점의 공정성을 확보하기 어렵다는 것이다. 그렇다고 채점의 공정성 문제를 내세워 세계적으로 강화되는 추세에 있는 논술교육을 외면할 수도 없다. 우리에게 남아 있는 대안은 무엇인가? 프랑스식으로 논술교육에 과도하게 치중하다가 객관적인 기초학력조차 충분히 다져 주지 못하는 교육이 되어서도 곤란하다. 이런 상황에서 우리는 자격시험으로서의 논술시험을 생각해 볼 수 있을 것이다. 고등학교 졸업생들에게 객관적인 점수로 구성되는 내신 성적과는 별도로 Pass 혹은 Fail로만 판정하는 것이다. 아무리 내신 성적이 우수하고 수능시험에서 고득점을 받았다 하더라도 졸업논술시험을 통과하지 못하면 졸업시키지 않는 방식으로 제도를 운영하자는 말이다. 마찬가지로 대학에서도 똑같은 방식으로 졸업논술시험을 치게 한다. 이런 제도는 채점의

---

25 『조선일보』, 2008. 4. 8. '박'은 바칼로레아의 줄임말.

공정성에 대한 시비를 최소화하면서 학생들로 하여금 논술에 관심을 기울이게 하는 교육적 효과가 있을 것으로 판단된다. 물론 이런 효과를 거두려면 현행 중등교육에서 일정 부분이 논술식 교육으로 전환되어야 할 것이다.

다차원적 개념으로서의 논술

1. 서론

우리 사회에 대학입시 논술 시험이 도입된 지 20년이 다 되어 가지만, 학자들 사이에서 논술이란 것이 무엇인지에 대해 합의된 정의는 없다. 필자는 이 장에서 세 가지 목표를 갖고 있다. 첫째로 논술이란 무엇인가 하는 문제를 둘러싸고 학자들 사이에서 의견대립을 보이는 쟁점들을 정리한다. 둘째로 논술 개념은 **일의적으로 정의될 수 없는 다차원적인 개념**임을 밝힌다. 셋째로 논술 개념이 다차원적 개념이란 관점에서 그 쟁점들이 해결될 수 있음을 보이고자 한다.

2. 논술 개념을 둘러싼 쟁점들

논술 개념을 둘러싸고 전개되는 쟁점 사항들은 크게 다섯 가지가 있다. 첫째는, 상식적으로 논리적 글쓰기로 이해되는 논술을 잘하기 위해 정말로 형식논리학의 도움이 필요한가 하는 것이다. 둘째로, 논술의 대상은 반드시 의견대립이 형성된 쟁점사항이어야 하는가 하는 것이다. 셋째로, 논술을 잘하기 위해서 논술자는 자기 나름의 가치관과 세계관을 가져야 하는가 하는 것이다. 넷째로, 논술에 제시문(텍스트)이 반드시 필요한가 하는 것이다. 다섯째로, 논술교육의 목표는 비판적 사고와 창의성의 함양인가, 아니면 논리적 사고능력의 함양인가 하는 것이다. 이하에서 차례로 살펴보겠다.

1) 논술과 논리학

흔히 사람들은 '논술'을 '논리적 글쓰기'로 이해한다. 그래서 논술을 잘하기 위해서는 논리학에 대한 지식을 갖고 있어야 한다고 생각한다. 박구용은 다음처럼 말한다.

> 논술은 ①비판적이고 총체적인 생각을 기반으로, ②의견이 다른 사람과 토론하듯 ③근거를 제시하면서 자신의 주장을 펼치는 논리적 글쓰기다. 따라서 논술교육은 ①을 위해 철학교육, ②를 위해 토론교육, ③을 위해 논리학 교육을 해야 한다.[1]

김명순은 「논술과 논리학」의 대의를 소개하는 '요약문'에서 다음처럼 말한다.

> 논술에서 요구하는 논리와 논리학에서의 논리에 차이가 있다는 인식은 논리학에 대한 오해에서 비롯된 것이고 논리학이 다양한 논증들을 유형화하고 각 유형에 따라 좋은 논증이 되기 위해 필요한 기준들을 연구하는 학문임을 보임으로써 논리학이 논술에서 요구하는 논리와 다르지 않음을 논증한다.[2]

---

1 박구용, 「교육과 논술」(대한철학회 논문집, 『철학연구』, 101집, 2007. 2.), 79쪽.
2 김명순, 「논술과 논리학」(한국외국어대학교, 『철학과 문화』, 16집, 2008), 49쪽.

논술을 "논리적으로 의견을 진술하는, 의사소통의 한 방식"으로 규정하는 김봉군도 논술에서 논리학의 중요성을 인정하는 입장이다.[3]

그러나 배식한은 정반대의 의견을 제출하고 있다. 그는 논술을 논증적 글쓰기로 이해하는 입장에 대해, "논리학 책에서 다루는 논리와 논리적 글쓰기를 위해서 가르쳐야 할 논리 사이에 놓인 간극이 너무도 크다"는 지적을 하면서 다음처럼 말한다.

> 논리학에서는 어떤 논증이 타당한valid 논증인지를 다룬다. 타당한 논증이란 전제가 참일 때 결론이 반드시 참이 되는 논증으로 연역논증을 말한다. 그런데 전제가 참일 때, 결론이 반드시 참이 되는 것은 아쉽게도 대부분 전제나 결론의 내용 때문이 아니라 형식 때문이다. 따라서 논리학에서 다루고 있는 논리적 형식을 가르쳐서는 논술에서 우리가 기대하는 논리적 능력을 가르치는 데 턱없이 부족할 수밖에 없다. … (중략) … 그렇다면 타당한 논증 형식을 꼭 알 필요는 없지만, 아는 것이 낫다고 할 수는 있을까? 물론 다른 조건들이 모두 같다면 타당한 논증 형식을 알고 있는 것이 모르고 있는 것보다 더 좋을 수는 있을 것이다. 적어도 형식적 일관성을 해치는 글쓰기를 방지하는 데는 도움이 될 것이다. 하지만 이 정도의 효과를 기대하고서 논리적 글쓰기를 위해서 논리학을 가르칠 수는 없을 것이다.[4]

2) 논술과 쟁점

논술은 쟁점이 형성되어 있는 것만을 대상으로 하는가, 그렇지 않고 쟁점

---

3 김봉군, 「논술의 원리와 기법」(한국어교육학회, 『국어교육』, 53권, 1985), 455쪽과 이하 참조.

4 배식한, 「'논리적 글쓰기'에서 '논리적'이란 말이 의미하는 것」(철학문화연구소, 『철학과 현실』, 68호, 2006년 봄호), 210쪽.

이 없는 것도 논술의 대상이 될 수 있는가 하는 것이 문제가 될 수 있다. 박정일과 김봉군은 전자의 입장에 서 있다. 박정일은 논술을 다음처럼 정의한다.

> 논술이란 어떤 문제나 쟁점에 대한 논증을 통한 글쓰기이다.[5]

김봉군은 다음처럼 주장한다.

> 논술은 갈등과 대립을 전제로 한다. 아무런 갈등을 내포하지 않는 문제에 대하여는 논술할 필요성이 없다. 가령, '휴전선과 3·8선은 일치하는가?' 하는 것은 논술의 문제일 수가 없다. 지도를 펴 놓고 확인하거나 국방부에 물어 보면 금방 알 수 있는 문제이기 때문이다. 그러나 '대통령의 임기는 몇 년이면 알맞겠는가?' 하는 문제는 논술의 과제가 된다. 여기에는 1년, 2년, … 7년 등 여러 견해가 대립하여 갈등을 일으킬 것이 예상된다.[6]

논술이 일반적으로 쟁점이 형성되어 있는 문제들을 다루고 있음은 사실이다. 성매매를 합법화하는 것은 바람직한 일인가 아닌가 하는 것은 논술의 대상이 될 수 있다. 혹은 군가산점을 부활시키려는 입장에 대해 논술문제가 성립할 수 있을 것이다. 그러나 필자는 모든 논술이 예외없이 쟁점 사항만을 다루어야 한다는 주장은 과도하다고 생각한다. 예컨대 '노예제도는 바람직한 것인가?' 하는 문제는 답이 정해져 있는 문제이기에, 즉 쟁점이 형성되지 않는 문제이기에 논술의 대상이 될 수 없는 문제라고 말할 수 있겠다. 그러나 '노예제도가 바람직하지 않은 이유에 대해서 논술하시오'라는 문제는 충

5 박정일, 「논술과 토론의 개념」, 139쪽.
6 김봉군, 「논술의 원리와 기법」, 456쪽.

분히 논술문제가 될 수 있을 것이다. 이는 쟁점이 없는 문제라도 논술의 대상이 될 수 있음을 보여 준다.[7]

그리고 다수의 대학들이 자연계 논술시험을 실시하는데, 자연계 논술은 쟁점 사항을 대상으로 하고 있지 않다. 자연계 논술 문제는 정답이 있는 논술이기 때문이다. 만약 쟁점 사항이 없는 문제들에 대해서는 논술이 성립하지 않는다고 한다면, 자연계 논술이 논술로 성립하기 위해서 최고급 학자들 사이에서도 논쟁 중인 최첨단의 과학적 문제들을 논술문제로 제출해야 할 것이다. 그러나 이는 무리한 일이다. 현재 우리 사회에서 시행되는 자연계 논술은 평가 시에 학생들이 문제풀이 과정이 얼마나 논리적으로 전개하고 있는가를 주로 살펴보고 있는데, 이런 논술도 얼마든지 '논술'의 범주에 포함시킬 수 있기 때문에, '논술은 갈등과 대립을 전제로 한다'는 주장은 잘못된 주장이다.

7 물론 논술에서 쟁점을 중시하는 사람들의 입장에서는 다음처럼 말할 것이다. '노예제도가 바람직하지 않은 다양한 이유들이 제시될 수 있다는 것은 쟁점이 형성되어 있다는 것이다.' 이는 일리 있는 반론이다. 사람들은 칸트가 말하는 정언명법의 관점에서 노예제도의 부당성을 논할 수도 있고, 천부인권의 관점에서 논할 수도 있고, 혹은 공리주의 윤리학의 관점에서 논할 수도 있을 것이다. 그러나 이 경우 우리는 다시 '일차 쟁점'과 '이차 쟁점'을 구분해야 할 것이다. '군가산점 부활은 타당한가?' 하는 문제는, 타당하다고 할 수도 있고 타당하지 않다고 할 수도 있다. 이 경우 형성되는 쟁점은 일차 쟁점이다. 그러나 '노예제도는 바람직한가?' 하는 문제에 대해서는 '바람직하지 않다'가 답이다. 이 경우는 일차 쟁점이 형성되지 않는다. 그러나 '왜 노예제도는 바람직하지 않은가?'라는 문제에 대해서 사람들이 상이한 의견을 제출할 때 형성되는 쟁점은 이차 쟁점이다. '논술은 쟁점이 형성되어 있는 문제를 대상으로 한다'고 할 때, 쟁점은 일차 쟁점과 이차 쟁점을 다 아우르는 쟁점이어야 할 것이다. 그러나 일차 쟁점이건 이차 쟁점이건 쟁점이 형성되지 않았지만 논술의 대상이 될 수 있는 문제도 있을 수 있다. 예컨대, '겨울에 벼농사를 시작하는 것은 바람직한가?' 하는 문제는 일차 쟁점을 형성하지 않는다. 그리고 '겨울에 벼농사를 시작해서는 안 되는 이유는 무엇인가?' 하는 문제도 이차 쟁점을 형성하지 않는다. 그럼에도 불구하고 그 문제는 얼마든지 논술문제가 될 수 있다. 겨울철 우리나라의 평균기온과 다양한 벼 품종의 생육에 필요한 기온에 대한 정보를 제시하면서 글을 논리적으로 구성하는 것이 가능하기 때문이다.

3) 논술과 가치관·세계관의 문제

앞서 인용했듯이, 김광수는 논술을 다음처럼 정의한다.

> 논술은 자율적 판단주체로서의 논술자가 주어진 텍스트에 관하여 자신의 세계관, 가치관 등을 반영하는 견해를 논리적으로 설득력 있게 제시하는 것이다.

그리고 하버마스의 논증개념에 의거하여 "논증이란 명제들 사이의 논리적 관계가 아니라 주장하고 근거를 대는 대화행위이다"[8]라고 말하는 이광모는 논술을 논증적 글쓰기로 이해하는 입장에 대해 다음처럼 비판한다.

> 논증을 명제들 사이의 관계로 이해하는 논술 교사들은 … (중략) … 논술을 지도하기 위해 논리학에서 다루어지는 연역논증과 귀납논증을 가르치고자 하며, 그들에게 있어서 훌륭한 논술교재란 명제들 사이의 숨겨진 전제를 찾아내거나 비약이 되는 문장을 짚어 낼 수 있는 능력을 훈련시킬 수 있는 것이어야 한다. … (중략) … 문제는 이와 같은 논술이 현실과 연관될 때 나타난다. 이러한 논술을 학습하는 학생들은 논리적 분석 및 종합능력은 훈련할 수 있을지 몰라도 사회와 역사 현실 속에서 지성이 갖추어야 할 비판적 성찰을 훈련할 수 있는 기회는 근본적으로 차단된다. … (중략) … 하지만 생각해 보라. 일반적인 글쓰기란 필자의 구체적인 삶과 얼마나 연관되어 있는지를! … (중략) … '사이버 폭력의 정당성'에 대하여 아주 논리적이며 정합적인 글을 구성한 학생이 있다고 생각해 보자. 비록 이 학생이 작성한 글이 폭력을 정당화하고 있다고 할지라도 이

---

8 이광모, 「학문 영역별로 시행되는 논술은 모두 '하나'의 논술인가?」(철학문화연구소, 『철학과 현실』, 78호, 2008. 9.), 285쪽.

> 와 같은 논술 개념에 비추어 볼 때 훌륭한 글이 될 수 있다. … (중략) … 만약 누군가가 이 글에 대하여 교육의 이념이나 사회적 가치를 근거로 비판하고자 한다면, 그 비판은 논술 외적인 요소에 해당된다.[9]

논술 행위가 가치중립적인 것이 아님을 주장한 뒤, 그는 다음처럼 결론 내린다.

> 논증이 명제들 사이의 관계로 이해될 때 논술에 대한 비판은 단지 명제들 간의 관계가 정합적인지에 대한 검토에 초점이 맞추어질 수밖에 없다. 왜냐하면 그 경우에 논증을 성공시키는 힘은 필자 자신에게가 아니라 명제들 내부에 놓이게 되며, 필자는 기껏해야 가능한 여러 논리적 구조와 도식 가운데 왜 한 가지를 선택했는지에 대한 책임만을 질 뿐이기 때문이다. 반면 논증이 담화행위일 경우 문장 혹은 명제 하나하나는 필자의 주장이 된다. 그리고 그 필자의 주장은 사회적 맥락 속에 있는 한 인간의 목소리가 된다. 따라서 필자의 주장을 비판하는 것은 동시에 사회적 연관에 개입하는 것이며 필자뿐만 아니라 자신의 가치기준을 드러내는 것이 된다. 결론적으로 논술이 담화행위인 한, 논술교육은 가치관 교육과 직결된다.[10]

혹자는 '논술'을 고차원적 사고능력이 요구되는 글쓰기 유형으로 이해한다.

> 논술은 깊고도 수준 높은 지성을 바탕으로 해야 한다. 아는 것이 있어야 한다. 논술은 지식을 단선적으로 나열하는 것이 물론 아니다. 적용력과 분석력과 종합력과 판단력(비판력)을 요구한다. 그러나 적용력, 분석력, 종합력, 판단력도

9 이광모, 「학문 영역별로 시행되는 논술은 모두 '하나'의 논술인가?」, 283쪽.
10 이광모, 「학문 영역별로 시행되는 논술은 모두 '하나'의 논술인가?」, 290쪽.

지식의 황무지에서 도출할 수가 없을 뿐만 아니라, 지식의 수준과 양을 떠나서 단적으로 실현되는 것도 아니다. 이같은 창의력과 고차적 사고력을 요청하는 논술을 위하여는 경험을 반추하며 진실을 탐색하는 반성적 사고와 독서와 토론과 사색이 절실히 요청된다 하겠다.[11]

논술이 수준 높은 지성을 바탕으로 해야 한다면, 논술은 당연히 논술자 자신의 가치관과 세계관에 기초해야 할 것이다. 그러나 논술에 대한 이런 식의 정의들에 대해 박정일은 다음처럼 문제를 제기한다.

논술을 하는데 … (중략) … 논술자의 "세계관"과 "가치관"이 반드시 반영되어야 하는가? … (중략) … 예컨대 어떤 고등학생이 그저 소박한 생각으로 어떤 논제에 대해 글을 썼다면, 이는 논술이 아니라고 해야 하는가?[12]

논술에서 논술자의 가치관과 세계관이 중요하다는 이 입장은 우리가 앞서 언급한 자연계 논술의 문제를 설명할 수가 없다. 이 입장에 따르면 자연계 논술에서도 세계관이나 가치관이 중요하다는 것이 되는데, 자연계 논술에서는 오히려 세계관과 가치관은 배제되어야 할 요소이다. '왜 공룡은 지구상에서 사라지게 되었는가?' 하는 문제에 대해 기독교적 세계관의 관점에서 답한다면, 그것은 적절하지 않을 것이다. 심지어 인문·사회계 논술문제의 경우에도, 경우에 따라서는 가치관과 세계관의 요소가 배제되어야 할 때가 있다. 예컨대, '동성애자들의 결혼을 허용해야 하는가?' 하는 문제가 주어졌다고 하자. 독실한 기독교인인 학생이 성경 구절을 인용하면서 허용해서는 안

11 김봉군, 「논술의 원리와 기법」, 456쪽.

12 박정일, 「논술과 토론의 개념」(철학문화연구소, 『철학과 현실』, 70호, 2006), 138쪽.

되는 이유를 제시한다면, 그 논술은 훌륭한 논술이라 할 수 없을 것이다.

4) 논술과 텍스트

김영정과 김광수는 논술에서 텍스트의 중요성을 강조한다. 논술에 대한 김영정의 정의는 다음과 같다.

> 논술은 "비판적 읽기와 창의적 문제 해결하기를 기반으로 한 논리적 글쓰기"라고 간략히 정의될 수 있다.[13]

앞서 인용했지만, 논술에 대한 김광수의 정의를 다시 한 번 인용한다.

> 논술은 자율적 판단주체로서의 논술자가 주어진 텍스트에 관하여 자신의 세계관, 가치관 등을 반영하는 견해를 논리적으로 설득력 있게 제시하는 것이다.

그러나 박정일은 "논술을 하는 데 '텍스트'와 '읽기'가 반드시 필요한가?"[14] 라고 반문한다. 사실 논제만 간단하게 주어지는 프랑스의 바칼로레아식 논술에서는 '텍스트'와 '읽기'가 필요 없다.[15] 그러나 독일식 아비투어Abitur 논술에서는, 비록 우리나라 대학들의 논술에서처럼 길지는 않지만 간단한 텍

---

13 김영정, 「통합교과형 논술의 특징」(철학문화연구소. 『철학과 현실』 69권, 2006. 6.), 155쪽. 한상기는 논술에 대한 김영정의 입장을 지지하면서 "논술은 비판적 읽기, 문제 설정과 창의적 해결, 논리적 서술의 세 단계로 이루어진다"라고 말한다.(「비판적 사고와 논술」, 범한철학회, 『범한철학』, 46집, 2007년 가을호, 292쪽)

14 박정일, 「논술과 토론의 개념」, 138쪽.

15 물론 그런 주제에 대한 논술문에는 세계관과 가치관 그리고 인생관이 녹아 있어야 한다.

스트가 주어진다.[16] 우리나라 대학들은 '논술시험'의 이름하에 많은 분량의 제시문을 제시하는데, 그로 말미암아 그 시험이 논술시험인지 독해시험인지 구분이 안 될 지경이다. 이와 관련해서 노명완은 제시문들이 오히려 학생들의 사고의 폭을 좁히는 부작용을 초래한다는 문제점을 지적하고 있다.[17] 그는 한국 대학의 논술문제들이 과도한 제시문의 제시로 말미암아 학생들의 창의적 사유를 방해하고 있음을 지적하고 있는 셈이다.

5) 논술교육의 목표

논술이 논리적 글쓰기라면, 논술교육을 통해 우리가 육성하고자 하는 능력은 학생들의 논리적 사고능력이라고 생각하기 쉽다. 그러나 논술에 대한 김영정의 정의에서 알 수 있듯이, 논술교육의 목표는 논리적 사고능력의 함양을 넘어서서 비판적 사유와 창의적 사유 능력을 길러 주는 것이다. 하병학도 "논술의 궁극적 목표가 학생들의 비판적 사고능력 향상에 있음에 대해 부정할 철학자는 많지 않을 것이다"[18]라고 말한다. 그에 따르면 비판적 사고는 네 가지 특징을 보여 준다. 첫째로, 정당성이 충분히 입증되지 않은 사고의 틀이나 패러다임으로부터 벗어나는 발상전환적 사고이다. 둘째로, 어떤 정당한 기준에 의해 참과 그름, 미추, 바람직함과 바람직하지 않음을 판단하고 평가하는 사고이다. 셋째, 비판은 한 주장이 어떤 조건하에서 정당성을 확보할 수 있으며, 그 주장이 해당되는 영역과 해당되지 않는 영역의 한계를

---

16 독일의 아비투어 논술에 대해서는, 정인회, 「독일의 논술시험과 논술교육①」(초암네트웍스, 『계간(논)』, 4호, 2006. 7.), 102-107쪽 참조.

17 노명완, 「대학 논술 시험의 개념과 그 유형분석」(한국독서학회, 『독서연구』, 23호, 2010), 398쪽 참조.

18 하병학, 「논술능력 향상을 위한 비판적 사고와 비판적 사고능력 향상을 위한 논술」(철학문화연구소, 『철학과 현실』, 76호, 2008. 3.), 162쪽.

제시한다. 넷째, 비판적 사고는 자신에 대한 성찰적 사고이다.[19] 비판적 사고에 대한 하병학의 분석에 동의하건 하지 않건 간에, 비판적 사고가 이런 것이라면, 이런 능력을 육성하기 위해서 필요한 것은 논리학 공부가 아니라 철학 공부인 것 같다. 실제로 하병학이 비판적 사고의 네 가지 특징을 설명하기 위해서 언급하는 사람들은 소크라테스, 칼 포퍼, 임마누엘 칸트, 에드문트 후설과 같은 철학자들이다. 논술교육의 목표를 달성하기 위해서 철학 공부를 시켜야 한다는 주장을 펼치고 있는 셈이다. 논술교육의 또 다른 목표는 창의적 사고능력의 함양이다. 창의성이란 무엇인가라는 문제에 대해 학자들은 수십 가지 정의를 내리고 있다. 몇 가지만 소개하면 다음과 같다.

◇ 기존의 것과는 다른 독창적인 것을 만들어 내는 능력으로, 학습된 어떤 해답이 없는 문제를 해결하고자 하는 자연스러운 정신적 과정이다.
◇ 인간 모두가 갖고 있는 보편적 능력이나 특성으로 일상생활에서 당면하는 제반 사태나 문젯거리를 개인 나름의 새롭고 특유한 방법으로 해결해 나가는 것이다.
◇ 지능이 아니며 이미 알고 있거나 인지된 요소들의 새로운 결합으로, 이 결합이 특정한 목적에 적합하고 동시에 유용성이 있는 것이다.[20]

이들 정의는 비슷하지만 약간씩 다른데, 이 수십 가지 정의들 사이에는 소위 비트겐슈타인이 말하는 '가족 유사성'이란 것이 있다. 그 유사성에 초점을 맞추어 창의성을 정의한다면, 창의성이란 '문제해결을 위해 적절하거나 유용하면서 독창적인 아이디어나 해법을 만들어 내는 능력'으로 정의할 수

19 하병학, 「논술능력 향상을 위한 비판적 사고와 비판적 사고능력 향상을 위한 논술」, 163-167쪽 참조.
20 박영태, 『창의성의 별』(서울 : 학지사, 2007), 68-70쪽 참조.

있을 것이다. 논술교육을 통해 이런 능력까지 길러 내려고 한다면, 이는 논술교육에게 너무 과도한 것을 기대하는 것이 아닐까? 논술교육만으로 이런 교육적 효과까지 거둘 수 있다면, 학생들과 기업체 직원들의 창의성 함양을 위해 인문학 공부를 시켜야 한다고 주장하는 사람들은 아주 잘못된 주장을 하고 있는 셈이 될 것이다. 논술교육만 시키면 되는데 왜 힘들게 철학, 문학, 역사학, 종교학, 심리학 공부를 시켜야 한다고 주장하는가?

3. 다차원적 논술이란 무엇인가?

논술이 무엇이냐에 대해 대립하는 다양한 견해가 있음을 앞서 살펴보았다. 필자는 이처럼 대립적인 다양한 견해들을 조정하기 위해 '다차원적 논술'이란 개념을 도입하고자 한다. 그런데 이 개념을 설명하기에 앞서, 논술은 정체불명의 글쓰기라는 주장부터 검토해 보고자 한다.

> 그런데 우리나라에서 대학 입학시험의 하나로 시행하고 있는 '논술'은 그 정체성을 알 수 없는 특이한 것이다. 엄격한 의미에서 '논술'이라는 말에는 글의 구조나 유형(예 : 묘사, 서사, 설명 등)에 관한 의미도 포함되어 있지 않고, 또 글을 쓰는 목적(예 : 전달, 오락, 설득, 문예-심미)도 포함되어 있지 않다. '논술'이라는 말은 그냥 '따지다'는 의미의 '논(論)'의 의미와 '서술하다'는 의미의 '술(述)'의 의미만 들어 있을 뿐이다.[21]

필자는 이런 견해에 동의하지 않는다. 글의 구조를 묘사, 서사 그리고 설

21 노명완, 「대학 논술 시험의 개념과 그 유형 분석」, 388쪽.

명으로만 한정한 것 자체가 잘못이다. 글의 구조에 '논증'을 추가하지 못할 아무런 이유가 없으며, 그렇게 함으로써 '논술' 형식의 글쓰기는 얼마든지 고유한 정체성을 가질 수 있다. 만약 논술이 그토록 정체불명의 글쓰기라면, 프랑스 바칼로레아 시험 역시 정체불명의 글쓰기를 시험과목으로 택한 것이 될 것이다. 그리고 글을 쓰는 목적과 관련해서도, 논술은 전달, 오락, 설득, 문예-심미 그 어느 것과도 관계하지 않는다는 주장 역시 잘못이다. 논술은 명백히 어떤 주장을 논리적인 방식으로 제시하면서 타인을 설득하려는 목적을 갖고 있다. 이제 필자는 다시금 논술에 대한 다양한 정의를 소개해 보고자 한다.

박정일 : 논술이란 어떤 문제나 쟁점에 대한 논증을 통한 글쓰기이다.[22]

김영정 : 논술은 비판적 읽기와 창의적 문제 해결하기를 기반으로 한 논리적 글쓰기이다.

김광수 : 논술은 자율적 판단의 주체로서의 논술자가 주어진 텍스트에 관하여 자신의 세계관, 가치관 등을 반영하는 견해를 논리적으로 설득력 있게 제시하는 것이다.

박구용 : 논술은 ①비판적이고 총체적인 생각을 기반으로, ②의견이 다른 사람과 토론하듯 ③근거를 제시하면서 자기 주장을 펼치는 논리적 글쓰기다.

이광모 : 논술은 가치관이 바탕에 깔린 '담화행위로서의 논증' 형식의 글쓰기이다.[23]

김봉군 : 논술은 갈등과 대립을 전제로 하며, 수준 높은 지성을 바탕으로 하

22 박정일, 「논술과 토론의 개념」, 139쪽.

23 이광모, 「학문 영역별로 시행되는 논술은 모두 '하나'의 논술인가?」, 290쪽 참조. 이 정의는 필자가 이광모의 글을 재구성하여 만든 것이다.

여 논리적으로 의견을 진술하는 의사소통의 한 방식이다.[24]

논술을 어떻게 정의할 것인가라는 문제를 둘러싼 쟁점을 도표화하면 다음과 같다.

	논리학의 중요성	토론하듯이 글쓰는 자세	논술대상의 논쟁점 유무	텍스트	가치관-세계관	비판적-창의적 사고
박정일	인정	불필요	있어야 함	불필요	불필요	불필요
김영정	인정	불필요	있어야 함	필요함	불필요	필요함
김광수	인정	불필요	있어야 함	필요함	필요함	필요함
박구용	인정	필요함	있어야 함	불분명	필요함	필요함
이광모	인정	필요함	있어야 함	불필요	필요함	불분명
김봉준	인정	불필요	있어야 함	불필요	필요함	필요함

위 도표에 대한 몇 가지 부연적 설명을 해 둘 필요가 있겠다. 박구용이 과연 논술대상은 반드시 쟁점 사항이어야 하는가라는 문제에 대해 어떤 입장을 취하고 있는지 애매해 보이는 측면이 있으나, 필자는 '있어야 함'으로 판단했다. 그는 논술에서 "**의견이 다른** 사람과 토론하듯" 자기 주장을 펼치는 것을 중시하기 때문이다. 그리고 김봉군이 논술에서 가치관과 세계관의 중요성을 인정할 것인가 하는 문제에 있어서도 판단 내리기 어려운 측면이 있었지만, 필자는 그가 논술을 잘하기 위해서는 "수준 높은 지성"이 요구된다고 한 점에 착안하여, '필요함'이라고 판단했다. 가치관이나 세계관이 없는 수준 높은 지성은 없을 것이기 때문이다. 또 김광수는 논술에서 비판적이고 창의적인 사고의 중요성을 인정했는가 하는 문제에 대해, 필자는 '필요함'으로 판단하였다.

24 김봉군, 「논술의 원리와 기법」, 455-456쪽 참조. 이 정의는 필자가 김봉군의 글을 재구성하여 만든 것이다.

이상의 도표에서 확인할 수 있듯이, 논술에 대한 정의를 내림에 있어서, 학자들 간에 많은 부분 의견이 불일치하고 있다. 논술 대상이 쟁점사항이어야 하느냐 하는 문제에 대해서는 다수의 학자들이 비교적 의견의 일치를 본 것처럼 보인다. 그러나 필자는 앞에서 '자연계 논술'의 개념을 동원해서 쟁점 사항에 관해서만 논술이 성립할 수 있다는 주장에 대해서 반대했다. 대부분의 학자들이 논술을 잘하기 위해서는 논리학 공부를 부지런히 해야 한다고 주장하지만, 배한식은 "타당한 논증 형식이 뭔지 전혀 배우지 않아도, 대다수 사람들은 충분히 논리적으로 말하고 글을 쓰고 있다"고 한다.[25] 그리고 논술에 텍스트(제시문)가 필요하다는 사람과 필요 없다는 사람이 의견대립을 하고 있다. 일각에서는 논술은 '가치중립적인 형식논리의 논증적 사고'에 기초한 글쓰기라고 주장하고, 일각에서는 '세계관과 인생관과 가치관이 녹아 있는 고차원적 사고'에 기초한 논리적 글쓰기라고 주장한다. 어떤 이는 논술에서 중요한 것은 토론하듯이 글쓰는 자세라고 주장하지만, 일부의 학자들은 이에 반대한다.

왜 '논술'이란 개념을 정의하는 것조차 어려운 일이 되어 버렸는가? 필자는 '논술'이란 개념이 다차원적이고 다면적이기 때문이라고 생각한다. 다차원적인 개념인 '논술'에 대해 사람들은 자기 나름으로 일리 있는 정의를 내세운다. 그러나 모든 정의는 논술이란 개념의 한 측면 혹은 두 측면에 적중하는 정의일 뿐이다. 다른 사람들은 기존의 정의가 설명하지 못하는 다른 측면을 부각시키면서 새로운 정의를 제시한다. 그러나 새로운 정의 역시 다차원적인 '논술' 개념의 다른 한 측면을 드러내는 데 그칠 뿐이다. 필자는 논술에는 적어도 세 가지 차원이 있다고 생각한다. 첫째로, 가장 단순한 형태로 이해된 논술이다. 다음의 글을 음미해 보자.

---

25 배식한, 「'논리적 글쓰기'에서 '논리적'이란 말이 의미하는 것」, 210쪽.

누군가가 다음처럼 추리하였다면 그는 올바로 추리한 것이다. "바람이 분다면 깃발이 펄럭일 것이다. 그런데 어젯밤에 바람이 불었다. 그러므로 깃발이 펄럭였을 것이다." 그러나 누군가가 다음처럼 추리하였다면 그는 잘못 추리한 것이다. "바람이 분다면 깃발이 펄럭일 것이다. 바람이 불지 않았다. 그러므로 깃발이 펄럭이지 않았다." 왜 이렇게 추리하는 것이 잘못인가? 깃발은 바람이 불어서 펄럭일 수도 있지만 사람이 흔들어서도 펄럭일 수 있기 때문이다. 이러한 사실에서 우리는 하나의 일반적인 법칙을 만들 수 있다.

만약 A가 B라면, C는 D이다.
A는 B이다.

그러므로 C는 D이다.

이런 형식의 추리는 항상 타당하다는 것을 알 수 있다. 그러나 다음과 같은 형식의 추리는 항상 타당하지 않다.

만약 A가 B라면, C는 D이다.
A는 B가 아니다.

그러므로 C는 D가 아니다.

이 글은 논리적인 방식으로 서술되고 있기에 분명 논술문이다. 그러나 여기에는 논쟁점도 없으며, 토론하듯이 글 쓰는 자세가 요구되는 것도 아니고, 가치관·세계관이 개입될 여지도 없으며, 비판적·창의적 사고도 중요하지 않다. 이것이 필자가 생각하는 '**논리적 글쓰기 형태의 단순 논술**'이다. 우리나라 대학들의 자연계 논술 시험은 이런 유형의 논술로 이해될 수 있을 것이다. 논술의 또 다른 유형이 있을 수 있다. 예컨대 바칼로레아의 논술문제들을 살펴보자. '인간은 자신이 죽을 것을 알면서도 행복할 수 있는가?', '인간은 신 없이도 살 수 있는가?', '언어는 오직 의사소통을 위한 것인가?' 등의 문제들이 출제되고 있다. 이런 유형의 **'단순 논제 제시형 논술'** 문제에는 정답이 없으며, 작성자의 세계관과 가치관이 반영될 수밖에 없다. 우리는 이런 유형의 논술을 '완전 개방형 논술'이라 부를 수 있을 것이다. "논술은 자율적 판단주체로서의 논술자가 주어진 텍스트에 관하여 자신의 세계관, 가치관 등을 반영하는 견해를 논리적으로 설득력 있게 제시하는 것이다"라는 김광수의 논술에 대한 정의는 바칼로레아 논술에 적합한 정의로 보인다. 그러나 논술을 '주어진 텍스트 혹은 제시문에 대한 비판적 읽기와 창의적 문제 해결을 위한 글쓰기'로 이해하는 김영정의 입장은 서울대학교를 위시한 국내 여러 대학에서 출제하는 논술에 적합하다. 논술에 대한 김영정의 정의에는 세계관이나 가치관의 개념이 들어가 있지 않는데, 서울대 논술 문제는 제시문에 대한 비판적 독해와 분석을 통해 정답을 찾아 그 근거를 대며 논술해야 하는 문제이기 때문이다. 세계관이나 가치관이 다르면 주장도 다를 것인데, 세계관이나 가치관의 문제가 개입되면 정답이 있는 논술 문제를 출제하는 것이 불가능해진다. 우리나라 대학들이 즐겨 제출하는 논술문제의 논술은 **'제시문 독해에 기초한 논술'**이라고 할 수 있을 것이다.[26]

"논술이란 어떤 문제나 쟁점에 대한 논증을 통한 글쓰기"로 정의하는 박정일의 입장에서 보면, '제시문 독해에 기초한 논술'과 '논리적 글쓰기 형태의 논술'은 논술이 아니게 된다. 박정일의 논술 개념에 따른 논술 시험에서는 쟁점이 있는 주제만 제시하면 될 것이다. 그렇다고 박정일이 염두에 두고 있는 논술이 반드시 바칼로레아식의 논술인지는 알 수 없다. 앞서 살펴보았

---

26 논술은 또한 논제나 제시문의 종류에 따라 인문계 논술, 사회계 논술, 자연계 논술 등등으로 구분될 수 있고, 정답의 유무에 따라 완전 개방형 논술, 부분 개방형 논술, 폐쇄형 논술로 구분될 수 있다.

듯이 그가 염두에 두고 있는 논술은 텍스트와 읽기, 세계관이나 가치관 그리고 비판적 태도와 창의적 성향을 반드시 필요로 하는 것은 아니기 때문이다. 그러나 우리가 지금까지 살펴보았듯이, 하나의 논술 유형만 존재한다고 고집할 필요는 없으며, 다양한 차원의 논술을 인정해야 할 것이다. 사실 논술에 대한 박정일의 정의는 어떤 글이 논술문으로 분류되기 위한 최소한의 조건을 규정한 것으로 보인다. 그렇다면 논술문에 가치관이나 세계관이 반영되었다 해서, 혹은 비판적 사고나 창의적 사고가 두드러지게 사용되었다 해서 논술문이 아니라는 주장을 펼치는 것으로는 보지 않는 것이 그의 입장을 올바로 이해하는 것이 될 것이다. 이런 관점에서 본다면, 필자가 보기에 박정일의 논술 개념은 그 외연이 가장 넓으며, 김광수의 논술 개념은 그 외연이 가장 좁다. 그 중간에 김영정의 논술 개념이 위치하고 있는 듯이 보인다. 논술에서는 논리학의 중요성이 높은 순서대로 나열한다면, 박정일 김영정 김광수의 순서가 될 것으로 보인다. 필자가 이렇게 생각하는 이유는 박정일의 경우에는 논술에 핵심적인 것은 '논증'이지만, 김영정의 경우에는 논증적(혹은 논리적) 글쓰기에 더하여 비판적이고 분석적인 독해력과 창의적 문제해결능력이 보태져야 하며, 김광수의 경우는 이 모든 것에다 가치관이나 세계관의 문제가 더 보태지기 때문이다.

논술의 개념은 다차원적 개념임을 부각시키기 위해 필자는 하나의 비유를 사용하고자 한다. 우리가 즐겨 먹는 추어탕을 생각해 보자. '추어탕'(논술)에는 반드시 '미꾸라지'(논리적인 사고의 흐름)가 들어 있어야 한다. 어떤 탕에 미꾸라지가 조금도 들어 있지 않다면, 우리는 그 탕을 추어탕이라고 부를 수는 없다. 그렇지만 미꾸라지만으로 추어탕이 만들어지는 것은 아니다. 당장 모든 탕에 공통으로 들어가는 것, 즉 '물과 간장과 고춧가루'(국어적인 작문능력)이 있어야 한다. 그 다음에 어떤 사람은 '배추'(비판적 사고)를 넣고, 어떤 사람은 '부추나물'(창의적 사고)를 넣고, 어떤 사람은 '마늘'(세계관)을 넣고, 어떤 사람은 '들깨가루'(가치관)을 넣는다. 이 경우, 미꾸라지, 물, 간장 고춧가루만 넣고 만든 요리도 추어탕이라고 말할 수 있고, 그것에 더하여 배추와 부추나물을 넣어 만든 탕도 추어탕이라 할 수 있고, 이 모든 것에다 마늘과 들깨가루를 넣어 만든 탕도 추어탕이라 할 수 있을 것이다. 필자가 사용한 비유적 설명을 통해 확인하게 되는 것은 **어떤 유형의 논술이라도 그것이 논술이 되기 위해서는 반드시 논리적인 사고의 흐름이 글의 뼈대로 들어 있어야 한다**는 사실이다. 그에 더하여 비판적이고 창의적인 사고가 가미된 글쓰기도 논술이라고 불릴 수 있다. 그리고 논리적인 사고의 흐름에다가 비판적이고 창의적인 사고가 가미될 뿐만 아니라 논술자의 고유한 가치관과 세계관이 반영된 글쓰기도 논술이라 불릴 수 있을 것이다. 또한 앞서 언급한 그런 뼈대를 중심으로 예시가 사용되든, 비유나 은유 혹은 반어법이 들어가든 그것들은 글 쓰는 사람의 개인적인 선호와 스타일의 문제일 것이다.

4. 다차원적 논술의 핵으로서 '논리적 글쓰기'

필자처럼 논술을 다차원적으로 이해하고 정의하고자 하는 입장에서 가장 중요한 것은, 어떤 유형의 논술이라도 논리적 글쓰기의 요소가 포함되어 있어야 한다는 사실이다. 그러나 박정일은 논술을 '논리적 글쓰기'로 규정하는 것에 대해 두 가지 이유에서 반대한다. 그러므로 필자는 박정일의 입장을 논박할 필요가 있다. 이하에서 필자는 '논술은 논리적 글쓰기'라는 상식적·사전적 정의에 대한 박정일의 비판적 고찰에 대해 살펴보고자 한다. 유와 종차에 의한 정의를 내릴 때 준수되어야 할 다섯 가지 규칙이 있는데,[27] 박정일

27 '유와 종차에 의한 정의'란 유 개념 아래 포섭되는 종 개념들 간의 종차를 이용하여,

에 의하면 논술을 논리적 글쓰기로 정의하는 이 정의는 이 다섯 가지 규칙 중 두 가지 규칙을 위반하고 있다.

> 요약하자면, '논술'을 "논리적인 글쓰기"라고 정의하는 것은 순환적인 정의이며, 또는 너무 넓은 정의이거나(왜냐하면 이 정의에는 자기소개서 쓰기도 포함될 것이므로) 너무 좁은 정의이다.(왜냐하면 이 정의에는 부당한 논증을 자주 사용하는 글쓰기는 배제될 것이므로) 따라서 이 정의는 결코 만족스럽다고 할 수 없다.[28]

필자는 박정일의 의견에 동의하지 않는다. 그는 논술이 "논리적 글쓰기"라는 이 정의는 마치 '논리학'이란 "논리를 연구하는 학문"이라고 정의하는 것과 같이 순환적이고, 하나 마나 한 것이라고 말한다.[29] 그러나 '논리'를 '이성의 사유법칙' 정도로 풀이한 뒤, 논술을 '이성의 사고법칙을 준수하려는 글쓰기'로 정의한다면, 순환적이라는 비판을 면할 수 있을 것이다. 그리고 문제의 정의가 너무 넓거나 좁다는 주장도 잘못이다. 그는 '논리적'과 대립되는 말을 '비논리적'이라고 말하면서, 그 의미를 '논리와 관련이 없는'의 의미로 풀이한 뒤, 일기나 수필이나 자기소개서를 그런 유형의 글로 분류하는 상

그 종 개념들을 정의하는 방식이다. 예컨대 황인종을 다른 인종과 비교했을 때, 피부 색이 노랗다는 것이 종차이다. 그래서 '황인종은 피부색이 노란 인간이다'라고 정의한다면, 이는 유와 종차에 의한 정의가 될 것이다. 유와 종차에 의한 정의를 내림에 있어서 지켜야 할 규칙은 다섯 가지가 있다. 그 다섯 가지는 다음과 같다. 1) 정의는 종의 본질적 속성을 진술해야 한다. 2) 정의는 순환적이어서는 안 된다. 3) 정의는 너무 좁거나 넓어서는 안 된다. 4) 정의는 애매한 말, 모호한 말, 비유적인 말을 사용해서는 안 된다. 5) 긍정적 언어로 정의될 수 있을 때, 부정적 언어로 정의되어서는 안 된다.(하영석, 『논리학 입문』, 대구 : 형설출판사, 1985, 82-87쪽 참조)

28 박정일, 「논술과 토론의 개념」, 137쪽.

29 박정일, 「논술과 토론의 개념」, 136쪽 참조.

식을 소개한다. 그리고 다음처럼 되묻고 스스로 답한다.

> 그러나 과연 자기소개서는 '비논리적인 글'인가? 도대체 자기소개서에는 논리적인 요소가 전혀 개입되지 않는가? 우리는 사실상 자기소개서도 **논리적인 글**이라고 생각한다. 반면에 우리는 자기소개서가 **논술문**이라고 생각하지 않는다.[30]

그러나 자기소개서와 논술문은 아무런 모순관계를 형성하지 않고 있다. 자기소개서도 얼마든지 논리적인 방식으로 쓰여질 수 있으며, 그런 자기소개서는 얼마든지 논술문일 수 있다. 물론 자기소개서 중에는 '비논리적인', 즉 논리와 무관한 방식으로 쓰여진 것도 있을 수 있다. 그런 자기소개서는 당연히 논술문이 될 수 없을 것이다. 만약 '논술'이란 개념을 '논리적 글쓰기'로 정의했는데, 그 정의에 필연적으로 논리와 무관한 방식으로 쓰여진 자기소개서가 포함될 수밖에 없다면, 그 정의는 너무 넓은 정의가 된다. 그러나 그렇지 않기에, 논술을 논리적 글쓰기로 정의하는 것은 '너무 넓은 정의'가 되는 것은 아니다. 그 정의가 너무 좁은 정의라는 지적도 잘못된 지적이다. 박정일은 '논리적'이라는 형용사의 두 가지 용법을 구분하지 않고 있는데, 하나는 사실에 관한 용법이고 다른 하나는 평가에 관한 용법이다. 예컨대, '그는 논리적인 사람이다'라는 표현에서 '논리적'은 평가적인 용법이다. 그는 논리에 부합하는 방식으로 사고하고 판단하는 능력을 갖춘 사람이라는 뜻이다. 이 경우 '김씨는 논리적이지만 이씨는 비논리적이다'라는 말이 성립한다. 그런데, '인간은 논리적인 존재이다'라고 할 때, 그 문장은 '인간은 논리에 부합하는 방식으로 사고하고 판단하는 능력을 갖춘 존재이다'라는 뜻으로 풀이될 수 있지만, 이는 평가적인 진술이 아니고 사실에 관한 진술이 된

30 박정일, 「논술과 토론의 개념」, 136쪽 참조. 강조는 박정일에 의함.

다. 즉 그 문장은 인간이 '논리'라는 범주와 연관 맺고 살아가는 존재라는 뜻이다. 그러나 많은 경우 논리를 무시하고 거슬러 판단하고 행동하기도 하는 존재라는 뜻이기도 하다. '인간은 논리적인 존재이지만 식물은 논리적인 존재가 아니다'라고 할 때, 우리는 인간의 논리성을 높이 평가하고 식물의 비논리성을 경멸하는 뜻에서 그렇게 말하는 것이 아니다. 인간은 논리와 관계 맺고 살아가는 존재이지만, 식물은 논리와는 무관하게 살아가는 존재라는 사실에 대한 진술을 하고 있는 셈이다. '논리적'이라는 말의 이중적 사용법은 '윤리적'이라는 말의 이중적 사용법과 흡사하다. '윤리적'이라는 말 역시 사실어와 평가어로 사용될 수 있다. '그는 참으로 윤리적인 사람이다'라는 문장의 경우에는 평가어로 사용되고 있지만, '인간은 윤리적인 존재이다'라는 문장의 경우에는 사실어로 사용되고 있다. 이 말은 '인간은 윤리적인 현상과 관계 맺고 살아가는 존재이다'라는 뜻이지, '인간이 항상 윤리적으로 처신한다'라는 말은 아니다. 그러면 '논술은 논리적 글쓰기이다'라고 정의할 때, '논리적'은 사실어인가 평가어인가? 당연히 그 말은 사실어이지 평가어가 아니다. 논술이란 유형의 글쓰기는 '논리와 관계 맺어진 유형의 글쓰기'라는 것이지. '항상 논리에 100% 부합하는 글쓰기'라는 뜻은 아니다. 그렇다면 '논술은 논리적 글쓰기'라는 정의는 결코 좁은 정의가 아니다. 왜냐하면 그런 글쓰기에는 오류투성이 논술문도 포함되기 때문이다.

박정일은 또한 논술은 '논리적 글쓰기'가 아니라, '논증을 통한 글쓰기'라고 한다. 그런데 논증적 글쓰기는 논리적 글쓰기의 부분집합일 것이다. 그렇다면 논술이 논증적인 글쓰기임을 인정하면서, 논리적인 글쓰기임을 부인하는 것은 논리적으로 오류가 될 것이다. 이는 대구 사람임을 인정하면서 대한민국 사람임을 부정하는 것이나 마찬가지이다.

5. 다차원적 논술 개념의 관점에서 본, 논술 개념을 둘러싼 쟁점들

먼저 논술과 논리학의 관계에 대한 쟁점을 살펴보자. 논리적 글쓰기가 논술의 핵심이라면, 논리적 글쓰기에 논리학은 과연 도움이 되는가? 우리가 앞서 살펴보았듯이 배식한은 논리학 공부가 논술에 도움이 되지 않는다는 입장을 표명했었다. 우리가 일반 형식논리학 책을 펼쳐보면 논리학을 공부하는 것이 논술을 잘하는 것에 도움이 될 수 있을까 하는 의구심을 갖는 것도 무리가 아니다. 작년에 우리 사회는 세월호 특별법 제정을 둘러싸고 커다란 갈등을 겪었는데, 이 문제에 대해 자신의 입장을 논술하라는 문제가 출제되었다고 가정해 보자. 일반 형식논리학에서 가르쳐 주는 연역추리나 귀납추리법이 논술문을 작성하는 데 전적으로 무용하다고 말할 수는 없지만 그렇다고 이런 추리법들에 의거하여 이 문제에 대해 온전한 논술문을 작성하는 것에도 분명 한계가 있을 것이다. 그럼에도 불구하고 논술에 논리학은 아무런 도움이 되지 않는다고 말해서는 안 될 것이다. 논리학 교재에는 단순히 삼단논법과 같은 형식적 연역추리만 소개되고 있는 것은 아니다. 언어의 근본 기능이라든지, 개념의 종류, 개념의 내포와 외연의 관계, 정의의 종류·유형·목적 등 우리가 명료한 사유를 전개하기를 원할 때 필수적으로 알고 있어야 하는 여러 가지 내용들도 함께 다루어지고 있다. 그리고 과학에서 다루는 가설의 역할과 법칙의 의미에 대해서도 다루어진다. 뿐만 아니라 모든 일반 논리학 교재는 우리가 일상생활에서 흔히 범하게 되는 여러 가지 비형식적 오류들에 대해서도 언급하고 있다. 비록 논리학에서 다루어지는 연역추리와 귀납추리가 논술문 작성 시 그 유용성에 한계를 보여 준다 하더라도, 일반 형식논리학에서 다루고 있는 사고기법을 숙지하는 것이 논술에 필수적임을 부인할 수는 없을 것이다. 배식한이 주장하듯이 논리학 공부가 논술문을 작성함에 있어서 '형식적 일관성을 해치는 글쓰기를 방지하는 데는 도움이 되는' 정도의 효과밖에는 가지지 못한다고 말하는 것은 논술에 있어서 논리학 공부의 효용성에 대해 지나치게 인색한 평가로 보인다. 설령 양보해서 논리학은 논술문을 작성할 때 형식적 일관성을 해치지 않도록 해 주는 정도의 도움만 준다는 배식한의 주장을 받아들인다 하더라도, 그 도움을 '그 정도의 효과'라고 평가절하해서는 안 될 것이다. 형식적 일관성이 확보된 글이라야 내용적 설득력도 갖게 될 것이기 때문이다. 필자는 앞에서 어떤 유형의 논술이라도 그것이 논술이 되기 위해서는 반드시 논리적이고 논증적인 사고의 흐름이 글의 뼈대로 들어 있어야 한다고 말했다. 우리가 논리학적 지식을 갖고 있으며, 당연히 자기가 작성한 글의 논리적 뼈대가 튼튼한지, 아니면 어떤 부분에서 균열이 있는지를 판단할 수 있을 것이다.

두 번째로 논술은 반드시 쟁점사항을 필요로 하는가 하는 문제에 대해 살펴보자. 일반적으로 사람들이 보게 되는 논술문제는 대부분 쟁점사항에 대해 논술자의 입장을 밝히는 것을 요구하는 경우가 많기에, 사람들은 논술은 의당 쟁점사항에 대한 글쓰기라고 믿는 경향이 강하다. 그러나 논술이 단순히 학생들의 논리적 사고능력을 향상시키는 것을 목표로 하는 '논리적 글쓰기 형태의 단순 논술'일 경우 논술의 대상이 반드시 쟁점사항이어야 할 필요는 없다. 특히 자연계 논술이 이런 경우에 해당한다. 그렇지만, 인문사회계의 많은 논술문제들은 쟁점사항을 논술의 대상으로 삼는 경우가 많은 것도 사실이다. 예컨대 동성애자들의 동성 결혼을 합법화할 것인가 말 것인가 하는 것과 같은 문제들이다. 논술의 유형에 따라 쟁점사항이 논술의 대상이 될 수도 있고, 쟁점사항이 필요 없는 논술이 있을 수 있다.

세 번째로 논술에는 가치관·세계관이 필요한가 하는 문제다. '논리적 글쓰기 형태의 단순 논술' 유형에서처럼 쟁점사항이 필요 없는 논술의 경우는 가치관이나 세계관이 중요하지 않다. 그러나 많은 경우 쟁점 사항을 논술의 대상으로 삼는 인문사회계 논술에서 글 쓰는 사람은 알게 모르게 자기 나름의 가치관과 세계관을 바닥에 깔고 논술문을 작성할 것이다. 물론 이 경우 논술자가 자신의 종교나 세계관이나 가치관을 공공연하게 드러낸 뒤, 그것들을 진리로 선언하고 논술문을 작성하는 것은 설득력이 떨어뜨리는 글쓰기가 될 것이다.

네 번째로, 논술에 반드시 제시문이 필요한가 하는 문제가 있다. '논리적 글쓰기 형태의 단순 논술'의 경우 제시문이 불필요하다는 것은 자명하다. 그러나 '논술'을 논술시험의 관점, 그것도 학생들의 인생을 좌우하는 대학입시의 관점에서 접근한다면, 문제는 달라진다. 대학입시논술에서는 채점의 공정성 문제를 고려하지 않을 수 없는데, 이 경우 프랑스 바칼로레아식의 '단순 논제 제시형 논술'의 경우는 앞 장에서 살펴보았듯이 채점의 공정성 시비를 유발시킬 가능성이 크다. 이런 시비를 잠재우기 위해서 '제시문 독해에 기초한 논술'도 얼마든지 논술의 한 유형으로 인정될 수 있다. 독일의 아비투어도 이런 유형의 논술이다.

다섯째로, 논술 교육의 목표를 단순히 논리적 사고능력의 육성으로 볼 것인가, 아니면 비판적이고 창의적 사고의 육성으로 볼 것인가 하는 문제가 있다. '논리적 글쓰기 형태의 단순 논술'의 경우 논술교육의 목표는 논리적 사고능력의 함양이 될 것이다. 그러나 논술이 보다 고차원적이고 수준 높은 형태로 발전하려면, 논리적 사고능력만으로는 부족하며 비판적이고 창의적인 사고능력이 요구된다. 아무리 논리학 혹은 논리적 사고에 천재적인 재능을 가진 사람이라 하더라도, 철학, 역사학, 과학, 종교학, 사회학 등등의 분야에 대한 교양 없이는 수준 높은 논술문을 작성할 수 없다. 또한 그런 교양 없이는 비판적 사고나 창의적 사고를 기대할 수도 없을 것이다. 사람들이 인문사회학적 교양이 훌륭하게 배합된 논술문을 보면서 논술교육이 비판적 사고와 창의적 사고의 함양에 도움이 된다고 생각하는 것은 당연하다.

여섯째로, 논술 교육의 주도권을 둘러싸고 철학자들과 국어학자들 사이에 줄다리기를 하는 경우가 있다. 다차원적 논술의 관점에서 이 다툼을 살펴보자. 국어학자들은 논술도 작문의 한 분야로 볼 수 있기에, 국어과에서 논술교육을 주도해야 한다고 말한다. 국어학자들은 논술이 글쓰기의 일종임을 강조한다. 이에 반해 철학자들은 논술이 단순한 작문이 아니라고 말한다. 논술은 어디까지나 '논리적인' 글쓰기이다. 철학자들은 '글쓰기'에 방점을 두지 않고 '논리적'이라는 말에 방점을 찍는다. 실제로 철학자들은 '논술은 작문이 아니다'라는 슬로건을 만들어 유포시키면서 논술에서 국어를 떼어 내려고 했다. 논술이 작문이 아니라는 말은 논술도 일종의 글쓰기임을 인정하는 한, 잘못된 표현처럼 보인다. 그러나 철학 쪽에서 그렇게 말한 것을 그 의미의 관점에서 생각해 본다면 틀린 말이 아니다. 마치 '침대는 가구가 아니고 과학이다'라고 말할 때, 우리가 여전히 가구점에서 침대를 구입한다는 점에서 보면 그 말은 틀린 말이지만, 그 말이 전달하고자 하는 의미의 관점에서 보면 틀린 말이 아닌 것과 마찬가지이다. 그러면 논술에서 국어과가 관여할 수 있는 부분은 무엇인가? 앞서 필자는 추어탕 비유를 들면서, 추어탕을 만들 때 사용되는 식수와 기본적인 양념에 대해 언급했다. 국어과가 바로 그런 것과 유사한 역할을 한다고 생각한다. 편지글, 자기소개서, 기행문, 수필, 보고서, 소설 등등 어떤 글을 쓰든, 글을 쓰는 사람은 맞춤법에 맞는 글을 써야 하고, 적절한 예나 비유나 은유를 사용하면서 설득력을 강화하는 글을 써야 하며, 문장 호응법에 어긋나지 않는 글을 써야 한다. 그리고 가능한 한 글을 읽는 사람이 오해 없이 무슨 말인지 알아들을 수 있는 글을 써야 한다. 이런 작문교육은 국어과에서 맡아서 교육해야 할 부분이다. 그러나 바로 그렇기 때문에 논술과목을 국어과가 주도해야 한다고 주장한다면, 이는 잘못된 것이다. '붕어빵에는 붕어가 없다'는 우스개가 있는데, 그런 식으로 진행되는 논술교육은 밀가루 빵틀에서 찍어 낸 붕어빵과 마찬가지이다. 그런 논술교육에는 미꾸라지(논리나 논증적 요소)가 없기 때문이다. 논술은 글쓰기의 일종이기에 국어과에서 주도적으로 맡아야 한다고 주장하는 것은 철학사는 역사의 일종이기에 역사과에서 주도적으로 맡아야 한다거나, 역사도 사회 현상 중의 하나이기에 역사학과는 사회학과에 합병되어야 한다는 주장처럼 터무니없는 주장이다. 논술에 있어서 국어과가 하는 역할은 어디까지나 보조적인 역할에 한정된다.

6. 결론

우리는 '추어탕'이라는 하나의 개념을 갖고 있지만, 하나의 개념에 대응하는 한 종류의 추어탕만 있는 것은 아니다. 마찬가지로 '논술'이라는 하나의 개념을 갖고 있지만, 그 개념에 대응하는 한 종류의 논술만 존재하지는 않는다. '논리적 글쓰기'라는 용어의 가장 단순화된 형태의 논술이 있을 수 있다면, 인문사회학의 온갖 고전적 지식과 고등사고능력이 동원될 뿐만 아니라 인생관과 세계관이 녹아 있는 수준 높은 논술도 존재할 수 있다. 이미 우리가 알고 있듯이, 네 가지 종류의 논술이 있다. 프랑스의 바칼로레아와 독일의 아비투어와 미국의 에세이, 그리고 한국의 논술이다. 어떤 유형의 논술교육을 실시할 것인가 하는 것은 그 교육을 통해 도달하려는 교육 목표가 무엇이냐에 따라 달라질 것이다. 즉 '논술교육을 동해 학생들의 어떤 능력을 신장시키려 하는가'라는 문제에 대한 답을 먼저 찾아야 한다는 말이다. 논리적으로 사고하는 능력의 육성에 초점을 맞춘다면, '논리적 글쓰기 형태의 단순논술'이 적합하다. 그리고 우리가 논술교육을 통해 논리적 사고는 말할 것도 없고 비판적 사고, 창의적 사고 등등의 고차원적인 사고 능력을 키워 주려고 한다면, '단순 논제 제시형 논술'이 적합하다. 아마 김광수의 논술이 이런 논술에 가장 가까울 것이다. 학생들의 논리적 사고능력과 일정한 정도의 비판적 사고능력을 길러 주되 논술시험에서 채점의 공정성 시비를 차단하려면, '제시문 독해에 기초한 논술'이 적합할 것이다. 이런 논술은 우리 사회에서 논술시험을 실시하는 대부분의 대학들이 받아들이고 있는 논술이다. 단 이 경우 제시문의 양을 과도하게 많이 제시하는 것은 지양해야 할 것이다.

참고논문

강경희, 「강경희의 파리, 파리지앵, 기사가 쓰기 싫어질 때」, 『주간조선』, 1894호, 2006. 3. 6.

고종석, 「프랑스의 자부심, 바칼로레아」, http://blog.naver.com/aquarius0/140000547990.

권이혁, 「논술고사 유감」, 『중앙일보』, 1998. 3. 19.

김광수, 「도덕·윤리교육의 개혁을 촉구한다」, 전국철학교육자연대회의, 『한국 '도덕·윤리' 교육백서』, 서울 : 한울.

______, 「철학과 논술」, 새한철학회 논문집, 『철학논총』, 제43집, 2006.

김명순, 「논술과 논리학」, 한국외국어대학교, 『철학과 문화』, 16집, 2008.

김봉군, 「논술의 원리와 기법」, 한국어교육학회, 『국어교육』, 53권, 1985.

김봉준, 「고등학교 윤리교과의 위상 정립방안」, 한국윤리교육학회 2003년도 추계학술대회대회보.

김선희, 「인격의 개념과 동일성의 기준」, 철학연구회, 『철학연구』, 제41집, 1997년 가을호.

김영정, 「산파술을 넘어서 수태술로」, 한국철학윤리교육연구회, 『철학윤리교육연구』, 제37호, 2006. 12.

김영정, 「통합교과형 논술의 특징」, 철학문화연구소. 『철학과 현실』, 69권, 2006.

김정흠, 「정보화 사회의 도래」, 통신정책연구소·한국교육개발원 공편, 『미래 정보화 사회와 교육』.

김 진, 「도덕·윤리교육의 파행은 문용린 장관의 자질 부족에서 비롯된 것이다」, 『철학비평』, 제4호, 2000. 6., 세종출판사.

____, 「전국대학교수들에게 고함」, 『철학비평』, 제4호, 2000. 6., 세종출판사.

나종석, 「민족주의와 세계시민주의」, 한국헤겔학회, 『헤겔연구』, 제26권, 2009.

노명완, 「대학 논술 시험의 개념과 그 유형분석」, 한국독서학회, 『독서연구』, 23호, 2010.

문성학, 「Socrates적 사유의 본질」, 『교육연구지』, 제32집, 경북대학교 사범대학, 1990.

______, 「도덕위기의 현주소와 그 원인」, 『인문과학』, 경북대학교 인문과학연구소, 1991.

______, 「인성교육의 의의와 문제점」, 『중등교육연구』, 제40집, 경북대학교 사범대학 부속 중등교육연구소, 1997.

______, 「도덕·윤리교육과 잠정적인 도덕적 진리」, 대한철학회, 『철학연구』, 제121집, 2012.

______, 「공동체적 자유주의와 세계시민윤리」, 대한철학회, 『철학연구』, 제125집, 2013.

______, 「도덕·윤리교육의 철학적 기초와 공동체적 자유주의」, 대한철학회, 『철학연구』, 제122집, 2012.

______, 「도덕·윤리교육의 정체성과 기존의 입장에 대한 비판(I)」, 새한철학회, 『철학논총』, 제64집, 2011.

______, 「도덕·윤리교육의 정체성과 기존의 입장에 대한 비판(II)」, 대한철학회, 『철학연구』, 제118집, 2011.

______, 「도덕·윤리교육의 올바른 방향」, 한국윤리교육학회, 『윤리교육연구』, 창간호, 2000.

______, 「도덕·윤리교육의 태생적 멍에와 그 위기구조」, 한국윤리교육학회, 『윤리교육연구』, 제7집, 2005.

______, 「윤리과목 폐지론, 교육학과 독단이자 오만」, 『교수신문』, 2000. 7. 17.

______, 「논술교육의 올바른 방향」, 새한철학회, 『철학논총』, 54집, 2008.

문용린, 「미국의 인성교육」, 『철학과 현실』, 1995년 가을호.

______, 「도덕·윤리교육의 문제와 개선방안」, 서울대학교 철학사상연구소, 『철학사상』, 제2권, 1992.

박구용, 「교육과 논술」, 대한철학회 논문집, 『철학연구』, 101집, 2007.

박균섭, 「도덕교육의 발생사와 지형도 : 비판적 검토」, 한국교육철학회, 『교육철학』, 제40집, 2010.

______, 「학교인성교육론 비판」, 『교육철학』, 제35집, 2008.

박병기, 「도덕교과와 철학, 그 연속성과 불연속성」, 사회와 철학연구회, 『사회와 철학』, 14집, 2007.

박정순, 「자유주의의 건재」, 철학연구회 논문집, 『철학연구』, 제45권, 1999.

박용헌, 「국민윤리학의 성격」, 한국정신문화연구원 편, 『국민윤리학』, 서울 : 박영사, 1983.

박찬구, 「도덕과 교육의 성격과 범위 : 철학교육 및 사회교육과의 비교 관점에서」, 한국철학윤리교육연구회, 『철학윤리교육연구』, 제22권 제37호, 2006. 12.
배식한, 「'논리적 글쓰기'에서 '논리적'이란 말이 의미하는 것」, 철학문화연구소, 『철학과 현실』, 68호, 2006.
박영철·김재곤, 「논술이 교육을 바꾸고 있다 : 대입당락의 결정적 변수로 급부상」, 『주간조선』, 1891호, 2006. 2. 13.
박정일, 「논술과 토론의 개념」, 철학문화연구소, 『철학과 현실』, 70호, 2006.
박종훈, 「공동체주의적 자유주의와 자유주의적 공동체주의」, 한국윤리학회, 『국민윤리연구』, 제40호, 1998.
변종환, 「세계시민성 관념과 지구적 시민성의 가능성」, 한국윤리교육학회, 『윤리교육연구』, 제10권, 2006.
손동현, 「철학교육과 윤리교육의 유기적 연계를 위한 윤리교육의 철학화」, 한국철학윤리교육연구회, 『철학윤리교육연구』, 제21권 34호, 2005.
______, 「도덕과 교육의 목표와 정체성에 대하여」, 한국철학윤리교육연구회, 『철학윤리교육연구』, 제35호, 2005.
손봉호, 「사회윤리와 종교」, 한국철학회, 『철학』, 제32집, 1989년 가을호.
______, 「인성교육 : 필요, 성격, 방법」, 『철학과 현실』, 1995년 겨울호.
신동수, 「7차 교육과정 속의 윤리교과 현황과 개선방안」, 한국윤리교육학회, 2003년도 추계학술대회.
오창희, 「방법론적 전체론과 개체론」, 『철학논구』, 제17집, 서울대학교 철학과, 1989.
윤건영, 「고등학교 '국민윤리'교과 내용변화 분석연구」, 한국도덕국민윤리과교육학회, 『도덕국민윤리과교육』, 제1호, 1990년 7월.
이광모, 「학문 영역별로 시행되는 논술은 모두 '하나'의 논술인가?」, 철학문화연구소, 『철학과 현실』, 78호, 2008.
이광연, 「'도덕과 교육과정 개정 영역 및 쟁점'에 대한 제언」, 한국윤리교육학회, 2005년도 춘계학술대회 대회보.
이동수, 「지구시민윤리」, 『한국정치연구』, 제20집 제1호, 2011.
이용화, 「고등학교 논술교육의 방향」, 한국철학윤리교육연구회, 『철학윤리교육연구』, 제38호, 2007.
이한구, 「방법론적 개체론과 전체론」, 『사회과학의 철학』, 한국사회과학 연구소 편, 서울 : 민음사, 1989.

임덕준, 「도덕과 교육의 성격과 범위」, 한국철학윤리교육연구회, 『철학윤리교육연구』, 제22권 제37호, 2006.

______, 「윤리교육과 철학, 그리고 논술」, 한국철학윤리교육연구회, 『철학윤리교육연구』,제35호, 2005.

장동진, 「완전주의와 자유주의」, 『사회비평』, 제16호, 나남출판사, 1996.

장영란, 「윤리교육에서의 정치철학적 주제와 목표」, 한국하이데거학회, 『하이데거연구』, 제21집, 2009.

정세구, 「도덕·윤리교육학 정립을 위한 접근법」, 『도덕·윤리교과교육학개론』, 서울 : 교육과학사, 1999.

______, 「국민윤리교육의 교과운영에 관한 고찰」, 『국민윤리연구』, 28호, 1989.

정인회, 「독일의 논술시험과 논술교육①」, 초암네트웍스, 『계간(논)』, 4호, 2006. 7.

정진홍, 「도덕성 회복의 윤리」, 『녹색평론』, 통권 제19호, 1994. 11-12.

정창우, 「인성교육에 대한 성찰과 도덕교육의 지향」, 한국윤리학회, 『윤리연구』, 제77호, 2010.

조강모, 「인성교육과 도덕과 교육의 관계설정」, 한국초등도덕교육학회, 『초등도덕교육』, 33집, 2010.

조난심. 「인성교육과 도덕교과서」, 『철학과 현실』, 1995년 가을.

최종고, 「법질서 의식과 인간성 회복」, 정해창 외 10인 공저, 『인간성의 회복』, 한국정신문화연구원, 1994.

하병학, 「논술능력 향상을 위한 비판적 사고와 비판적 사고능력 향상을 위한 논술」, 철학문화연구소, 『철학과 현실』, 76호, 2008.

한관일, 「창의성에 바탕을 둔 중등교육과정의 진단과 전망」, 『교육과학연구』, 제16집 제2호, 2003. 2.

한상기, 「비판적 사고와 논술」, 범한철학회, 『범한철학』, 46집, 2007.

한승조, 「정치학·사회학적 관점에서 본 국민윤리학」, 국민윤리학회, 『국민윤리연구』, 제11호.

한승조, 「국민윤리교육의 회고와 전망」, 국민윤리교육연구회, 『국민윤리연구』, 제10호, 1980.

홍윤기, 「철학과 도덕·윤리교육의 본질과 성격, 그리고 그 교육방안」, 한국철학윤리교육연구회, 『철학윤리교육연구』, 제25권 제41호, 2009. 7.

______, 「도덕·윤리교육 어떻게 잘못되어 왔나」, 전국철학자연대회의 대토론회 대회보, 『윤리교육의 개혁을 촉구한다』, 2001. 4. 12.

______, 「도덕·윤리의 철학귀속성과 도덕·윤리교육의 정체성」, 철학연구회, 『철학연구』, 제76집, 2007.

______, 「윤리학은 왜 철학인가?」, 한국철학윤리교육연구회, 『철학윤리교육연구』, 제21권 제35호, 2005. 12.

______, 「철학에서 절단된 도덕과 철학의식의 봉쇄」, 한국철학윤리교육연구회, 『철학윤리교육연구』, 제21권 제34호, 2005. 6.

황경식, 「최선의 도덕·윤리교사는 철학자가 아닌가?」, 전국철학교육자연대회의, 『한국 '도덕·윤리' 교육백서』, 서울 : 한울, 2001.

Appiah, K. A., 「세계시민주의적인 애국주의자」, 『나라를 사랑한다는 것』, 오인영 옮김, 서울 : 도서출판 삼인, 2003.

Bok, S., 「부분에서 전체로」, 『나라를 사랑한다는 것』, 오인영 옮김, 서울 : 도서출판 삼인, 2003.

Himmelfarb, G., 「세계시민주의의 환상」, 『나라를 사랑한다는 것』, 오인영 옮김, 서울 : 도서출판 삼인, 2003.

Nussbaum, M., 「애국주의와 세계시민주의」, 『나라를 사랑한다는 것』, 오인영 옮김, 서울 : 도서출판 삼인, 2003.

Sen, A., 「휴머니티와 시민권」, 『나라를 사랑한다는 것』, 오인영 옮김, 서울 : 도서출판 삼인, 2003.

Walzer M., 「애정의 영역들」, 『나라를 사랑한다는 것』, 오인영 옮김, 서울 : 도서출판 삼인, 2003.

Becker, L. C. "The Finality of Moral Judgements : a Reply to Mrs. Foot", *The Philosophical Review*, Vol. 82, 1973.

Durkheim, E., "The Determination of Moral Facts", in : *Sociology and Philosophy*, Glenceo, Free Press, 1953.

Foot, "Morality as a System of Hypothetical Imperatives", *The Philosophical Review*, Vol. 81, 1972.

Greenstein, F., "Political Socialization", in : *International Encyclppedia of the Social Science*, Vol. 14, N.Y. : Macmillan, 1968.

Holmes, S., "The Permanent Structure of Antiliberal Thought", in : N. Rosenblum (ed.) *Liberalism and the Moral Life*, Cambridge, Mass. : Harvard University Press, 1989.

Holmes, R. L., "Is Morality a System of Hypothetical Imperatives?", *Analysis*, Vol. 34, 1974.

Kahne, J. & Middaugh, E., "Is patriotism good for democracy?", *Patriotism and Education*, 2006, April.

Kymlicka, W. "Liberal Individualism and Liberal Neutrality", in : *Communitarianism and Individualism*, ed. S. Avineri and A. de-Shalit, Oxford University Press, 1999.

________, "Liberal Individualism and Liberal Neutrality", in : *Liberalism : Critical Concepts in Political Theory*, ed. G. W. Smith, London and New York : Routledge, 2002.

Rawls, J., "Kantian Constructivism in Moral Theory", in : *J. Rawls Collected Papers*, ed. S. Freeman, Harvard University Press, 1999.

_____, "Themes in Kant's Moral Philosophy", in : *Immanuel Kant : Critical Assessments*, eds., Ruth F. Chadwick & Clive Cazeazuk, London & New York : Routledge, 1992.

Spragens, JR T., "Communitarian Liberalism", in : *New Communitarian Thinking*, ed. A. Etzioni, The University Press of Virginia, 1996.

참고서적

권기헌, 『정보사회의 논리』, 서울 : 나남출판사, 1997.

김덕영, 『입시공화국의 종말』, 서울 : 인물과 사상사, 2007.

김상봉, 『도덕교육 파시즘 : 노예도덕을 넘어서』, 서울 : 도서출판 길, 2005.

김순규, 『대학국민윤리』, 서울 : 박영사, 1975.

김태길, 『윤리학』, 서울 : 박영사, 1995.

금교영, 『인성교육을 위한 철학적 반성』, 영남대학교 출판부, 1998.

문성학, 『칸트철학의 인간학적 비밀』, 울산 : 울산대학교 출판부, 1997.

______, 『어느 철학자의 한국사회 읽기』, 부산 : 세종출판사, 1999.
______, 『삶의 의미와 철학』, 대구 : 정림사, 2009.
______, 『칸트의 인간관과 인식존재론』, 대구 : 경북대학교출판부, 2007.
______, 『삶과 윤리』, 대구 : 형설출판사, 2012.
박병기·추병완, 『윤리학과 도덕교육』, 서울 : 인간사랑, 1996.
박병기, 『창의성교육의 기반』, 교육과학사, 1998.
박상준, 『사회과 교육의 이론과 실제』, 서울 : 교육과학사, 2006.
박영태, 『창의성의 별』, 서울 : 학지사, 2007.
박세일 외 공편, 『공동체 자유주의』, 파주 : 나남, 2009.
변순용 외, 고등학교 『생활과 윤리』, 서울 : 천재교육, 2012.
송강호, 『깨우침에 관한 교육인간학』, 서울 : 학민사, 1988.
양주동 (편), 『세계명언대사전』, 서울 : 교육서관, 1987.
윤구병 (편), 『교과서와 이데올로기』, 서울 : 천지, 1988.
윤평중, 「비도덕적 사회와 윤리교육」, 『철학비평』, 제4호, 세종출판사, 2000. 6.
이규호, 『국민윤리교육의 이론과 실제』, 서울 : 문우사, 1982.
______, 『정치교육과 통일교육』, 서울 : 문우사, 1997.
______, 『국민윤리교육의 이론과 실제』, 서울 : 문우사, 1982.
이돈희, 『도덕교육』, 서울 : 교육과학사, 1983.
이종일, 『롤즈 정의론의 칸트적 토대에 관한 연구』, 계명대학교 대학원 철학과 박사학위 논문, 1991.
이홍우, 『교육의 개념』, 서울 : 문음사, 1991.
임홍빈, 『세계화의 철학적 담론』, 서울 : 문예출판사, 2002.
전석호, 『정보사회론』, 서울 : 나남출판사, 1997.
정세구, 『국민정신교육의 과제』, 서울 : 교육과학사, 1985.
조난심 외, 『도덕교육학신론』, 서울 : 문음사, 2003.
하영석, 『논리학 입문』, 대구 : 형설출판사, 1985.
황경식, 『자유주의는 진화하는가』, 서울 : 철학과 현실사, 2006.
최병권·이정옥 엮음, 『세계의 교양을 읽는다』, 제1권, 제3권, 청아문화사, 2006.
마빈 해리스, 『음식문화의 수수께끼』, 서진영 옮김, 서울 : 한길사, 1992.
__________, 『문화의 수수께끼』, 박종렬 옮김, 서울 : 한길사, 1989.

마이클 샌델, 『공동체주의와 공공성』, 김선욱 외 옮김, 서울 : 철학과 현실사, 2008.
J. White, 『교육목적론』, 이지헌·김희봉 옮김, 서울 : 학지사, 2004.
호안 J 소빼니야, 『인간은 어떻게 살아야 하나』, 박영도 옮김, 부산 : 지평, 1984.
폴 테일러, 『윤리학의 기본원리』, 김영진 옮김, 서울 : 서광사, 1985.
존 와트, 『개인주의와 교육』, 정진곤·김규환 옮김, 서울 : 학지사, 1997.
마이클 테일러, 『공동체, 아나키, 자유』, 송재우 옮김, 서울 : 이학사, 2006.
알랭 로랑, 『개인주의의 역사』, 김용민 옮김, 서울 : 한길사, 2001.
마빈 해리스, 『음식문화의 수수께끼』, 서진영 옮김, 서울 : 한길사, 1996.
D. Frisby & D. Sayer, 『사회를 어떻게 볼 것인가』, 김철수·박창호 옮김, 서울 : 한국광보, 1992.
H. Bergson, 『도덕과 종교의 두 원천』, 강영계 옮김, 서울 : 삼중당, 1976.
B. F. 스키너, 『자유와 존엄을 넘어서』, 차재호 옮김, 서울 : 탐구당, 1987.
Martin H. P. & Schuman H., 『세계화의 덫』, 강수돌 옮김, 서울 : 영림카디날, 1998.
교육인적자원부, 고등학교 『도덕』, 서울 : 지학사, 2003.
교육부, 『고등학교 교육과정 해설③』, 서울 : 대한교과서주식회사, 1997.
서울대학교 입시관리본부, 『보도자료』, 2005. 11. 28.
전국철학교육자연합대회의, 『한국 「도덕·윤리」교육 백서』, 서울 : 한울, 2001.
한국정신문화연구원, 『국민정신교육교재에 대한 분석적 연구』, 1984.
한국교육학회, 『인성교육』, 문음사, 1998.
한국교원단체총연합회, 『새교실』, 1996년 9월호.
한국국민윤리학회 편, 『국민윤리학개론』, 서울 : 형설출판사, 1987.
한국대학교 육협의회, 『논술교육 길라잡이 II』, 중앙상담교사단, 엔터컴, 2007.
『교수신문』, 2000. 6. 19.
_________, 2000. 7. 3.
_________, 2000. 7. 17.
『조선일보』, 2005. 6. 11.
_________, 2006. 1. 17. 사설, 「논술시험 어렵다고 비판할 일 아니다」.
_________, 2008. 4. 8.
『주간한국』, 2006. 11. 27.
『주간조선』, 1891호, 2006. 2. 13.

『철학비평』, 제4호, 부산 : 세종출판사, 2000.

『한국교육신문』, 1998. 8. 31.

『한겨레신문』, 2003. 9. 26.

Aristoteles, *Politics*, trans. by B. Jowett, In : *The Basic Work of Aristotle*, ed. R. McKeon, New York, Random House, 1970.

________, *Nicomachean Ethics*, In : *The Basic Works of Aristoteles*, ed. R. Mckeon, New York Random House, 1970.

Borgatta, E. F., (ed.) *Encyclopedia of Sociology*, Second Edition, New York : Macmillan, 2000.

Buber, M., *Das Problem des Menschen*, Heidelberg, 1954.

Cassirer E., *Rousseau, Kant, Goethe*, Archon Books, 1961.

Craig, E., (ed.) *Routledge Encyclopedia of Philosophy*, Vol. 2, New York, 1988.

Downie, R. S. & Elizabeth Telfer, *Respect for persons*, London, George Allen and Unwin LTD, 1971.

Descartes, R., *The Philosophical Works of Descartes* I, trans. E. S. Haldane & G. R. T. Ross, Cambridge University Press, 1979.

Durkheim, E., *Moral Education ; A Study in Theory and Application of the Sociology of Education*, New York : Collir-Macmillian, 1961.

________, *Sociology and Philosophy*, Glenceo, Free Press, 1953.

Edwards, P., (ed.) *The Encyclopedia of Philosophy*, Vol.4, New York : Macmillian Publishing Co., 1967.

Hastinges, J.,(ed.) *Encyclopedia of Religion and Ethics*, Vol. 7, New York : Charer Scribner's Sons, 1981.

Heidegger M., *Sein und Seit*, Tuebingen, 1931.

Hume, D., *A Treatise of Human Nature*, Oxford : At The Clarendon Press, 1951.

Jakubowski, *Ideology and Superstructure in Historical Materialism*, trans. Anne Booth, New York : St. Martin's Press, 1976.

Jaspers, K., *Einfürung in die Philosophie*, Muenchen : Piper Verlag GmbH, 2001.

Kant, I, *Kritik der reinen Vernunft*, Hamburg : Felix Meiner Verlag, 1971.

____, *Immanuel Kant über Paedagogik*, Immanuel Kant Werkausgabe, XII, Frankfurt :

Suhrkamp Taschenbuch Verlag, 1977.

____, *Kritik der praktischen Vernunft*, Hamburg : Felix Meiner Verlag, 1974.

____, *Grundlegung zur Metaphysik der sitten*, in : Immanuel Kant Werkausgabe VII, hrgs. W. Weischedel, Suhrkamp, 1974.

____, "Idee zu Einer Allgemeinen Geschichte in Weltbuergerlicher Absicht", in : Immanuel Kant WekausbabeXI, hrsg. W. Weischedel, Suhrkamp, 1982.

____, *Über Paedagogik*, in : Immanuel Kant Wekausbabe XI, hrsg. W. Weischedel, Suhrkamp, 1982.

____, *Moral Mronguius*, in : Kant's Schriften 27. 2, 2, Berlin, Walter de Gruyter, 1978.

____, *Metaphysik der sitten*, in : Immanuel Kant Werkausgabe Bd. VIII, hrsg. W. Weischedel, Suhrkamp, 1982.

Kierkegaard, S., *Philosophische Brocken*, übersetzt von Emanuel Hirsch, Köln : Eugen Diederichs Verlag, 1960.

Kohlberg, L.,*The Philosophy of Moral Development : Moral Stage and the Idea of Justice*, San Francisco : Harper & Row, 1981.

Kymlicka, W., *Contemporary Political Philosophy*, 2nd edition, Oxford University Press, 2002.

Klaus, G. & Buhr M. (Hrgs.) *Philosophisches Woertbuch*, Berlin : Band1, 1971.

Kohlberg, L., *The Philosophy of Moral Development : Moral Stage and Idea of Justice*, Harper and Law, San Francisco : Publishers, 1981.

MacIntyer, A., *After Virtue*, 2nd edition, Indiana : University of Notre Dame Press, 1984.

Mulhal, S. and Swift A., *Liberalism and Communitarianism*, 2nd edition, Blackwell Publishing, 1996.

Paton, H. J., *The Categorical Imperative : A Study in Kant's Moral Philosophy*, New York, Harper & Row, Publishers, 1967.

Pascal, B., *Pensêes*, in : Greatbooks of the Western Wrold, Vol. 33, Encyclopedia Britannica, Inc., 1952.

Peters, R. S., *Psychology and Ethical Development*, London : George Allen & Unwin Ltd, 1974.

_____, *Moral Development and Moral Education*, London : George Allen & Unwin Ltd,

1981.

Plato, *Meno*, in : *Plato : The Collected Dialogues*, ed. Edith Hamilton & Huntington Cairns, Princeton University Press, 1961.

Popper, K., *The Poverty of Historicism*, London : Routledge & Kegan Paul,1972.

Rachels, J., *The Elements of Moral Philosophy*, 2nd edition, New York : McGraw-Hill, Inc., 1993.

______, *The Elements of Moral Philosophy*, 6th edition, New York : McGraw-Hill, Inc., 2010.

Rath, L. E., et al, *Value and Teaching : Working with Values in the Classroom*, Columbus, Charles E. Merrill Publishing Co. 1966.

Rawls, J., *A Theory of Justice*, Harvard University Press, 1971.

_____, A Theory of Justice, revised edition, Harvard University Press, 1999.

_____, *Political Liberalism*, Columbia University Press, 1993.

Rousseau, J. J., *Emile*, New York, trans. B. Foxley, Everyman's Library, 1974.

Sprod, T., *Philosophical Discussion in Moral Education : The Community of Ethical Inquiry* , London & New York : Routledge, 2001.

Scheller, M., *Der Formalismus in der Ethik und die materiale Wertethik*, Bern & Muenchen : Francke Velag, ,1980.

Sumner, W. G., *Falkways*, Boston, Ginn and Company, 1906.

Singer, P., *One World : The Ethics of Globalization*, 2nd edition, New Haven & London : Yale University Press, 2004.

_____, *Practical Ethics*, Cambridge University, 1980.

Sandel, M., *Liberalism and the Limits of Justice*, Cambridge University Press, 1982.

Sumner, W. G., *Folkways,* Boston : Ginn and Company, 1906.

Skinner, B. F., *Science and Human Behavior*, New York : Macmillian Co., 1953.

Spinoza, B., Sämtliche Werke Bd. II, *Die Ethik*, Hamburg : Felix Meiner Verlag, 1976.

Taylor, P. W., *Principles of Ethics*, California : Wadsworth Publishing Company, 1975.

Waston, J. B., *Behaviourism*, 2nd edition, London : Routledge, 1931.

Widdows, H., *Global Ethics : An Introduction*, Durham, Acumen, 2011.

글의 출처

제1장, 「도덕·윤리교육의 정체성과 기존 입장에 대한 비판I」은 새한철학회 논문집인 『철학논총』 64집(2011년 출간)에 실린 글임.

제2장, 「도덕·윤리교육의 정체성과 기존 입장에 대한 비판II」은 대한철학회 논문집인 『철학연구』 118집(2011년 5월 출간)에 실린 글임.

제3장, 「도덕·윤리교육과 잠정적인 도덕적 진리」는 대한철학회 논문집인 『철학연구』 121집(2012년 2월 출간)에 실린 글임.

제4장, 「도덕·윤리교육의 철학적 기초와 공동체적 자유주의」는 대한철학회 논문집인 『철학연구』 122집(2012년 5월 출간)에 실린 글임.

제5장, 「공동체적 자유주의와 세계시민윤리 : 애국심의 문제를 중심으로」는 대한철학회 논문집인 『철학연구』 125집(2013년 2월 출간)에 실린 글임.

제6장, 「공동체적 자유주의와 도덕·윤리교육의 쟁점 : 교재관의 문제」은 대한철학회 논문집인 『철학연구』 130집(2014년 5월 출간)에 실린 글임.

제7장, 「도덕·윤리교육의 태생적 멍에와 그 위기구조」는 한국윤리교육학회 논문집인 『윤리교육연구』 7집(2005년 4월 출간)에 실린 글임.

제8장, 「'인성교육'의 의의와 문제점」은 경북대학교 사범대학 중등교육연구소 논문집인 『중등교육연구』 40집(1997년 출간)에 실린 글임.

제9장, 「도덕·윤리교육의 올바른 방향」은 한국윤리교육학회 논문집인 『윤리교육연구』 창간호(2001년 2월에 출간)에 실린 글임.

제10장, 「도덕·윤리교과에서 창의성교육」은 경북대학교 사범대학 중등교육연구소 논문집인 『중등교육연구』 51집(2003년 출간)에 실린 글임.

제11장, 「고도 정보화 시대 윤리교육의 방향」은 경북대학교 사범대학 중등교육연구소 논문집인 『중등교육연구』 42집(1998년 출간)에 실린 글임.

부록1, 「논술교육의 올바른 방향」은 새한철학회 논문집인 『철학논총』 54집(2008년 10월 출간)에 실린 글임.

부록2, 「다차원적 개념으로서의 논술」은 대한철학회 논문집인 『철학연구』 133집(2015년 2월에 출간)에 실린 글임.

[ㅅ]

[ㅇ]

[ㅈ]

[ㅎ]